# 美国征信史

## 数据经济的崛起和个人隐私的博弈

# Creditworthy

### A HISTORY OF
### CONSUMER SURVEILLANCE
### AND FINANCIAL IDENTITY IN AMERICA

[美] 乔希·劳尔 (Josh Lauer) / 著

刘新海 刘志军 / 译

中国金融出版社

CREDITWORTHY: A History of Consumer Surveillance and Financial Identity in America
by Josh Lauer
Copyright © 2017 Columbia University Press
Chinese Simplified translation copyright © 2021
by China Financial Publishing House
Published by arrangement with Columbia University Press
through Bardon-Chinese Media Agency
博達著作權代理有限公司
ALL RIGHTS RESERVED
北京市版权合同登记图字01-2020-3510

责任编辑：肖　炜　董梦雅　　责任校对：李俊英　　责任印制：丁淮宾

**图书在版编目(CIP)数据**

美国征信史 /（美）乔希·劳尔（Josh Lauer）著；刘新海，刘志军译.
— 北京：中国金融出版社，2021.10　— ISBN 978-7-5220-1365-7

Ⅰ. F837.129

中国国家版本馆CIP数据核字第2024LT3093号

美国征信史
MEIGUO ZHENGXINSHI

出版
发行　　中国金融出版社

社址　　北京市丰台区益泽路2号
市场开发部　（010) 66024766，63805472，63439533 (传真)
网上书店　www.cfph.cn
　　　　　　（010) 66024766，63372837 (传真)
读者服务部　（010) 66070833，62568380
邮编　　100071
经销　　新华书店
印刷　　河北松源印刷有限公司
尺寸　　169毫米×239毫米
印张　　24.25
字数　　332千
版次　　2024年6月第1版
印次　　2024年6月第1次印刷
定价　　98.00元
ISBN　978-7-5220-1365-7
如出现印装错误本社负责调换　联系电话 (010) 63263947

# 目　录

## 第八章 数据库恐慌

## 第九章 从债务到数据

# 中文版序

## 征信，从信用经济的守护者到金融基础设施①

去年春节宅家，终于有时间将《美国征信史》（原书名直译为《守信——美国金融身份和消费者监视的历史》）的书读完了。本书的作者乔希·劳尔是美国新罕布什尔大学传媒系的一位年轻副教授，本科专业是历史学，之后攻读了传媒学博士。在《美国征信史》中，作者引述了不少与征信相关的史料，从传媒人的视角观察美国征信行业近二百多年来的发展和变迁，将关注点放在美国的征信机构监视消费者金融行为方面。虽然这本书就其内容组织而言并不能算作一部美国征信历史，但书中的一些内容对今天的征信行业从业者仍可提供不少启示。

《美国征信史》引起我兴趣的是个很基本的问题：征信究竟为谁服务。教科书式的回答说，征信为金融信贷机构提供信息服务，解决放贷过程中

---

① 本文原载于《中国征信》杂志2020年第3期，2020-07-20。

信息不对称的问题。然而在征信实践发展最成熟的美国，至少在前一百年里征信机构的主要服务对象是零售商而不是金融机构。征信业务的"信"即信用交易，这部分指的是零售商面向客户开展的赊销业务，而不是以钱为交易媒介的信贷业务。

《美国征信史》中引用了两个数据：根据1965年美国征信行业协会"征信公司联合会"的调查，会员企业从银行得到的收入仅占总收入的10%，而来自零售机构的收入占到40%。另一个数字是，根据1930年美国商务部的调查，70%的零售商依赖征信机构的服务。

从起初的邻家小店，到后来的超大型的邮寄商品销售公司，美国的零售行业支撑和推动了征信行业的发展。美国个人征信三巨头之一的益博睿公司，直到今天仍然是全国最大的零售数据销售商。

银行对征信服务不感兴趣，因为银行在当时不愿开展个人贷款业务。《美国征信史》提到，美国许多州发布的反高利贷法是发展个贷业务的主要障碍之一。反高利贷法限制了贷款利率，使银行无利可图。20世纪上半期的美国，个人贷款是少数人享有的特权。直到战后消费信贷热潮兴起，政府的住房政策出台，计算机和网络技术问世以及一系列立法的改变，银行才把目光转回到个人信贷上来，征信业也开始受到银行的青睐。

另一个美国个人征信巨头，位于亚特兰大的艾可飞①公司是美国历史最久远的个人征信机构。艾可飞的原名叫作"零售信用公司"，其主营业务是编撰保险报告和雇佣报告。《美国征信史》提到艾可飞的报告中包含信用主体是否饮酒、饮酒的原因和场合、是否喜欢吵架、是否患病等信息，车险和寿险公司喜欢这类信息。《美国征信史》谈到，围绕艾可飞建立的征信行业协会（时为美国两大征信行业协会之一）会员中，80%的企业做保险报告，10%的企业做人事报告，只有大约10%的企业做信贷报告。艾可飞跻身于信贷征信的圈子，只是因为它发现把同样的报告卖给银行获利更丰，差不多可以卖出三倍的价钱。

在当时，美国的零售机构对实体经济影响巨大，为零售业服务的征信

① 本书正文译为艾奎法克斯（Equifax）。

机构也因此而颇感自豪。《美国征信史》提到，征信行业在那段时间里一直把自己看做是"美国商业和国家信用经济的充满爱国热情的捍卫者"。这是一个多么荣耀的头衔！

征信行业进入银行业后发生了什么？如同零售行业一样，银行业与征信业很快建立起自己的生态圈，这就是今天的个人征信业态。在生态圈中，银行将自身拥有的信贷交易信息免费提供给征信机构，由征信机构加以整合和处理，然后银行付费购买整合后的信用产品，用于自己的信贷业务。这个生态圈如果足够大，能够把大多数银行囊括进来，所产生的报告对任何银行都将有巨大的价值。基于闭环的业务流程和合理的商业模式，征信机构作为信贷基础设施的组成部分，地位相当稳固。

今天的征信机构，虽然服务于金融信贷行业已经成为其主要业务目标之一，但金融仍然不是征信机构的唯一市场，征信机构服务信用经济的使命仍然存在。例如，零售商销售大宗商品的分期付款等信用交易业务仍然是征信机构的业务领域，世界银行等国际机构也一直建议征信活动不要将自己封闭在金融机构内部。

企业征信是另外一个例子。企业征信机构很难同个人机构那样与银行建立起生态关系，银行不愿或无法分享企业的信用交易信息。在美国，企业信用报告里的信用交易信息全部是所谓"商业信用"交易信息，即企业之间的赊销、赊购、换货、租赁等交易信息，即"以物换钱"或"以物换物"方面的信用交易信息。企业是企业征信机构的主要服务对象，而不是金融机构、银行及其他金融服务机构。企业信贷，经营贸易融资、保理、信用票据、信用保险、应收账款融资等间接信贷业务。企业征信机构对于银行而言，与其他通过向银行销售数据盈利的数据销售商并无本质区别，而支撑企业信用管理的角色保持了征信机构服务信用经济的初心。

中国的情况与美国大有不同，中国的征信机构从来都是应银行业的需求而成立的。

1915年，国民政府财政部的148号（饬）令将征信业务作为银行公会的待办业务之一。1932年6月，银行公会的会员联合成立中国征信所。

1944年10月，国民政府在抗战的大后方重庆集中国、中央、交通、中国农民四大银行之力成立联合征信所，势头很快压倒了民营的中国征信所。

2007年挂牌成立的中国人民银行征信中心是由金融监管部门牵头、各大金融机构合力开办的征信机构。

金融业及政府主导成立的征信机构主要服务于金融行业，没有服务于金融以外企业的强烈热情。服务于非金融企业信用需求的使命主要由金融圈之外的企业征信机构承担，这些机构采集和报告的通常是与银行借贷无关的商业信用信息。这在全球征信圈内已成常例。

在我国，采集和报告商业信用信息有几分尴尬，主要是缺乏有效的商业模式，但商业信用基础设施的不完善和市场的不成熟是重要原因。

在一些发达国家，半个世纪以来学术界对商业信用有大量研究。一般认为，商业信用是企业获得短期信贷或流动资金的最重要渠道之一。可惜我国学术界这方面的研究很少，涉及我国市场的研究成果大多来自世界银行或其他境外机构，数据也有些老旧。我国商业信用市场究竟是个什么情况，目前还没有了解得很清楚。

企业商业信用交易情况，可以从企业财报中的应付账款和应收账款数字中粗略地反映出来，其中应付账款相当于从上游企业获取的商业信用，应收账款相当于为下游企业提供的商业信用。企业通常既获取商业信用也提供商业信用。

根据国家统计局发布的数字，从整体上看，2017年中、小型规模以上的工业企业应付账款金额均小于应收账款金额，应付应收比分别是95%和75%，资金处于净流出状态。与之相比，大型企业的应付应收比约为150%，应付超出应收约1.8亿元（对比小型企业，应付比应收少约1.2亿元）。企业应收大于应付虽然违背不少商业信用模型，但在许多发达国家已成常例，说明商业信用对许多企业而言并不属于融资渠道。我国的总体数字虽然显示应付大于应收，但相当大一部分商业信用实际上存在于相对容易得到银行贷款的大型企业手中，抵消了商业信用可能起到的流动资金融资作用。与此同时，似乎也使得以报告商业信用交易为主营业务的企业征信活动显得不那么有吸引力。

当然，仅通过总体数字判断国家商业信用市场的情况，可能存在相当大的误导性。

手中不持有信贷交易（账户级）数据的"个人征信机构"不应算作是个人征信机构。同理，手中不持有企业商业交易数据的"企业征信机构"也不应算作企业征信机构。我国目前有超过100家在央行备案的企业征信机构，其中究竟有多少够格被称作征信机构者尚不得而知。而且，考虑到我国商业信用市场发展的不成熟和商业信用信息采集的困难，以及在相当一段时间里企业征信机构不存在成为信贷基础设施组成部分的可能性，建议不如取消目前企业征信机构备案制，将这部分市场完全放开，而对那些有能力采集持牌信贷机构交易数据的征信机构，无论是个人征信机构还是企业征信机构，继续以特许或备案的方式管理，让企业信息市场有更大的活力。

中国人民银行征信中心原顾问　李　铭

# 译者的话

## 一、翻译本书的动机

2020年初由于疫情的原因，我有更多时间进行阅读和思考，在认真读完本书英文原著后，觉得该书正是当下国内所急需的。征信体系作为市场经济的基础设施，在国内越来越受到各界的重视。征信体系的建设不仅需要立足本土，还要对标国际，本书对近二百多年美国征信历史的深入解读可以为我国征信体系建设提供重要的参考。

后疫情时代，消费经济是国民经济增长的主要支柱，中国的个人消费经济占GDP的40%左右，和美国消费经济占GDP的70%相比，还有一定的距离。从历史上来看，个人征信体系在美国的消费经济中发挥了重要作用，从零售、直邮、赊销到信用卡，车贷和房贷。同样，对于国内更具活力的消费者市场，个人征信系统也会成为降低交易成本、防范信用风险，促进商业流通的重要基础设施。

2019年，党的十九届四中全会提出让数据作为市场经济的关键要素。2021年10月18号，中央政治局的第三十四次集体学习主题也是强调推动我国数字经济的健康发展。目前，国内很多主流的经济学家都在尝试将数据要素纳入到传统经济理论框架中，个人征信正是整个数字经济的先锋领域。数字经济的核心资源就是数据，数据成为市场资源配置的重要因素，数据成为黄金，成为新时代的石油。从某种角度上来说，《美国征信史》在当下意义不亚于《美国货币史》。

随着国内消费者市场的活跃，和数据的丰富场景，越来越多的个人数据，不同的新类型数据出现，数据经济开始崛起，如何更有效地挖掘这些海量数据的价值也面临挑战。从19世纪开始，个人征信至今有着近二百多年的历史，对于数据的保护和应用以及产品服务的经验，都可以推广到个人数据产业。个人数据产业的发展可以吸取个人征信的经验，例如个人征信关于数据的标准化、监管以及如何定价和交易都有成熟可操作的经验。这些商业、监管和社会伦理平衡的探索和实践可以为未来数字经济发展提供很重要的参考。

《个人信息保护法》于2021年11月1日在我国正式开始实施，这意味着个人信息保护迈入一个新的起点，很多具体内容需要逐步落地。个人征信是数据产业的先驱，也是个人信息保护的先行者。《公平信用报告法》是美国特别针对信息产业所制定的第一部法律，个人征信机构是出于数据保护目的而受监管的第一类产业，为个人隐私和应用的博弈提供了很好的例证。

信用科技是金融科技发展的主线，也是其创新应用的支点。银行信贷服务在整个中国金融行业中的比重很高，甚至超过了60%。金融科技的发展往往首先围绕信贷业务而展开。全球超过一半的金融科技公司都和信贷业务与风控服务相关。

当然，信用服务并不只限于金融，信用科技也可服务商业贸易和其他消费经济领域。征信的发展也是技术驱动的过程，本书同样可以提供科技创新的内在逻辑。

综上所述，本书将帮助读者对征信的本质和内在逻辑有所把握，了解其演化过程，形成正确的概念和框架，不仅可以更好地为数字经济建设添砖加瓦，还有利于促进数字经济平衡、和谐的高质量发展。

## 二、本书内容简介

美国（个人）征信近二百多年的发展历史，可以视为一部波澜壮阔的连续剧，而非一张静止的图片。

　　美国最早的消费者征信公司①出现在19世纪70年代，其迅速积累了大量个人信息档案。如今，三个领先的征信机构已成为现代生活中最庞大的机构之一，但我们对此知之甚少。益博睿（Experian）、艾奎法克斯（Equifax）和环联（TransUnion）都是年收入数十亿美元的公司，它们跟踪美国消费者的动向、消费行为和财务状况。这些数据用于预测消费者作为借款人的风险，并在从保险、营销到就业和住房等广泛的背景下判断消费者的商业价值。

　　在对这个至关重要的美国机构的第一个全面的历史研究，作为科技史和消费文化研究领域的学者乔希·劳尔（Josh Lauer）探索了征信从其19世纪的起源到现代个人数据行业的兴起的演变。通过揭示早期征信网络的先进性，值得信赖的信用凸显了商业监视在美国人的经济生活中所起的领先作用。

　　乔希·劳尔教授生动地描绘了征信如何从一个依靠信贷员个人知识的行业，发展为使用复杂算法确定一个人信用度的行业。他认为，通过将个人信用转换成简短的书面报告（包括后来的信用等级和信用评分），征信机构的作用变得更加深刻，其创立了现代的金融身份概念。征信机构提醒我们信用度不仅与经济"事实"有关，而且从根本上关注并确定我们诚实、可靠的个人社会地位。

　　（一）工业化进程催生了企业征信机构

　　1837年美国经济危机后，随着工业化的快速发展，行业分工细化也带来商业交易信息不对称等问题。全球最大的企业征信公司邓白氏（D&B）的前身于1841年在纽约创立。早期的企业征信机构需要解决进口商、制造商和批发商中不同规模和不同行业的商人信用风险。该机构雇用了很多具有律师背景的调查员，包括四位前任美国总统在内，征信产品从最初的声誉口碑到文字描述的信用报告，还包括之后演化为数字形式的信用评级参考书。

---

① 本书对一些术语进行简单说明，为了和国内监管机构央行征信管理局进行区分，本书对Credit Bureau翻译为"征信公司"，其和征信机构、信用报告公司的意义等同。商业征信所、零售征信机构也有同样的意思。

（二）征信公司和零售信贷部门共同构成了风控体系

随着各个城市零售业开始兴起，由于需要为不同消费者提供赊销服务，从而逐渐出现了个人征信机构。个人征信的诞生围绕着美国消费信贷（赊购）的发展而出现，分期付款是其起点。一些零售行业协会成立个人征信公司，进行信用信息共享，例如牛奶经销商、裁缝店、煤炭经销商和医生等，而零售杂货商最为活跃。1869年在纽约成立的第一家个人征信公司和之后几家，都一度惨淡经营，最终倒闭。搜集负面信息的黑名单和信用评级是初期的个人征信产品。

个人征信公司搜集整理信息，零售机构的信贷部门做授信决策，两者形成了互补的风险管理体系，这种风控体系直到今天还是全球零售信贷交易的主要模式。作为信贷行业的看门人，职业信贷员工作于大型零售企业的信贷部门。在19世纪最后的20年，这些信贷员出现在大型纺织品商店、分期付款和邮购商店，以及重要的百货公司。

征信行业组织在美国征信历史中发挥了关键的作用，促进了零售信贷员、信贷部门和征信公司之间的合作和交流，为全国性的个人征信行业网络建立奠定了基础。

（三）技术进步推动了个人征信蓬勃发展

征信行业是一个技术驱动的行业。往往先进的通信技术一面世，就会被征信公司和信贷部门采用，以此来提高信息传输和审批效率，促进信贷流通。电话系统、电传签名机、电传打字机、电气传送系统和气动系统的广泛应用，都大大地提升了征信自动化程度。

征信系统的大规模发展催生了文件系统处理的自动化方式的出现，个人征信公司的文件系统逐渐开始自动化，信用报告的格式也逐渐标准化。

个人信用报告的自动化进程始于1965年。计算机化还开启了一段高速行业整合期，很多小规模的个人征信公司被计算机水平高的征信公司所兼并。计算机化改变了个人征信公司的信息处理方式，同时也改变了数据存储模式。社会安全号码被用来解决通用身份识别问题。

随着战后经济的复苏，20世纪80年代消费金融的发展，个人征信得到进一步的发展。21世纪后，随着第四次工业革命的信息化浪潮和大数据技术的推动，个人征信的巨头垄断和信息技术的整合又得到了催化。

（四）信用评分成为个人信用度量化标准

本书的开篇引用了一个经典例子，20世纪初世界首富洛克菲勒在商店直接赊购被拒绝，这个故事说明即使对于世界上最有钱的人，其信用度也不见得是最高，还款能力和还款意愿才是构成信用度的两个重要维度。

上述案例中对世界首富的信用度评估是基于个人的经验。随着消费经济的蓬勃发展，面对规模越来越大的信贷交易，信用风险管理专家尝试对信用度评估进行系统化处理，同时也尝试用不同的因素来测量消费者的信用度，从传统的财富、人品、职业、收入、地理和种族因素等，甚至尝试智力测试和心理测量。

由于信用度太复杂，太特质化，以至于不能简化为特定的规则和措施，这时基于统计分析的信用评分系统出现了。信用评分系统将信用度重新定位为抽象的统计风险函数。战后随着消费信贷的发展，和计算机信息技术的崛起，信用评分开始得到广泛的应用。

（五）个人隐私的博弈

从一开始，征信组织就有足够的动力来保护信息，因为需要防止数据被对手盗用，还希望通过限制访问来避免诉讼。同时通信特权原则对于个人征信公司也是适用的。

在20世纪60年代，私营中心化征信数据库开始发展，可以同时"跟踪"数百万美国人，这引起美国立法者和消费者权益倡议者的担忧。同时，数据库技术的发展也推动美国的个人征信行业开始向三个全国性网络进一步集中。1970年《公平信用报告法》和1968年《消费者信贷保护法》的通过，反映了消费者保护运动在美国政治中的影响力与日俱增。个人征信领域的隐私保护也变得越来越重要，1999年的《金融服务现代化法案》揭示了21世纪初消费者隐私变化的情况，定义了最敏感的消费者信息类别——非公开个人信息（NPI）。

（六）数据经济的崛起

20世纪30年代，大部分信贷经理或信贷员开始研究信用信息中已有客户的消费行为。个人征信公司也在开拓数据增值业务，其发现重新打包数据之后，可以向雇主、保险公司、汽车经销商、政府贷款计划和房东出售专门的报告。

20世纪后期，美国经济开始由数据驱动，包括数据的生产、管理和商品化。个人征信公司的业务范围从处理信贷数据开始拓宽到处理其他消费者数据，向广泛意义上的数据服务商转变，这标志着数据经济的崛起。

## 三、对中国个人征信体系建设的建议

个人征信是消费金融和数字经济的重要基础设施，作为市场经济的产物，征信系统对于经济健康发展和金融市场稳定运行的重要性不言而喻。随着中国作为全球第二大经济体的崛起，国内消费市场充满活力，信贷市场日趋庞大，个人征信机构也逐渐受到越来越多的关注。

（一）国内现有的征信机构

中国现代意义上的个人征信始于改革开放，特别是加入世界贸易组织（WTO）后。随着21世纪以来中国消费金融和房地产市场的兴起，中国政府积极推进个人征信系统的建设，1999年经朱镕基总理批示，上海资信有限公司开始个人征信的试点。

2006年央行征信系统运行（包括个人征信系统和企业征信系统，其官方名称是"金融信用信息基础数据库"），由中国人民银行征信中心承担系统维护的工作。央行征信中心实质上承担了一个征信机构的功能（维护和运营个人和企业征信系统），截至2023年底收录了超过7.4亿消费者和约1213万户企业法人的信用记录，对外提供信用报告的查询服务；央行每天个人信用报告的查询量是1396万次，企业信用报告的查询量是43.4万次[①]。央行个人征信系统具有高效搜集数据的能力，主要侧重于提供基础服务。

为服务于互联网金融，民间征信机构在2015年开始"试水"，譬如芝

---

① 数据来自央行征信中心2023年年报。

麻信用分的应用，在搅动市场的同时也带来了诸多争议。

2018年初，央行正式颁发个人征信牌照，由央行牵头八家民间征信机构组建的百行征信也受到社会各界的关注。截至2023年6月30日，百行个人征信数据库总量达6.18亿人，所有产品上半年总调用量70.6亿笔，日均调用量超3900万笔，日调用量峰值突破8000万笔。百行征信2023年上半年实现销售收入6.12亿元。作为第二家全国性个人征信机构，朴道征信有限公司于2020年12月28日在北京朝阳自贸区注册成立，目前还在起步阶段，截至2024年第一季度，朴道征信系统累计收录自然人超过5.9亿人，累计收录企业和个体工商户超过6400万户。其已累计服务金融机构等客户近千家，累计合作数据企业130余家，累计上线个人和企业征信产品49类（数据来自朴道征信公众号）。2021年11月26日，蚂蚁集团参股35%的钱塘征信作为国内第三家个人征信机构，已在央行官方网站公示，2024年1月24日，中国人民银行行长潘功胜在国新办新闻发布会上表示，人民银行正会同浙江省政府指导钱塘征信申请办理个人征信牌照。从南到北，三足鼎立的个人征信新格局有望形成。

外资征信机构包括益博睿和邓白氏等，国内还有100多家企业征信公司，中国出口信用保险公司实质上也提供企业征信的服务。

（二）国内征信业的制度基础

《网络安全法》《数据安全法》和《个人信息保护法》目前在我国已经颁布实施。

结合我国国情，参考国际经验，国务院于2013年3月15日发布实施《征信业管理条例》；央行在2013年颁布了《征信机构管理办法》。《征信业务管理办法》于2021年9月30日由央行发布，2022年1月1日执行，主要内容包括加强消费者个人信息保护；尝试对信贷替代数据监管；要求大科技公司和银行的个人征信数据"断直连"等。该办法对大数据公司、金融科技公司、助贷公司和个人信贷业务将产生很大影响。

（三）国内个人征信面临诸多挑战

新生经济形态和新技术带来的挑战。征信系统为信贷等商业交易提供服务，在数字经济时代，信贷等交易场景已经发生了深刻的变化，移动互联、平台生态、共享经济和各种新兴的消费场景，以及人工智能、大数据、物联网和区块链等先进技术都将重塑现有的征信体系。

数据管理和数据经济发展理念的挑战。由于缺乏共享的理念和合理的管理机制，"数据孤岛"现象比较严重。数据缺乏流动和共享，将降低征信系统的效率，无法充分发挥其价值，未来甚至会影响数字经济的发展。同时数据安全和个人信息保护力度逐渐加强。

征信市场化和监管的挑战。一方面，个人征信服务并非"公共产品"，需要市场化机制运营；另一方面，涉及个人利益和社会利益，个人征信需要双重监管（个人信息保护基础监管和金融服务行业监管）。如何打破"一管就死、一放就乱"的魔咒，需要个人征信行业利益多方的博弈和平衡。

研发和创新的挑战。征信理论基础研究和应用研发不足，学术界和业界之间存在"割裂"的状态。征信行业的研发往往偏向技术，对于机制理解不足，对行业内在的经济学和法律意义更是缺乏深入地研究。

上述问题，会对未来征信行业的高质量发展带来影响，可能会产生"征信牌照情结"和"政府监管"路径依赖，也会为建设和国内数字经济发展相匹配的个人征信体系带来困扰，甚至会出现盘旋式前进，付出一些不必要的代价。

（四）相关建议

1. 近两百年的美国征信历史可提供借鉴

中国和美国具有很多相似之处，例如同为全球前列的经济体，拥有庞大的消费者人群，活跃的消费市场，移动互联网和数字高科技产业发达。《美国征信史》中关于数据经济发展历程和个人隐私保护的博弈可以提供借鉴和参考。征信服务不是公共产品，也不是监管工具，而是基础设施。征信行业不仅需要市场化的力量运营，也需要严格有效、与时俱进的监管。同时从美国征信历史可以看出数据权益保护是围绕个人主体，而企业数据需要的是开放和流通。

2. 超越美国征信再出发

中国和美国之间也有很大差异，不仅法制和监管环境不同，而且新经济形态也不同，所以不能照搬照抄，需要因地制宜地吸收和借鉴。例如，两国的信用经济深入程度不同，美国的个人征信服务已经深植入社会，影响到每个消费者日常生活（例如房贷可以节省几十万美元的开销）。由于两者发展周期也不同，美国的个人征信体系相对成熟，中国属于新兴市场国家，征信体系还在建设过程中。

国内征信体系建设已经经过20余年的探索和发展，未来完全有理由建设得更好。相对而言，中国的互联网经济和数字经济更具有潜力，同时还兼具市场优势和后发力量。

国内征信体系建设也面临很多新问题：例如国内的互联网平台公司对于个人征信的热衷；征信机构和中国特色——助贷模式的关系；个人征信机构是否直接进入数据代理商的阶段；征信数据在不同经济体中的跨境流动等问题。这些问题都需要深入思考。

## 四、本书对象和如何使用

随着社会各界对征信和信用体系的关注与日俱增，本书的读者群也在不断扩大。本书可作为大数据、金融科技和征信从业人员的专业参考书，数字经济和信用经济的监管者和研究人员的学术用书，也可作为大学院校金融和信用专业的教材。

本书原著作者学术严谨，写作风格细腻，原书中大量的脚注、丰富的参考文献都予以保留。同时书中出现很多的征信术语、知名人物、商业机构和媒体出版物，展示了征信行业与美国主流社会的联系，以及对美国人文与科技的体现。

本书可视为一个了解美国征信行业的宝库，后续还会深入挖掘，创作团队还会有相关知识产品的发布，例如信息图、报告和文章。本书有配套微信公众号（credit世界，ID：worldofcredit）和网站（https://www.pccm-credit.com），提供本书相关的信息和参考文献解读等内容。

刘新海

2024-03-29

# 引 言

　　本章对本书的框架进行了总览。首先通过20世纪初世界首富洛克菲勒的故事引出信用度的概念。对于现代监视系统的重新思考发现其最早并非是国家主导，而是消费资本主义扩张所驱动的民间征信公司。

　　除了信贷业务驱动，信息技术的应用也是促进征信公司的发展的另一种力量。通信、数据和各种计算机标准化技术的广泛应用，非人格化的信用评分成为信用风险的代名词。

　　征信公司在解决信用交易的信息不对称的同时，通过信用信息的自反馈，对现代消费者也起到了教化和规范的作用。

　　信用道德，特别是品格在信用度评估中，无论传统的经验，还是现代化的量化评分分析，都是重要的因素之一。

　　个人隐私保护的博弈贯穿整个征信史，征信行业是个人隐私保护的先行者，本书关注征信公司这种商业监视对隐私和人类价值的衡量标准所带来的威胁。

1913年11月下旬，一个衣着考究的老人走进美国克利夫兰一家百货商店购物。在准备结账出门时，老人告诉一位年轻的女店员他的名字，并指示她从他的账户中扣款买几样商品。女店员不认识这位陌生的老人，坚持要打电话给信贷部门对他的购买（Purchase）进行授权。也许陌生人的假发和眉毛的稀疏引起了她的怀疑，这位74岁的男子患有普遍性脱发疾病，他已经失去了全身所有的毛发。信贷部门确认客户的身份和信用后，他的（不用支付现金的）商品挂账请求被批准了，他平静地离开了。除了这位陌生人不是普通消费者之外，这种商品交易将是完全不起眼的，但是这位老人是大名鼎鼎的约翰·洛克菲勒（John D. Rockefeller，见图1），名副其实的世界首富。在店员得知他有良好的"信用"之前，身价千万的石油大亨被拒绝赊账。①

一百年后，这个故事仍然会引起很多共鸣。21世纪美国人习惯于拥有自己的身份和信用度（Creditworthiness，可以理解为信用水平或信用价值，本文翻译为信用度）：信用度每天都要被不同的商业机构进行多次测试，以查看它们是否处于"良好"状态。实际上，无论何时我们使用银行卡付款时，都会进入一个不可见的监视网络，该网络确认我们的身份，记录我们交易的详细信息，并立即更新我们作为付费消费者的身份和合法性。所有这一切都在刷卡的几秒钟内发生——或与通常一样，需要在线购物时确认。这样的速度和便捷性很难引起争论。当整个购物交易过

图1　当时世界首富洛克菲勒生活照

_____

① "No Rockefeller Credit," *New York Times*, November 22, 1913, 1.

程都可以用签名或密码结算时，为什么要使用现金这种费力费时的笨拙支付方式呢？洛克菲勒和他的许多朋友会同意使用前者。对于像洛克菲勒这样的人来说，开立挂账账户（Charge Account）在很大程度上是为了方便，他在银行里存着大量资金。但是对于许多没有钱的美国人来说，信用账户使他们能够带着各种各样的货物走出商店，从家具、家电到服装和食品，所有这些都是建立在对未来收入可支付的美好预期的基础之上。正如评论家们长期对消费信贷或者透支持否定态度，但信用服务（基于消费者的赊贷，先用后买，从商品赊账到金融信用贷款）不仅仅是轻浮的放纵，在许多情况下，它是收入和工资之间的必要桥梁，用未来收入偿还现在赊账可以给人们带来更多满足感。

洛克菲勒事件的荒谬之处是这件事成为全国各地报纸的笑料。这位退休的工业巨人对此事也表现得非常大度，甚至事后还称赞这位店员“谨慎负责”的态度。当然，他对社会给予了更大的人文关怀，例如成立了一些美国最负盛名的慈善组织，并照顾他生病的妻子。尽管这个故事充满了民粹主义的魅力，但它揭示了另外一些东西：个人信用监视是生活中的既定事实。洛克菲勒的信用状况受到质疑很可笑，但是无可争议的是，一个查询个人身份和信用度的系统已经存在。洛克菲勒像各行各业的数百万美国人一样，拥有第二个个人身份，即无形的金融身份，保存在信贷销售部门和地方征信公司的庞大档案中（图2展示了当时消费者的信用档案）。富人和名人也无法逃脱征信系统的监视。

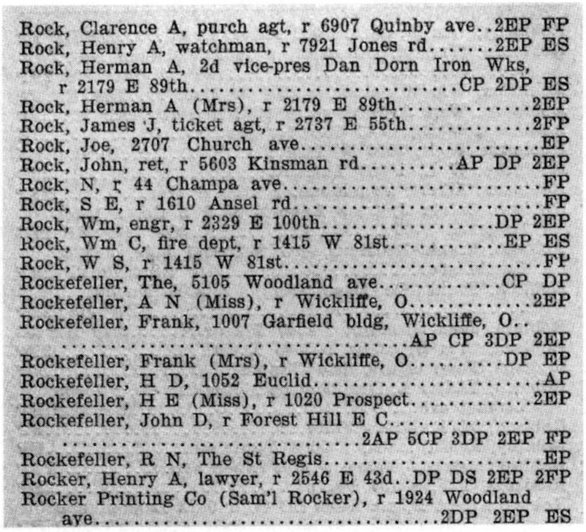
Rock, Clarence A, purch agt, r 6907 Quinby ave..2EP FP
Rock, Henry A, watchman, r 7921 Jones rd.......2EP ES
Rock, Herman A, 2d vice-pres Dan Dorn Iron Wks,
r 2179 E 89th..........................CP 2DP ES
Rock, Herman A (Mrs), r 2179 E 89th.............2EP
Rock, James J, ticket agt, r 2737 E 55th............2FP
Rock, Joe, 2707 Church ave..........................EP
Rock, John, ret, r 5603 Kinsman rd..........AP DP 2EP
Rock, N, r 44 Champa ave..........................FP
Rock, S E, r 1610 Ansel rd.........................FP
Rock, Wm, engr, r 2329 E 100th.................DP 2EP
Rock, Wm C, fire dept, r 1415 W 81st...........EP ES
Rock, W S, r 1415 W 81st..........................FP
Rockefeller, The, 5105 Woodland ave.............CP DP
Rockefeller, A N (Miss), r Wickliffe, O............2EP
Rockefeller, Frank, 1007 Garfield bldg, Wickliffe, O..
..................................AP CP 3DP 2EP
Rockefeller, Frank (Mrs), r Wickliffe, O..........DP EP
Rockefeller, H D, 1052 Euclid.......................AP
Rockefeller, H E (Miss), r 1020 Prospect............2EP
Rockefeller, John D, r Forest Hill E C...............
...............................2AP 5CP 3DP 2EP FP
Rockefeller, R N, The St Regis......................EP
Rocker, Henry A, lawyer, r 2546 E 43d..DP DS 2EP 2FP
Rocker Printing Co (Sam'l Rocker), r 1924 Woodland
ave..................................2DP 2EP ES

图2 早期征信机构记录的个人信用档案

这一切是怎么发生的？美国人的个人信息如何被信用记录、信用评分这些冰冷的符号和数字所表示呢？金融身份如何成为我们个人信任（Trustworthiness）和价值（Worth）的重要标志？人们很容易将个人信用监视和金融身份误认为是新技术发展带动的，是20世纪后期数据库和算法的产品。金融身份和信用风险的重要性已成为严肃的公共辩论话题。所谓的身份盗窃和2008年次贷危机的危害表明，信用信息在当代生活中的地位的确很高。

但是，用于监视个人信用身份和判断个人信用度的征信系统根本不是新鲜事物，它们是美国消费资本主义崛起的核心。在20世纪60年代信用卡塞满邮箱之前，美国人就按照分期付款计划购买冰箱，或者在第一批批量生产的福特"T"型车下线前，个人信用监视系统就已经到位。信用监视系统中显示，洛克菲勒及时还款和守信的良好记录远超于其他人，甚至比他在财富方面更有优势。

美国个人信用及其必然的结果——债务的历史，直到最近才开始受到重视。① 与资本主义耀眼的物质文化和广告相比，借贷和偿还债务的历史则显得极其沉闷。正如美国历史学教授和作家伦多·卡尔德（Lendol Calder）在该主题最早的历史研究中所感叹的那样，信用只是"被消费文化所忽视的弃子"。② 然而，我们必须借钱和还款。矛盾的是，美国人的收入和消费被视为隐私，以至于很难被历史学家和学者们所研究。禁止美国人讨论个人理财的禁忌也使学者们很难研究它。我们炫耀自己的汽车、房屋和时髦的衣服，以此作为自我价值和社会成员身份的证明，但我们隐藏了债务、房地产贷款、逾期账单和催收通知书。

个人理财的秘密世界对于我们理解现代经济生活至关重要。③ 正如卡尔德

---

① 对于美国消费者信贷的开创性研究, see Lendol Calder, *Financing the American Dream: A Cultural History of Consumer Credit*（Princeton, N.J.: Princeton University Press, 1999）; Daniel Horowitz, *The Morality of Spending: Attitudes toward the Consumer Society in America*, 1875-1940（Baltimore, Md.: Johns Hopkins University Press, 1985）; Martha Olney, *Buy Now, Pay Later: Advertising, Credit, and Consumer Durables in the 1920s*（Chapel Hill, N.C.: University of North Carolina Press, 1991）; Louis Hyman, Debtor Nation: A History of America in Red Ink（Princeton, N.J.: Princeton University Press, 2011）; and Wendy Woloson, *In Hock: Pawning in America from Independence to the Great Depression*（Chicago: University of Chicago Press, 2010）. See also Rowena Olegario, *The Engine of Enterprise: Credit in America*（Cambridge, Mass.: Harvard University Press, 2016）; and Claire Lemercier and Claire Zalc, "For a New Approach to Credit Relations in Modern History," *Annales: Histoire, Sciences Sociales 4*（2012）: 661-691.

② Calder, *Financing the American Dream*, 13.

③ 对于个人金融研究的历史回顾和更深入地查询, see Lendol Calder, "Saving and Spending," in *The Oxford Handbook of the History of Consumption*, ed. Frank Trentmann（New York: Oxford University Press, 2012）, 348-375.

和其他人所表明的那样，它的历史不仅揭示了19世纪消费者赊贷和改变美国人对债务态度的深刻根源，还揭示了征信机构制度化的深远影响。只讨论消费者信贷附带严苛的条件仅仅只是轻描淡写。借贷迫使我们（作为消费者）与要求我们提供个人信息并不断收集有关数据的金融机构和企业建立复杂、僵化且常常无情的关系。它要求我们进入身份识别、记录保存、会计记账、营销和进行消费者研究的机构体系。每当我们承诺付款时，我们就会成为受到严格监视的对象。

　　本书解释了信用监视这种情况如何发生，以及为何在今天还是如此重要。在这本书中，将详细介绍美国个人信用监视的兴起及其在控制美国人的行为并量化其价值的不断努力中的各种情况，场景从信贷和保险风险到消费者分析和目标市场营销。简而言之，这本书是关于信用监视如何使美国消费者成为"好人"——道德上负责任、遵守法规、可预测和可盈利的。从19世纪40年代企业征信行业的发展到20世纪90年代基于算法的风险评分和大规模公司数据的增长，这段历史是一条宽广的弧线。在一个多世纪的时间里，它还经历了许多重大的社会、经济和技术变革，从城市化和大规模营销到"二战"后郊区化延伸发展和信息时代的计算。

　　这个故事的中心是个人征信公司（Consumer Credit Bureau）。现代征信公司是美国个人生活中最强大的监视机构之一，但我们对此一无所知。[①] 该行

---

① 尽管自20世纪60年代以来，个人征信行业已经引起了广泛的关注，包括新闻报道以及法律和政策分析，但该行业还没有全面的历史。毫无疑问，这种空缺归因于缺乏与个人征信行业有关的任何公共可用档案或主要历史收藏。对于60年代及之后期间的信用报告和信用评分的学术研究。see Hyman, Debtor Nation; Donncha Marron, *Consumer Credit in the United States: A Sociological Perspective from the Nineteenth Century to the Present*（New York: Palgrave Macmillan, 2009）; and James B. Rule, "Consumer Credit Reporting in America," in *Private Lives and Public Surveillance*（London: Allen Lane, 1973）, 175-222. 对于单个公司的历史，see William A. Flinn, "History of Retail Credit Company: A Study in the Marketing of Information about Individuals"（PhD diss., Ohio State University, 1959）; and William Simon, *Pioneers of Excellence: A History of the Chilton Corporation*（Dallas: Chilton Corporation, 1986）. More generally, see Mark Furletti, "An Overview and History of Credit Reporting"（discussion paper, Payment Cards Center, Federal Reserve Bank of Philadelphia, June 2002）, 1-16; Robert M. Hunt, "The Development and Regulation of Consumer Credit Reporting in the United States," In *the Economics of Consumer Credit*, ed. Giuseppe Bertola, Richard Disney, and Charles Grant（Cambridge, Mass.: MIT Press, 2006）, 310-345; and Consumer Financial Protection Bureau, *Key Dimensions and Processes in the U.S. Credit Reporting System: A Review of How the Nation's Largest Credit Bureaus Manage Consumer Data*, December 2012, http://files.consumerfinance.gov/f/201212_cfpb_credit-reporting-white-paper.pdf（accessed July 1, 2016）.

业目前由三个主要机构主导——艾奎法克斯（Equifax）、益博睿（Experian）和环联（TransUnion）。这些私人公司共同追踪几乎所有成年美国人的日常活动、个人历史和财务行为。20世纪60年代后期，（个人）征信行业突然成为关于数据库监视和个人隐私的辩论焦点时，在此之前，（个人）征信机构一直默默无闻。在20世纪末期，它们似乎无处不在，并证明了计算机监视的令人震惊的新现实。然而，自20世纪20年代或更早以来，这些征信机构中的一部分就已经存在。实际上，美国的两个主要征信机构，艾奎法克斯和益博睿的历史可以追溯到19世纪90年代。个人征信机构是美国消费者赖以生存的重要信息基础设施，美国消费资本主义就是建立在其基础之上。

随着汽车制造商、百货商店、房地产贷款公司和银行学会了如何将个人债务转化为公司利润，这些监视系统支持了20世纪上半叶出现的新的消费者借贷和金融业。[①] 没有这些基础设施，信用经济（Credit Economy）和当今的电子商务将是不可想象的，与其他任何机构相比，个人征信公司将金融身份正式化为个人身份的组成部分，并建立了预测信用风险和收取债款的技术框架。

### 现代信用监视的兴起

尽管我们对美国的消费文化历史了解很多，包括其冠冕堂皇的广告、琳琅满目的商品、贪婪和欺骗的手段，但我们其实几乎不了解这种消费的全部方式，其中大部分是使用信用交易（即先用后买）。这不是琐碎的细节，毕竟消费资本主义的上升与20世纪初机构化的征信服务增长密不可分。对于本地杂货店老板或裁缝来说，信任他熟悉的客户可以先给他们提供服务，以后再让他们付款，这并不是什么新鲜事。这种非正式的开放式信贷（Open Book Credit，一种承诺制的信用销售）在19世纪的美国非常普遍。

但是，新的机构化贷款人（百货商店、邮购公司、分期付款经销商和金融公司）怎么可能相信成百上千的陌生人能够及时偿还债务呢？答案是他们做不到。当地的杂货店或裁缝也做不到。内战后，东部城市和快速崛起的内

---

① 关于消费者债务的公司化, see Hyman, *Debtor Nation*.

陆城镇到处都是陌生的面孔，判断信用的问题对包括允许社区周围可以拖欠债务的小店主在内的每个人来说都是个难题。在这个陌生和瞬息万变的新世界中，看上去"好"的人——穿着整齐、体面的职业、与人为善——通常却被证明是最糟糕的懒人。同样令人不安的是，一些看上去"不好"的人——破旧的衣服，低技能的工作，没有担保人——通常被验证是完全可靠和忠实的客户。商人如何识别"好"的消费者并避免"坏"的消费者？

寻找值得信赖的投资对象导致了美国系统性信用监视的发展。最早生产这种系统的是19世纪40年代出现的商业征信公司（Commercial Credit Reporting Firm，也可理解为企业征信公司，本书中两种说法都采用）[①]。这些公司是诸如邓白氏（Dun & Bradstreet）之类的现代企业评级机构的前身，企业征信机构的缘起并不是为消费信贷和赊账服务，它们主要针对商业交易过程中与消费者无关，但与商业借款人有关的赊销和赊购服务（译者注：商业信用服务不限与金融机构相关，业务内容很广，包括银行贷款、商业批发贷款和商业零售赊销等）。在战前市场变革期间，随着经济关系变得越来越疏远和非人格化，这些企业征信公司在帮助贷方确定全国范围内未知客户的信用度方面发挥了关键作用。这些机构试图收集有关所有美国商人和企业家的个人生活、习惯、财产和金融声誉的信息。这些机密信息被记录在大量分类账簿中，由于信息具有非竞争性的特点，一个人使用信息，不会减少其他人对信息的使用。为安全和盈利起见，这些信息仅在企业征信公司办公室中与订购用户共享。在19世纪50年代后期，其中一些公司开始发布信用评级书，以字母数字代码显示每个人的信用。从本质上讲，那些早期的企业征信公司这样做的目的是将个人的本

---

① 和个人征信行业不同，美国企业征信的历史都被很好地记录下来，See Rowena Olegario, *A Culture of Credit: Embedding Trust and Transparency in American Business*（Cambridge, Mass.: Harvard University Press, 2006）; Olegario, "Credit Reporting Agencies: A Historical Perspective," in *Credit Reporting Systems and the International Economy*, ed. Margaret J. Miller（Cam bridge, Mass.: MIT Press, 2003）, 115-159; Scott A. Sandage, Born Losers: A History of Failure in America（Cambridge, Mass.: Harvard University Press, 2005）; and James D. Norris, *R. G. Dun & Co., 1841-1900: The Development of CreditReporting in the Nineteenth Century*（Westport, Conn.: Greenwood Press, 1978）.

地信用信息集中转换成易于理解的集中式信用报告，以供偏远地方的贷方使用。在此过程中，它们做了更有意义的事情：创造了现代意义上的金融身份概念。

本书从企业征信行业开始研究，因为它的关键特征是：具有全面监视的、详细的个人信息、量化表示的和抽象去个体化的（Disembodied）金融身份等功能，给如何定义个人征信行业提供了参考（译者注：在美国，企业征信早于个人征信，其成功的商业模式给个人征信提供了参考）。1870年左右，第一个致力于监视美国消费者而不是企业借款人的征信组织出现在纽约。这种商业模式迅速传播开来。到1890年，从纽约到旧金山，全国各地的城镇都可以找到个人征信（信用报告服务）组织。这些早期工作是由各种各样的私人机构和互助保护协会所开启。尽管有些机构仅产生了债务人和逾期者黑名单，但其他机构则开发了复杂的识别和评级系统，以监视整个城市人口的生活和财富状况。最雄心勃勃的征信机构还提供了年度参考书，其中列出了超过20000位个人消费者的姓名、地址、职业、婚姻状况（仅向女性提供）和信用等级。这些19世纪末的组织是现代征信机构的起源，也是当今监视个人信用的全国性监视基础设施的萌芽。在20世纪的前几十年，一个全国性的征信协会成立了，设立新的征信机构，并协调和组织其他数百个现有征信公司。到1940年，这个全国性的协会包括了超过1400个运营的地方征信机构，从大城市的办公室到小镇的分支。这些机构总共为超过6000万美国人维护了信用记录，约占美国成年人口总数的70%。这个征信机构的联合会算不上密不透风，但是它将美国人吸纳进入这个不断加强的监视网络。该行业一直处于零散状态，但到20世纪80年代，少数计算机化的征信公司吞并了数百个地方征信公司。到20世纪80年代末，领先的全国性征信公司都拥有包含超过1亿个消费者档案的数据库。

尽管征信机构在本书中占据着中心位置，但个人信用监视的历史不能不提到另一个平行发展，且同等重要的领域兴起：专业信用管理者。19世纪末期，一个特殊的新兴业务专家—信贷员出现在大型零售商的后台。随着百货商店、分期付款商店和大型专业经销商中赊购申请量的增加，信贷员承担了判断未知客户信用度的艰巨工作，甚至比本地杂货店或裁缝更辛苦，零售信贷员努力在到办公室寻求信贷的陌生人队伍中，将"好人"与"坏人"分开。由于这个原因，男信贷员在地方征信机构的成功中占有重要地位，并深入参与了消费者监视网络的形成。

在支持消费者报告行业的发展的同时，专业化的信贷经理还致力于建立信用管理的"科学"，并在其内部的信贷部门中系统地收集客户信息。[①] 到20世纪20年代，信贷经理已经建立了完善的信用管理体系，编辑、分析并快速传输个人信用信息，或用于在自己的商店内部共享，或向本地征信机构报送。通过这种方式，征信公司（Credit Bureau，拥有全局信息，提供基础信用信息服务）和信贷部门（Credit Department，拥有本地信息，进行信贷决策）携手合作，构建了目前存在的消费者监视系统的基础架构。

### 重新思考现代监视的历史

鉴于这些监视网络对于监视由信贷驱动的消费资本主义大规模扩张的重要性，简单地描述其运作可能就足够了。这些组织是远远领先于时代的信息服务提供者。在工业化经济的背景下，擅长生产物质产品的经济体产生了一种奇特且无形的新型商品：个人信息。信用监视是始于19世纪的新生信息基础设施的一部分。[②] 在商业化的征信公司的引导下，个人征信公司和零售信贷部门积累了大量的档案，仔细记录和剖析了美国公民的生活。

尽管近几十年来现代监视系统的发展吸引了学术界的浓厚兴趣，但其中大多数都针对当代发展，而没有追溯很久。这不足为奇。新的数据收集技术的激增（大部分在20世纪90年代后）给隐私和个人身份带来的本质变化令

---

① 除了评估信用度，信控经理通常还负责收集客户债务。许多个人征信公司也提供催收服务。实际上，信用和催收是同一枚硬币的两个方面。催收的历史，作为一种专门的实践和一个新兴的行业，是一个引人入胜且被广泛忽略的主题，值得一一叙述。因此，本书将其省略。

② Richard R. John, "Recasting the Information Infrastructure for the Industrial Age," in *A Nation Transformed by Information: How Information Has Shaped the United States from Colonial Times to the Present*, ed. Alfred D. Chandler Jr. and James W. Cortada（New York: Oxford University Press, 2000）, 55-105.

人震惊。的确，如果在每次不留下自己的数字证据的情况下，交流、搜索信息、购物或在公共场所中穿行都会变得非常困难。"9·11"事件之后的治安升级不仅增加了研究新型监视实践的紧迫性。[①] 同时，现实问题的重要性（The Gravity of Current Events）和技术变革的速度使得大众很难在更广泛的历史背景下审视现代监视系统。例如，通过关注新兴技术（移动计算、生物识别技术和大数据）的影响，可能会给人以现代监视系统非常新颖的印象。而且，过多关注政府监视的扩展，我们看不到商业组织在创建现代监视社会中所起的关键作用。

本书修正了有关美国现代监视系统兴起的几个基本假设。首先，我们知道系统性的、普遍存在的、不可见的和个人化的监视是一种新现象。尽管学者们普遍认为监视是现代化的基本要素，并且现代监视系统的起源可以追溯到19世纪主权国家和资本家的机构记录，但这种早期的监视历史（信用监视）却很少受到重视。[②] 相反，在可计算的和最小化电子设备出现之前的监视（至少在第二次世界大战之前的监视）通常被描述为功能简单且效率低下。[③] 美国信用监视的历史迫使我们重新考虑这种短视和误导的观点。早期征信公司和信贷部门中被文件驱动的职员不仅是我们现代监视系统的先驱，他们运行着复杂的监视系统，其中跟踪和监视了数百万美国人。而且，这种监视是非常个人化的，并且具有实际效果。一个人的"高薪"或无足轻重的声誉将不再停留在一个孤立的局部时间点；它被记录在一个人的金融身份中，并在全国范围内传播。

---

① See David Lyon, *Surveillance after September 11* ( New York: Polity, 2003 ), and Richard V. Ericson and Kevin D. Haggerty, eds., *The New Politics of Surveillance and Visibility* ( Toronto: University of Toronto Press, 2007 ).

② 鉴于马克斯·韦伯和米歇尔·福柯的著作在理论和历史上都有扎实的基础，学者们对20世纪前的监视一无所知就引起了人们的好奇，他们两人都将现代监视的发展和合理性定位在19世纪的机构中。See Weber, "Bureaucracy," in *Economy and Society*, vol. 1, ed. Guenther Roth and Claus Wittich ( Berkeley: University of California Press, 1978 ), 956-1005; and Foucault, *Discipline and Punish: The Birth of the Prison*, trans. Alan Sheridan ( New York: Vintage, 1995 ).

③ For a critique of presentism in surveillance scholarship（对于监视学术中的表现主义的批评）, see Josh Lauer, "Surveillance History and the History of New Media: An Evidential Paradigm," *New Media & Society* 14, No. 4 ( 2011 ) : 566-582.

除了对现代监视系统进行历史性的回顾外，本书还挑战了有关美国大规模监视系统的制度渊源的假设，尤其是作为国家主导的首要性（Specifically the Primacy of Nation-State）。目前现有的现代监视系统的历史很大程度上是政府监视历史。[1] 然而，国家或州政府并不是第二次世界大战之前有组织的监视的唯一来源，它在私营部门中拥有强大的竞争对手。在美国尤其如此，在19世纪，包括征信组织在内的商业监视系统已经建立起来，在某些情况下分散的国家监视系统相形见绌。早期的信用监视网络不仅追踪了成千上万的美国公民，而且他们整理和出售的信息所涉及的范围远远超过金融交易。信用记录通常包括一个人的家庭结构、性格、健康状况、法律和犯罪历史以及工作表现的琐碎细节，有时还包括一个人的外表，换句话说，它们是个人消费者的综合档案。即使在20世纪初期，执法机构和其他政府机构变得更加强大之后，征信行业仍然是美国最深入、丰富和复杂的个人数据收集者之一。它的文件中充斥着机密信息，以致当地警察和政府机构，包括联邦调查局和税务局，经常向征信机构寻求帮助。

资本主义监视的历史尚未得到应有的重视。尽管人们普遍认为19世纪的资本主义是民族国家在建立现代监视系统中的孪生兄弟，但我们对前者的细节知之甚少。[2] 这些未具名的"资本家"是谁？他们究竟做了什么来促进作

---

[1] See, for example, Toni Wells, "The Information State: An Historical Perspective on Surveillance," in *Routledge Handbook of Surveillance Studies*, ed. Kirstie Ball, Kevin D. Haggerty, and David Lyon（New York: Routledge, 2012），57-63. 许多示范性著作充分记录了国家记录保存做法，身份证明文件，犯罪概况和警务工作的发展。See Jane Caplan and John Torpey, eds., *Documenting Individual Identity: The Development of State Prac tices in the Modern World*（Princeton, N.J.: Princeton University Press, 2001）; Christopher Dandeker, *Surveillance, Power, and Modernity: Bureaucracy and Discipline from 1700 to the Present Day*（New York: St. Martin's Press, 1990）; John Torpey, *The Invention of the Passport: Surveillance, Citizenship, and the State*（New York: Cam- bridge University Press, 2000）; Craig Robertson, *The Passport in America: The History of a Document*（New York: Oxford University Press, 2010）; Simon Cole, *Suspect Identities: A History of Fingerprinting and Criminal Identification*（Cambridge, Mass.: Harvard University Press, 2001）; and Pamela Sankar, "State Power and Record keeping: The History of Individualized Surveillance in the United States, 1790-1935"（PhD diss., University of Pennsylvania, 1992）.

[2] 按年代顺序排列，以及民族国家和资本家的中心角色，通常可以参考安东尼·吉登斯（Anthony Giddens）的著作. See Giddens, *A Contemporary Critique of Historical Materialism*, Vol. 1（Berkeley: University of California Press, 1981）.

为一种与众不同的"现代"实践的监视？除了针对官僚主义和经济合理化兴起的姿态，这些主题直接取材于马克斯·韦伯的社会学之外，资本主义监视的形成也处于历史性的可悲状态，特别是鉴于私营部门监视处于中心地位的今天，当代监视最令人困扰的方面之一是商业数据库和新的交互式技术的增长，通过这种技术定期收集个人数据，而通常无须我们的同意。这些强大的监视形式不仅会引发隐私问题（尤其是在与美国政府机构共享商业数据时），而且还会引起人们对如何使用此类数据对个人进行分类的更大关注。将个人和人群划分为不同的风险和偏好类别，并塑造我们对现实的感知，包括我们属于（或者被排除在外于）哪些社会、经济和政治的团体。这些问题正是当代监视一些最有争议和最具价值的讨论主题。[1] 但是，如果没有可以与之联系的资本主义监视的历史，就不能将最近发展视为较长时期内的资本主义计算逻辑及其在信息商品化所不可或缺的部分。就像本书所显示的那样，可获得的"监视资本主义"的根源可以追溯到19世纪的清单和账本。[2]

　　迄今为止，资本主义监视的历史一直集中在对劳动者的监管上。19世纪，随着美国经济的工业化，拥有生产资料的资本家面临着动员和约束雇佣劳动者大军的问题。在这种情况下，监视的重点是促使工人更有效地进行工作，当然也可以提高利润。有鉴于此，卡尔·马克思（Karl Marx）对工作场所限制和强迫劳动的分析有时被视为对资本主义监视的早期批评。他观察到："奴隶主的鞭子的位置由监督者的处罚书所取代。[3]"换句话说，货币激

---

① See Oscar H. Gandy Jr., *The Panoptic Sort: A Political Economy of Personal Information* ( Boulder, CO: Westview, 1993 ) ; David Lyon, *The Electronic Eye: The Rise of Surveillance Society* ( Minneapolis: University of Minnesota Press, 1994 ) ; Joseph Turow, *Breaking Up America: Advertisers and the New Media World* ( Chicago: University of Chicago Press, 1997 ) ; and Mark Andrejevic, *iSpy: Surveillance and Power in the Interactive Age* ( Lawrence: University Press of Kansas, 2007 ).

② See Shoshana Zuboff, "Big Other: Surveillance Capitalism and the Prospects of an Information Civilization," *Journal of Information Technology* 30 ( 2015 ) : 75-89.

③ Karl Marx, *Capital: A Critical Analysis of Capitalist Production*, Vol. 1, trans. Samuel Moore and Edward Aveling ( New York: International, 1992 ) , 400. See also Christian Fuchs, "Political Economy and Surveillance Theory," *Critical Sociology* 39, No. 5 ( 2012 ) : 671-687; and Mark Andrejevic, "Surveillance and Alienation in the Online Economy," *Surveillance & Society* 8, No. 3 ( 2011 ) : 278-287.

励是资本家用来驱使雇工进行工作的温和但具有剥削性的标尺。但是，工作场所监督的形式化通常与弗雷德里克·W. 泰勒（Frederick W. Taylor）联系在一起，而不是与马克思联系在一起。[①] 泰勒在19世纪90年代和20世纪初的"时间-运动"研究中，解构了工业工作流程，并推广了新的监督技术来控制工人和赋予管理者权力（译者注：和泰勒提出的对工人工作流程的监视以达到优化管理的目的不同，本文强调的是信息监视）。他的科学管理概念既是其时代的产物，又是其痴迷于效率的工程师发明。对社会秩序的追求是美国时代进步的标志，体现在对教育、政治、政府和其他生活领域进行合理化和监督的类似努力中。[②] 消费是这些领域之一。

## 规范（Disciplining）现代消费者

生产过程的科学管理和对工人的密切监视与消费的科学管理类似。等到泰勒等顾问出现时，他们帮助商店经理管理雇员的生产活动，消费者也受到关注。供给源于需求，大规模生产源于对于内战廉价商品的大量消费。解决让大量雇佣劳动者工作的问题就需要让美国消费者去购买商品，促进消费者购买最明显的方式是广告。

尽管许多早期广告的设计都是通过大众媒体，例如报纸、杂志、广告牌和品牌包装的商业信息来吸引大批观众，但其存在很大的差别。名单经纪人和服装剪裁公司正在为19世纪80年代和90年代新兴的直邮行业提供服务，

① Frederick W. Taylor, *The Principles of Scientific Management*（Mineola, N.Y.: Dover, 1998）. See also Mark Andrejevic, "The Work of Being Watched: Interactive Media and the Exploitative Work of Self-Disclosure," *Critical Studies in Media Communication* 19, No. 2（June 2002）: 230-248; and Kevin Robins and Frank Webster, "Cybernetic Capitalism: Information, Technology, Everyday Life," in *The Political Economy of Information*, ed. Vincent Mosco and Janet Wasko（Madison: University of Wisconsin Press, 1988）, 44-75. On Taylor and scientific management, see Harry Braverman, *Labor and Monopoly Capital: The Degradation of Work in the Twentieth Century*（New York: Monthly Review Press, 1998）.

② Robert H. Wiebe, *The Search for Order: 1877-1920*（New York: Hill and Wang, 1967）.

这一行业对全国的"实时"销售前景进行了分类和定位。① 20世纪初，广告专家也开始对消费差异化产生了特别的兴趣。在"大众"消费者中，首先是按性别、阶层、种族和地理划分，产生了市场研究的新领域。② 几乎同时，泰勒正在策划钢铁工人、广告代理商、制造商和零售商的活动，出版商开始对美国消费者进行问卷调查、统计分析以及心理测试。希望这样的监视能够揭开销售的秘密，并使消费者像工人一样置于资本主义生产者及其销售队伍的监督之下。

然而，让美国人愿意去购买只是问题的一部分，能够真正让他们掏钱付款是另一回事。广告向美国人销售幸福和成功的陷阱，但要把这些东西带回家，常常需要信贷服务支持。其中包括昂贵的耐用商品，例如缝纫机和汽车，以及廉价的家居用品甚至杂货。尽管可以相信大多数消费者可以在未来某个时候偿还债务，但总有一些人没有能力或不愿意偿还债务。随着内战后个人信贷的数量和非人格化（Impersonal）程度的提高，零售商像他们之前的商业债权人一样，迫切希望偿还债务，保护自己免予坏账损失。早在19世纪70年代就出现的个人征信组织就达到了这一目的。这些新组织，像之前的企业征信公司一样，是进行惩罚性的监视（Disciplinary Surveillance）的

---

① Richard Popp, "Information, Industrialization, and the Business of Press Clippings, 1880-1925," *Journal of American History* 101, No. 2（2014）: 427-453; and Popp," Addresses and Alchemy: Mailing Lists and the Making of Information Commodi- ties in Industrial Capitalism"（unpublished conference paper, Histories of American Capitalism, Cornell University, November 7, 2014）.

② See Hartmut Berghoff, Philip Scranton, and Uwe Spiekerman, "The Origins of Marketing and Market Research: Information, Institutions, and Markets," in *The Rise of Marketing and Market Research*, ed. Hartmut Berghoff, Philip Scranton, and Uwe Spiekerman（New York: Palgrave Macmillan, 2011）, 1-26; Susan Strasser, *Satisfaction Guaranteed: The Making of the American Mass Market*（Washington, D.C.: Smithsonian Institution Press, 1989）; and Pamela W. Laird, *Advertising Progress: American Business and the Rise of Consumer Marketing*（Baltimore, Md.: Johns Hopkins University Press, 1998）.

场所①。通过监视所有本地消费者的行为——作为好人、坏人以及中立人的信息——在这些机构成员之间共享这些信息，征信组织试图加强信用度的行为和道德管理。没有结清账款，或者结账缓慢或出错的借款人的信用记录中将出现黑标，将减少或失去信贷机会。信用度不再是买卖双方之间的非正式个人事务，它已经成为一个制度性的事实。就像监督者的处罚书对工人进行了惩戒一样，征信机构的评级书也对消费者进行了惩戒。

在20世纪上半叶，征信公司积极在报纸、媒体宣传甚至游行中宣传他们的信用惩戒激励职能。信用监视不是秘密，就像消费者使用信贷购买的商品一样可以进行广告和促销。正如1936年《时代》(Time) 杂志所指出的那样，掩盖自己的私生活或过去的错误是徒劳的，征信公司将揭穿这一切。② 个人征信公司使美国人的金融行为符合放贷人的意愿，也就是让他们扮演"好"的消费者的角色。为此，信贷专业人员试图灌输及时付款的规范，对不按时还款的消费者进行惩戒以使其兑现还款承诺，甚至提供帮助以避免使他们陷入更深的债务。敦促美国人"将信用视为神圣的信任"，并避免"信用不良"(Questionable Credit) 所带来的耻辱。

这只是惩罚机制的表面现象。真正发挥作用是在地方征信机构和零售信贷部门办公室内进行了个人信用的科学管理，在那里确认了消费者的身份，记录了他们的社会关系、声誉、社会行为以及金融行为。在20世纪初期，征信机构和零售信贷部门采用了标准化的应用程序和表格、专门的记录流程以及精心设计的系统，以进行内部和彼此之间的信息编码、更新和通信，这些

---

① 米歇尔·福柯的理论见解为本文对监视及其专业功能的理解提供了帮助。See Foucault, *Discipline and Punish*; and Foucault, *Power/Knowledge: Selected Interviews and Other Writings, 1972-1977*, ed. Colin Gordon ( New York: Pantheon, 1980 ). 不能低估福柯的工作对监视研究领域的持续影响。尽管全景模型和他的历史论据受到限制，但福柯关于现代监视本质的基本主张（其整体可见性、连续监视、不可验证的目光、归一化的力量以及生物政治野心）保留了许多分析能力。对于福柯的评论，see Gilles Deleuze, "Postscript on the Societies of Control," *October* 59 ( 1992 ): 3-7; Kevin D. Haggerty and Richard V. Ericson, "The Surveillant Assemblage," *British Journal of Sociology* 51, No. 4 ( 2000 ): 605-622; and Kevin D. Haggerty, "Tear Down the Walls: On Demolishing the Panopticon," in *Theorizing Surveillance: The Panopticon and Beyond*, ed. David Lyon ( Portland, Ore.: Willan, 2006 ), 23-45.

② "Credit Men," *Time* 27, No. 25 ( 22 June 1936 ), 66, 68, 70.

是先进资本主义商业机构的做法。分析的基本单位是单个文件，每个信用主体都有一个主文件，包含该主体的个人信息和金融历史详细信息。零售商的信贷部门、金融公司、银行、燃料经销商、公用事业公司甚至是医院都保持相似的记录文件形式，这些机构向地方征信公司提供持续不断更新的本地信息。

债权人可以监视消费者的信用状况，并扩大或缩减信贷额度，以追求利润最大化。这样的监视体系对每个客户的债务负担进行管控。在第二次世界大战之前，一般的征信机构或信贷部门维护着数千个此类文件，还有一些甚至更多，例如，到20世纪30年代中期，纽约市最大的征信机构监视了超过300万个消费者的信用记录。[①] 分散保存在地方征信公司、信贷部门和商人记账本中的分散文件整合在一起构成了消费者的金融身份。尽管这种信息交换制度不完美，而且经常根据不同目的发挥不同的作用，但随着美国资本主义变得越来越集中和步调一致，这些信息交换制度反映出向着机构式合理化方向进行更大的转变。

个人信用监视不仅是一个隐蔽的进行规范教化和惩戒（Discipline）的工具，它还涉及实际的处理机制。从一开始，征信公司和信贷部门就急切地采用新的办公技术，从真空管和电传打字机系统到多路电话转接系统和机械归档设备。只有能够迅速找到并传递最全面的信用信息，技术才有用。当信贷经理或销售员要求进行信用检查时，速度通常至关重要，而客户常常在附近等待信贷结论。信用监视工具通常由女士操作，征信机构的房间里面通常全是女职员，并在固定在文件柜列之间的耳机和交换机操作台之间穿梭。20世纪50年代初期，《生活》（Life）杂志惊叹于现代征信机构的规模和效率，觉得与联邦调查局（FBI）和苏联的克格勃（KGB）的情报收集能力相比也不相上下。[②]"二战"后征信机构将在其一系列信息处理技术中增加新的电梯式归档系统（Elevator Filing System）、文件传送器和影印设备。

所有这一切很快就被另一种机器：计算机的威力所遮盖了。在20世纪60年代中期，征信业开始将数以百万计的纸质文件转换为电子数据，这一过

---

① "CreditMen," Time 27, No. 25（22June 1936）, 66.

② Robert Wallace, "Please Remit," *Life*, December 21, 1953, 42.

程被计算机所加速。同时在行业的主要订购用户：零售商、金融公司、信用卡公司和银行中采用计算机。在20世纪70年代和20世纪80年代期间，个人征信行业通过兼并被重塑了，少数几家计算机化水平高的征信公司收购了数以百计的小型地方征信公司。计算机化加快了信用监视并巩固了征信行业在全国的影响力，同时也为对消费者惩罚式的新技术（最重要的是统计评分）打开了大门。在20世纪末期，行业领先的全国性征信机构深入地参与了风险评分和数据库营销计划的开发，这些计划的执行不仅仅是简单地计算信用风险，他们还利用大量数据集来预测美国人的行为、兴趣和商业价值。

### 资本主义、风险和日常生活的金融化

现在人们讨论个人信用风险时，几乎总是在信用评分的背景下进行。自20世纪90年代以来，费埃哲（Fair Isaac Corporation，FICO）公司的三位数FICO评分一直是行业标准。① 然而，这一众所周知的基于排名的评分只是目前使用的数百种商业风险评分之一（译者注：即使费埃哲公司本身的信用评分有上百种，针对不同的目标、人群和信用场景，信用评分模型都有所不同）。在主要的全国性征信机构中，可以使用专门的模型来计算房地产贷款、信用卡、汽车贷款和保险单的风险和差异定价。还有用于潜在租户和公用事业账户的筛选模型，以及用于预测个人的家庭收入，可自由支配的支出，对信贷邀约的响应倾向以及作为应计利息敏感的债务人盈利能力的营销模型。这只是主要征信机构及其母公司提供的部分评分产品清单。新型的不

---

① 关于费埃哲（FICO）的历史, see Martha Poon, "Scorecards as Devices for Consumer Credit: The Case of Fair, Isaac & Company Incorporated," in *Market Devices*, ed. Michael Callon, Yural Millo, and Fabian Muniesa（Malden, Mass.: Wiley-Blackwell, 2007）, 284-306; and Poon, "Historicizing Consumer Credit Risk Calculation: The Fair Isaac Process of Commercial Scorecard Manufacture, 1957-circa 1980," in *Technological Innovation in Retail Finance: International Historical Perspectives*, ed. Bernardo Batiz Lazo, J. Carles Maixé-Altés, and Paul Thomes（New York: Routledge, 2011）, 221-245. 费埃哲（FICO）公司.（Fair Isaac Corporation）：最初名字是Fair, Isaac and Company，是一家总部位于加利福尼亚州圣何塞的数据分析公司，致力于信用评分服务。它由比尔·费尔（Bill Fair）和厄尔·艾萨克（Earl Isaac）于1956年创立。它的FICO评分（一种衡量个人信用风险的指标）已成为美国消费者贷款风险管理的标配。2013年，贷方购买了超过100亿个FICO分数，并且大约有3000万美国消费者自己访问了分数。

受监管的数据代理商和数据分析公司已经开发出许多其他个人评分，包括有争议的（个人）健康和社交网络模型。[1]

随着越来越多的日常经验受到商业算法的约束，人们开始担心这些"黑匣子"过滤器和决策系统正在威胁隐私和公平正义的基本合法权利。专有算法不仅确定我们在搜索和新闻结果中看到的内容，而且它们还影响着我们在市场上的声誉。[2] 信用评分一直处于这些发展的前沿。在生成易于比较的数值时，评分模型还具有使风险本身的量化成为常规，从而将有关一个人的可信度、可靠性和价值的经验性事实转换为概率等级。个人可能会质疑其信用档案中的错误，但对于得出我们分数的秘密公式没有争议，甚至完全理解。重要的是，20世纪末的信用评分的广泛使用标志着将消费者视为客观风险和风险人群代表的描述发生了根本性转变。[3] 对借款人来说，只有借款人的统

---

[1] Pam Dixon and Robert Gellman, "The Scoring of America: How Secret Consumer Scores Threaten Your Privacy and Your Future," World Privacy Forum, April 2, 2014, http://www.worldprivacyforum.org/wp-content/uploads/2014/04/WPF_Scoring_of_America_April2014_fs.pdf（accessed July 20, 2016）; Amy J. Schmitz, "Secret Consumer Scores and Segmentation: Separating 'Haves' from 'Have-Nots.' "*Michigan State Law Review*, No. 5（2014）: 1411-1473; and Federal Trade Commission, *Data Brokers: A Call for Transparency and Accountability*（May 2014）, https://www.Mc.gov/system/files/documents/reports/data-brokers-call-transparency-accountability-report-federal-trade-commission-may-2014/140527databrokerreport.pdf（accessed August 7, 2016）.

[2] 关于算法的重要研究, see Frank Pasquale, *The Black Box Society: The Secret Algorithms That Control Money and Information*（Cambridge, Mass.: Harvard University Press, 2015）; Danielle Keats Citron and Frank Pasquale, "The Scored Society: Due Process for Automated Predictions," *Washington Law Review* 89, No. 1（2014）: 1-33; John Cheney Lippold, "A New Algorithmic Identity: Soft Biopolitics and the Modulation of Control," *Theory, Culture & Society* 28, No. 6（2011）: 164-181; Tarleton Gillespie, "The Relevance of Algorithms," in *Media Technologies: Essays on Communication, Materiality, and Society*, ed. Tarleton Gillespie, Pablo Boczkowski, and Kirsten Foot（Cambridge, Mass.: MIT Press, 2014）, 167-194; and Cathy O'Neil, *Weapons of Math Destruction: How Big Data Increases Inequality and Threatens Democracy*（New York: Crown, 2016）.

[3] 马龙最清楚地表达了这种观点，他借鉴了新自由主义批评和福柯的政府性理论，解释了当代信用风险的制度化及其作为经济治理技术的功能。See Marron, *Consumer Credit in the United States*. 我对20世纪后期风险评分的分析与马龙（Marron）的观点一致，尽管我将其发展和更大的意义归因于不同的历史主题和前因。 对于有关经济合理化和政府性的福柯研究，see Colin Gordon and Peter Miller, eds., *The Foucault Effect: Studies in Governmentality*（Chicago: University of Chicago Press, 1991）; and Peter Miller and Nikolas Rose, *Governing the Present*（Cambridge, UK: Polity, 2008）.

计近似值的描述，并被剥夺了独特性，简化为一组可以统计和计算的数据。

尽管信用评分技术为许多美国人扩大了商业机会，但它们也引入了一种新的金融消费者知识。最初信用评分作为后端管理工具，如今已成为至关重要的个人统计数据，消费者对他们的信用评分具有像企业家那样重视的兴趣，将其视为经济绩效的指标，就像华尔街经纪人热情地跟踪宏观经济指标波动一样。随着私人事务的增加，从投资和银行业务到医疗保健和身体状况，信用度的自我掌握要求消费者接受持续检查和计算。吸引消费者参与自我监视，以及信用监视服务的营销以协助对经济的自我管理，反映出有些人所认为的当代生活应更广泛的"金融化"。①

本书对金融客观化和风险意识的泛滥也有类似的担忧。但是，就像信用监视本身一样，经济量化和风险管理也不是最新的技术，也不是20世纪晚期新自由主义独有的，它们是美国资本主义历史上的重要主题。19世纪20年代和19世纪30年代的市场革命不仅改变了社会关系，也改变了美国人谈论自己的方式。出现了一种新的资本主义语境，其中将个人身份与金融财务上的成功混为一谈，非常可悲。

正如美国卡耐基梅隆大学的文化历史学家斯科特·桑德奇（Scott Sandage）所表明的那样，人们不再只是失去财富，他们会成为失败者。他们也会成为"第一信用等级者（First Rater）"或"第三信用等级者（Third Rater）"，这具体取决于商业信用评级公司。② 本书将展示信用监督如何促进新的经济自我意识形式（福柯主义者［Foucauldians］称之为自我管理），以及信用监视如何促进市场价值在美国生活中的深入渗透。换言之，本书展示了个人身份如何成为金融身份。

---

① See Randy Martin, *Financialization of Daily Life* ( Philadelphia: Temple University Press, 2002 )；Marron, *Consumer Credit in the United States*; and Paul Langely, "Equipping Entrepreneurs: Consuming Credit and Credit Scores," *Consumption Markets & Culture* 17, No. 5 ( 2014 )：448-467. On the origins and transformation of contemporary finance capitalism, see Greta R. Krippner, *Capitalizing on Crisis: The Political Origins of the Rise of Finance* ( Cambridge, Mass.: Harvard University Press, 2011 )；and Costas Lapavitsas, "The Financialization of Capitalism: Profiting without Producing," *City* 17, No. 6 ( 2013 )：792-805.

② Sandage, *Born Losers*.

　　从根本上讲，现代信用监视的发展是对新兴国民经济中风险问题的回应。如果债权人对潜在借款人知之甚少或一无所知，潜在的灾难性突发事件就会进入金融系统。从个人的财务失败到不可抗拒力事件（Acts of God），这种风险呈现多种形式，它们威胁的不仅是单个（金融）公司，而是整个经济体系。正是作为一场全国性灾难的1837年大恐慌，促成了第一个企业征信公司的成立（1841年刘易斯·大班［Lewis Tappan］的商业征信所），这些早期的企业征信公司和随后的个人信用监视网络代表着对此类风险推理化和控制所做的努力。通过集中有关借款人的信息，整理成信用风险，并发明一种新的信用管理语言和相关的分析科学。

　　像其他在1837年后兴起的风险行业一样，例如人寿保险，系统的信用监视是试图对创造性破坏所带来的资本主义震动的一种安全性测量，并且希望是可预测的。[1] 征信就像保险一样，是一种风险技术。[2] 这类新型商业机构的基本目标是使信用风险可计算。这种计算的优点不是实验准确性，而是将它们用作比较的尺子（译者注：可以理解为这种计算的优点不是概率运算，而是排序）。尽管很久之后才开发统计评分，早期的征信组织将信用风险定义为可量化的指标。[3] 信用评级的层次结构，很明显地看到为借款人评定的A1等级风险较小，而且比1/2的说法容易理解。在19世纪，个人征信组织开发了它们自己的基本编码系统来与本地商人的消费者客户付款历史的账本关联起来。同时期发展的保险分类的一些概念对征信有明显帮助，尽管征信系统不是定量的，但它们希望借助保险业的启发，让信用度未来能够像诸如死亡率之类的可以使用精算方法来计算。

---

[1] Jonathan Levy, *Freaks of Fortune: The Emerging World of Capitalism and Risk in America* (Cambridge, Mass.: Harvard University Press, 2012).

[2] François Ewald, "Insurance and Risk," in *The Foucault Effect: Studies in Governmentality*, ed. Colin Gordon and Peter Miller (Chicago: University of Chicago Press, 1991), 197-210. On insurance "risk making" and its historical relationship to credit reporting, see Dan Bouk, *How Our Days Became Numbered: Risk and the Rise of the Statistical Individual* (Chicago: University of Chicago Press, 2015).

[3] Bruce G. Carruthers, "From Uncertainty toward Risk: The Case of Credit Ratings," *Socio Economic Review* 11 (2013): 525-551. On commensuration, see Wendy Nelson Espeland and Mitchell L. Stevens, "Commensuration as Social Process," *Annual Review of Sociology* 24 (1998): 313-343.

直到20世纪30年代末还没有开发出信用风险分析的统计技术，在当时信用评分对于一般人来说仍然遥不可及，数学家也是直到20世纪50年代后期才开始研究信用评分。但这并没有阻止信贷专业人士探索新的方法来进行风险分类和信用度预测。具有讽刺意味的是，那些靠收入有能力偿还的人往往也不能及时还款，所以在当时消费者的收入高低被证明是高度不可靠的信用风险指标。信用专家就去关注其他变量，包括职业、邻里、国籍、种族，甚至是智商。这些不是新"发现"的风险变量。这种偏见性的社会分类是约定俗成经验的一部分，这种约定俗成的经验早已为赊销决策提供了依据。在20世纪20年代和20世纪30年代，这些风险类别已在行业规范文档（Instructional Text）中进行了列举，并通过行业报告和学术研究赋予了新的专业合法性。特别是职业已成为对人群的信用度进行分类的一个有潜质的变量；拿薪水的专业人员和公务员，其收入稳定且具有社会责任感，通常排在首位；非熟练工人以及仅从事过临时工作的人，有道德瑕疵者，以演员、推销员和女服务员为例，通常排在底部。尽管信用评估在20世纪的大部分时间里仍然主要是一个主观的过程，在计算机化的信用评分兴起的几十年前，进行消费者社会经济分类和确定风险人群的货币价值的工作，仍处于消费信贷管理的最前沿。

最初，个人信用监视被狭义地视为一种预防系统，即一种识别和隔离"老赖们"（Deadbets）的技术。第一次世界大战后，情况发生了变化。信用信息开始在更广泛的范围内传播，因为处理此类个人数据的信贷经理和征信机构运营人员开始将其额外价值视为商业智能。例如，在20世纪20年代，零售信贷经理突然意识到他们庞大的文件不仅对评估信用风险有用，还包含详细的信息——交易数据——有关其客户的人口统计、偏好和消费行为。因此，信用监视及其带来的日常记录保存可用于细分商店客户并制定有针对性的促销活动。大约在同一时间，征信机构开始积极推销诸如保险报告、人事报告和租户报告。这使他们可以通过重新打包和商品化其主文档中的信息来扩展业务。甚至在20世纪50年代和20世纪60年代，征信机构开始提供信用筛查服务来管理赊购账户（Charge Account）应用，最重要的是出售优质客户清单。

尽管征信公司长期以来不销售促销名单，因为他们担心这会损害其公正性和声誉，引起订阅者（征信公司还依赖订阅者提供消费者信息）的不满。征信行业在20世纪60年代开始继续探索，超出了仅仅作为防止信贷损失——其最初的服务目标。它成为战后信息经济（Information Economy）的主要参与者和领导者，是当代美国生活金融化背后的力量。信用监视不仅使金融身份的概念制度化，它也促进了与信用无关更广泛的消费者监视形式。这种扩张的历史，从早期零售数据挖掘到消费者名单营销，有助于我们了解当代消费者监视的起源、逻辑及其致力于将个人身份简化为商业数据时代人口统计、生活方式和金融属性的表层化指标。

### 信用道德与品格的持久性

信用度的概念，尽管具有当前的技术精英式（Technocratic）管控的光环，但却是非常个人化的。也许违反直觉，这不仅是拥有偿还债务的金融手段（资本）的问题。作为饱受挫折的（Jilted）放贷人已经表明，个人的财富（Wealth）一点也保证不了其及时还款。大量有钱的客户出于冷漠或傲慢而拒绝结账。但相反，大量贫穷耕作的债务人却想尽一切办法来兑现他们的债务。因此，信用度与人是否有能力偿还债务关系不大，而与人是否愿意偿还更相关，它取决于一个人的诚实、正直，有始有终和负责任的声誉。从某种程度而言，信用是一种道德评判（译者注：此处很好地介绍信用度的理解，但是对于道德的信用理解，还是需要进行分析，可以说和道德相关，不宜说是一种道德评判）。

对一个人拒绝信贷相当于一种羞辱，虽然并不能表明消费者不是一个完全诚实或可靠的人，但是说明他缺乏自律或管理自己的生活和金融事务的能力不足。这是1913年洛克菲勒事件的幽默潜台词。[①] 百货商店的店员不仅未能认出地球上最著名的人之一，她还曾质疑他的信用，怀疑这位富豪是否值得信任，无形之中对洛克菲勒进行了羞辱。在19世纪对信用度要

---

① 洛克菲勒（Rockefeller）时代金融家之间个人声誉风险的严重性, see Susie J. Pak, *Gentleman Bankers: The World of J. P. Morgan*（Cambridge, Mass.: Harvard University Press, 2014）.

素进行编码时，它们被方便地概括为可以用三个C开头的英文字符描述的模型：品格（Character，译者注：本文把Character翻译为品格，下同）、资本（Capital）和能力（Capability）（一个人的工作经验和谋生能力）（译者注：信用模型常常有5C之说，此处忽略了抵押［Collateral］和场景［Condition］，聚焦于消费者本身的信用）。该信用度计算公式直到20世纪一直作为信用评估的通用方法。重要的是，这种三重变量模型中的第一个C—品格被广泛认为是最能说明问题的。1936年个人金融指南的作者强调说："比财产或收入更重要，是购买者的品格，其正直和诚实的声誉证明了这一点。"① 作为真正的内在本性和伦理核心思想的反映，品格被认为是信用度的决定性因素。它既能决定谁即使在逆境中也能偿还债务，也能判断出谁会躲避或违约。"消费者品格激活了信用关系中的自治，并产生了合作而不是冲突，促成了债务人的主动性而不是对抗债务，"一位著名的商业教授在1967年的教科书中解释说，由于品格的因素，债务人有责任心、组织性强、有条理、心态平和（Balanced）、有远见，并且对债务清偿能力非常清醒。② 换句话说，最佳消费者已经社会化了借贷的财务和道德要求，并墨守了信贷机构的要求。

品格可能是信用最重要的方面，但它也是最难以理解的。当然，问题在于品格是一种难以捉摸的主观品质，无法观察、衡量和直接判断。为了判断一个人的品格，债权人通过个人的外在行为和关系寻找线索：外貌和人品；婚姻稳定（或不和睦）；一个人的住所环境；饮酒习惯；赌博或打情骂俏的偏好；在邻居、雇主和商业伙伴中的口碑。到20世纪60年代，关于消费者品格的描述成了信用报告中不可或缺的特征。常常出现在信用报告末端开放的备注部分和网格状专栏中，同时要求征信机构调查人员指出该消费者是否"在品格、习惯和道德上得到了很好的评价"。③

---

① David F. Jordan, *Managing Personal Finances: How to Use Money Intelligently* ( New York: Prentice-Hall, 1936 ), 56-57.
② Robert Bartels, *Credit Management* ( New York: Ronald Press, 1967 ), 312.
③ Clyde William Phelps, *Retail Credit Fundamentals,* 4th ed. ( St. Louis, MO: International Consumer Credit Association, 1963 ), 6.

当有关个人品格的信息在信用报告中流转，该征信公司的用户（例如零售的信控部门）也进行了他们内部的个人品格检查。每当客户申请赊购时，无论是在百货商店还是银行，信贷经理通常会面信贷申请个人并询问出有关申请人的尽可能多的信息，从金融状况、家庭安排到个人生活。在进行这些令许多消费者感到恐惧的刺探性的面对面访谈时，信贷经理也仔细检查了申请人的性格和举止，并自己做出这些客户是否诚实的判断。即使信用管理转向系统性地记录和量化，个人面谈仍然是标准做法，即使信贷专业人士承担了新的执行职能，他们看穿外表判断信贷申请者品格的超强能力，仍然是他们在职场上的竞争优势。

从我们这个时代的优势来看，注重用品格来判断信用度的观念似乎属于过去的时代。计算机化的信用报告和评分系统已将信用评估变成完全非人格化的事情。信用价值，被重新表述为信用风险，表现为无价值的（Value-Free）和实验性的现实——数字进（Number In）和数字出（Number Out）。因此清除了信贷经理天马行空思想，还有性别和种族歧视，消费者信贷评估现在比以往任何时候都更加民主和客观。

当然，事实还不是那么简单。信用风险，特别是归纳成信用评分，它很难说是缺乏社会意义的经济指标。尽管统计学家和信贷机构分析师尽了最大的努力隔离金融风险，来将经济因素和社会因素分离开，仅在信用评分中考虑经济因素，但社会因素的影响继续再现。从理论上讲，信用度完全是由自身创造和自我决定的，是对一个人的好坏判断和金融行为的总结概括。但是，实际上它也是由种族、地理位置和阶层地位决定的。[1] 经济生活总是植

---

[1] See Matt Fellowes, "Credit Scores, Reports, and Getting Ahead in America," Brookings Institution, May 2006, http://www.brookings.edu/~/media/research/files/reports/2006/5/childrenfamilies%20fellowes/20060501_creditscores.pdf（accessed January 15, 2014）; and Board of the Governors of the Federal Reserve System, *Report to the Congress on Credit Scoring and Its Effect on the Availability and Affordability of Credit*, August 2007, http://www.federalreserve.gov/boarddocs/RptCongress/creditscore/creditscore.pdf（accessed May 26, 2015）. 关于算法分类的拟合效果，see Marion Fourcade and Kieran Healy, "Classification Situations: Life-Chances in the Neo-liberal Era," *Accounting, Organizations, and Society* 38（2013）: 559-572.

根于社会结构和关系中。① 如果有衡量信用度的技术，它也会反映实际上存在的社会不平等，这一点并不奇怪。

甚至，计算机化的信用报告和信用评分也无法消除信用度中的基本道德因素。被拒绝信用，无论是亲自体验还是通过自动回复，仍然感觉有点侮辱（Insulting）。对于技术的抽象——对匿名人群和近乎匿名的人群的远程数据处理和统计分析——信用评估仍然是道德判断的形式。之所以如此，是因为信用度永远是衡量个人诚实、正直的标准。即使被无生命的、冰冷的数据计算所掩盖，信用度也不能偏离这些标准。品质因素尚未从信用评估中删除；它被更容易接受的风险语言所取代。尽管语义上发生了这种变化，但信用的道德性还是很容易被发现的。通过在与信用决策无关的领域中使用信用信息，例如员工筛选和汽车保险，可以发现这一点。在这里，信用信息不是用来评估金融违约的可能性，而是要衡量个人诚实、负责任，以及比较随和或易发生冲突的总体性格倾向。同样，信用评分也不是没有瑕疵的金融表述。他们代表了过去称为"品格"的东西，体现在一个人的分数（信用评分）的好坏上。

归根结底，信用度远不等价于金钱，还体现为在那些想与我们交易的人眼中，我们是什么样的人。随着时间的流逝，我们的债权人已经发生了变化，从本地商人到全球公司，但他们仍然想知道同一件事：我们是"好人"吗？严守承诺吗？可靠吗？有利可图吗？金融身份是道德身份的一种形式，个人信用监视——报告、评级和评分——是一种道德的计算（译者对这个观点存在异议，信用评估［报告、评级和评分］不仅仅是道德的评判，更是一种经济状态的测量）。洛克菲勒被克里夫兰百货公司宣布为"好人"不是因为他手上有数百万美元，而是因为他总是按时偿付账单，百货公司就可以在

---

① 经济生活的社会嵌入性是当代经济社会学的一项重要见解。See Mark Granovetter, "Economic Action and Social Structure: The Problem of Embeddedness," *American Journal of Sociology* 91, No. 3（1985）: 481-510; Greta A. Krippner, "The Elusive Market: Embeddedness and the Paradigm of Economic Sociology," *Theory and Society* 30（2001）: 775-810; and the work of Viviana A. Zelizer, notably *Morals and Markets: The Development of Life Insurance in the United States*（New York: Columbia University Press, 1979）and *The Social Meaning of Money: Pin Money, Paychecks, Poor Relief, and Other Currencies*（New York: Basic, 1994）.

后续的交易中指望他多买多还，带来更多的利润。

### 信用监视和隐私的终止

任何监视的历史都是一部隐私历史。这本书追踪了美国现代消费者监视的兴起，展示了新兴的商业机构和文档协议如何撬开美国公民个人事务。从19世纪40年代开始，企业征信组织将编制并出售商业社区的声誉和金融财务状况的信息作为他们的职业使命。在人口普查过程中，虽然政府与个人接触有限，但许多美国人还是会为人口普查员的冒犯而感到愤怒，可是个人征信公司却以前所未有的规模侵犯了个人隐私。① 在政府不敢提出类似的全面监视的项目方案的时代，至少在19世纪是这样，私营部门可以并且已经这样做了。正当性在于债权人的道德上的优先权，债权人的知情权取代了债务人的隐私权。几千年来，宗教思想家和哲学家都谴责债务作为一种束缚的形式。例如美国开国元勋和大发明家本杰明·富兰克林（Benjamin Franklin）就曾警告说，承担债务就意味着要出卖自己的自由。债务人不仅会危害他们物理上的自由——在19世纪40年代，他们（还不起债的人）仍然可能会在某些州被关进牢狱，也会危害他们的正直声誉。富兰克林最著名的谚语之一：" 很难让瘪了的麻袋立起来。" 那些欠钱的人被终身谴责有罪，不仅是因为债务本身是不道德的，而且是因为他们不断躲避并以虚假的承诺拖延债权人。富兰克林开玩笑说，"第一个恶习是陷入债务，那么第二个恶习是撒谎"。② 知道了这一点，放贷人面对指责是心知肚明的。关键是，他们完全有权追捕和询问债务人，因为背负债务在道义上丧失了宣示隐私的权力。

个别债权人可能因侵犯（Nosing）他们的贷款人的事务会被原谅，但有组织的入侵却是另一回事。尽管19世纪的企业征信机构被社会接受，他们

---

① See David J. Seipp, *The Right to Privacy in American History*（Cambridge, Mass.: Harvard University, Program on Information Resources Policy, 1978）.

② Benjamin Franklin, "The Way to Wealth," in *The Papers of Benjamin Franklin,* Vol. 7, edited by Leonard W. Labaree（New Haven, CT: Yale University Press, 1963）, 340-350.

仍然面临持续不断的敌对行动。不满的商户（Resentful Merchants）指责他们从事间谍活动，以及因不利报告而受到伤害的人会对征信机构提出诉讼，包括向美国最高法院提起诉讼。① 在更长的时间范围内，这些商业监视场所引起的案件和敌意，导致了对当代隐私权的辩论，尤其是有关个人数据使用（滥用）的辩论。面对商户这种为了合法权益进行抗争的历史，我们可能会期望消费者受到来自机构的信用监视时，也会采取类似的举措。根据行业记录，许多寻求信贷的消费者感到尴尬，当商店信贷经理要求提供他们的生活详细信息时，一些消费者提出了抗议。在极少数情况下，当商家黑名单的内容——但不是该名单存在的事实——开始曝光，整个消费者社区都被激怒了。然而，他们的抗争似乎到此为止了。就像洛克菲勒在存有怀疑的店员面前，表示服从是典型的反应。

　　为什么美国人不为包围他们的个人信用监视网络所困扰？这种冷漠不仅让研究信用监视的历史学家感到好奇，也使征信机构职员和信贷经理感到困惑。尽管做出了各种努力来宣传征信机构重要的社会角色，并培养大众的信用意识，公众的无知却使征信专业人士经常感到沮丧。消费者如何看待信用监视？他们有没有想到这一点呢？遗憾的是，历史记录中很少公开评论，本书的介绍也缺乏从消费者经历的角度来描述。相反，本书是从征信行业的角度讲述历史，可以在公司档案、贸易新闻故事、行业指导性文件、会议报告、征信机构出版物和公共关系发展中找到。当然，这存在一定的局限性，其中包括出现错误地将一些说明性的记录（Prescriptive Account）（如信用监视的工作方式的理想化版本）与征信机构和信贷部门的实际日常运作相混淆的问题。但更重要的是，还存在放大监视工具惩罚激励作用的风险。实际上，本书无法回答有关个人信用监视功效的问题，即它是否"有效"。信贷专业人员当然相信这一点，但是如果没有消费者的声音，很难估计这种监视所产生的道德或心理影响。

---

① See Marc Flandreau and Gabriel Geisler Mesevage, "The Untold History of Transparency: Mercantile Agencies, the Law, and the Lawyers（1851-1916），" *Enterprise & Society* 15（2014）: 213-251.

　　与政府或媒体的违法行为涉及隐私的情况不同，消费者隐私的概念直到20世纪60年代还未正式进入大众的视野。进步时代（Progressive-Era，20世纪前两个十年称为"进步时代"和"革新时代"）改革者支持"消费者"，并激发了第二次世界大战之前的公民购物者的新政治诉求。群体从公平价格到安全食品，呼吁更多的公众权利，但是有一种权利是他们不要求的，那就是隐私权。[①] 有人在20世纪20年代对调查公司和市场研究人员的刺探（prodding）表示恼怒，可以发现是这种侵犯个人隐私不安情绪的最初体现。一位编辑经常抱怨说美国公众被挟裹在"名副其实的调查狂欢中"，并对不断要求的自我信息披露大为恼火，"你觉得不得不吃木薯淀粉已经够糟糕了，你还必须能够告知你正在食用的木薯淀粉品牌，以及你为什么比其他品牌更喜欢这一个。"[②] 在20世纪50年代，市场营销专家因运用心理技巧来挖掘消费者的潜意识而受到新的攻击（译者注：近年来，基于心理测量的信用评分是研发的一个热点问题，特别在新兴市场国家有一定的应用）。在《隐藏的说服者》（The Hidden Persuaders，1957年）这本畅销书中，曝光了广告业的"大众心理分析"计划。万斯·帕卡德（Vance Packard）抨击这种操纵的道德问题，并指责其操纵者侵犯了"我们思想的隐私"，[③] 这是消费者（保护个人隐私）运动兴起的第一炮。

　　当美国人开始意识到个人隐私问题的时候已经为时已晚，全国性的征信基础设施已扎根，处于计算机化的早期阶段，征信机构的监视扩展到亿万公民，数据远比大多数人想象得要详细。同时，计算机被用于制定统计

① 关于消费者运动, see Lawrence Glickman, *Buying Power: A History of Consumer Activism in America*（Chicago: University of Chicago Press, 2009）; Lizabeth Cohen, *A Consumers' Republic: The Politics of Mass Consumption in Postwar America*（New York: Knopf, 2003）; Daniel Horowitz, *The Anxieties of A uence: Critiques of American Consumer Culture, 1939-1979*（Amherst: University of Massachusetts Press, 2004）; and Charles F. McGovern, *Sold American: Consumption and Citizenship, 1890-1945*（Chapel Hill: University of North Carolina Press, 2006）.

② Weare Holbrook, "The Confessions of a Goldfish," *Los Angeles Times*, November 3, 1929, F14, 23. On American attitudes to survey research, see Sarah E. Igo, *The Averaged American: Surveys, Citizens, and the Making of a Mass Public*（Cambridge, Mass.: Harvard University Press, 2007）.

③ Vance Packard, *The Hidden Persuaders*（New York: David McKay, 1957）, 266.

评分程序，不仅革新了信贷发放，而且革新了风险管理和市场营销。尽管在20世纪70年代初期通过了遏制最严重的信用报告和信用评分滥用行为的联邦法律，这些法律对于保护美国人免受新兴信息经济影响的作用很小。直到今天，个人数据收集和货币化的新技术和创新策略，继续超越立法的步伐。本书侧重于资本主义和消费主义在现代监视社会形成中发挥的作用，也关注这种商业监视对隐私的未来和人类价值的衡量标准所带来的威胁。

# 第一章

# 推动诚信的专业机构

本章内容是关于企业征信机构。在美国征信历史上首先出现的是商业征信机构，即企业征信公司。1837年的经济危机之后，需要解决进口商、制造商和批发商长途贸易，以及工业化快速发展出现行业分工细化所带来商业交易信息不对称。于是纽约的纺织批发商刘易斯·大班和他的兄弟在1841年创建了商业征信所。这是全球最早的征信机构，也是目前全球最大的企业征信机构邓白氏的前身。该机构雇用了很多律师背景的调查员，包括四位前任美国总统在内。

这些早期的企业征信公司，面向不同规模和不同行业的商人。对信用信息的搜集从最初的声誉口碑到文字描述的信用报告，之后又演化成为数字形式的信用评级参考书，作为对商人信用度评判的数字摘要。电报和打字机技术开始在征信领域广泛应用。

因为信用报告和信用评级相当于商人的金融身份，涉及切身利益，所以征信行业从一开始，信息发布和共享就争议不断，但特许保密通信原则提供了一些庇护。

### 系统化信用监视的诞生

"可能没有哪个国家的信贷像美国这样纯粹是个人问题"。这是弗朗西斯·J. 格伦德（Francis J. Grund）的评论，格伦德先生是在奥地利出生的数学和语言教师，于19世纪20年代移民到美国。在波士顿和费城的私立学校工作后，他以政治记者和党派骇客（Partisan Hack，也称为政治骇客，通常立场上支持某一特定党派或意识形态，而不论该党派或意识形态的观点是否道德上正义或事实上站得住脚）而出名。他对信贷的观察发表在《美国人》（*The Americans*，1837年）一书中，这本书与亚历克西·德·托克维尔（Alexis de Tocqueville）更为著名的著作是在同一时期、遵从同样的精神写成的。尽管格伦德作为一个"政治变色龙"被人们所熟知，在19世纪中期，他在为辉格党和民主党候选人的竞争撰文时笔锋辛辣，但他对美国"平等主义实验"（Egalitarian）钦佩之情始终如一。[①]

格伦德发现，这个年轻的国家有许多与众不同的地方，其中之一就是它的公民在发放贷款时对彼此的信任。他解释说，美国的债权人更关心借款人的品格和工作态度，而不是他拥有的财富。欧洲的情况正好相反。在那里，信贷被留给那些拥有大量的财产、土地或具有财产继承权的人，因此加强了旧世界的等级制度和涉及财富与机会分配的阶级束缚。在美国，情况就不同了。人们对商人和消费者的信任与他们的名声成正比，如诚实守信、勤奋工作、意志坚韧、市场洞察力敏锐、积极进取等。一个商人的每一项道德品质表现都会增加他的信用，就像他的实际收入一样。格伦德总结说，这才是美国信用体系的"真谛"。

---

[①] Francis J. Grund, *The Americans in Their Moral, Social, and Political Relations*（London: Longman, Rees, Orme, Brown, Greene, and Longman, 1837）, 111-117. On Grund, see Holman Hamilton and James L. Crouthamel, "A Man for Both Parties: Francis J. Grund as Political Chameleon," *Pennsylvania Magazine of History and Biography* 97, No. 4（October 1973）: 465-484.

美国信用自由市场是民主意识形态的产物，也是现实需求的产物。在19世纪的最初几十年里，信用关系逐渐变得广泛和复杂。格伦德的到来正值这个年轻国家进入"市场革命"的阵痛期，这是一段商业和技术剧烈变革的时期，它把各行各业的美国人吸引到新兴的相互交织的商业交易和金融服务的体系之中。[①] 家庭农场和小企业曾经与商业资本相距甚远，此时也加入了经济增长的洪流中。这种变化是通过遥远的商品市场需求、计件工作、雇佣劳动、房地产贷款、保险合同、投机投资和利润优先、甘冒风险的创业精神等实现的。这种资本运作方式的转变不仅重塑了美国传统的生产和分配体系，它还重塑了美国社会，并将新的工作、贸易和人际关系货币化。

信贷是实现这种转变的核心。当然，借钱并不是什么新鲜事。殖民地的美国人是根深蒂固的债务人，而这个新生国家的自由独立其实就是在国际贷款的资助下实现的。[②] 但是在合众国初期，信贷和可转让金融工具的重要性在新的时代背景下被赋予了新的意义。内陆贸易联系拓展、流通货币短缺，以及工业化加速都促成了美国信贷需求的激增。1834年，时任美国国务卿的丹尼尔·韦伯斯特（Daniel Webster）提醒他的参议员同僚们："信贷是商业体系中至关重要的空气。它已经广泛而深刻地渗透到我们整个社会生活体系中。"[③] 一份19世纪中期的报纸阐述了

---

① 市场革命的概念和时间顺序是不断争论的话题，但历史学家普遍认为，19世纪初期是美国资本主义发展的分水岭。参考 Michael Zakim and Gary J. Kornblith, eds., *Capitalism Takes Command: The Social Transformation of NineteenthCentury America*（Chicago: University of Chicago Press, 2012）；John Lauritz Larson, *The Market Revolution in America: Liberty, Ambition, and the Eclipse of the Common Good*（New York: Cambridge University Press, 2010）；Melvyn Stokes and Stephen Conway, eds., *The Market Revolution in America: Social, Political, and Religious Expressions,* 1800-1880（Charlottesville: University of Virginia Press, 1996）；and Charles Sellers, *The Market Revolution: Jacksonian America,* 1815-1846（New York: Oxford University Press, 1991）.

② Bruce H. Mann, *Republic of Debtors: Bankruptcy in the Age of American Independence*（Cambridge, Mass.: Harvard University Press, 2002）.

③ Daniel Webster, "The Continuance of the Bank Charter," in *The Writings and Speeches of Daniel Webster*, Vol. 7（Boston: Little, Brown）, 89, 92

这种金融服务在民间的发展。一位接受赊购货物的人向贷款人保证，"几天之内我肯定能还你钱——最多一个月，"他信心满满的保证打消了贷款人的疑虑。一旦（皮匠）斯阔尔·琼斯向伐木工支付工钱，伐木工就会支付他在屠夫那儿的欠款，屠夫再还鞋匠的钱，鞋匠然后又把钱还给皮匠，最后皮匠把钱还给他，于是这位赊购货物者就可以向他的债权人还钱了。这种环环相扣的债务链条（见图1.1）的一端甚至可以延伸到最高水平的跨国金融。

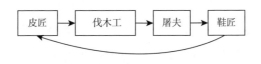

图1.1　债务链条示意

到了19世纪40年代，美国人认识到，美国式的借贷已经成为一种经济现象，这种经济现象被简单地称为信用体系（Credit System）。尽管信用在美国人的生活中根深蒂固，但它的合法性和控制机制在整个19世纪一直是公众激烈争论的中心。毕竟，韦伯斯特为信用所做的辩护并没有增进美国人对信用的理解和接受。这是他攻击杰克逊总统解散美国第二银行计划的有力武器。尽管许多投资者和暴发户将信用体系视为经济发展的工具，但也有人反对，认为它是一种危险的发明，给富人带来了不公平的优势。更糟糕的是，它鼓励投机，从而引发了经济危机。这种危机的证据不难找到，1819年和1837年的经济恐慌就是明显的例子。

然而，这场辩论的各方都明白，信用除了是一种经济现象外，还具有明显的社会性。正如格伦德所惊讶的那样，美国信用体系的关键是社会信任。在19世纪的商业小世界里，这种信任是一种熟悉的功能。那些以勤奋和诚实而闻名的人通常能够期望得到赞扬，而那些游手好闲、撒谎或屡次搞砸事情的人则不能。无论人们怎么说或怎么想，信用度

（Creditworthiness）本身"只不过是公众见解"。① 这种观点被发表在当时首屈一指的商业媒体《亨特商人杂志》（*Hunt's Merchant's Magazine*）上，在当时丝毫没有讽刺的意味。信用度（Creditworthiness）和声誉（Reputation）是一回事。

然而，到了19世纪30年代，评估个人信用度的传统方法开始失去效力。随着沿海城市人口和内陆人口的增加，美国社会开始显现出现代化的迹象。其中最主要的是传统商业领域内社会信任的崩溃。② 虽然邻里之间的信用关系没有改变，但那些在地区或全国范围内进行贸易的人发现，他们越来越难以判断贸易伙伴的可信度，因为他们对这些伙伴并不了解，也无法从州际商业往来中了解到什么。这对城市商人来说是个大问题，尤其是进口商、制造商和批发商，他们每年春天和秋天都要把货物卖给乡村的零售商和贸易商人。在每年两次的销售季，外地的买家会聚集在纽约和其他沿海购物中心，为他们的家乡社区购买物资。零售商人和店主进货增加存货，贸易商人、农场主和其他人购买原材料和设备。许多商品是通过信用赊销来促成销售的。在处理如此多的风险业务时，商人们要去相信那些名声不详、无法核实的客户，面临着相当大的压力。

1837年的恐慌凸显了这种冒险行为的危险性。随着危机的蔓延，一连串的违约债务造成了投资失败和商业破产，引发了美国经济瘫痪。③ 虽然许多受影响的人是结构性经济失败的受害者，而不是投机或诈骗活动的参

---

① "The Principles of Credit," *Hunt's Merchant's Magazine* 2, No. 3（March 1840）: 194.

② 信任（及其正面，风险）问题作为现代性的定义特征，占据了当代社会学理论的重要位置，特别是在机构的中介作用和技术专长方面。See Anthony Giddens, *The Consequences of Modernity*（Stanford, CA: Stanford University Press, 1990）, and Ulrich Beck, *Risk Society: Towards a New Modernity*, trans. Mark Ritter（London: Sage, 1992）. 风险管理的观点在经济学家中占主导地位，他们通常将信用报告视为解决借贷情况下信息不完全或不对称问题的解决方案（see Margaret J. Miller, introduction to *Credit Reporting Systems and the Inter national Economy*, ed. Margaret J. Miller [Cambridge, Mass.: MIT Press, 2003], 1-21）.

③ Jessica M. Lepler, *The Many Panics of 1837: People, Politics, and the Creation of a Transatlantic Crisis*（New York: Cambridge University Press, 2013）.

与者，但对他们的债权人来说，这种差
别并无意义。那些持有毫无价值的本票
（是指发票人自己于到期日无条件支付
一定金额给收款人的票据），尤其是属
于远方陌生人的本票的人，都经历了作
为债权人进行的深刻反省。刘易斯·大
班就是这些心怀不满的债权人之一（见
图1.2）。他是一位福音派基督徒，也是
著名的废奴主义者，他和他的兄弟亚
瑟（Arthur）在纽约经营一家纺织品批
发公司。在经历了贷款无法收回而破产
之后，大班希望有一个新的开始，于是
他将自己思维缜密的习惯转向了一项雄

图1.2　第一个企业征信机构的创始人
刘易斯·大班

心勃勃的新事业：征信行业（即信用报告行业）。如果债权人不相信自己
对陌生人的个人印象或后者作出的保证，那么大班就会为他们收集事实。
1841年，他创办了商业征信所（Mercantile Agency，译者注：可视为最早
的企业征信公司），这是一个致力于收集全国各地企业主详细信息的机构。

　　大班的商务征信所的成立标志着美国一个新的信息监视（Survilliance）
机构的诞生，这个机构将把成千上万的美国人带入一个庞大的社会监视网
络中。大班在1843年声明该机构的成立是为了常驻调查员和特别调查员获
取关于乡村商人的社会地位和社会责任等方面的信息。它不是一个间谍系
统，但与商人通常使用的信用调查和评估系统是一样的——只不过是一个
扩展的版本——用以评估信贷申请人是否具有与贷款数额相匹配的信用。[1]
大班并不是第一个想出这个主意的人，但他的公司被视为行业的先驱者。

---

[1] "Mercantile Agency," *NewYork City and CoPartnership Directory for 1843 & 1844*（New York: John Doggett Jr., [1843]），n.p.

大班的商业征信所很快成为企业征信的同义词，并为后来的风险投资提供了范例。[①]

### 从声誉口碑到信用报告

直到19世纪早期，信用评估还是一种非正式的、个人化的实践。在小型社区中，直接观察提供了一种安全保障——也许是一种错觉——让人知道自己在与谁打交道。"对于评估个人信用而言，不论多么微不足道的行为，只要影响了信用，都应该引起注意。"本杰明·富兰克林教导说。"放贷人如果听到清晨五点或晚上八点你敲击锤子的声音，那么他就会踏实放心；但如果放贷人正好在你应该工作的时间在台球桌上看到你，或者在小酒馆里听到你的声音，他会在第二天就要求你还钱（参考：马克斯·韦伯，《新教伦理与资本主义精神》，北京大学出版社，2012年）。"[②] 精明的债主正积极地监视着他的邻居，观察和倾听他们的行为，寻找他们勤劳正直或懒惰邪恶的证据。这些信息通过口口相传，从社区评价中提炼而来，可以根据需要加以利用。

了解一个人的财产和金融资产是很重要的，但更有用的是了解他（或她）的品格。这不仅是一个人是否有能力偿还债务的问题，而且是一个人是否受到良心或社会责任的充分约束而不得不偿还债务的问题。但是，

---

[①] 关于19世纪美国信用报告的历史，参考 Olegario, *A Culture of Credit*; Sandage, *Born Losers*; Norris, *R. G. Dun & Co., 1841-1900*; James H. Madison, "The Evolution of Commercial Credit Reporting Agencies in Nineteenth-Century America," *Business History Review* 48（1974）: 164-186; Bertram Wyatt-Brown, "God and Dun and Bradstreet, 1841-1851," *Business History Review* 40（1966）: 432-450; Lewis E. Atherton, "The Problem of Credit Rating in the Ante-Bellum South," *Journal of Southern History* 12（1946）: 534-556; and R. W. Hidy, "Credit Rating Before Dun and Bradstreet," *Bulletin of the Business Historical Society* 13（1939）: 81-88. Useful company- sponsored histories include Edward Neville Vose, *SeventyFive Years of the Mercantile Agency R. G. Dun & Co., 1841-1816*（Brooklyn, N.Y.: R. G. Dun, 1916）; and Roy A. Foulke, *The Sinews of American Commerce*（New York: Dun and Bradstreet, 1941）

[②] Quoted in Max Weber, *The Protestant Ethic and the Spirit of Capitalism*, trans. Talcott Parsons（New York: Charles Scribner's Sons, 1958）, 49.

并不是每个人都能做到这一点，而且催收债务的法律救济措施在当时也并不完善。从1841年立法不久即夭折的《破产法》（*Bankruptcy Act*）开始，破产制度的完善面临着核实资产、整理债权、区分诚信的债务人和钻法律空子的债务人等方面的困难。[1] 一点也不奇怪，被抛弃的债权人需要努力寻求更多的有关潜在借款人（尤其是那些他们不认识的人）金融信誉的信息，这些信息需要更加相关和可靠。[2]

当信用信息不能亲自获取或通过一个可信赖的熟人的介绍获得时，推荐信通常被接受为信息替代物。这些由（有地位的）神职人员、律师、银行家和商业伙伴撰写的开放式证词，保证了被推荐人的诚实，因此在没有确凿证据的情况下，提供了一点保障。[3] 随着美国商业在地域方面的不断扩张，这些信件变得越来越普遍了。例如，为了在南方招揽新生意，像大班这样的放贷人对外宣称，他们愿意向所有能拿到"体面的推荐信"的人提供信贷。[4] 可惜的是，这些站不住脚的背书（推荐信）通过个人恳求或相互勾结可以很容易得到，最后，大班这样的放贷人由于过分信赖这个事实上容易被夸大歪曲的推荐信机制，最后蒙受了巨大的损失。

委托调查被认为是一种了解远方陌生顾客的更可靠方式来。南方的个体商户和律师有时会向东部的批发商提供当地的信用信息，但很少共享或系统化。[5] 在19世纪早期，一些大公司会雇用分析师专程到全国各地去调

---

[1] See Edward J. Balleisen, *Navigating Failure: Bankruptcy and Commercial Society in Antebellum America*（Chapel Hill, N.C.: Duke University Press, 2001）.

[2] 关于声誉（Reputation）方面的更多信息，请参考 Kenneth Lipartito, "Mediating Reputation: Credit Reporting Systems in American History," *Business History Review* 87（2013）: 655-677.

[3] 关于推荐信及其与簿记，文书写作和道德责任概念的联系, see Thomas Augst, *The Clerk's Tale: Young Men and Moral Life in NineteenthCentury America*（Chicago: University of Chicago Press, 2003）. 关于19世纪美国的社会认同危机，提倡"品格""透明"的咨询手册对此进行了阐述，see Karen Halttunen, *Confidence Men and Painted Ladies: A Study of MiddleClass Culture, 1830-1870*（New Haven, Conn.: Yale University Press, 1982）.

[4] Atherton, "Problem of Credit Rating," 536.

[5] Ibid., 535-536.

查寻求建立信贷关系的商人的情况，但这种方法既缓慢又昂贵。波士顿退休律师托马斯·沃伦·沃德（Thomas Wren Ward）是个明显的例外，他曾在伦敦一家金融公司巴林兄弟公司（Baring Brothers & Company）工作。[①]沃德于1829年受聘负责报告该公司在美国的利益。他从缅因州（Maine）前往路易斯安那州，调查当地企业的情况。这项劳动密集型的工作几乎完全集中在个人咨询上。正如一位研究19世纪信用报告的历史学家所指出的那样："零售商人不愿意（在公开场合）写出关于他们邻居和竞争对手的细节。"但是在私下谈话中，他们会说得更多，但这种方法需要经常出差。[②]沃德的良好声誉和熟人圈子使他能够得到很多熟人的坦诚意见，直到1853年，他都忠实地将这些意见提交给巴林兄弟公司。他简明扼要的报告，在这类报告中首开先河，概括了信用主体的资产状况和品格特征，例如：

> 拥有安全而丰裕的财产，60000美元以上，对商业活动充满热情，富有影响力，爱憎分明。[③]
>
> ——威廉·戈达德（来自波士顿）

### 企业征信系统

大班的商业征信所代表了一种革命性的资本主义信用监视新技术。为了克服19世纪30年代商业活动的地域距离带来的信用监视困难和信用调查

---

① 另一位自由调查员谢尔登·P. 丘奇（Sheldon P. Church）早在1827年就为几家纽约市干货批发商提供了信用报告，并在1840年代在南方担任旅行调查员; see *The Commercial Agency: Its Origin, Growth, &c.*（New York: McKillop & Sprague, 1874），3-4; Thomas F. Meagher, *The Commercial Agency "System" of the United States and Canada Exposed*（New York: n.p., 1876），5; and Foulke, *Sinews of American Commerce*, 333-334, 366-368.

② Hidy, "Credit Rating Before Dun and Bradstreet," 84.

③ Quoted in Foulke, *Sinews of American Commerce*, 363.

的去人格化问题，大班和他的效仿者们试图将匿名借贷者的外貌形象（the Absent Body）和品格信息用文字记录下来。换句话说，商业征信所通过读懂信用主体来进行信用管理。[①] 大班纽约办公室的中心是一个庞大的信息库，所有知名男女商人的身份信息、资产信息和他们在本地的名声都被记录在内。[②] 在大班的信息库中，社会关系被转化为无形的、趋于抽象的数据，美国公民获得了一种新的系统身份——金融身份，通过这种身份，他们可以被商业机构了解和判断。

大班的技术创新是将社区对个人的印象转换为集中的、基于订阅的信用报告服务。该机构成功的关键是使用了无偿的当地调查员，而不需要特地雇用专程分析师从事调查。在这个庞大的网络中，大部分成员都是律师，他们提交报告以换取潜在的商业机会，从而在自己的社区内从事债务催收及相关诉讼服务。在评价当地调查员相对于专程分析师的优越性时，大班写道："对于当地代理而言……，全县每一个重要的商人都在他的观察范围内，他可以把他们的一举一动都记录下来。这样，他就比任何一个陌生人都更了解这些商人的实际情况，不论这种情况对这些商人的信用是有利还是不利。[③] 大班的机构在1844年有300多名调查员，在1846年发展到了近700名。[④] 到19世纪70年代初，调查员人数已升至1万多名。[⑤] 正如商业作家杰斯·R. 斯普拉格（Jesse·R. Sprague，1872—1946，著有《奇妙的信贷》[ *The Romance of Credit*，*1943* ]）后来指出，"刘易斯·大班可以

---

① 关于易读性作为国家控制和社会工程学的一种技术（On legibility as a technique of state control and social engineering），see James Scott, *Seeing Like a State: How Certain Schemes to Improve the Human Condition Have Failed*（New Haven, Conn.: Yale University Press, 1998）.

② 在1841年至1890年，大班和他的继任者填写了2500余份信用报告（保存在马萨诸塞州剑桥市哈佛商学院贝克图书馆的R. G. Dun档案馆中）。包括大班在内的许多19世纪机构都报告了美国境外（尤其是加拿大）个人的信用状况。本章介绍了该商业征信所在美国的主要业务。

③ Quoted in Norris, *R. G. Dun & Co.*, 22.

④ Wyatt-Brown, "God and Dun and Bradstreet," 444, 447.

⑤ *The Mercantile Agency: Its Claims Upon the Favor and Support of the Community*（New York: Edward Russell, 1872）, 6.

说是第一个将大规模生产的原则应用于征信行业的人。"[1]

　　该机构调查员的主要任务是就地传递商人们的当地经济地位（Local Standing）信息。因此，一位19世纪中期的作家解释说，"征信机构的主要目的是提供商人的本地声誉，这些声誉是从一些可靠的信息来源中总结而来，由此我们才能了解他的财产情况、个人品德、工作性质、工作态度等信息。"[2] 本质上，调查员的任务是为全国商业用户提取和再现个人在当地的声誉。该机构账目上的信息受到严格控制。直到19世纪50年代晚期编码参考书出现之前，订购者——批发商、零售商人、银行和保险公司——只能在商业征信所的办公室里看到这种参考书。只能由一个小心谨慎的办事员从一些分类账中读出相关信用信息；没有副本可以提供，除了订购者的笔记外，没有任何书面记录可以被拿离该处（见图1.3）。

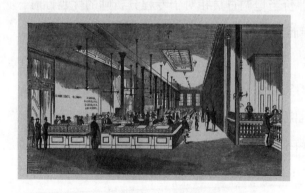

图1.3　19世纪60年代商业征信所在纽约的主要办公室

（资料来源：沃斯（Vose），《商业征信所七十五年》[Sevety-Five years of the Mecantile Agency]）

　　1854年，大班放弃了他在商业征信所的股份，但他的商业系统被几位合伙人继续使用，其中包括罗伯特·格雷厄姆·邓（Robert Graham Dun）。后者于1859年接管了这家公司，并将其命名为邓氏公司（R. G. Dun and Company）。虽然大班的公司是第一家获得广泛成功的企业征信机构，但它并不是当时唯一的一家征信机构。它的主要竞争对手是约翰·M. 白拉德斯特里特（John M. Bradstreet）于1849年创立了白氏公司（Bradstreet Company）。白拉德斯

① Jesse R. Sprague, *The Romance of Credit* ( New York: D. Appleton-Century, 1943 ), 111.

② "The Mercantile Agency," *Hunt's Merchant's Magazine*, January 24, 1851, 47-48.

特里特以前是俄亥俄州辛辛那提的一位干货商人。1855年，白拉德斯特里特把他的业务基地搬到了纽约，两家公司竞争日益激烈。直到1933年（20世纪的全球经济危机期间），他们合并成立了邓白氏（Dun & Bradstreet, D&B），这是当今世界最著名的商业信用评级公司之一（译者注：准确来说是企业征信公司，但是信用评级发源于企业征信服务）。

到19世纪后期，面向特定行业的企业征信机构也成立了，服务的行业包括钢铁、珠宝、家具、鞋和皮革以及建筑材料的制造商。[1] 在木材贸易领域，约翰·W. 巴里（John W. Barry Company）公司出版了《巴里的书》（*Barry's Book*），其中列出了大约35000位零售木材商人和2000位木材批发商的信息。一位芝加哥记者在1896年写道，"这个机构拥有一套特有的信息交换系统，它是如此彻底和全面，以至于达科他村庄的一位零售木材商如果拖欠半美元的牛奶钱，全国的每一位批发木材商在当晚之前就会被该信息系统告知这一事实。"[2]

商业历史学家早就认识到，企业征信机构在支持长途贸易增长和国家经济一体化方面发挥了作用。然而，如果只关注它们对企业间沟通的影响，就会错过它们更重要的意义。大班的商业征信所和他的竞争对手的机构构成了一个复杂的大规模信用监视系统。与19世纪中期的其他私营企业不同，尤其是那些与铁路和工业化有关的私营企业，征信公司保留的记录主要不是为了内部管理。[3] 相反，这些公司是完全致力于收集、组织和出售特定人物信息的专业机构。正如斯科特·桑德奇（Scott Sandage）恰如其

---

① Peter P. Wahlstad, *Credit and the Credit Man* ( New York: Alexander Hamilton Institute, 1917 ), 106-115.

② "The Mercantile Agencies: They Have Grown Indispensable to Business," *Chicago Tribune*, March 15, 1896, 6.

③ Alfred D. Chandler, *The Visible Hand: The Managerial Revolution in American Busi ness* ( Cambridge, Mass.: Harvard University Press, 1997 ); James Beniger, *The Control Revolution: Technological and Economic Origins of the Information Society* ( Cambridge, Mass.: Harvard University Press, 1986 ); and JoAnne Yates, *Control Through Communication: The Rise of System in American Management* ( Baltimore, Md.: Johns Hopkins University Press, 1989 ) .

分地指出的那样，这些先驱者公司是"身份销售商（Identity Brokers）"。[1]
他们把独特的人类个性变成了对市场友好的商品（期货），但他们的业务
规模和丰富的报告也表明他们不仅是一个新型商业中介。在拥有大约有
数万个美国人的详细信息的情况下——到1860年大约有几十万美国人信
息——他们成了一个规模庞大的信用监视工具。当时，美国没有任何政府
机构具有这些征信机构这样的情报收集能力。[2]

　　征信行业的历史，从大班的机构开始，揭示了私营部门在现代美国征
信发展过程中所起的主导作用。早在政府部门或执法部门开始识别和跟踪
大部分人口之前，征信机构就已经管理了大量的个人数据档案。并不是国
家的福利或保护催生了美国第一个大规模信用监视系统；这就是资本主义
的信用体系发展的特色。甘冒风险的商业机构在国家机器完善之前就建立
了自己的"信息核验体系"。[3] 许多19世纪的美国人在成为可辨识的公民
之前，都已经是可辨识的经济演员（Economic Actor）。

## 信用度的文本化

　　现代商业评级机构依靠财务状况和年度报告来评估公司的信用价值，
而19世纪大班的调查员却没有这样的文件来辅助分析。撰写报告时，他们
向朋友和同事寻求信息。从地方报纸和对话中收集到的观点、传闻和轶事
构成了他们报告的基础。在当代的观察家看来，这些消息来源普遍具有主
观性。但是，正如大班在早些时候引用的招股书中所述，他的系统"不属
于间谍活动，而是与零售商人通常使用的商业评估系统一样——只是采
用了扩展的版本。"由于它是建立在个人知识和社会舆论的基础上的，所
以这个系统只是对这些历史悠久的认知方式进行形式化和精细化的一种尝

---

① Sandage, *Born Losers*, 149.

② See Sankar, "State Power and Recordkeeping."

③ Craig Robertson, "A Documentary Regime of Verification: The Emergence of the U.S. Passport and the Archival Problematization of Identity," *Cultural Studies* 23, No. 3（May 2009）: 329-354.

试。一位历史学家指出，"特别是在早期，调查员依靠的是他们对所负责的城镇或地区商业状况的普遍了解和个人知识。直到19世纪60年代，公共记录和财务报表才成为这些报告的主要组成部分。大多数报告仅仅是陈述了该信用主体在社会上的一般声誉。"[1]典型的这类报告摘录如下：

> 1852年4月28日，从事商业活动10年，是一个依靠辛勤劳动挣钱的人。他精明、节俭，已经挣得足够的钱用来购买他想要的东西。他拥有自己的房产，没有背负债务。[2]
>
> ——奥利弗·哈钦斯（纽约城的一名鞋商）

在基本层面上，这些报告只有两个目的，两者都具有预测性：估计个人生意成功的概率；以及评估获得还款的可能性，特别是在生意失败的情况下。为此，关键信息被封装在信用报告的"三个C"中，即品格（Character）、能力（Capability）和资本（Capital）。每个特征都有自己的隐含指标。品格方面包含，个人的工作习惯（是否努力工作？是否具有责任心？）、本地声誉（是否正面？是否值得信赖？）和个人生活（是否已婚？有无酗酒闹事？是否为赌徒？有无花边新闻？）。能力方面包含，年龄、商业经验、过去的工作经验和已知的成功或失败的历史。资本方面包含，个人拥有的资产、负债和财产，以及通过家庭关系或商业关系可能获得的资产，这些家庭或商业关系可能会偿还其个人违约的债务。[3]

如果无法获得某一类别的资料信息——这是经常发生的情况——另一类别的详细资料可能会起弥补作用。因此，如果对信用主体的债务或财产所知甚少，那么也可以多列举一些关于他（或她）的习惯或家庭关系的信息。

---

① Madison, "Evolution of Commercial Credit Reporting Agencies," 171.

② New York, Vol. 189, p. 242, R. G. Dun & Co. Collection, Baker Library, Harvard Business School.

③ 关于品格和能力的详细分析，参考 Olegario, *A Culture of Credit*, 80-118.

信息收集之后，相应的报告被记录在该机构的总账本上。"光是这间办公室就有30来人时时刻刻忙着整理、抄写、分发报告和处理信件等工作。"这是1851年一位到大班纽约办公室的访客观察到的情况。人们的记录被收录在100多本书中，其中最厚的一本有600～700页。[①] 在分类账中，个别条目以业主的姓名、业务范围开始，有时还包括街道地址。每个条目的主体是一个单独的段落，每一笔记录根据其日期加以断句区分，并以小字和电报句式呈现，以节省篇幅。关键信息，尤其是研究对象已知资产的总和，有时会用括号括起来，以突出重要数据或该个人的真实财务状况。随着卷宗数量的增加，一个索引并交叉访问的复杂系统得以建立，它被用来记录个人出售或购买商业资产、以不同的名字工作或与合伙人一起工作，以及搬到新的居住地等信息。有些信息条目的页边空白处会画有手指标志（Pointing Fingers），用于引导办事员准确地在众多的账簿中定位到所需信息。

每一项记录还附有识别报告来源的代码。这些代码不仅仅是权宜之计，还可以用来保护当地调查员，因为如果被发现从事信用监视工作，这些调查员可能会被他们的社区所歧视。虽然本地声誉是信用度的一个广受信任的指标，但如果将其记录在书面报告中，则会因为有失体统而常常遭到抵制。

约翰·M. 白拉德斯特里特（John M. Bradstreet）的远亲和朋友爱德华·帕森·白拉德斯特里特（Edward Payson Bradstreet）就是一个很好的例子。他拒绝为白拉德斯特里特的商业机构工作，因为他不喜欢长期窥探别人的事。[②] 也有机构调查员甚至要求用预先准备好的附有印制字体的回函信封来寄他的报告，还解释说："我担心如果我的笔迹被邮局认出来，我

---

① "The Mercantile Agency," 50.

② C. W. Steffler, "The Evolution of the Commercial Agency: The Story of Bradstreet's," *Commerce and Finance*, February 22, 1928, 426.

的信息渠道就会被切断。"①

　　大班建立的商业征信所于1843年在波士顿开设了第一个分支机构，1845年开设了在费城的分支机构，1846年开设了在巴尔的摩的分支机构。到1870年，该机构大约有30个分支机构，其中有几个在加拿大，还有一个在伦敦。② 尽管调查员、分支机构和纽约总部之间的通信是通过信件进行的，但"具有重要意义的丑闻、人员任免和生意失败的新闻会立刻被拍成电报。③ 尽管电报有明显的优点，但由于费用高昂，它通常仅在紧急情况时使用。为了寻求竞争优势，至少有一家大型批发公司将自己的直接电报线路与一家企业征信公司连接起来，建立了一个实时信用核实和信息交换系统。因此，按照一位征信所柜员在1857年的解释，"当一位合伙人向一位潜在客户展示丝绸和混纺的阔棉布时，另一位合伙人努力敲几下键盘就能了解到'这位商户拥有的价值8000美元的农场，五年前失败过一次，目前信用很好'然后回来对客户鞠躬，并保证他可以以他所要求的任何条件得到他选择的货物"。④

　　1875年邓氏公司订购了100台雷明顿（Remingtan）打字机，使公司成为这种新型办公技术的先驱者。各分支机构被要求用薄纸来复印打印出来的报告，然后在当时正在运营的65个办事处之间转送。⑤ 不久，打印的报告取代了手写的分类账本，成为该机构信息储存和检索系统的核心。在评论该机构早期手写账本的"斯宾塞式"美感时，一位公司历史学家指出，

① "Beauties of the Credit System," *Circular* [Brooklyn, N.Y.], August 14, 1856, 120.

② *The Mercantile Agency*, 5.

③ "The Mercantile Agency System," *Banker's Magazine and Statistical Register*, January 7, 1858, 547.

④ "Magnetic Communication for Individual Purposes," *Scientific American*, February 28, 1857, 197; see also "The Telegraph," *DeBow's Review and Industrial Resources, Statistics, Etc.* 16（1854）: 165-169.

⑤ Initially, tissue-paper copies were pasted into the handwritten ledgers, but their fragility soon led to their being pasted onto sheets of manila paper; these were sent to the various branches, which arranged them alphabetically and by location, and placed them in special binders. See Vose, *Seventy Five Years*, 125-132; and Norris, *R. G. Dun & Co.*, 138-139.

抄写员"把引进打字机视为对书写艺术的冒犯"。[1] 抄写员以前的字迹显示出他们的实际存在和个人魅力,然而,这些渐渐消失在征信行业的机器应用中。

到19世纪70年代初,这些征信机构开始大规模运营。一位同时代的观察家惊叹道:"一个陌生人在工作时间进入这些机构时,会被他面前工作的庞大机器所震撼。"成排的桌子、包间、不同的部门、几十个忙碌的职员、数百个感兴趣的调查人员都在他的周围。一群忙碌的人,有老有少,整天都在进进出出,而其中有几百本手稿,似乎都是急切想要搜索的材料。[2] 邓氏公司的主要竞争对手白氏公司的办公室里,也有一位访客对其员工规模留下了类似的印象,但对其组成的印象更为深刻。"的确,在这个国家有许多实体——工厂、机器商店等——有更多的个人找到了工作,但是有多少私企需要上千名脑力劳动者的服务呢?"[3] 这群脑力劳动者是新兴信息产业的先锋。

### 控制的危机:记录和传播

19世纪40年代商业调查机构的出现反映了人们对商业行为和规模变化的担忧。但是它试图解决的控制危机——信用评估的合理化问题——产生了与文本化系统本身直接相关的新危机。这些问题围绕着两个方面:如何将定性的数据转化为定量的事实,以及如何控制向订阅者发布这些信息。虽然将商人的本地信用记录编成代码书的想法似乎很简单,但使用陈述式的信用报告来达到这一目的就不那么简单了。

---

[1] *The Centennial of the Birth of Impartial Credit Reporting—An American Idea*(New York: Dun and Bradstreet, 1941), 30.

[2] "Agencies," *Brooklyn Eagle*, November 15, 1873, 2.

[3] "Business Credits," *Philadelphia Inquirer*, March 28, 1879, 7.

早期的商业调查机构报告说明了调查员很难将他们的当地知识转化为有意义的风险评估。他们的报告，不管是好是坏，都是高度主观的，而且往往是含糊不清的，在缺乏资料和无法对信用作出准确说明的情况下，只能故意这样做。对相关信息进行分离是一个复杂的过程，部分原因是当地的意见被嵌入到了丰富的社会背景中，当剥离掉这些信息后，个人可能在一个极端的视角看起来是相当苍白和单调的，或者到另外一个极端看起来又极其复杂和矛盾。例如，在费城纸业商人查尔斯·杜尔的案例中，调查员的报告表明他的信用风险可控，但却是一个不讨人喜欢的家伙。①

> 1850年3月20日我已经认识他10年了。他在他所从事的行当中名声不太好，但是人们大多认为他很有钱，因为他在邻近村庄里有一些不错的房产。如果他向人借钱，写了欠条，毫无疑问他会还钱的。

在一个遥远的城市里，一个可能成为债权人的人对这种描述有何看法？用来描述一个复杂个体或其个性的叙述文字会不可避免地扩大其潜在意义和可解释的范围。从这一点看，即使是容易辨认的信用主体的形象也会变得模糊。

作为预测数据的一种形式，早期的信用报告往往没有达到目的。尽管很容易就能辨别出商业世界的两个极端情况——积极向上的以及无所事事的——但事实证明，巨大的中间阶层才是麻烦的。创业活动的性质是不稳定的，即使是最有前途的人也可能出乎意料。以阿尔弗雷德·赫伦施密特（Alfred Herrenschmidt）为例，他的父亲是一位富有的法国皮革商人，他于1852年来到纽约，当时的信用报告对他的描述是积极正面的：

---

① Pennsylvania, Vol. 131, p. 101, R. G. Dun & Co. Collection, Baker Library, Harvard Business School.

他刚到这里时，有15000美元，大部分投在发展事业上，而且他有从事商业活动的基础。他的父亲据说拥有15万美元的资产。他没有理由不成功。他是一个心地善良、品格高尚、具有良好习惯并且有毅力的人，值得发放合理的贷款。

然而两年后，赫伦施密特破产了，据报道，他逃到了斯特拉斯堡。[①]同样地，一个信用状况中等的人，也就是前面提到过的特奥斯·奥利弗·哈钦斯，后来失败了好几次。由于哈钦斯在1860年生意垮掉之前坚持努力偿还债务，他继续获得同情的信用评价。

在19世纪的人看来，信用报告的不足之处并不是源于其可能有歧义的文本，而是由调查员的特点造成的。由于该机构的大多数调查员都是没有报酬的律师，批评人士认为，这项工作只能吸引那些没有经验、无能或贪婪的人。"适合做这种工作的人，通常是那些年轻的律师。"[②]一位观察家写道。企业征信机构的背叛者托马斯·麦格（Thomas Meagher）发表了对该制度最彻底的批评，根据他的说法，"一个社区里的实干家绝不会如此沉沦，来做这项工作。"在这个地方，它只能让那些局促不安、苦苦挣扎、尖酸刻薄的人，那些忙于爱管闲事、搬弄是非的人有兴趣来做。他们干这种事的动力是嫉妒、贪婪、无情或失望。[③]企业征信机构其实是有用的，而且之后的实践也证明了其成功，这似乎与这种普遍"一无所能"的说法相矛盾，而且显然有些调查员也很优秀。事实上，这样的调查员队伍中包括了几位后来的美国总统，尤其是包括亚伯拉罕·林肯（Abraham Lincoln）。[④]

---

① New York, Vol. 189, p. 240, R. G. Dun & Co. Collection, Baker Library, Harvard Business School.

② "Traits of Trade—Laudable and Iniquitous," *Hunt's Merchant's Magazine and Commercial Review*, July 1853, 51.

③ Meagher, *Commercial Agency "System,"* 18.

④ Vose, *Seventy Five Years*, 36-38. Presidents Chester Arthur, Grover Cleveland, and William McKinley also worked as correspondents.

　　即便如此，作为当地舆论的领导者，调查员本身也不是一个稳定或统一的实体，他们掌握着巨大的不受约束的权力。个人恩怨可能会使报告带有感情色彩，不管这种可能性有多微妙，但却总是一个隐患。直到1890年，雇佣无薪律师仍然被认为是不可靠的原因之一。[①] 在农村社区，由于政治或宗教方面的分歧，对出现的偏见的指控很普遍。一位分析师（Reporter）在1883年观察到："我发现，在大多数地方商业界存在两派。如果当地的商业调查员属于某个派别时，另一派的人就会说他没有给他们一个公平的说法（Send-off）。"[②]

　　19世纪60年代，这些问题通过引入全职信用报告人员，以及越来越多地依赖定量数据而不是个人观点来作为报告的基础得到了一定程度的纠正。19世纪70年代，公司的资产负债表被要求作为证据，公司所有者能够看到预先打印好的（已经提交给分析师的）财务报表表格。[③] 此外，大城市的专职分析师开始专攻特定的贸易或商业领域，从而提高了他们评估参与该领域活动的人未来前景的能力。在汇总的信息出现明显的前后矛盾时，公司还雇用全职分析师来复核当地有关人员提供的报告，这是迈向征信信息质量控制的重要一步。一名倡导者总结说，这个制度"在任何情况下都肯定会接近可能达到的完美"。[④]

　　然而，直到19世纪90年代，美国国内仍然会遇到在要求企业主提交签字版的财务报表时，遭到企业主抵制或忽视的情况。但是如果没有这些财务信息，征信机构划分信用等级的工作只能伪装客观。在世纪之交，这些报告的不足之处受到了全国信贷员协会（National Association of Credit Men，NACM）的审查。该协会成立于1896年，旨在代表刚刚职业化的信用管理

---

① P. R. Earling, *Whom to Trust: A Practical Treatise on Mercantile Credits* (Chicago: Rand, McNally, 1890), 32.

② "Commercial Credit," *Chicago Tribune*, September 1, 1883, 5.

③ "'Statements' as an Aid in Determining Credit," *The Mercantile Agency Annual for 1873* (New York: Dun, Barlow and Co., 1873), 2; and Foulke, *Sinews of American Commerce*, 374.

④ "The Mercantile Agency System," 547.

人员的利益。尽管小心翼翼地不与它视为盟友的征信机构为敌，该协会立即组织了一个"企业征信服务改善委员会"，并对报告中的准确性、处理速度和缺乏可靠的财务数据问题表达了深深的不满。[①] 1897年，一位协会成员主张"在报告中去掉所有不必要的、以猜测和估计为依据的废话，并尽可能严格地把信息限制在事实之内"。[②] 但此举遭到邓氏公司和白氏公司代表的断然拒绝，于是协会开始编制自己的统计数据来支持自己的观点。1900年，全国信贷员协会进行了一项调查，结果对征信机构的评价很差。研究结果显示，对于邓氏公司和白氏公司，60%的信用报告中要么没有客户的财务报表，要么财务信息超过了一年的有效期。[③]

虽然征信公司面临着改善其报告质量的压力，但控制其所包含信息的问题仍然是一场持续的斗争。这个难题涉及三个独立的问题：订阅者和非订阅者之间未经授权的共享；竞争对手的无正当理由地窃取信息；诽谤诉讼的威胁。

大班的商业征信所在运营的第一年只有不到50个订阅者，但是到1851年这个数字已经增长到将近2000个。[④] 如前所述，这种资料只有在征信机构才能得到，而且也只有口头形式。当机构收到新信息时，订购用户可能会收到邀请他访问办公室的"访问单"。在那里，更新的信息会通过一个遮挡起来的柜台后面小心放置的账本传达给订户。

从一开始，19世纪的企业征信行业就是一个秘密的工作。19世纪30年

---

① See "First Annual Convention: National Association of Credit Men [1896]," re-printed in *Golden Anniversary Credit Congress, Souvenir Program*（New York: National Association of Credit Men, 1947），222-223. For reports presented at the association's annual conventions, see *Business: The Office Paper* 17（June 1897）：213; 18（June 1898）：379; and 19（June 1899）：375-376. See also Olegario, *A Culture of Credit*, 190-196.

② F. J. Hopkins, "Suggestions on Mercantile Agency Reports," *Business: The Office Paper* 17（November 1897）：331.

③ "Improvement of Mercantile Agency Service," *Business: The Office Paper* 20（July 1900）：337-338.

④ "The Mercantile Agency," 49.

代，当托马斯·沃伦·沃德（Thomas Wren Ward）为巴林兄弟公司提交报告时，他将自己的评论记录在一本"私人评论"的笔记中，并以数字代码对个别公司的名称和信用状况进行了修改，以防止"运送邮件过程中让伦敦的好奇船长"窥视。① 大班的报告订户不仅被禁止泄露仅供其独享的报告内容，还要求订户对外隐瞒自己的订户身份。大班很快就发现，尽管他尽了一切努力，订户还是无法遵守报告仅供其独享的保密义务。② 虽然向非订户泄露信息减少了该机构的订阅量，但一个更大的问题是信用记录不良的信贷申请人对该机构提起的诽谤诉讼，这些信贷申请人的业务因负面报告而受到损害。尚且存疑的是，这种信用报告是否应作为征信机构与其订阅者之间的保密通信受到法律保护。

1851年，俄亥俄州诺沃克的约翰·比尔兹利和霍勒斯·比尔兹利夫妇（John and Horace Beardsley）提起了第一起重大诽谤诉讼。比尔兹利夫妇声称，他们被禁止在纽约购买商品，因为当地的一位调查员通知他们，约翰·比尔兹利的妻子即将申请离婚和要求赡养费。调查员的报告预计，这一情况将减少比尔兹利的房地产资产，并使其合作伙伴破产。③ 在第一次审判中，大班的继任者本杰明·道格拉斯（Benjamin Douglass）坚决拒绝透露他在诺沃克的任何机构调查员的身份，这是一种蔑视法庭的行为，他因此被判入狱20天。第二起诽谤诉讼案是1854年来自沃特曼·L.奥姆斯比。奥姆斯比先生是纽约的一名雕刻师，他声称自己受到了诽谤。具体来说，他控诉一份称他是伪君子（Counterfeiter）的报告，该报告声称他为了一个妓女而离开了他的妻子。这个案件商业征信所胜诉，因为报告虽然对奥姆斯比不利，但并无恶意，而且是在严格保密的情况下提供给订阅

---

① Hidy, "Credit Rating Before Dun and Bradstreet," 85.

② Norris, *R. G. Dun & Co.*, 26.

③ *Reports of the Four Leading Cases Against the Mercantile Agency for Slander and Libel*（New York: Dun, Barlow & Co., 1873），1-125. For a more detailed account of the Beardsley case, see Sandage, *Born Losers*, 164-178.

者的。①

比尔兹利案一开始是有利于原告的，但美国最高法院在1870年推翻了原判决中的一些技术性细节。虽然很多诉讼判决最终都支持了征信机构，但企业征信报告保密通信的法律基础仍然是有争议的。② 对这些征信机构来说，这类旷日持久的诉讼忽视了对其专有信息传播保密和控制的重要性。

### 从陈述到数字：信用评级参考书

在为这些诉讼辩护时所使用的特许保密通信原则，至少在一定程度上是根据以下论点提出的：订户在征信机构办公室的私人范围内以口头方式接收他们的报告。因此，订户在访问该机构时面临越来越多的不便。日益增长的市场需求和各大机构之间的竞争最终导致了公示企业信用等级的工具书的出版。其中第一部《白氏公司改进商业机构报告》( *Bradstreet's Improved Commercial Agency Reports* )，发表于1857年。它包含了9个城市约17000名个人和公司的名字。③ 几年前，白氏公司已经开始试验经过编码且不断更新的信息出版。这些内容包括它的全部报告的摘要，其中有一个单独的数字关键词，表明订阅者要在文本中插入的词和短语。例如"经销商名字后面的数字'1 6 8 11 14 17 21'分别表示'赚钱''经济的''不太扩展业务的''不支付高额利息''良好的道德品质''信贷谨慎'

---

① *Reports of the Four Leading Cases Against the Mercantile Agency*, 183-186.

② 关于这场法律辩论，参考Louis M. Greeley, "What Publications of Commercial Agencies Are Privileged," *American Law Register* 35（November 1887）: 681-693. 在19世纪90年代提出四项法案以检查商业征信所的活动，其中两项法案在伊利诺伊州议会，一项在北达科他州，另一项在美国国会。See "Aimed at the Agencies," *Chicago Tribune*, March 11, 1891, 6; "It Affects Commercial Agencies," *Chicago Tribune*, March 7, 1895, 12; and H.R. 3355, 55th Cong., 1st sess., *Congressional Record*, 30（1897）: 1307.

③ Steffler, "Evolution of the Commercial Agency," 427.

和'未被起诉'"。[1]

白氏公司的参考书进一步把报告简化为一个数字摘要，表明个人或公司的整体信用状况。

邓氏公司最初拒绝出版参考书，因为公司所有者不愿让自己面对新的诽谤诉讼，也不愿承受将它们直接交给订阅者，而失去宝贵信息控制权的风险。然而，白氏公司报告大受欢迎的同时也冲击了邓氏公司的业务，迫使邓氏公司在1859年出版了自己的参考书。这份519页的报告包括了2万多个名字，并采用了一个四步评级系统，为三种不同类型的债权人提供单独的数字标识的信用等级，最后一栏总结了该主体的整体信用状况。不同的数字标识的信用等级和含义如下：A（"信用无限"）、1（"毋庸置疑的"）、1½（"强大"）、2（"好"）、2½（"还可以"）、3（"可以"）、3½（"糟糕"）和4（"无法描述"）。通过加号和减号的使用，等级得到进一步的确认。[2] 根据该书的序言，评级通常基于历史事实和该书的记录，这些信息可以追溯到18年前，包含商业训练、个人品格、商业道德、资本，以及商业的性质、范围和风险等内容。[3]该参考书随后出版了若干个版本，每个版本都用厚皮装订，并配有锁以防止未经授权的使用（见图1.4）。

1864年的邓氏公司工具书包括

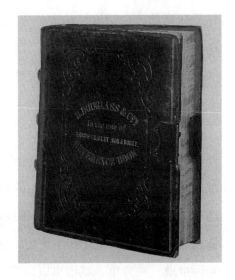

图1.4　企业征信机构的第一本公示企业信用等级工具书（出版于1859年，书的外壳还装备了一把锁，以保护它的机密信息。）

（资料来源：沃斯，《商业机构七十五年》）

---

[1] Norris, *R. G. Dun & Co.*, 51.

[2] Vose, *Seventy Five Years*, 83.

[3] Preface to *The Mercantile Agency's Reference Book*, reprinted in Vose, *SeventyFive Years*, 84-85.

重新设计的评级系统，其主要创新是"资金实力"排名；排名第一的等级（A1+）是资产超过100万美元的个人或公司。[1] 这标志着与以往信用等级指标体系的重大突破：资本首次与品格和能力脱钩，并以自己明确的术语表达出来。第二列，"一般信用"含蓄地对品格和能力通过在一个从A1（"无额度"）到3 $\frac{1}{2}$（"可以"）的排名进行描述。历史学家詹姆斯·D. 诺里斯（James D. Norris）观察到，"邓氏公司在1864年的参考书中的创新——包括资本价值和一般信用等级——将征信报告转变为一般信用等级指标，并允许订购者对公司进行比较，采用统一的授信规则和条例。"[2] 从理论上讲，一个人或一家公司尽管拥有巨额资本，仍然可能获得较低的"一般信用"等级，但在实践中，信用评级与资产之间存在很强的相关性。这种操作是故意的。在写给纽约市办公室的一份备忘录中，罗伯特·邓（Robert Dun）指出："应该不断努力，让信用市场（Credit Marketing）与资本市场（Capital Marketing）保持密切联系。"[3] 除了一些细微的修改外，1864年建立的信用等级指标系统一直保持到20世纪。

除了简化信用等级划分的实践并使订阅者容易获得信用等级指标信息外，工具书还解决了（至少在表面上）解释陈述性报告的困难。尽管读者被鼓励打电话到办公室要求完整的报告（对于那些只买了这本书的人来说，这种服务是不允许的），工具书很快就有了自己的独立权威。早期的年刊很快就过时了，到19世纪70年代初，它们每季度出版一次，并加以增补定期新闻报道，并为单一城市出版口袋书。信用权威之所在明显由账本转换到公开发行的公示企业信用等级的书。在将个人回归到数值（用资本加权）的过程中，信用风险的文本化变得越来越抽象，与早期的信用评估模式相比，文本化的信用风险变得隐蔽（Disembodied）和非人格化（Impersonal）。

---

[1] Quoted in ibid., 93.

[2] Norris, *R. G. Dun & Co.*, 87.

[3] Meagher, *Commercial Agency"System,"*29-30.

尽管信用等级指标体系提供了客观的表象，尤其是受到资本与人格分离的影响，但模棱两可的说法比比皆是。信用等级的"含糊"和"松散"成为反对者麦格的口实，他抨击了进行资本估算的逻辑（百万富翁和2000万美元的千万富翁对该机构来说是"一回事"），以及用来描述信用度的毫无意义的术语。信用评级中的"信用很好"和"信用好"之间的区别是什么？[①] 麦格的质疑暴露出企业征信机构的无能，他的反对声音和更深刻的观察结合在一起："任何想用一个信用基础公式来描述商业交易显然是不可能的"他总结道，"没有一个系统可以被设计出来……，或能进行准确预测，商业场景的实际情况是复杂而多变的。"[②]

简而言之，麦格把商业机构对个人进行文本化和控制的努力看作是一种粗俗的伪装。在他看来，字母数字信用等级只是掩盖了一个建立在流言蜚语和伪科学基础上的体系的固有缺陷。他的尖酸刻薄反映了一种根深蒂固的怀疑主义，不仅对信用风险的量化持怀疑态度，而且对信用等级划分方法本身的合法性也持怀疑态度。更糟糕的是，作为一个集权化的信用监视系统，那些参与商业和贸易的人越来越受制于它的判断。1868年邓氏公司印发的工具书包括35万个人和公司划分了信用等级（译者注：文中对个人和公司都进行了评级，这里的个人可以理解为商人或商户）。这个数字在1872年超过了50万，在1886年达到了100万。[③]

### 金融身份和信用监视规范化

到19世纪50年代中期，商业征信所已然发展成一个严密的大规模信用监视网络，在全国范围内对企业主进行跟踪调查。1853年，一位匿名的波

---

① 资本评级（Capital ratings）包括A1+（1millionormore），A1（500,000–1million），1（250,000–500,000），1½（100,000–250,000），2（50,000–100,000），2½（25,000–50,000），3（10,000–25,000），and 3½（5,000–$10,000）；see "Key to Markings," in *The Mercantile Agency's Reference Book* [1864], reprinted in Vose, *Seventy Five Years*, 92.

② Ibid., 6, 7.

③ Vose, *SeventyFive Years*, 98.

士顿商人警告:"在1000页的书中有一两页甚至更多关于你和你的事务。在你去买东西之前(通过信用报告查询)就有一个关于你的品格说明,要么会给你带来利益,要么会给你带来麻烦。"① 这种商业声誉与本地关系脱节的做法,在该制度的倡导者看来是积极的。他们认为,这种遥远的集中化实际上使寻求信贷的人不必携带推荐信就可以开展业务了。"(这名商人)为该机构的全部订阅者所熟知,"一位制度倡导者辩称,"他的信息可以被所有设立了征信所办事处的城市的商人们获知,也就是说,从一个地方获知的信息可以共享到其他所有地方。他甚至不需要离开家去采购东西。以他的名义发出的订单和他本人出面采购是一样的,他的名声会让他在商业往来中的需求立即得到响应,这一定程度上是源于他的邻居们认为他谨慎可靠。"②

账簿和工具书中文本化的个人成为现代金融身份的原型——没有实体的数据代表一个人的经济地位和声誉。这种文本化的身份可能加速了商业交易,促进了信任,但它们并没有完全简化整个生活和社会环境。资本被物化为信用度的标志,而且,尽管该机构尽了最大的努力,信用主体的品格——一种令人困惑的特征——总是容易产生谣言和偏见。

除了简单地识别和追踪个人之外,这家商业机构"千页(Thousand Folios)"中记录的信息还代表了一套规范化的信用监视体系。在该机构无所不在的信用监视下,借款人不断受到观测和评判。一本商业杂志提醒读者:"无论在工作中还是在生活中,你都要让自己的声誉和品格无可挑剔。商业机构记录从一个人进入商业的那一刻起所做的每一项工作。如果你在所有的事情上不公正、不正直,你就会受到极大的阻碍;如果你诚实守信,你的信用将会是无限的。债权人不会与奸诈无耻的人有任何关系,商人和银行家根据他们对借贷人的信心来发放贷款。因此,务必及时支付

① "Traits of Trade—Laudable and Iniquitous," 52.
② "The Mercantile Agency," 50.

账单，耽搁一天都可能会降低你的信用。"[①]一位历史学家在评论南方的信用报告时指出，"没有变化"的报告与那些详细描述戏剧性变化的报告同样重要，因为它"将向东部零售商人表明，所有的店主都在不断受到信用监视"。[②]

对于企业征信制度的倡导者来说，持续的信用监视提升了可信赖者的信用度，阻止了恶意者的活动。"即使一个诚实的人，也可以毫无疑虑地表示自己在全方位的约束和邻里嫉妒心的监视下是可靠的，"一位支持者斩钉截铁地说，"谨慎可靠和其他美德一样，能够在被监督的情况下得到更好的表现。"[③]另一位支持者说，"19世纪末，商业征信所完全可以被称为促进诚实守信的机构。"[④]尽管这些社会正面效应给企业征信机构带上了荣誉的光环，但受到信用监视的商人们却对企业征信机构有着不同看法。一份1856年的报纸评论道，"这些机构被乡村零售商人视为带有某种类似于奴隶主对地下铁路列车员的惩罚。"（译者注：个人信用记录受到农村零售商人的憎恨，就像南方的奴隶主憎恨那些帮助奴隶逃到北方自由的人一样。"地下铁路"是一个安全网络，帮助逃离的非洲奴隶躲避白人奴隶主追踪者。这个网络帮助从南方逃走的奴隶前往北方，在那里奴隶制是非法的。）[⑤]尽管这个机构受到商界许多人的欢迎，但它还是招致了一些人的强烈抵制。这些人憎恶这种远程的、似乎不可避免的信用监视系统。在19世纪50年代中期，一位记者将征信描述为"一种有组织的间谍活动体系，这种体系以纽约为中心，其分支延伸到联邦的每一个城市、村庄和学区。这

---

① "Solid Facts," *Business: The Office Paper* 19（April 1899）: 228.

② Atherton, "*Problem of Credit Rating,*" *542. For more on how nineteenth-century credit reports were used—or, rather, not used—see Claire Brennecke, "Information Acquisition in Antebellum U.S. Credit Markets: Evidence from Nineteenth- Century Credit Re.*

③ "The Mercantile Agency," 51.

④ "The Mercantile Agencies: They Have Grown Indispensable to Business," *Chicago Tribune*, March 15, 1896, 6.

⑤ "The Dry Goods Trade," *New York Daily Times*, March 8, 1856, 10.

个机构通常雇用间谍周游全国，秘密地获取每个贸易从业者的有关财产、协会、商业、家庭和生活习惯的准确信息。"①

尽管研究企业征信机构的历史学家们往往对这种持续的敌意轻描淡写，但这方面的确是值得注意的。当然，在主要贸易中心的批发商认为，他们可以通过光顾这些企业征信机构获得很多好处，但较小的商人和批发商往往不会。对后者的严密观测可能减轻了远方债权人的恐惧，但征信机构要求那些在他们注视下的人交出他们的隐私。正如一位记者所言，"大多数的男人用恋人的眼睛来看待他们的商业爱好，而如果要让他们受到敌意审视，这种想法本身就会令人反感。"② 虽然征信机构最终会获得广泛的接受，但最近的学术研究表明，通往合法性的道路比想象的要艰难得多。在19世纪的最后几十年里，邓氏公司继续避开潜在的诉讼人，并为自身业务不稳定的法律正当性而烦恼。备受瞩目的案件只是法律冰山的一角。其他任何诽谤索赔都是庭外和解，或因法律操纵和恐吓而败诉。③

对一些批评者来说，反对征信机构不是出于政治目的，而是出于商业原则。全国征信网络所暗示的不信任，滋生了敌意和怨恨，而非信心和善意，后者正是商业健康发展的基石。企业征信制度的另一个反复出现的缺陷是由于机构不参与所产生的潜在威胁：那些拒绝订阅的人认为作为报复他们的评级会很低。一名对这些机构嗤之以鼻的布鲁克林的记者评论道，"他们想要把这些反对者逼入他们自己的圈子，迫使他们成为这些机构的订阅客户。"④ 换句话说，这个系统一旦渗透进社区，就会成为一棵自我辩护的摇钱树，迫使商家订购。

从生产主义者的观点来看，他们认为生产商品是商业的灵魂，这些中介机构被谴责为只不过是寄生的中间商。他们自己似乎什么也不生产——

① George G. Foster, *New York Naked*（New York: DeWitt & Davenport, 1850）, 119.
② "Checks Upon Over-Trading," *New York Times*, October 29, 1859, 4.
③ Flandreau and Mesavage, "The Untold History of Transparency."
④ "Agencies," 2.

没有原材料，没有商品，没有工厂，没有技术改进。相反，他们只是整理和转售一个社区的集体知识。这种"机制"，正如当时的一种说法所述，"只是从商人那里免费得到一些东西，然后再卖给他们赚钱。"[1]信息会产生信息，这是一种类似于有利息贷款的现象，令人反感。信息经济中，知识可以被包装成商品出售，这在其他情况下是不可想象的。然而，到19世纪末，隐含在各大企业征信机构的客户信用档案库中的"金融身份"的概念，已在商业领域牢固确立，并将成为控制"消费性"信用繁荣的新努力的典范。

19世纪40年代的企业征信机构引入了一种全新的方法来识别、分类和评估个人作为经济主体的价值。大班和他的继任者发明的不仅仅是一个高度协调的、规范行为的信用监视系统，也促成金融身份理念的出现。这种新的身份技术成为现代信用经济关键基础结构的组成部分，从而产生了它自己的社会现实范畴。在商业机构的综合记录网络中，金融身份是主要的分析单位。这种无实体的文本表述催生了一种关于风险的新认识论，这种认识论将个人的手段和声誉转化为准经验主义的事实。[2]所谓金融身份的真实性不仅规定了规范行为的参数，而且还提供了理性计算的可能性。

在这里，美国征信行业的发展可以从19世纪量化的更广泛的背景中来看，特别是统计和会计这些新科学。[3]"与商业事务相关的神秘时代正在愉快地逝去，"一位提倡征信的人士在世纪末写道。[4]促进人口、社会现象和

---

[1] "Commercial Credit," *Chicago Tribune*, September 1, 1883, 5.

[2] Mary Poovey, *A History of the Modern Fact: Problems of Knowledge in the Sciences of Wealth and Society* ( Chicago: University of Chicago Press, 1998 ). 在19世纪的人寿保险业中，类似的财务目标化过程也在起作用。see Zelizer, *Morals and Markets*, and Bouk, *How Our Days Became Numbered.*

[3] See Patricia Cline Cohen, *A Calculating People: The Spread of Numeracy in Early America* ( New York: Routledge, 1999 ); Theodore M. Porter, *Trust in Numbers: The Pursuit of Objectivity in Science and Public Life* ( Princeton, N.J.: Princeton University Press, 1995 ); and Ian Hacking, *The Taming of Chance* ( Cambridge, UK: Cambridge University Press, 1990 ).

[4] Frederick B. Goddard, *Giving and Getting Credit: A Book for Business Men* ( New York: Baker & Taylor, 1895 ), 39.

商业交易量化的客观性和透明度的想法，在发展金融身份作为个人量化的过程中也表现出来。① 重要的是，这种全国性的征信机制促进了市场价值和商业道德渗透到19世纪美国人的日常生活中。在19世纪后期，当商业透明度的规范被转移到个人信贷时，围绕个人金融的隐私的茧也同样被戳破了。因此，商业征信的历史是理解美国人如何学会暴露他们的金融灵魂，以及资本主义的语言和逻辑是如何嵌入当代的身份理念中的理论基础。

---

① 19世纪信用报告的发展与作为经济客体化技术的会计历史之间有很多相似之处。See Peter Miller and Ted O'Leary, "Accounting and the Construction of the Governable Person," *Accounting, Organization, and Society* 12（1987）: 235-265; Peter Miller, "Accounting and Objectivity: The Invention of Calculating Selves and Calculable Spaces," *Annals of Scholarship* 9（1992）: 61-86; and Keith Hoskin and Richard Macve, "Writing, Examining, Disciplining: The Genesis of Accounting's Modern Power," in *Accounting as Social and Institutional Practice*, ed. Anthony G. Hopwood and Peter Miller（New York: Cambridge University Press, 1994）, 67-97. On accounting as a rhetoric of objectivity（关于会计是客观的言论）, see Bruce G. Carruthers and Wendy Nelson Epseland, "Accounting for Rationality: Double-Entry Bookkeeping and the Rhetoric of Economic Rationality," *American Journal of Sociology* 91（1991）: 31-69; Porter, *Trust in Numbers*, 89-98; and Poovey, *History of the Modern Fact*, 29-90.

# 第二章

# 关于信用

本章介绍个人征信公司的起源与发展。虽然美国的征信业首先出现在以规范"经营性"赊销为目的商业领域，个人征信的诞生则是围绕着美国消费信贷（赊购）的发展而出现。分期付款是其起点，一些零售行业协会成立个人征信公司，进行信用信息共享，例如牛奶经销商、裁缝店、煤炭经销商和医生等，而零售杂货商最为活跃。

1869年在纽约成立第一家个人征信公司，陆陆续续又成立了几家。初期的个人征信公司经营惨淡，相比当时的企业征信公司，利润微薄，难以维系。

搜集负面信息的黑名单是最早的个人征信产品形态，之后发展成为"正面—负面"信息系统，可以提供更为全面的消费者信用画像。信用评级也作为最早的个人信用评估产品，当时的做法是让每家零售商对消费者进行各自评级，征信公司进行综合，并分享给不同的零售商。

在早期零售商业中，关于信用交易和现金支付之间的选择出现了激烈的竞争，最后信用交易逐渐被零售商所接受。

从本章开始，本书内容主要围绕个人征信展开。

### 19世纪个人信用监视的起源

美国的信用报告首先出现在商业领域，以规范"生产性"信贷为目的，但美国庞大的信贷体系几乎不限于商业贷款领域。与美国式节俭（Yankee Thrift）和维多利亚式金融保守主义的传统相反，消费信用（赊购）在19世纪的美国是普遍存在的。① 在1837年的经济恐慌中，有观察者抱怨信贷体系不仅"吞噬了整个商业社会的所有部门，"而且还"逐渐扩展到生活的各个角落，甚至包括个人的日常消费必需品。"② 19世纪的道德家们，像他们的清教徒前辈们一样，继续告诫他们的同胞们提防赊购债务陷阱，但对许多人来说，这简直是无法避免的。现金是人们梦寐以求的即时清算债务的工具，但由于流通货币的短缺以及收入和支出之间的长时间拖欠，现金永远是稀缺的。因此，若美国某家庭在当地的商店老板处欠下了一笔小额债务，当他们有了硬通货时就会把这笔债务还掉，通常拖欠时间是6个月到12个月，有时甚至更长。

分期付款（Installment）在美国内战后开始普及，常常被视为现代消费信贷的起飞点，但它其实只是在业已存在的做法基础上扩大了范围和去人格化（Impersonality）。用于购买新缝纫机和廉价批量生产的家具的延期付款，长期以来也是购买几乎所有其他生活用具所必需的。当然，关键的区别在于分期付款销售的合同形式。这些冷冰冰的法律文件与无数当地零售商和他们"信任"的客户之间非正式的信贷关系形成了鲜明对比。

① Calder, *Financing the American Dream,* 26. See also Jonathan Prude, *The Coming of Industrial Order: Town and Factory Life in Rural Massachusetts, 1810-1860* ( New York: Cambridge University Press, 1983 ); Thomas D. Clark, *Pills, Petticoats and Plows: The Southern Country Store* ( New York: Bobbs-Merrill, 1944 ); and Balleisen, *Navigating Failure,* 60-64. See Horowitz, *The Morality of Spending,* 1-29, for discussion of nineteenth-century attitudes toward consumption.
② "The Moral of the Crisis," *United States Magazine, and Democratic Review*, October 1, 1837, 108. The ubiquity of retail credit in Jacksonian America is also noted in A. F. Foster, *The Merchant's Manual, Comprising the Principles of Trade, Commerce and Banking* ( Boston: Perkins and Marvin, 1838 ), 46-48.

尽管赊购的道德性受到了质疑，但这场辩论并没有让节制（不赊购）与魔鬼般的放任自流（随意赊购）对立起来。事实上，一些宗教领袖对赊购的态度比人们想象的要宽容得多。一位著名的纽约长老会教徒赞扬了赊购的实际好处，并向听众保证，他的言论并不是要禁止人们承担与钱相关的责任，或禁止人们以合法的方式运用他们的赊购能力，他把矛头对准了赊购的真正危害：逾期付款。牧师内森·S. S. 比曼（Nathan S. S. Beman）是明德学院（Middlebury College）的理事，后来成为伦斯勒理工学院（Rensselaer Polytechnic Institute）的副校长。正如他和其他人所主张的那样，不及时还款是不道德的——因为它占用了债权人需要催收无数小债项所用的大量宝贵时间。因此，这次布道的要义不是要避免信贷，而是要认识到金融失信的广泛社会后果。正确使用信贷不是社会的祸害，而是改善社会关系的力量。按时偿还债务促进了人与人之间的信任。相互信任是维系社会契约的坚强纽带。正如比曼所解释的那样，这种信任和自律对社会产生了"最乐于接受的影响"。①

当零售信贷受到其他方面的谴责时，往往是出于一个更为普遍的原因：价格上涨。人们一再认为，赊购的商品更贵，因为卖方附加了一笔保险费，以弥补拖欠货款所造成的不可避免的损失。纽约一家报纸在1845年这样解释道，因此，"好的偿还者必须为坏的偿还者付出代价，就像他们在其他任何授信场景下所做的那样。"拥有个人信用账户的"零售商店的顾客"对信用体系的责任不亚于任何一个大城市的商人。②一份19世纪中期的报纸报道了一位好心但无知的"年轻技工"是如何从他妻子那里学到这一课的——他的妻子收到了他通过赊账买到的一罐桃子蜜饯，他为能够赊账还对店主抱有一点感激之情。但是他的妻子愤愤不平地说，"我对这种

---

① Nathan S. S. Beman, "Punctuality in the Repayment of Debts," *American National Preacher* 11, No. 11（April 1837）：172.

② "Cash and Credit," *Workingman's Advocate*, March 15, 1843, 1.

赊购业务有些了解，这其实是不公平的! 难道你不知道如果用现金购买，所有的商人都会给出比赊账更便宜的价格吗?"① 对于这种情况，一个报社编辑推断，用赊销的方式，经销商对外的商品价格会高于其实际市场价值10%到20%，"只是因为（经销商）他知道，五分之一或者在最好的情况下也会有十分之一的顾客是流浪者，他们没有工作、没有合适的谋生手段，最后是不会付款的"。② 在这种情况下，赊销被看作是集体性伤害（Collective Harm），而不是个人愚蠢或作恶的证据。实际上，使用个人信用报告的理由之一是，它承诺将不诚实的债务人从合格买家的列表中剔除，从而保持商品价格稳定和公平。最终，商铺赊购是商店老板让消费者占用了自己的资金，无论是以"个人必需品"的形式还是以桃子蜜饯的具体形式。

19世纪的零售商们很清楚，如果提供赊购服务，人们通常会更大方地花钱。一位信用记录良好的顾客不会因为手中没有现金而对一件引人注目的商品敬而远之，相反，他会要求立即购得，这是一种让人满足的特别服务。1874年，一位康涅狄格的消费者指出："当不需要（立即）付钱的时候，消费的诱惑是巨大的，而这笔钱（赊购费用）在账户记录中看起来也微不足道；但令人惊讶的是，（如果总是这样信用消费），消费者的账户最后会不断膨胀到难以置信和令人震惊的数额。"③ 虽然这种安排表面上对双方都有利，零售商能够向较富裕的消费者销售更多的商品，而且严格地将他们（这些消费者）与（零售商的）竞争对手隔离开来，但它也使人们难以分清无害的放纵和恣意挥霍之间的界限。什么时候购物过多是消费过度? 事实证明，许多零售商和消费者对消费能力的判断并不准确。由于赊账的本质就是对于未来的一种赌博，于是这个问题变得复杂起来。即使是最有希望的、充满善意的债务人，也总是因为受伤、生病或失业而遭受无

---

① "A Domestic Story: Just Charge It," *The Agitator* [Wellsborough, Tioga County, Pa.], December 7, 1854, 1.

② "Evils of the Credit System," *Chicago Tribune*, May 8, 1867, 2.

③ "Unpaid Bills," *Daily Constitution* [Middletown, Conn.], January 21, 1874, [1].

法预见的灾难（而无法及时偿还债务）。因此，对一些消费者来说，零售赊购带来的诱惑有时是灾难的开始。有一个诋毁零售赊购的人说："我们在主祷文里说：'不要引诱我们，要救我们脱离邪恶'。可是实际生活中，对于一个可怜巴巴、心智懦弱的普通人，能够抵抗得住（商户）陪他穿过富丽堂皇的购物大厅、请他饱览奢华的商品之后不顾他的实际支付能力，用赊购的方式去购买这些高档商品的诱惑吗？"①

### 19世纪的信贷与信任危机

与零售信贷相关的风险就像商业信贷风险一样，当嵌入到充满人际信任的本地网络中时，仍是可控的。1840年，美国人口最多的城市是纽约，只有30多万居民。紧随其后的三个城市巴尔的摩、新奥尔良和费城，这三个城市的人口均不到纽约的三分之一。到1890年，芝加哥已成为仅次于纽约的第二大城市，而在1840年，芝加哥的居民仅不足5000人。② 对于乡巴佬来说，熙熙攘攘的沿海大都市可能令人眼花缭乱，但它们的规模并没有大到妨碍邻里零售商与其当地客户之间的信用销售关系的程度。城市批发商和制造商之间的贸易关系在19世纪30年代和40年代因地域扩张而减弱，城市和城镇的零售商与他们的顾客仍保持着密切的联系。而相比之下，不像城市批发商在购买季节所面临的情况，他们不会服务于那些来势凶猛的外来陌生人，对于欠他们的款项，虽然收债起来可能令人恼火，但在大多数情况下数额相对较小。

即使在大城市，日常生活的必需品也是由附近商店的店主来提供，他们是杂货商、屠夫、面包师和药剂师，这些零售店主充分利用他们对当

① John J. Cummins, "Retail Credits from Moral and Financial Points of View," *Business: The Office Paper* 19, No. 1（January 1899）: 47.

② Campbell Gibson, "Population of the 100 Largest Cities and Other Urban Places in the United States: 1790-1990," Population Division Working Paper No. 27（Washington, D.C.: U.S. Bureau of the Census, June 1998）.

地居民和周围环境的熟悉程度来判断顾客的信用度。诚然，这是一个不完美的体系，它可能会强化一个人不应得到的名声和偏见，无论更好或者更坏。然而，在19世纪的大部分时间里，这种通过直接交往和当地意见来了解情况的古老方法是零售信用评估的基础。只要零售信贷是在当地进行的，零售商就没有多少动力去开发征信信息系统。

一本1869年出版的小店主指南既阐述了零售信贷销售的简单做法，也阐述了它在美国内战后的局限性。作者是宾夕法尼亚州人萨缪尔·H. 特里（Samuel H. Terry），他在1842年去纽约做干货批发商。在经营了自己的公司超过十年之后，他退休到新泽西州的农村，把自己的经历写下来，以便使其他零售商从中获益。[1] 在评论现有的指南缺失时，特里观察到："在我们所有的图书馆，无论是公共的图书馆还是私人的图书馆，我们寻找任何手册或教科书，想学到一些关于零售商人的专业知识，但往往都是徒劳。"他对此感到奇怪，因为"社区中可能有十分之一的人或多或少从事这个行业"。[2] 他的畅销手册在19世纪80年代多次再版，其中有整整一章专门讲零售信贷销售。

在承认仅限现金支付业务具有简便性和安全性的同时，这体现在给客户提供更低价格的倾向，也体现了零售商平和的心态，同时"零售商和他的客户之间也很少会产生冲突，如拒绝赊购或信贷服务、纠缠不休、起诉等"——但特里表示仅限现金支付业务在实践中的确少见。[3] "随着零售业务的开展，几乎不可能只处理现金支付业务，虽然零售商非常渴望尽可能

---

[1] Terry was forced out of retirement in 1872 thanks to a bad investment. He went to work for A. T. Stewart and took over its silk department for himself when the land-mark department store closed in 1876. "Publishers' Notice" in Samuel E. Terry, *How to Keep a Store: Embodying the Conclusions of Thirty Years' Experience in Merchandising*, 17th ed. ( New York: Fowler & Wells, 1891 ), iii-iv.

[2] Samuel H. Terry, *The Retailer's Manual: Embodying the Conclusions of Thirty Years' Experience in Merchandising* ( Newark, N.J.: Jennings Brothers, 1869 ), 15.

[3] Ibid., 150.

多的商品采用现金销售，但是实际交易中几乎所有零售都或多或少采用现金和信用销售结合的方式。"① 通过赊销来提高销售额的愿望往往伴随着明显的风险，尤其是判断客户的信用度问题。在强调社区公共知识的重要性时，特里指出，"一个有一年社区销售经验的零售商，看到和听到社区发生的事情，并经常和里面的人做生意，他才能有足够的信心来决定是否对社区里面的某一位顾客进行赊销，以及决定赊销的额度。"② 但是这种对赊销直接估价的自信将在随后20年的经营过程中受到动摇。

19世纪70年代初，城市中心的零售商们开始直接面对与赊账相关的风险，就像在19世纪30年代他们不得不为批发商提供赊销时所产生的风险一样。对批发商来说，问题是商业中心与内陆贸易商之间日益增加的距离，而对零售商来说，问题则是他们自己社区中不断增加的人口密度和流动性，这使得邻居变成了陌生人。正如特里指出的那样，信用风险随着依赖关系链的下移而增加，这不仅是因为环境和财务意外事件的数量会成倍增加，而且还因为更多可能不诚实（Dishonest）的人加入了这个行列。例如，向农民赊销，只需要农民的诚实。向一个依靠农民赚钱的机械师销售，则需要双方都能够诚实守信。如果将赊账提供给依赖关系链中的第三个环节将进一步提高风险，"因为现在要求这三个环节都必须诚实"，依此类推。③

与此同时，许多小型零售商，特别是杂货商和肉贩，在他们自己的社区里也面临着越来越大的竞争压力。这一点，再加上对陌生人信用度不切实际的评估，更使他们处于危险的境地。这些零售商生怕破坏销售体验，就不愿用询问顾客收入或就业的问题，他们往往完全依靠直觉和印象，把谨慎抛到脑后。一位芝加哥的作家在1874年愤怒地评论道："零售商人必

① Samuel H. Terry, *The Retailer's Manual: Embodying the Conclusions of Thirty Years' Experience in Merchandising* ( Newark, N.J.: Jennings Brothers, 1869 ), 179.

② Ibid., 159.

③ Ibid., 162.

须对付的最大邪恶之一就是信贷系统。而且，在社会发生根本变化之前，信贷—顾客的业务将是商人的祸根。"①

越来越多美国人在成熟的海滨中心以及在繁荣的内陆城市如辛辛那提、芝加哥和圣路易斯定居或中转，这些城市于1870年已跻身美国十大城市之列，这种定居或中转行为将零售信贷的人际关系基础扩展到了极限。在这些充满都市陌生感和竞争的环境中，一种有组织地将个人征信行业化的愿望被激发起来了。到19世纪80年代末，从纽约到新奥尔良，一直往西到加利福尼亚，全国各地的主要城市中心都建立了专门监视零售顾客的组织。在1886年，一位芝加哥记者指出，"零售征信机构，如批发商贸易多年前那样，已经模仿邓氏公司和白氏公司的商业模式，在许多主要的贸易中心设立了办公室，不同之处在于他们（零售征信机构）报告的是个人和家庭的情况，而不是从事活跃商贸业务的商人的情况。"②

19世纪末，信用消费的泛滥几乎完全被归入商品流通的世界中了。由抵押品（无论是商品、房地产还是设备）支持的现金贷款广泛用于商业用途，但在20世纪前20年，用于个人消费的贷款却被拒绝提供给绝大多数美国人。限制高利贷的法律使个人贷款对银行家来说既无利可图，也没有吸引力，除非个人贷款是作为一种安全的、通常是短期服务提供给富人。在这种情况下，美国人无论中产阶级还是穷人都是一样的遭遇。当人们急需现金时，他们被迫求助于典当行或非法高利贷，但这两种行业都没有参与征信行业的发展中。③ 虽然银行使用商业征信公司（译者注：即企业征信公司）的服务，但他们对19世纪个人征信的组织工作毫无兴趣。

---

① "The Other Side," *Chicago Tribune*, April 21, 1874, 10.

② "New Business Methods," *Chicago Tribune*, October 23, 1886, 9.

③ 在19世纪的个人贷款中，包括当铺经纪人和高利贷者的贷款, see Woloson, *In Hock;* Calder, *Financing the American Dream,* 42-55; and Hyman, *Debtor Nation,* 6-25. See also Louis N. Robinson and Rolf Nugent, *Regulation of the Small Loan Business*（New York: Russell Sage Foundation, 1935）; and John P. Caskey, "Pawnbroking in America: The Economics of a Forgotten Market," *Journal of Money, Credit, and Banking* 23, No. 1（February 1991）: 85-99.

## 从黑名单（Blacklist）到"正面—负面"信息系统（Affirmative-Negative System）

19世纪的个人征信有两种基本形式：黑名单和"正面—负面"信息系统。黑名单只是一份名单，记录了拖欠账单的个人名字。这样的列表是信用报告的原型，长期以来一直是由商人编制的，以识别他们社区中不及时还款或不付款的个人（见图2.1）。作为一种基本的、完全负面的金融身份识别（Financial Identification）系统，它的唯一目的是将违约的个人和最严重的信用风险从潜在客户列表中分离出来。在19世纪末以前，黑名单被商店老板用于私下编辑和咨询，成为一种非

图2.1　一份18世纪的黑名单示例

（资料来源：沃尔特·德·马里斯（Walter de Maris），《张贴》，《美国银行家协会期刊》（*American Bankers Association Journal*），1933年11月）

译者注：一位衣冠楚楚的绅士来贸易公司洽谈业务，刚进门，公司的信用风险管理人员就悄悄在旁边进行黑名单核实。

正式的记录保存系统，而不是共享信用信息的来源。零售商之间缺乏合作沟通，在很大程度上可以归因于他们不愿披露自己财务实力的细节，这些信息可能由他们的账面坏账数量推断出来的。需要保护的不是信用客户的隐私，而是商家自己的隐私，他们试图保护自己不受同行和竞争对手的刺探。黑名单上一长串欠账的顾客反映出商人在授信方面的判断力和在收债方面的能力都很差。

19世纪的美国人想当然地认为零售商都有自己的黑名单。正如《纽约时报》（*New York Times*）的一名作家所解释的那样，只要这些"小小的名

单"仍然隐藏在"柜台下",就可以容忍。[1] 然而,当私密性遭到破坏时,公众的强烈抗议肯定会随之而来。得克萨斯州的科西卡纳(Corsicana)就有这样的一个例子,这是达拉斯市以南的一个小镇,1885年,这个社区得知一份黑名单被公布后,开始"行动"起来。一名达拉斯记者指出,"一些最及时还款、守信度最高的公民的名字"被错误地列在名单上,并认为这些给出错误建议的机构是愚蠢的。"这些黑名单在过去的几年里在很多地方都试过,但很快就被抛弃了。"[2]

尽管零售商的黑名单是保密的,美国的报纸并没有保守这个秘密。在19世纪30年代和19世纪40年代,印刷商在他们的报纸上公开未偿还的债务人的名字。正如纽约一家报纸的出版人在1834年所解释的那样:"我们认为,在商业领域中,让不及时还款的人感到不舒服或让他们不能够继续进行信用交易,没有谁比报纸的出版人更能在'信用体系'中发挥的作用更大。"[3] 这种以订阅为基础的出版物,其中包括许多宗教性的报纸,通过"温和的个人暗示"(Gentle Personal Hints)和"印刷商的披露"(Printer's Duns),来羞辱不及时还款的人,大大地捍卫了债权人的权利。在标题为《黑名单合适吗?》的新闻中,波士顿《小号和普遍主义者杂志》(*Trumpet and Universalist Magazine*)的编辑回答说:"是的,没有它(黑名单),印刷商能做什么?"1830年,据报道,奥尔巴尼的《显微镜》(*Microscope*)制作了一份特别可怕的黑名单,将其放在一个黑暗的、"看上去像巴士底狱(Bastille)"的版面上,并配以一个穿着袜子的可耻男人的照片。[4] 然而,尽管通过这种羞辱,债权人获得了所有的满足感,但黑名单很难成为一种彻底的信用控制机制。作为对被谴责者的记录,这些黑名单是保守的和具有惩罚性的,而不是先发制人的和具有预见性的。

---

[1]　"Blacklisting Poets," *New York Times*, July 1, 1888, 4.

[2]　"Corsicana," *Dallas Weekly Herald*, March 12, 1885, [4].

[3]　A. T. Scott, "Newspaper Credit," *The Free Enquirer*, June 15, 1834, 265.

[4]　"A Typographical Pillory," *Workingman's Advocate*, August 21, 1830, 3.

相比之下，"正面—负面"的信用体系却完全遵循着不同的原则。它不是挑出并排除已知的"老赖"，而是试图找出并追踪城市、县、州乃至全国范围内所有个人的金融消费习惯。这是19世纪40年代由刘易斯·大班（Lewis Tappan）开创并在商业领域崛起的体系。这种整体化、不断更新的监视的好处是它允许债权人在不同类别的借款人之间做出更细微的区分。"正面—负面"系统不仅记录了诸如消费者财政困难、声名狼藉的交易等贬义性条目，或者诸如赌博、花心、酗酒等恶行，还记录了个人的诚实、金融资产和及时付款的证据。黑名单没能区分未及时付款（不断拖欠，但最终还是解决了债务问题）和从来不打算还款的专业老赖之间的区别。虽然真正的赖账者只占全部信贷客户的一小部分，但还款慢的客户占零售信贷业务的很大一部分。总而言之，过分谴责拖延付款者，将不可避免地连累所有潜在客户。

"正面—负面"系统监视与个人的偿付习惯和信用状况有关的所有信息，包括正面的和负面的信息，以判断个人的信用度上限（Limit）。通过计算这个量化指标，可以得到一个人正常情况下能够偿还的最大信贷额度，零售商就能通过信贷销售对冲未来，来最大化销售和利润。每个消费者都被视为一个独特的案例，一个可以被分离、分类和单独分析的案例。这就是信用监视的未来，不是将少数人列入黑名单或推定排除在外，而是对所有人进行持续的监视并且按比例调整其信贷偏好和惩罚激励。

在19世纪后期，当"正面—负面"机制被个人征信公司采用时，金融身份这个从前只属于企业主和个体经营者的概念，开始扩展到普通大众。劳动者、临时工、机械师、办事员和一群挣工资的工人，这些人在以前企业征信制度下是看不到的，现在突然获得了金融身份的第二自我。"正面—负面"机制也能够像在商业领域那样，发挥一种强有力的规范力量。虽然黑名单也能起到类似的作用，仅是暗示商家在编制黑名单，就可以吓退一些拖欠还款的人，让他们付清账单，但它们往往是不定期地编制和更新的，因此会削弱它们的效果。另外，"正面—负面"制度使所有的消费者处于永久的监视之下，从而鼓励他们按时、足量地偿还债务，以保持他们的个人信用红利。

### 1900 年前的私人征信公司和行业协会

与机构档案中保存完好的企业征信历史不同，个人征信的早期发展历史难以重建。第一批个人征信业务要么太短，要么太不重要，以至于无法保存它们的记录。由于纸质记录如此模糊，因此很难追踪它们扩散的顺序和模式。由麦基洛普和斯普拉格公司（McKillop and Sprague，一家纽约商业征信公司）出版的一本小册子以嘲笑的口吻描述了1874年的零售征信行业："已经进行了两三次尝试将该系统带到零售业，并且进行了一两次尝试来改善该系统，可是这些尝试失败了。由于这些尝试是如此微弱，以至于没必要进一步提及它们。"[1]

到了19世纪80年代中期，情况就不一样了。美国许多主要城市都建立了零售征信公司，[2] 这些尚处于萌芽阶段的消费者数据代理商以惊人的形式涌现出来。有些是直接模仿企业征信公司的私人机构，有些是按行业划分的非营利协会，还有一些是和催收与侦探机构关系暧昧、看起来像是其可疑的分支机构。这些机构采用的报告方法也大不相同，从编制简单的黑名单到基于"正面—负面"系统的综合参考书。

最早的私人机构很可能出现在纽约及其周边地区，纽约也是领先的商业报告机构如邓氏公司和白氏公司的总部所在地。根据贸易行业的传说，

---

[1] *The Commercial Agency: Its Origin, Growth, &c.*（New York: McKillop and Sprague Company, 1874），7.

[2] 除非另有说明，否则在本章其余部分中使用的信用报告一词通常是指组织为使用其订阅者和会员而发布的黑名单、书面报告和信用评级。

第一个专门针对消费者的征信公司是1869年在布鲁克林由赫尔曼·塞尔斯和康拉德·塞尔斯兄弟（Herman and Conrad Selss）建立的。[①] 布鲁克林会出现第一个零售征信公司，这并不奇怪。作为19世纪末美国增长最快的地区人口最多的城市之一，布鲁克林于1850年跃升至美国第七大城市，1860年跃居第三大城市（在纽约和费城之后），这一排名维持至1898年它和纽约合并。布鲁克林的一个电话簿证实康拉德·塞尔斯在1878年经营一家商业化的零售业征信公司。四年之后，当地的报纸报道"商业征信所的C.E.塞尔斯先生"被选为布鲁克林贸易委员会主席。[②] 除此之外，没有塞尔斯公司的任何消息。纽约公共图书馆的信用评级名单册提供了一个额外的线索。这本薄薄的名单于1874年和1875年由零售征信公司出版（放在布鲁克林，并用早期的铅笔记谱法记录），其中包含了4000多人的名字，这可能是塞尔斯兄弟公司的作品。

如果塞尔斯兄弟是第一家零售征信公司，那么它没有孤单太久。同年，第二家致力于零售征信的公司——经销商互助保护机构（Dealers' Mutual Protective Agency，DMPA）在布鲁克林成立。这个以盈利为目的的企业提供一系列的商业服务，包括征信报告、账单收集、会计和侦探工作。根据一则广告，该机构的"预防部门（Preventative Department）"确实存在。

> 为了保护贸易不受某些客户的影响，这些客户不断地要求赊欠，但从不打算付款。这个阶层是由一群外表文雅的骗子组成的，或男或女，他们油腔滑调的表达、献媚的举止以及巨大的虚假财富展示，总是成功

---

① J. R. Truesdale, *Credit Bureau Management*（New York: Prentice-Hall, 1927），13. 经过一系列的合并和收购，最初的Selss公司在1934年成为现在的Equifax的一部分（Flinn, *History of Retail Credit Company*, 256-260）. 有证据表明，零售信用信息共享组织可能更早存在。例如，1855年的公告表明，华盛顿特区的店主至少计划组织一个协会，以限制零售信贷系统的额度，并相互交换关于客户可靠性的信息"（"The Cash Principle," *Baltimore Sun*, February 15, 1855, [4]）.

② *Lain's Brooklyn Directory*, 1878（Selss is misspelled Sells）; "At a Meeting Held on Thursday," *Brooklyn Eagle*, April 20, 1882, 2.

地实现了欺骗的交易。他们从一个地方搬到另一个地方，在每个地方停留足够长的时间，取得杂货店老板、肉贩、面包师以及所有愿意预售的人的信任，从而进行赊账。

该机构夸口说，"零售商，以及酒店、公寓和房东可以通过该个人征信公司的服务，每年节省数百，是的，数千美元的损失"。除了调查零售客户和潜在的租户外，该机构的侦探部还兼做雇员筛选项目。[1]

到第二年（1870年），经销商共同保护机构已经编制了一份名单，当中仅在布鲁克林就有8430个"恶意债务人"。虽然这些"老赖"中的许多人有支付能力，包括"住在褐色石头房子里的绅士"，但他们利用法律漏洞或以他人的名义占有财产来逃避自己的经济责任。[2] 向这些狡猾的债务人索款的困难促使该机构在1870年3月举行了一次公开会议，在会上，这个组织的总监C. H. 巴克斯特（C. H. Baxter）监督起草了一份提交给位于奥尔巴尼州的立法机关的提案。[3] 出席会议的人似乎很少，会议毫无结果。然而，巴克斯特的提议之一，要求对小额债务人实行工资留置（Wage Liens），遭到了当地媒体的严厉批评。[4]

第二年（1871年），经销商共同保护机构（DMPA）倒闭了。在1872年的一个夏季，《布鲁克林鹰报》（*Brookly Eagle*）的一位记者试图做一篇关于该机构的报道，并从一位报料人那里得知，虽然该机构取得了"辉煌的业绩"，但最终未能兑现其对严重拖欠账单收债的承诺。[5] 目前不清楚该机构是如何出版参考书的，也不清楚其信用信息是如何确定的。其对拖欠者的关注表明，该机构的征信工作只不过是从他们的订阅者的收债请求中

---

[1] Advertisement, *Brooklyn Eagle*, February 18, 1869, 2.

[2] "The Dead Beats," *Brooklyn Eagle*, March 8, 1870, 2.29.

[3] "Reform in Debt Collection in Brooklyn," *New York Times*, March 8, 1870, 5.

[4] H.P., "The Dealers' Credit System—The Wages Lien Law in the Old Countries," *Brooklyn Eagle*, March 14, 1870, 2; and "The New York Citizen Reformers," *Brooklyn Eagle*, March 15, 1870, 2.

[5] "People Who Are in Debt," *Brooklyn Eagle*, August 18, 1871, 2.

编辑整理的黑名单。

就在这家位于布鲁克林的个人征信公司悄然关门之际，另一家公司——零售经销商保护协会（Retail Dealers' Protective Association，RDPA）在纽约东河对岸开张了。零售经销商保护协会是美国最早的个人征信公司之一，也是运营最久的征信公司之一，它一直持续运作到1931年。① 零售经销商保护协会源于由杰西·普拉特（Jesse Platt）主导的"家族生意"，他以前在A. T. 斯图尔特（A.T. Stewart's）的干货商场批发部门工作。普拉特的叔叔和自己儿子一起经营着一家商账追收公司，但是据邓氏公司指出，他叔叔并不是一个很好的商人，其在纽约北部的药品生意已经失败。1871年，零售经销商保护协会以股份有限公司的形式成立，其第一版的年度商业登记簿（Commercial Register）对五万名在纽约和布鲁克林生活或工作的个人进行了评级。1892年，当一位邓氏公司的代表访问该公司时，他报告说，普拉特当时已经是一个上了年纪的人，仍然从他的零售征信生意中获利甚丰，过着"体面的生活"。②

继零售经销商保护协会之后，1882年至1890年，至少有10家新机构成立，从明尼苏达州的圣保罗到新奥尔良，从内布拉斯加州的林肯到弗吉尼亚州的里士满。根据早期的工业历史学家的说法，到1900年，又有50家机构"主要存在于较大的城市中"，这个估计数量可能是较为保守的。③ 尽管大多数早期的征信公司满足于把业务集中在一个城市或城镇，但也

---

① "Bankruptcy Proceedings," *New York Times*, May 14, 1931, 44; and "Bankruptcy Proceedings," *New York Times*, May 27, 1931, 51.

② New York, Vol. 390, p. 2402, R. G. Dun & Co. Collection, Baker Library, Harvard Business School.

③ Truesdale, *Credit Bureau Management*, 13-14. 其他代理商早于或未出现在Truesdale的年表中，例如马萨诸塞州洛厄尔的美国商业联合会和康涅狄格州纽黑文的零售商人信贷公司（前者成立于1878年，后者于1889年成立）。See American Mercantile Union, *Confidential Reference Book, Compiled in the Interest of the Retail Trade*（Lowell, Mass., 1878）；and "Articles of Association of the Retail Merchants' Credit Company," *New Haven*（Conn.）*Register*, April 12, 1889, [4]. 大股东B.马修曼（B. Matthewman）出版了《零售商人机密指南》，一年前包含15000个名字（"Attorney Matthewman's List," *New Haven* [Conn.] *Reg ister*, March 27, 1888, [1]）。

有一小部分公司寻求更广阔的发展空间。成立于1876年的美国商业联盟（American Mercantile Union）在包括旧金山在内的"美国所有知名城市"都设有分支机构。[1] 另一家是纽约锡拉丘兹的商业出版公司（Commercial Publishing Company），它声称于19世纪90年代中期在纽约大洲建立了一个多城市网络。[2] 经营单一办事处的困难（原因稍后会解释）可使多城市或多州经营成为有别于常规的例外。

与此同时，追求利润的企业开始激增，在零售商的保护协会中出现了第二种形式的消费者报告。[3] 这些通常产生于在某些贸易领域并局限于特定城镇的互助协会，一般是为了避免价格战、规范商业行为和抵御竞争对手。但许多协会也将信贷关系的监视作为其主要目标。例如，1871年在费城至少成立了三个新的贸易组织，分别代表牛奶经销商、裁缝店和煤炭零售经销商的征信机构。在牛奶和煤炭经销商的征信机构的案例中，成员们同意向协会提供一份拖欠客户名单信息，以达到共享黑名单的目的。裁缝业的组织承诺通过"对拖欠和可疑顾客的信息传播"来保护其成员。[4] 在芝加哥，1873年的全国金融危机促使这个城市中至少100个零售杂货商一起开会来成立一个保护性的协会。这个被称为杂货商、屠夫和市场人员信息交换中心（Grocers', Butchers', and Marketmen's Exchange）的组织主要

---

[1] American Mercantile Union, Preface to *Confidential Reference Book for San Francisco, Oakland and Vicinity* ( San Francisco, 1886 ), n.p.

[2] "The Business Booms," *Sunday Herald* ( Syracuse, N.Y. ), May 5, 1895, 8.

[3] Truesdale的账户仅限于私人征信公司，而忽略了贸易组织的发展。值得注意的是，贸易组织经常直接与私人征信公司和大型商人协会竞争，从而削弱了它们集中化的努力。1927年，一些杂货商和肉类经销商仍然维持自己的独立信用信息服务（聚焦于某一行业），这正是Truesdale所批评的。( *Credit Bureau Management*, 208 ). 关于批发商，制造商和分销商之间行业协会的征信服务平行发展，see Olegario, *A Culture of Credit*, 185. 关于信用信息交互的作用，see also *Trade Associations: Their Economic Significance and Legal Status* ( New York: National Industrial Conference Board, 1925 ), 149-161.

[4] "Merchant Tailors' Exchange," *Philadelphia Inquirer*, October 17, 1871, 3. See also "Milk Dealers," *Philadelphia Inquirer*, June 3, 1871, 2; and "Retail Coal Dealers," *Philadelphia Inquirer*, November 30, 1871, 3.

目的是建立一个共享的黑名单。① 尽管这种联系通常反映出一种类似行会的性质，但在某些情况下，它们也会把形形色色的利益团体联系在一起，例如在圣路易斯，1878年杂货商、专营公寓的房地产商和医生组织起来，目的是设计一份合作黑名单。②

在各种贸易团体中，零售杂货商是最活跃的。作为基本信息的提供者，他们处理的客户数量最多，种类最多。由于处于不断增长的消费信用经济前沿，他们比其他商家更容易受到客户拖欠的影响。在19世纪后期，从中型到大型的城市里有成千上万的本地杂货店。例如，在19世纪80年代初，一家纽约报纸将纽约和布鲁克林的杂货店数量定为一万家，这一估计可能不太准确，但并非不可能。③ 这些邻近的零售商经常扮演一种不受欢迎的社会服务角色。在没有家庭帮助或慈善安全网的地方，陷入困境的当地人依靠信任的零售商来获得生活必需品，来维持生活。

> 失业的人，有工作却拿不到工资的人必须生活。没有钱，他们就去商店要求赊欠，直到他们拿到工资。商人让这些人得到想要的东西，认为总有一天自己会收到这些人的欠款，并相信这些人的诚实以及有能力获得他们应得的工资。④

在上述芝加哥杂货商、屠夫和市场人员信息交换中心的成立大会上，一位杂货商读出一篇漫骂信用制度的文章，并提议立即废除信用制度，一场争吵由此引发。另一位商人拒绝了这个"愚蠢的提议"，并指出他为许多"诚实的人"服务，并且"不能这么突然地就对他们做这么残忍的事"。

---

① "Green Grocers," *Chicago Tribune*, September 30, 1874, 5.

② Untitled, *New Orleans Times*, February 12, 1878, 4.

③ "New York," *New York Times*, May 23, 1882, 8. 关于杂货店授信的普遍性, see Strasser, *Satisfaction Guaranteed*, 67-72.

④ "The Other Side," 10.

提到目前金融恐慌带来的困难，他补充说："在这个金融紧缩的时期，普通老百姓没有钱支付他们的日常开支，停止信贷就是一种卑鄙的行为。"①

到19世纪80年代中期，美国东部的许多城市以及西部的加利福尼亚都成立了杂货商协会（Grocers' Associations）。② 当1888年南达科他州阿伯丁（一个新成立的小镇，人口不足5000人）的一些零售杂货店成立时，他们立即编制了一份"逾期者名单"（a List of Delinquents），以防止其成员在不知情的情况下向"不还钱的人"（Mr. Bad Pay）授信。③ 最大的零售商征信组织之一，新英格兰零售杂货商协会（New England Retail Grocers' Association），成立于1882年，在其成立的第二年就有1100名会员。④ 大约在同一时期，芝加哥、纽约、布鲁克林、圣路易斯、里士满、锡拉丘兹、罗切斯特、布法罗和费城也成立了协会。⑤ 尽管食品杂货商协会是最知名且数量最多的，但组成联盟的贸易团体也发展了类似的保护性社会组织。例如，在北卡罗莱纳的夏洛特，屠夫们在1889年联合起来编制了一份黑名单，这比城市的杂货商们早三年，用以保护他们不受那些"不及时还款的人"的侵害。⑥

医生是信用体系中承担不成比例负担的又一个职业群体。比起那些因向穷人提供食物而蒙受损失的杂货商，医生在道义上有提供医疗服务的义

---

① "Green Grocers," 5.

② "The Los Angeles Protective Association," *Daily Evening News* (San Francisco), September 26, 1879, n.p.

③ "A Retail Grocer's Association," *Aberdeen* ( N.D. ) *Daily News*, March 18, 1888, [3].

④ "New England Grocers," *Boston Globe*, January 9, 1883, 6.

⑤ "Retail Grocers," *Chicago Tribune*, August 24, 1881, 5; "Retail Grocers Combining," *New York Times*, June 19, 1882, 8; "Grocers' Association," *Brooklyn Eagle*, June 9, 1882, 4; "A Protective Association," *St. Louis GlobeDemocrat*, January 15, 1882, 3; *Constitution and Rules, Richmond Retail Dealers' Association* ( Richmond, Va.: Carlton, McCarthy & Co., 1883 ) ; "The Buffalo Grocers," *New York Times*, April 25, 1886, 1; and "Retail Grocers Organizing," *Philadelphia Inquirer*, April 22, 1886, 3.

⑥ "The Butchers Organized," *Charlotte* ( N.C. ) *News*, January 3, 1889, [1]; and "A Grocers' Union," *Charlotte* ( N.C. ) *News*, March 30, 1892, [4].

务，这个义务常常使他们受到部分病人的伤害，这部分病人将医生的服务视为理所当然。1840年，一位波士顿主编在抱怨美国医生由于大量未收欠款的账单而陷入贫困时指出，"医生随时随地提供服务，不分黑夜或白昼，医生甚至不知道病人的品格，更不用说了解任何关于病人支付医疗服务的能力了。"① 19世纪，有些病人获得医生治疗可能由于太穷而无法支付费用，医生对此感到可以承受，但是他们的不满源于那些利用自己好心的人，特别是那些利用各种借口不还钱但是还有其他金融财务安排，甚至过着"奢侈生活"的人。②

正如一篇社论在1872年所指出的那样，医生们所面临的两难境地是如何区分"真正的拖欠者"（Real Delinquents）和"医疗骗子"（Doctor-Swindlers）。③ 1873年《布鲁克林鹰报》观察到："无论是屠夫、杂货商还是面包师，在不招致恶意的情况下，可以拒绝给要求通融的人赊账。以同样的方式，所有其他的商人都可能拒绝采用信用机制提供服务。可是对于医生，如果他也这样拒绝信用服务，如果他的服务一提供就要求得到报酬，那他将是一个多么'残酷无情的人'。"正如该报记者所指出的那样，"不诚实阶层"（Dishonest Class）并非都是由经济拮据的人组成，还包括那些经常光顾剧院、把钱浪费在奢侈品上而不支付医生费用的病人。④ 1869年，新泽西州米尔维尔市的一群饱受苦难的医生们雇了一家收债代理机构，并编制一份拖欠费用的病人黑名单，并郑重声明黑名单上的名字不会被删除，除非账单被偿还或被"穷人的监护人发布的公告"（An Order from an Overseer of the Poor）所豁免。⑤ 一些早期的征信公司直接迎合了医疗服务这一市场。1873年，纽约一家私人公司曼哈顿收债公司（Manhattan

---

① "Fees of Physicians," *Boston Medical and Surgical Journal*, January 29, 1840, 404.

② R.C., "Medical Fees," *Boston Medical and Surgical Journal*, February 12, 1840, 13.

③ "Black Lists," *Philadelphia Medical Times*, December 21, 1872, 185.

④ "Doctors," *Brooklyn Eagle*, February 19, 1873, 1.

⑤ "A Good Move," *Medical and Surgical Reporter*（Philadelphia）, February 13, 1869, 136.

Collecting Company）出版了一本供"医生、牙医和零售商人"使用的信用参考书。①

零售经销商保护协会等私营企业每年都会发布"正面—负面"评级的名单，与之形成对比的是，大多数早期的贸易协会和商人协会（Fraternal and Trade Association）似乎都编制了专门供其会员使用的黑名单。这种名单采取的形式是直接分发给会员的印刷手册，或由协会保管的单一总账本。后一种形式是被纽约长岛市的食品杂货商保护协会（Protective Association of Grocers）使用的，该协会保存着一本相当大的账簿，边缘有黑框线，上面包含顾客姓名列表。②

### 信用等级名册和分类账经验

在早期的征信组织中，信用等级名册是传播信息的最先进的媒介。信用等级名册通常是更新补充名单的年度出版物。比如像邓氏公司和白氏公司发布的信用等级标识名册那样，消费者信用等级标识名册包含高度机密的信息，其发行受到严格的监管，以防非订阅者和流言蜚语传播者获得访问权限。③ 它们的大小和格式因组织的不同而有所不同，从几十页到几百页不等，但都具有相同的功能，可作为包含生活在一定范围内（通常是一个城市或城镇）的成年人的综合情况列表。

像城市的电话号码本目录一样，信用等级标识名册按姓氏字母顺序排列，当中包括男性和女性，通常由女士（Mrs.）、小姐（Miss）、妻子或寡妇的标识来表示女性的婚姻状况或存在依赖关系。那些已退休依赖有问题的生活来源的男士也获得了特殊身份标识。每个人的地址和职业，如果已

---

① *For Reference: Published for the Benefit of Physicians, Dentists & Retail Dealers, by the Manhattan Collecting Company*（New York: E. V. Armstrong, 1873）.

② Untitled news item, *San Jose*（Calif.）*Mercury*, February 27, 1886, [4].

③ 多数书着重说明了评级书的机密性，而且管理其使用的合同通常规定将其借给会员，因此不能转售。

知的话，都列在他们的名字后面。在一个疑心重的商人看来，地址和工作的缺乏可能是不稳定或懒惰的象征，尽管这不一定是负面信用信息。除了这些信息变量以外，种族作为另一种变量出现在一些评级名单册中。当"有色人种"（Colored）被用作一种描述时，它是惹人注目的，其清楚地表明了非裔美国人在一个规范化的白人世界中被另眼看待（Otherness）。不幸的是，由于例子太少，很难对非裔美国人参与白人信贷经济做出概括。[1]然而，更重要的一点是，信用评级名单册记录包含的不仅仅是评级。伴随着一个人的名字所出现的个人描述性的细节可能会提供重要证据来说明19世纪的信用度是怎样决定的，但在册子中的信用等级划分是实打实的。

　　描述性的细节可能提供一些线索，但是信用等级对书中的每一项进行阐释。就像企业征信公司的信用等级标识名册一样，早期个人征信组织使用字母数字代码来表示相对的信用价值（或信用度）（Creditworthiness）。[2]每个征信公司都有自己的系统和评级符号代码。例如，总部位于布鲁克林的零售征信公司（Retail Mercantile Agency）（见图2.2）在其1874～1875

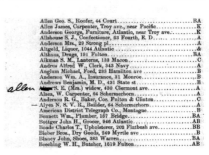

图2.2　个人信用等级出现在早期的信用等级标识工具中

（资料来源：*纽约布鲁克林零售征信所，1874*）

---

[1] 关于种族身份的例子，see *The Credit Guide* 1, No. 2（Boston: n.p., 1872），in the collection of the Massachusetts Historical Society; *Black List*（Oshkosh, Wis.: n.p., [1872?]）; American Mercantile Union, *Reference Book, Compiled in the Interest of the Retail Trade*（Lowell, Mass.: n.p., 1878）; *M'Cready's Credit Register, for Retail Dealers, and Country Store Merchants,* 2nd New England ed.（Boston: Alfred Mudge & Son, 1884）; and Credit Reporting Company of Newark, New Jersey, *Trust Book*（n.p., [1898]）.

[2] 尽管我在黑名单和评级书之间进行了严格区分，但一些组织发布了混合型的版本，其中列出了评级（基于正面—负面报告）以及每个人的未结算账户总额（see, for example, M'cready's Credit Register），其他人则发布了修改后的黑名单，对拖欠和无钱债务人的演化情况进行了评级。黑名单一词的普遍使用也有所下滑，从技术上讲，它可能表示正面—负面评级系统（for example, the Landlords' Protective Association described in "A Norwich Black List", New Haven Evening Register [June 6, 1881], [1]）.

卷中使用了以下符号代码（见表2.1）。如图2.2所示，利用提供给零售征信公司代码，可以破译所列出的每个人的信用状况。艾伦女士的信用等级是"A"级（她的名字被手动修改过来表示她还款很及时。信息包含从性别、婚姻状况到住址、职业和种族，为19世纪的信用价值观念提供了重要的旁证。

表 2.1　总部位于布鲁克林的零售征信公司的信用等级符号

| 符号代码 | 评　　级 |
|---|---|
| "B" | 支付现金的人； |
| "A" | 付款及时的人； |
| "C" | 由于疏忽大意，致使其账户到期未付，但是非常有责任心的人； |
| "K" | 一个不幸的人，到期不能付款，或者看起来漠不关心，但其是有点责任心的人； |
| "&" | 未分级； |

机构注释：查询必须在办公室进行，我们保证这样做是对所有人公正的。[1]

同时在东河对岸运营的零售经销商保护协会使用了另一套符号系统，如表2.2所示。

表 2.2　零售经销商保护协会使用的信用等级符号

| 符号代码 | 评级 |
|---|---|
| 1 | 毋庸置疑是负责任的； |
| 2 | 准时支付； |
| C | 习惯性付现金，有责任； |
| 3 | 是负责任的，但并不总是按时付款； |

收到相互矛盾的报告或信用差到在等级3以下的个人，由零售经销商保护协会用星号标记，表明订阅者应向机构办公室进行特别询问以获得更多信息。在信用等级标识名册中使用星号或&号是很常见的，这种方法可以避免发布具有高度破坏性和潜在诽谤性的信息，这些信息为法律制裁

[1]　Retail Mercantile Agency ([Brooklyn, N.Y.]: n.p., [1874-1875]), n.p.

打开了大门。① 零售经销商保护协会等级符号的简单和稳定被视为一个卖点。除了在1887年把 "C" 评级去掉，它基本上保持了半个多世纪的不变。

包含四种或五种不同类别的等级符号也很常见，但有些评级符号系统就太冗长了。例如，俄亥俄州克利夫兰的联合信用公司（Union Credit Company）使用了一个由20个字母代码组成的评级代码系统来表示信用价值——从A1（"良好且迅速"）到S（"欠旧账"）——以及另外13个数字代码来表示财务状况。② 康涅狄格州诺里奇的商人保护联盟（Merchant's Protection Union）采用了一种更加 "巴洛克式" 的方案。除了从A（"认为诚实但无法偿还"）到K（"支付账单之前报告"）11个大写字母等级以外，另外18个小写字母被用来显示欠债零售商的具体类型，范围从面包师和屠夫，到家具经销商和殡仪服务员。③

在借鉴企业征信公司的信用等级划分实践的同时，早期的消费者报告组织引入了一项重要的创新：使用信贷账户记录（Direct Ledger Experience）。分类账记录指单个零售商对其顾客付款历史的真实而细致的记录，代表了对每个人金融行为的具体如实记录。当它和其他零售商的记录整合汇集在一起时，它提供了一种媒介，通过这种媒介，可以识别出一个人在履行信用义务时到底是迅速、犹豫还是漠不关心的态度。例如，零售经销商保护协会第二版中的个人信用评级是基于多达20家不同的零售商提交的报告。④ 到19世纪90年代，一些机构声称从1000多位当地商人的分类账记录中编辑评级。⑤ 一本评级名册的前言在总结利用分类账经验的逻辑时这

---

① 进行特殊查询的做法很普遍，大多数代理商都鼓励其成员利用这项服务。例如，到1880年，零售经销商保护协会（RDPA）每年回答20000次特殊查询（"To Our Members," Retail Dealer's Protective Association, *Commercial Register*, 1881-1882, 9th ed. [New York, 1881], n.p.）.

② The *Union Credit Co. of Cleveland, Ohio*, rating book（Cleveland, [1895]）.

③ "A Norwich Black List."

④ Retail Dealers' Protective Association, letter dated May 1873, *Register for New York, Brooklyn, & Vicinity*, 1873-1874（New York, 1873）, n.p.

⑤ "Explanatory," in *Commercial Report of Union Credit Reporting Co. of Minneapolis*（Minneapolis, 1894）, n.p.

样写道："如果一个顾客已经给别人（其他的零售商）付了钱，他也会付你钱的。"①

使用分类账记录标志着美国个人征信历史上的一项重大发展，它最初将个人征信机构与那些在商业领域中监视信用的机构区分开来。与19世纪企业征信公司雇佣的长途调查员和内部调查人员相比，在客户记录里的第一手信息被认为更为优质。② 在其年度报告中，零售经销商保护协会不遗余力地向零售商强调其评级的优点及其作为一种机制的公正性（Impartiality）。在和商业征信所作区分时，零售经销商保护协会声称，"本协会不会通过采访获得信息，不接受声明或意见作为信用的基础，但是会给你提供曾经向该方出售货物的零售商的经验，提供其他必要信息足以让你形成一个正确的判断。"③

零售商早就认识到，通过与顾客的互动积累起来的知识，远比二手调查收集到的任何信息更有价值，但问题一直在于，如何让零售商彼此分享这些信息。征信公司的每个（零售商）成员被要求向征信公司的中心办公室提交他们客户的姓名和有关付款记录的信息。由于许多商家担心与竞争对手分享他们的客户信息，征信公司经常需要给每个商家分配代码，以隐藏他们在个人征信公司中的身份。④ 零售经销商保护协会（RDPA）通过为提供"全面合作"的订户提供50%的折扣来鼓励谨慎的零售商交换和分享彼此的信息。这种合作包括零售商向该机构提供"一份完整的客户名单，内含他们所知道的地址和业务，并根据征信公司提供的空白处对个人

---

① Commercial Credit Co., "To Our Patrons," in *Credit Reference Book of St. Joseph, Mo.*（St. Joseph, Mo., 1895）, n.p.

② 关于19世纪末商业报告组织之间分类账信息共享的发展, see Olegario, *A Culture of Credi*, 182-190.

③ "Gentlemen," *Commercial Register,* 1882-1883, 10th ed.（New York Retail Dealers' Protective Association, 1882）, n.p.

④ 总部位于布鲁克林的零售征信所在1874年至1875年的评级书中提到了隐藏商人提供者身份的做法："订户没有必要在'报告'上签名，因为它们都有编号，并且该号码仅由机构工作人员知道。"

客户进行评级"，并根据要求提供修改和更正。[①]

尽管没有消费者的内部报告或书面报告留存下来，但分类账经验的运用在信用等级标识名册上是显而易见的。许多征信公司为每个人列出了多个等级标识，从而显示了本地商户的分类账记录范围。例如，零售经销商保护协会的等级标识名册包括三栏，其中个人的最高、最低和平均信用等级列在消费者名字的旁边（尽管在许多情况下个人只得到一个等级）。然而，更常见的情况是，当一个人收到不止一种等级时，例如"及时还款"（P）、"正常还款"（M）、"延迟还款"（S）"、"有限信用"（L）、"需要现金支付"（R）。一系列评级会被列出来，并插入数字来表示它们的比例。

因此，在密苏里州约瑟夫市发布的等级标识名册中列出的一名理发师B. B. 亚当斯的名字下面出现了"2PM7S–L–2R"，这个符号代表13个评级，翻译如下：两个商人报告亚当斯为"及时还款"（P），一个商人报告其为"正常还款"（M）；七个商人报告其为"延迟还款"（S）；一个商人报告其为"有限信用"（L），两个商人报告其为"需要现金支付"（R）。[②] 通过提供一系列要考虑的分类账记录，里面的内容可能是含糊不清或相互矛盾的，如前例所示，对此的解释权就留给了订阅者。

通过这种方式，（不同零售商）的分类账记录产生了好的影响，即避免征信公司在其信用等级划分工作中做出存在偏见的或不公正的结果而遭到指控。正如零售经销商保护协会第一版中致读者的信所解释的那样，"信用等级划分不只是意见，而是商人与被报告的人打交道的经验记录，

---

① "Terms and Conditions of Membership in the Retail Dealers' Protective Association," *Commercial Register*, 1880-1881, 8th ed.（New York, 1880），n.p. 零售经销商保护协会（RDPA）注册的订阅是根据订阅者的年度业务量按比例分配的。例如，在1880年，年交易量超过100000美元的订户每年要支付100美元，而年收入在25000美元到100000美元之间的订户则支付100美元，而收入低于25000美元的订户则支付50美元。

② Commercial Credit Co., *Credit Reference Book of St. Joseph, Mo.*（St. Joseph, Mo., 1894），5.

并公平地表达了（零售商）他们对这些人的了解。"[1] 征信公司认为，该机构只是收集了零售商提交的资料，并没有捏造事实，而是提炼了当中的精华以供其成员使用。在回应那些对他们的评级表示愤怒抗议的人时，零售经销商保护协会反驳道："对于所有这些人，我们只有一个答复：'我们不给任何人划分信用等级。'"[2] 此外，不完整或错误的评级完全归咎于零售商本身，可以说是由于他们没有报告新信息或拒绝完全参与而造成了错误。但在追究零售商责任的过程中，没有特定的人对此负责，因此该等级划分具有客观性和真实性的光环，这种光环是从征信机构外部发出的。因此，该机构将自己作为一种中立的传播媒介呈现给公众———一种"不夹杂自己的观点"———接收并传播某个地区那些不知名零售商们的集体智慧。[3]换句话说，等级只不过是对个人财务状况的一种中性的记录，而个人的财务状况仅由其本人负责。由于提交给征信机构的信息是严格保密的，对此不满的顾客只能对他被差评的原因进行猜测。

### 机构主义的噩梦和现金支付梦想

到1900年，专门监视消费信用的组织已经很普遍了，但很少能长期存在，这种情况有如下几个原因。首先，它们的成功取决于组织者的能力，能否说服足够多的当地商人订阅该服务，更重要的是，说服商人为它们的集体利益贡献各自客户的机密信息。如果没有广泛的支持，这个组织注定要失败。零售商之间仍然存在深深的不信任。即使面对成群陌生的客户，零售商宁愿默默忍受自己作为债务人带来的痛苦，也不愿与竞争对手分享

---

[1] Retail Dealers' Protective Association, letter dated June 1872, *Register for New York, Brooklyn, & Vicinity* (New York, 1872), n.p.

[2] Retail Dealers' Protective Association "Gentlemen," *Commercial Register,* 1883-1884, 11th ed. (New York, 1883), n.p.; italics in original.

[3] See Theodore M. Porter, "Information, Power, and the View from Nowhere," in *Information Acumen: The Understanding and Use of Knowledge in Modern Business,* ed. Lisa Bud-Frierman (London: Routledge, 1994), 217-230.

（商业）信息。

随着时间的推移，虽然这种顽固的孤立主义逐渐消失，但零售商们本能地对合作感到愤怒，这种合作的想法在竞争日益激烈的环境下更显得有悖常理。此外，一些零售商显然是出于可能造成疏远顾客的担心，而产生了抵制信用报告的想法。"一些零售商人反对这种自我保护的方式，因为事实上，如果顾客不偿还债务的行为被公开的话，这些顾客可能会生气。田纳西州纳什维尔市的一家征信公司在1885年提出，这种逻辑事实上是不成立的，因为许多容易轻信别人的零售商出于这种轻率的善意，"导致自己破产，连累家庭，使妻子和孩子从比较富裕的生活变成赤贫"。[1]

其次，在严格的运营管理层面上，征信公司是时间密集型和劳动密集型企业。征信信息的收集、整理、定期更新和发布是一项艰巨的任务。人们可从下面这一例子了解其中所付出的巨大努力，1880年零售经销商保护协会出版了一本参考名册，其中删除了20000个名字，增加了20000个新名字，改变了4.5万个现有的评级和地址。零售经销商保护协会报道称："当中包含在登记机构的70000个名字必须被小心地复制，并与所有最新的目录进行比较，家庭地址和商业地址要矫正，错误的拼写要纠正并按字母顺序排列，旧的评级要被删除或更改，新变更的等级要插入，这些工作都需要在非常有限的时间内进行。"[2] 即使在一个只有纽约三分之一大小的城市，要运行一个有效的"正面—负面"征信系统，也需要付出巨大的努力。甚至当征信公司的成员达到成功的边缘时（很大规模时），许多早期的征信公司在运营组织管理的重压下崩溃了，结果很快就失去了商业信誉。1880年，当一个邓氏公司的代表拜访零售经销商保护协会时，他对它的成功感到惊讶。在注意到公司的客户对这种服务很满意时，他很好奇"这种业务

---

① *Confidential Reference Book of the Retail Dealers' Mutual Protective Association*（Nashville, Tenn.: Retail Dealers' Mutual Benefit Protective Association, 1885）, n.p.

② "To Our Members," *Commercial Register*, 8th ed., n.p.

怎么能赚钱"，因为订阅用户基础有限，而收集信息的成本很高。①

以订阅为基础的私人征信公司会受到其他因素的影响。首先，他们总是想方设法限制别人（无偿）获取他们辛辛苦苦收集来的专有信息。就像早期的商业报告公司，如邓氏公司，一旦发布的信用等级信息掌握在订阅者的手中，个人征信公司就很难控制其传播范围。在1886年，零售经销商保护协会不得不斥责其（零售商）成员，因为这些成员与非订户共享信息，该行为被认为是一种"日益增长的陋习"，阻碍了协会成员数量的扩张。"一个商人在查询征信信息时有人会被告知他没有必要购买订购服务，因为他可以免费从一个已经订购了零售经销商保护协会信息的朋友处获得信息。这种事情每天都会发生。"②零售经销商保护协会这样以盈利为目的的企业不像那些起源于行业内部的自发的商人协会，它吸引了一些肆无忌惮的模仿者。1881年，在费城，两个骗子剽窃了零售经销商保护协会的评级名册。在被一些受骗的订户赶出镇后，他们带着订阅费潜逃，并在芝加哥以零售经销商保护协会的名义另设了一个代理处。③这种不法行径损害了本意良好的私人机构的合法性，甚至促使零售经销商保护协会警告其（零售商）成员警惕这些"不负责任的当事方"，警惕其以相似的名称进行杀价之类的不法操作（Cut-rate Operations）。④

所有这些组织上的障碍因许多商人对他们的商业记录管理不严而进一步复杂化了。1898年，苏斯城征信公司的一位代表抱怨道："没有人会对自己的业务知道得过多，大多数人甚至还了解得不够。"⑤具有讽刺意味的

---

① New York, Vol. 390, p. 2402, R. G. Dun & Co. Collection, Baker Library, Harvard Business School.

② "To Our Members," *Commercial Register*, 1886-1887, 14th ed.（New York: Retail Dealers' Protective Association, 1886）, n.p.

③ "Mercantile Union," *Philadelphia Inquirer*, July 8, 1881, 3; "Failed to Protect," *Chicago Tribune*, September 6, 1884, 8.

④ "Gentlemen," *Commercial Register*, 11th ed., n.p.

⑤ George Conway, "Financial Information," *Business: The Office Paper* 18, No. 1（January 1898）: 52.

是，随着企业征信公司开始要求客户提交签字的财务报表以证明他们的资本和资产，小型零售商因其管理无能而获得了特别的名声。许多零售商只保留交易记录的梗概，理所当然地抵制这样的努力（收集财务信息），因为这些财务声明是具有法律约束力的文件，如果他们（零售商）做错了什么，这些文件就可以用来对付他们（双向约束）。萨缪尔·特里（Samuel Terry）指出，美国商人对复式记账法（Double-entry Bookkeeping）普遍存在着"令人吃惊的无知"，他提出，任何一种连贯的记录保存形式——"不管是有刻痕的木棍、粉笔划痕、铅笔备忘录还是'单式记账法'（Single-entry Books）——都比什么都不做要好得多"。[①] 在销售过程中，当忙碌的店员让熟悉的顾客拿着"一把锄头，一把镰刀、一把铲子或者其他类似的东西"离开时，仅仅口头告知把这些物品记在顾客的账上，是很容易被忘记的。[②] 这种不规范的商业操作会造成了经济上的疏漏和损失。

许多小零售商不能或不愿承担起仔细记账的责任，有些已多年不曾盘点货物，这正如被吓坏了的商业放贷人逐渐认识到的一样。1897年，纽约银行家詹姆斯 G. 坎农（James G. Cannon）就"个人信贷"这一主题发表了一篇很有影响力的演讲，当中总结了零售信贷流程的状况。"我相信，很少有零售商人在被问及他们的信贷依据时，能够给出一个具体或明智的答案，"坎农嘲笑道。"他常常'打量一下'客户，甚至在不知道客户姓名的情况下，就赊给客户很多货物，或者因为客户是熟人，所以零售商会依赖其判断能力，在没有对客户的金融价值进行调查的前提下就相信他。"[③]

在更深的层面上，或许更重要的是，许多小型零售商仍怀有一种挥之

---

① Terry, *The Retailer's Manual*, 250.

② Ibid., 245.

③ James G. Cannon, *Individual Credits: Address Delivered Before the National Association of Credit Men at Kansas City, Missouri*（New York: J. S. Babcock, 1897）, 6-7. On the lax bookkeeping practices of small retailers, see Strasser, *Satisfaction Guaranteed*, 72-73.

不去的愿望，希望实施严格的只收现金政策，这种政策将永远消除不良赊欠。尽管信用销售因给公众带来了一定程度的方便而受到欢迎，在某些情况下还提供了一条解决生活难题的生命线（Lifeline），但对于利润率极其微薄的当地商人来说，这也是造成经营困难的来源。正如这些零售商的辩护者所指出的那样，人们可能会"想象杂货商、干货商、肉类和家禽经销商正在赚取如此巨大的利润"，但在现实生活中，他们经常惨淡经营度日，勉强维持生计。[①] 特别是，他们发现自己的债务人对于还款漫不经心，而且不幸的是，他们还要没完没了地在整个社区里催收小笔款项。一些人抱怨说，信用系统迫使他们成为"公共奴隶"，因为他们对于生意太着急而无法拒绝赊购服务，这样就总是被拖欠的客户滥用。一位芝加哥杂货商在1873年写道，"我们究竟为什么要相信这些顾客？这是没有理由的，只是我们自己渴望做生意和抓住每个商业机会而已。"[②]

更糟的是，杂货商的慷慨不总是会得到尊重。开放式赊欠账户（Open Book Account，译者注：不加限制的赊欠账户）鼓励了自由消费，杂货商（以及其他零售商）被指责利用顾客的虚荣心牟利，主动表示信任他们。"给某个商人开一个开放式、持续存在，未结清的账户，在某些情况下，对于一个农民、一个劳动者或一个技工来说，是可能发生的灾难。"一位作家慷慨激昂地说，"当商人微笑着对你说：'不管钱多少，把货物带走吧，回头再想办法还钱。'当你带着一大包货物离开商人，你想拥抱那个慷慨的人，感谢他的好意，因为你用赊购的方式买了那包东西，但其实商人本可以便宜25%，如果你用现金买这些东西。"[③] 另外一些人认为赊购和

---

[①] "The Other Side," 10. 关于19世纪末期小型零售商的信用授予的无利可图性，see Louis Hyman, *Borrow: The American Way of Debt* ( New York: Vintage, 2012 )，8-10. As Hyman notes, 除非存在"金融网络"来支持它，否则消费者债务将无法盈利。有组织的信用监视是这些关键网络之一。

[②] R. Hamilton, "Troubles of the Retail Grocers," *Chicago Tribune*, September 25, 1873, 2.

[③] "The Credit System," *Waynesboro* ( Penn. ) *Village Record*, April 4, 1872, 1.

消费信贷扩张是懒惰和无良的零售商们暗中策划的阴谋。一位布鲁克林的评论作者抱怨道："杂货店老板、屠夫和其他为家庭提供生活必需品的店主，鼓励甚至有时迫使他们的老主顾一次让他们的赊欠账户维持一个月或更长时间才偿还。"根据作者的说法，店主更喜欢按月或按季度付款，这使得他们可以在冗长的账单中隐藏虚假的费用，并唆使不诚实的管家塞一些商品条目进去。[①] 而且，和往常一样，零售商们因为对赊销的容忍（如果不是直接促销的话）而被指责抬高了价格。

此类投诉——无论是由心怀不满的商家还是客户发起——通常以强烈要求实行只收现金政策的方式结束。实际的情况不会给他们带来多少希望。那些坚决反对信用交易并坚持经营现金业务的商人发现，这是一项徒劳无益的努力。芝加哥的一位记者解释道：

> 当体面的现金客户要么把钱留在家里，要么面对找不出20美元大钞的情况，导致购买费用还是被记在账本上，相同的故事还是上演着：未使用现金的账目开支开始积累，以及这些客户衣着华丽，是一个聪明的聊天者，并且过去一直支付现金。零售商就认为他是忠诚的客户，并彬彬有礼，当该付账的时候，债务人就会说："好吧，我将在明天或隔天送来。"[②]

即使在提倡严格的只收现金服务以帮助店主摆脱强势的信用拖欠后，一位沮丧的芝加哥杂货商也承认："我必须说我没有勇气做那件事。我不能袖手旁观，看着我的好客户走向我的邻居商店，只是因为我不能给他们提供一点赊账，而邻居商店却能够。"[③] 信用赊销不仅仅是一种礼貌，还是

---

① "The Retail Credit Question," *Brooklyn Eagle*, March 15, 1870, 2.

② "New Business Methods," *Chicago Tribune*, October 23, 1886, 9.

③ Hamilton, "Troubles," 2.

当地零售商的竞争利器。

就这样，许多商人（尤其是小型、独立的零售商）尽管没有能力承担这种信用交易所要求的管理责任，但还是觉得有必要提供赊销服务。赊销最大的缺点之一是它带来了额外的体力劳动和精神负担。信用销售给零售商带来了"顾客责任问题"和收款问题，这些问题使零售商心烦意乱，无法集中精力处理更重要的买卖业务。一位零售商以赊账带来的焦虑和情绪"损耗"为例，反思道："如果我完全切断业务中的赊账部分，我的财务和身体状况会不会更好、我会不会更快乐？"[1]

1876年，亚特兰大的一群零售杂货商联合起来禁止赊销一整年，因为立法禁止他们扣发工人、机械师和熟工的工资用来还贷。[2] 据报道，波士顿还有另一项限制赊账的尝试，据说该市的杂货商们不顾反对，在19世纪80年代中期制定了大规模的只用现金政策。[3] 全国各地的地方报纸上也流传着有关信贷紧缩的小道消息。其中一个消息描述了理发师恐吓赊账寻求者的技巧。当一位"看上去可疑的过客"问他是否愿意赊账时，这位内华达州的理发师解释说，赖账的人促使他采用了一种"新的记账系统"。"每当我理发时，有顾客要赊账，我就用剃刀在他的鼻子上划一个小洞，来这样记账，于是他们不愿意赖账。"[4] 用这种极端的方式，记账和金融身份问题一下子就解决了，这会让愤愤不平的商人开心。

因此，个人征信行业的不稳定发展不仅反映了重大的管理障碍和零售商之间根深蒂固的不信任，也反映了对个人信贷本身合法性的相互矛盾的态度。最终，无论是在商业还是零售行业，仅限现金支付的政策在任何时期都被证明是站不住脚的。"虽然在严格的现金基础上，企业确实能以更

---

[1] John J. Cummins, "The Evil of Retail Credits," *Business: The Office Paper* 18, No. 11 ( November 1898 ): 698.

[2] "Retail Grocers," *Atlanta Constitution*, February 10, 1876, 4.

[3] "The Grocery Trade," *Boston Globe*, February 9, 1885, 1.

[4] "The Barbers Book-Keeping," *Washington Post*, July 5, 1882, 2.

低的价格并更快地运营盈利，"1897年，一位银行家承认，"但是这也是事实，能够用现金支付他们需要的每一件商品以供居家和个人使用或服务于商业目的，这一类客户是少数的。"① 现金支付的情结似乎已经阻止了至少一些零售商完全接受征信系统，因为这样做将意味着向信用系统投降，他们的现金支付梦想将永远消失。在19世纪的多次金融危机中，只用现金支付的乌托邦想法不断地出现。

如果许多小型零售商负担不起或支持不了信用销售制度化，另一个群体却可以——对信用体系友好的大型零售商。在19世纪后期，百货商店、分期付款商店和大型专业经销商建立了自己内部的信用管理部门，并开始参与本地征信公司的工作。② 到19世纪90年代末，信用管理的专业化开始进行，越来越多的零售商和机构经营者开始致力于对个人信用价值的分配和分类进行系统化。值得注意的是，三个主要的个人征信公司中有两个是在19世纪末成立的。奇尔顿（Chilton）公司由J.E.R. 奇尔顿（J.E.R. Chilton）于1897年在达拉斯成立，该公司成为20世纪60年代消费者报告计算机化的领军者，后来被益博睿公司（Experian）合并。1899年，卡托·伍尔福德（Cator Woolford）在亚特兰大创立了零售征信公司（Retail Credit Company），该公司成为美国最大的保险和信贷报告公司之一，现在更名为艾奎法克斯（Equifax）。奇尔顿在1904年评论道："在零售业中，信用这个词是一条危险道路的标志，它曾导致许多商人走向灾难，但这条道路是必须走的。"他指出了消费赊销服务的不可避免性和信用监视的必要性。③在19世纪个人征信行业的失败和不妥协中，这类美国的商业机构诞生了。

---

① "The Abuse of Credit," *Bankers Magazine* 55, No. 1（July 1897）.

② 例如，查尔顿公司的早期发展源于J. E. R. Chilton与达拉斯百货公司Sanger Brothers的信贷经理的密切关系（Simon, *Pioneers of Excellence*, 12-18）. See also "Pocket Notebook Forerunner to Multifold Credit Service," *Dallas Morning News*, January 17, 1960, 6.

③ J. E. R. Chilton, "Improved Systems of Handling Retail Credit," *Chicago Tribune*, June 17, 1904, A4.

# 第三章

# 信贷工作者联合起来

本章主要讲述和征信领域密切相关的专业人士——信贷员的出现。实际的借贷决策并不是个人征信公司做出的，信贷工作的专业化推动了一种新的商业专家——职业信贷员的出现。作为信贷行业的看门人，职业信贷员工作于大型零售企业的信贷部门。在19世纪最后的二十年，这些信贷员出现在大型纺织品商店、分期付款和邮购商店，以及重要的百货公司。

在美国征信史中，行业自律组织发挥了重要的作用。全国信贷员协会，全国征信公司协会以及全国零售信贷员协会，都促进了零售信贷员和征信公司之间的合作和交流，为全国性个人征信行业网络奠定了基础。

随着20世纪20年代消费赊销的大规模扩张，征信公司对女性开启了大门。第一个女信贷员早餐俱乐部于1930年成立，1937年北美女信贷员早餐俱乐部多达3000名会员。女性征信工作者在两次世界大战期间都填补了征信公司人力资源的短缺。

### 信贷工作专业化和全国性的征信基础设施的兴起

到19世纪90年代末，评估个人信用风险的体系已在美国各大城市中心建立起来。一位芝加哥的记者在1886年观察到，过往的10年中，零售商的经营方式发生了很大变化，通过杂货商履行义务把逾期客户和油嘴滑舌的老赖名单提交给征信公司，这些征信组织也得到了完善。如果某地有大量零售商形成互助协会来对抗不诚信客户，那么征信组织就会自发地存在了。[①] 除去少数例外，包括建立多州特许经营的几次尝试，这些组织表现为由私人商业机构和商人在各自的家乡独立经营的具有互助保护性质的协会。这些协会的经营磕磕绊绊，虽然远远谈不上完善，但它们标志着新的监视机构和日常生活中监视程序的诞生。

尽管征信组织成为越来越有影响力的信用评估机构，但是实际的借贷决策却不是征信公司做出的。征信组织仅仅提供有关本地消费者的信息，由进行授信的零售商来解读信息并得出他们自己的结论。直到19世纪末，评估个人信用风险的任务落在了商店老板和他的合伙人身上。例如，当一名顾客要求赊购12个鸡蛋时，杂货店老板会对顾客进行评估，并对他的信用度进行心理权衡。对许多商人来说，不断增长的系统性信用信息是一个受欢迎的辅助工具。但是，无论信息是以黑名单、叙述性报告还是以信用评级的形式呈现，这些信息的价值最终取决于解读者的判断。当时的信用报告和信用评级与现在一样，都不是对风险的完美总结。有经验的企业主明白这一点，他们通过各种各样的消息来源获得客户信用度信息，包括本地的小道消息和远方的报纸。

当规模小的商人和社区小商户在持续不断的信用评估负担下挣扎时，一些大公司开始雇佣专家来做这项工作。在19世纪的最后10年，一种新的

①  "New Business Methods," *Chicago Tribune*, October 23, 1886, 9.

商业专家，即"职业信贷员（Credit Man，也可理解为信贷经理）"，开始出现在大型零售企业的后台办公室。作为信贷行业的看门人，这些新的专业人士负责亲自访谈信贷客户，并对商店现有的信贷账户进行持续监测。这是一项艰巨的任务，需要高超的组织技巧，以及在个人层面和更大的商业层面快速学习的能力。信用管理的专业化是由判断企业借款人信用度的商业信贷专家发起的，而非零售信贷员，但很快零售信贷员就出现了。到了20世纪20年代，信贷部门在百货商店和分期付款商店很常见，多数美国人在这些商店首次遇到新的信用监视专业机构。

　　信用管理的专业化对个人信用监视的制度化产生巨大影响。除了制定信用评估的原则和规范客户账户的监视协议外，零售征信公司还开始建立全国性的个人征信网络。在20世纪前20年，主要的零售信贷员协会促成了数百个地方征信公司的建立，并努力协调这些地方征信公司的运营。这个新兴的网络是各种征信组织的大杂烩，从信贷员协会到私营征信公司不一而足，会员的服务质量也各不相同，尽管如此，它终究是全国性的信用监视基础设施的开端。到20世纪20年代中期，该网络的情报资源已经包含数千万美国人的信用档案。

## 职业信贷员和信用科学（The Science of Credits）

　　职业信贷员，以及他们所处的信贷部门，是在商业领域内信贷关系数量和复杂性不断增加的情况下产生的，特别是在较大的批发业和制造业公司中，其股东或受信任的雇员开始专门从事信用管理的工作。尽管这种劳动分工早已非正式地存在，例如，刘易斯·大班在1841年成立商业征信所之前，在他兄弟的公司里扮演了一个没有设岗的信贷经理角色，但直到19世纪80年代，信贷专家才开始得到正式的认可和工作任命。那时，许多商店的盈利能力严重依赖赊销，这让有经验信贷员的工作变得不可或缺。当时有个人用"多面手"来形容信贷员是新生的"信用科学"领域的专家。

"信用科学"是一门涵盖信用管理全部领域的专业，从风险评估到记账、到法律咨询、再到催收。[1] 有些大公司的信贷员管理着成千上万的个人信贷账户，工资惊人，每年高达5000～10000美元。1883年，一位芝加哥的记者在咨询这些新兴领域的专家相关事宜时问道，"信贷员是不是都很能干？"一名熟悉信贷员工作的人回答道，"能干！可不是吗。天啊，上百万美元的货，全国赊销，他们一肩挑！"[2]

作为既是"法官"，又是"陪审团"的信贷决策双面先锋，职业信贷员拥有影响个人（客户）生活和财产的巨大权力。他坐在公司后台的办公桌前，一手决定了所有客户的信用水平，并持续跟踪他们的账户。在取悦手持大笔收据的老板和公司销售人员的同时，信贷员也会被拖欠的账单和财务损失所困扰。所有这些（坏账）都直接算在他的头上。有能力的信贷员通常会将损失控制在公司年度信贷销售额的1%或更低。因此，信贷员被迫小心翼翼地走在鲁莽的慷慨和愚蠢的保守之间。两个极端都无利可图：要么接受了太多的坏风险，要么拒绝了太多的好客户。在19世纪90年代的行业媒体上流传着一首莎士比亚风格的讽刺诗，诗中总结了信贷员的困境：

出售还是不出售；

这就是问题所在。

究竟是把货物卖掉，冒着收款有问题的风险好呢，

还是，先去查清所拥有的货物，然后，再拒绝贷款，继续保存好呢？

出售；运走；也许会赔本——

唉，这就是问题所在；

因为一旦货物不见，用何种魔力才能从狡猾的债务人手中追讨回来呢。[3]

---

[1]  Fred W. Smith, "Our Larger Opportunities," *Business: The Office Paper* 20, No. 8（August 1900）: 376.

[2]  "Commercial Credit," *Chicago Tribune*, September 1, 1883, 5.

[3]  Quoted in Earling, *Whom to Trust*, 200-201.

19世纪后期，信用这一主题已经被商业领袖、学者、政治家和社会评论家写进了大量的著作中。然而，在含糊其辞的谴责、赞同等不同声音中，商人却找不到什么实际有用的指导。信用伦理和品格的重要性在许多志在从商者的格言汇编中占有显著地位，这是本杰明·富兰克林在美国开创的一种商业教育流派，但没有人把信用及其日常管理作为自己研究的主题。①

1890年，这一理论与实践的鸿沟被彼得·R. 厄尔林（Peter R. Earling）填补，他是芝加哥住宅用品制造商 L. 古尔德公司的信贷经理。厄尔林的专著《谁可信赖》（*Whom to trust*）是信用管理的第一本综合性指南。厄尔林表示，由于"在这个至关重要的问题上完全缺乏文献资料和信息"，他将把自己的专业知识成果与广大读者分享，读者包括批发商、制造商、记账员、会计师、出纳员、银行家、律师和流动推销员。厄尔林说他的书对在信贷部门工作的人意义明显。

只不过，信贷部门仅在一些大型机构中存在，职业信贷员没有列入当时厄尔林的潜在读者名录，职业信贷员这一名词在厄尔林著作中也很少被作为描述性词语（与固定的专有名词相对）使用。这表明在他写作的时候，信贷员这个职业的定义在本质上还比较模糊。与其他早期系统化的信用分析的倡导者一样，厄尔林认为，大多数商业损失是管理不善和轻率的结果，可通过运用合理的分析原则加以避免。厄尔林承认，"并不指望这本书解决所有问题，但此书至少提供了基本的原则，以及用来确定信用问题的推理过程。"②

厄尔林的书似乎激发了人们对理性信用管理发展的兴趣，1892年出版的新期刊《律师和信贷员》（*Lawyer and the Credit Man*），开始探讨这方面

---

① See, for example, Freeman Hunt, *Worth and Wealth: A Collection of Maxims, Morals, and Miscellanies for Merchants and Men of Business* ( New York: Stringer & Townsend, 1856 ) .

② Earling, *Whom to Trust*, 15.

的具体问题。信贷专业人士和律师之间的联系是自然的，因为信贷的对立面是催收，催收是一种经常涉及法律干预或威慑的活动。事实上，信用管理专业化运动紧随三个密切相关的行业之后：银行业（1875年，美国银行家协会 [American Bankers Association]）；法律（1878年，美国律师协会 [American Bar Association]）；会计（1887年，美国会计师协会 [America Institute of Public Accountants]）。

在《谁可信赖》出版后不久，厄尔林帮助召开了首次银行家和商人专门讨论信贷问题的正式会议。1893年，在芝加哥世界博览会上举行的商业信用大会（Congress of Mercantile Credit），被证明是个重大事件。而一场严重的全国性金融危机在大会召开前一个月爆发，更凸显出商业信用大会的紧迫性和重要性。如果说1837年的恐慌促进了征信行业制度体系的发展（译者注：1837年的美国，时任总统安德鲁·杰克逊出于发展美国经济的初衷，决定关闭第二合众国银行，但这一举措犹如引爆了连接这无数炸药的雷管，促成了金融恐慌的发生），那么1893年的金融危机则为信用管理的专业化提供了动力（1893年大恐慌：1890年后由于欧洲撤回在美国的证券投资而引起的金融危机。纽约证券市场倒闭；黄金流出美国的数量增加；国库黄金储备量下降；黄金、白银及日用品价格下跌）。一位记者在回顾19世纪90年代的大萧条时指出，"一般的信贷员觉得整个世界的重担都压在了他的肩上，而就他的雇主而言，情况往往确实如此。"[1] 在芝加哥博览会上，出席商业信用大会的时任主席哈罗 N. 希金波坦（Harlow N. Higinbotham）同时也是马歇尔菲尔德（Marshall Field，美国内战期间创立的百货公司）百货公司受人尊敬的信贷经理。

会议前后开了三场，都有涉及信用管理各个方面的文件，但有一个主题占主导地位，即信贷发放者（Creditor）之间相互合作的必要性。尽管某

---

[1] "Keeping Credit Accounts," *Washington Post*, November 4, 1900, 22.

个下午的会议恰逢一场万众期待的高赌注的赛马比赛，但对信贷改革的强烈期待占了上风。"考虑到德比（Derby）马赛（译者注：特指几个一年一度的马赛）的吸引力，零售商们有理由为此次会议相当多的观众到来而感到高兴。"据一份当时的报告称，这些发言是"迄今为止听到的最精彩的演讲之一，关乎企业之间的合作，即为了建立更好的信贷体系，减少破产的因素。"① 在晚间会议结束时，大会通过了成立商业信贷专业人员官方组织的决议，并任命了一个委员会开始起草其章程和细则。某位信贷专家后来回忆说："这次大会种下了改革运动的种子，这粒种子后来发展成对全国性经济福利产生重大影响的组织形式。"这个组织就是全国信贷员协会（National Association of Credit Men，NACM）。

成立于1896年的全国信贷员协会（NACM），迅速成为信用管理专业化的推动力量（1896年成立的NACM目前仍存在，但更名为全国信用管理协会［National Association of Credit Management，NACM]）。在俄亥俄州托莱多市举行的首次会议上，约150名商人聚集在一起，拥护合作和相互信任的原则。他们来自14个州，主要在东北部和中西部，其中包括来自至少9个地方信贷员协会的代表，这些协会已经在纽约、明尼阿波利斯、圣路易斯和新奥尔良等城市建立。在一片欢呼声中，托莱多市长向与会代表表示欢迎，《商业》（Business）杂志的主编向大会颁发了作为荣誉纪念品的天平，天平的两个盘子里分别刻着"品格"和"资本"的标识。②

回顾19世纪的金融风暴，那些新近联合起来的信用管理人员将建设美国信用体系现代化和稳定成型作为他们的使命，并通过理性的信用管理来实现。制度、方法、组织、合作都是代表这场进步运动的愿望的口号。全国信贷员协会一位工作人员在1897年的一次五金经销商聚会上承诺，"智能化理论

---

① "Means of Stopping Failures," *Chicago Tribune*, June 25, 1893, 13.

② Minutes of First Convention of Credit Men, Toledo, Ohio, June 23, 1896, *in Golden Anniversary Credit Congress, National Association of Credit Men, Souvenir Program*（New York: National Association of Credit Men, 1947）, 208.

的实际应用"将消除长期以来信贷关系中"充满不法行为和欺骗"的特征。[①]

　　尽管全国信贷员协会的成立是为了服务于商业信贷发放人（批发商、制造商和银行家）的利益，但其早期成员也包括零售商和信贷经理（Credit Manager），他们的公司既从事商业批发销售，也从事零售销售。

　　虽然这些新生代的专业人士拥护系统化管理的原则，但他们最关心的还是自己的职业资格。首批自诩为信贷员的人来自各公司的会计和出纳部门，在那里他们成为熟练的记账员，对企业财务有了广泛的了解。一名信贷员在回忆自己无意中进入这一行业时打趣道，"当1875年开启我在商业领域的职业生涯时，别人指望着我能成为从记账员到搬运工等不同工种中的一员，但我却偶然成为了信贷员。"[②] 这些具有开拓精神的自学者都是在实际经验的指导下，彼此独立地工作，直到19世纪90年代中期，才把工作重点从狭窄受限的分类账簿转向对个人信用度的全面评估。作为学成的职员，这些新晋信贷专家胜任公司的日常业务，更重要的是，他们还熟悉各种客户的付款习惯和不同的客户行为举止。在财务工作的磨炼中，信贷员学会了信贷的基本原则。

　　信贷经理的工作是如此的多样化和包罗万象，以至于有些人觉得难以总结。有信贷经理在1900年解释说："我们没有专业教义、行业说明或分类标准；没有管理或实践准则；没有许可证或执照……，谁雇用了我们，我们就听谁的，让老板信赖至关重要。"该发言者还透露说，他曾经被一群便衣巡警误捕。当被问及职业时，他只能把自己的名片递给持怀疑态度的警察，并建议警察到他的办公室去看看他的工作状况。"我当时无法告诉警察我做什么，现在也不能，"他承认。[③] 信贷员的工作难以解释，不

① F. R. Boocock, "Practical Realization of Intelligent Theories," Business: *The Office Paper* 17, No. 12（December 1897）: 373.

② W. G. Sluder, "How and Why I Became a Credit Man," *Credit World* 8, No. 5（Janu- ary 1920）: 12.

③ W. A. H. Bogardus, *The Strength of the Credit Man Is Knowledge*（New York: National Association of Credit Men, 1902）, 3-4.

仅因为对公众来说相对较新和不太熟悉，乃至颇具讽刺地让警察误以为前述信贷员是个诈骗犯，而且因为该工作需要积累从会计、法律到农业、零售业、再到制造业和银行业等很多不同领域的知识。

简而言之，从地方天气状况到国家的货币政策，人们期望信贷员掌握所有与客户未来财务状况有哪怕是丁点儿关系的活动信息。生长季节歉收的消息可能会促使信贷经理收紧对公司的农村客户的信贷额度，而零售方面的知识可能会加强信贷经理对作为客户的小店主的经商能力资质的评估，从而提高他偿债的能力。资深信贷专家希金波坦认为，要获得这样广泛的实践训练，最好的办法是"在农场度过一段童年时光，在普通村庄的杂货铺里待上几年，在乡村银行的岗位上任职一段时间，再在批发商店的出纳部门进行一次彻底的训练"。[1] 把早期的信贷员仅仅说成是某方面的专家是有误导性的。信贷员实际上是位杰出的通才。在无休止地寻找指引线索的过程中，信贷员是"成瘾的事实搜集者"，对信息可谓贪得无厌。[2]

虽然系统信用管理的倡导者鼓吹标准化和效率的优越性，但是理想的信贷员并不是"快如闪电的计算器"或"数学天才"。[3] 最重要的是，信贷员因自己独特的个性脱颖而出。理想的信贷员往往明智、自制、天生好奇、刨根问底、果断和有礼貌。他们经常在与客户的互动中收集有用的个人信息，由于很多信息来自与客户和销售代表的交谈，因而让信贷员足智多谋。一位作者解释道："信贷员经常要刨根问底很多事情，这对他自己和债务人来说都是不愉快和尴尬的。如果他能在这样做的同时还能维护顾客的良好心情，甚至使自己成为顾客的知己和顾问，这样顾客就会自觉地

---

[1]  Harlow N. Higinbotham, "Tales of the Credit Man," *Saturday Evening Post* 172, No. 52（June 23, 1900）: 1198.

[2]  Samuel L. Sewall, "The Ideal Credit Man," *Business: The Office Paper* 2, No. 6（June 1896）: 53.

[3]  Higinbotham, "Tales of the Credit Man," 1199.

随时主动地把自己的情况告诉信贷人员，而这正是聪明的表现。"①

　　尽管任何人都能培养出令人愉悦的性格，但正如人们常说的那样，最优秀的信贷员有着无法模仿的内在思维和直觉。这些天赋中有一项就是惊人的记忆力。作为管理着成千上万单一账户、在日常生活最琐碎的细节中寻找意义的信息专家，博闻强记的信贷员明显占有优势。在倡导系统地保存记录的同时，"经过训练的、准确的记忆力"仍然是信贷员的"主要资质"。② 全国信贷员协会的主要人物之一詹姆斯·G. 坎农评论说。信贷员传奇般的记忆力产生了许多有趣的轶事，其中包括来自堪萨斯州的一位爱尔兰商人，他放弃了在芝加哥和圣路易斯进货渠道到纽约来进货。这个爱尔兰人向纽约某家商品行的信贷员作了自我介绍后，本以为自己是陌生人，没想到立刻就被认定为是有信用的顾客。

　　　　"没问题，"信贷员说，"您要什么就拿什么吧。我很了解。"

　　　　"但是您知道我的情况吗?"爱尔兰人问。

　　　　"啊，是的;您做得很好。您及时付清账单，且拥有可观的财产。"

　　　　信贷员发现这位商人能承受些许幽默，就补充说:"您喝标准酸麦芽威士忌，而且可以在交易中得到很好的回报，您工作努力，而且往往能够达成生意。"

　　　　后来那个爱尔兰人对我说:"天知道这个信贷员如何能够很容易就看穿我。"

　　　　结果发现，这个信贷员曾经读过有关这个爱尔兰人的信用报告，于是"就记住里面的内容了。"③

① F. F. Peabody, "The Man for the Credit Desk," in *Credits, Collections and Finance: Organizing the Work, Correct Policies and Methods; Five Credit and Collection Systems* ( Chicago: A. W. Shaw, 1917 ), 27.

② James G. Cannon, *Credit, CreditMan, Creditor* ( New York: J. S. Babcock, 1896 ), 10. Lewis and Arthur Tappan were similarly hailed for their acute memories. See C. W. Steffler, "The Evolution of the Mercantile Agency," *Commerce and Finance* 17, No. 12 ( March 21, 1928 ) : 637.

③ "Commercial Credit," *Chicago Tribune*, September 1, 1883, 5.

最重要的是，理想的信贷员看人很准。即使信用分析朝着提取文本信息和量化的方向发展，信贷员最信任的信息也是通过与客户直接交流获得的。某位作家写道，"信贷员的主要任务是在遇到人为的、肤浅的和虚假的表象时，鉴别出它们，而普通的信贷员会遇到很多这样的表象！"[1] 进入20世纪以后，私人面谈仍然是首选的信用调查方式。在零售商中尤其如此，与商业债权人不同，在对个人消费者进行信贷决策时，没有财务报表。在面对面的接触中，信贷员依靠他的人际关系技巧来揭示信贷客户的真实品格。专家指出，"理想的信贷员，主要处理的是品格，因此应该用非常安全且理智的方式来判断人的本性。"[2]

在信用管理的发展过程中，科学性与主观性的冲突尤为突出。这种冲突在专业信贷员看似矛盾的特质中表现得最为明显。最能说明问题的，正是在信贷员的专业著作中，信用管理中潜在矛盾关系表现得非常生动。这种矛盾关系包括文字与人际知识的矛盾、制度与谨慎的矛盾、理性与直觉的矛盾。成功的信贷经理并不是简单地在官方渠道核实过的订单上盖章；即使在有可信的背书或有利的信用报告的情况下，信贷员也会遵从自己的直觉，他会有一种可能是相当模糊和难以确定的感觉，"这个人不像他自己所声称的那样，其信贷申请应该被拒绝。"[3] 当信贷员不得不在事实和印象之间做出选择时，这是关键的瞬间。

### 零售信贷员

在19世纪80年代末和90年代初，信贷专家开始出现在零售企业，特别是大型纺织品商店、分期付款和邮购商店，以及最重要的百货公司。杂货

---

[1] Donald Scott, "Credit Man Has Difficult Work; Requirements for Position Many," *Chicago Tribune*, June 19, 1913, D3.

[2] H. Victor Wright, "Qualifications of an Ideal Credit Man," *Credit World 6*, No. 1（June 1915）: 33.

[3] Higinbotham, "Tales of the Credit Man," 1199.

商和肉贩可能是最早联合起来进行零售信贷保护的，但个人信用评估首先是在大型新式百货商店中大规模实现系统化的。零售信用管理的发展确实与20世纪初百货公司的兴起密切相关。[1] 由于这些豪华商业中心的成功依赖于大量商品的快速周转，宽松的信贷政策常常被用来吸引顾客和促进销售。1889年，当纽约最兴旺百货公司之一的老板路易斯·斯特恩（Louis Stern）被当地记者问及他的公司是否提供赊销时，他觉得很好笑，并说，"当然，肯定提供，我们非常高兴有这样的惯常服务。每家大公司都得这么做。"[2]

商业零售中赊销的普遍性使用并不尽然。主要的纽约经销商，如斯图尔特（A.T. Stewart）和梅西百货（R.H. Macy）维持着只收现金的政策，伍尔沃斯（F. W. Woolworth），克雷斯基（S. S. Kresge，后来的Kmart）和在20世纪初迅猛发展的杰西潘尼公司（J. C. Penney）也是如此。[3] 但是，尽管有这些重要的例外，在19世纪末期，赊销越来越普遍。例如，芝加哥的马歇尔·菲尔德（Marshall Field，美国内战期间创立的百货公司），其年度零售信用销售额在1880年首次超过了现金销售额，而且在接下来的十年里，这种差距越来越大。[4]

当本地的杂货店和肉铺在自己狭窄的店面里被不知名的买家（因违约）压垮时，像斯特恩兄弟公司（Stern Brothers）和马歇尔菲尔·德这样

[1] On the history of the American department store, see Vicki Howard, *From Main Street to Mall: The Rise and Fall of the American Department Store*（Philadelphia: University of Pennsylvania Press, 2015）; William Leach, *Land of Desire: Merchants, Power, and the Rise of a New American Culture*（New York: Vintage, 1993）; Susan Porter Benson, *Counter Cultures: Saleswomen, Managers, and Customers in American Department Stores*, 1890-1940（Champaign: University of Illinois Press, 1986）; and A. Chandler, The Visible Hand, 224-239.

[2] "Selling Goods on Time," *Quincy*（Mass.）*Daily Whig*, September 17, 1889, 3.

[3] See Godfrey M. Lebhar, *Chain Stores in America*, 3rd ed.（New York: Chain Store Publishing, 1963）; and T. F. Bradshaw, "Superior Methods Created the Early Chain Store," *Bulletin of the Business Historical Society* 17, No. 2（April 1943）: 35-43.

[4] Robert W. Twyman, *History of Marshall Field & Co., 1852-1906*（Philadelphia: University of Pennsylvania Press, 1954）, 129.

客流量大的多层百货商店却邀请了成群的陌生人进入他们的店铺（来购物）。在19世纪90年代，百货公司开始设立正式的信贷部门和开发相应的系统，以审批和跟踪客户的赊欠账户。1889年，某位纽约记者发现，大公司践行的赊账体系"几乎是门完美的科学"。这个"闪电式的调查"系统是由一个不知名的"上城区零售商业机构"（可能是零售经销商保护协会）建立的，该机构在其年度参考书中对"这个城市和郊区成千上万人的名字"并进行了评级。于是，当不知名的"彭妮（Moneypenny）夫人"要求给她的商品赊账时，店主记下了她的名字和介绍人（References）。当新顾客向公司老板介绍她自己的情况时，这家商号就会在她不知情的情况下，在她离店之前，从商业的角度获得了她的个人信息。如果她的名字没有出现在该机构的评级名册上，那么一场悄无声息的调查很快就开始了。"在她说话的工夫，脚步敏捷的信差就派上了用场，可能会通过电话联系。当彭妮夫人刚说完她自己是某个商业机构的雇员之后几分钟，信差就穿梭在周围所有的纺织品商店，看看是否有人认识这位太太。"[1]另有一些百货公司雇用了自己的调查人员，或称"跑客"（Runners），对信贷申请人的背景和声誉进行调查。1885年在班贝格（Bamberger）商店工作了很长时间的一位信贷业务员评论说，回想起他最初在纽约百货公司奥尼尔（H. O'Neill）作信贷经理时，跑客们在一起工作时关系友好，和激烈竞争的商店老板之间的关系完全不同（译者注：跑客共同分享信息，相互利益并不冲突）。[2]

　　也正是在大型百货商店里，许多消费者在19世纪末期才初次意识到他们作为经济主体的新地位。下面的轶事讲述了某位妇女第一次遇到这种财务记录调查的经历。从芝加哥搬到纽约后，她想在当地一家纺织品店开立赊购账户，商人礼貌地询问了那位妇女的姓名和地址，并看了她的资料

---

[1]　"Selling Goods on Time."

[2]　Irving C. Brown, "Forty Years of Credit Granting," *Credit World* 16, No. 3（November 1927）: 8.

后，请她稍等片刻，以便调查她的介绍人：

> 那妇人一点也不满意，还有点生气。她说，"在我看来，这件事非常麻烦并且烦琐。在芝加哥我还从来没有遇到过这样的麻烦。这是我的存折和支票簿。它们应该足以证明我是值得信赖的。"
>
> 审查员说，"亲爱的女士，我丝毫不怀疑您是完全值得信赖的，我们很乐意为您提供授信。与此同时，您应认识到，我们必须按部就班地开展这项业务，即使在道义上保证客户完全满意，我们也不能忽略通常的预防措施。如果草率行事，我们就会犯错误，就不能像现在这样把商品卖得那么便宜。"[①]

与此同时，宽松的信用政策在分期付款中也很典型。在分期付款支撑下，诸如家具、家用电器和乐器等昂贵的耐用品被转移到缺乏现金的买家手中。一位分期付款商在1887年回忆道，"渐渐地，与之前完全不同的购买群体出现了，"他们明显不同于那些寻求按时购买商品的"可疑人物"和有风险的公寓房客。"他们是诚实的年轻机械师、办事员和记账员，他们想结婚，想有自己的家，但却无法筹到足够的钱来布置一间小屋。[②]延期付款计划并不是全新事务，在整个19世纪，土地和住房都是按这样的条件出售的。但是，这种做法在19世纪60年代变得越来越普遍，胜家（Singer）缝纫机公司在全国范围内开展的营销活动证明了这种做法的有效性。[③]从技术上讲，分期付款销售不同于赊购之处，在于分期付款需根据动产抵押或分期付款购货的条款支付少量的首付款。在收到最后一笔付款

---

① "References Are Required," *Chicago Tribune*, December 31, 1894, 12.

② "The Installment Plan," *Chicago Tribune*, August 28, 1887, 3.

③ For historical accounts of nineteenth-century installment selling, see Robert A. Lynn, "Installment Selling Before 1870," *Business History Review* 31, No. 4（1957）: 414-424; Edwin R. A. Seligman, *The Economics of Instalment Selling: A Study in Consumers' Credit*, Vol. 1（New York: Harper, 1927）, 1-117; and Calder, *Financing the American Dream*, 156-183.

之前，客户带回家的货物在法律上是归属分期付款经销商的。有了铁定的合同和可收回货物的权利，分期付款的经销商比许多赊销的零售商处于更有利的地位。

不幸的是，这些合同也被滥用。掠夺性的家具经销商和"缝纫机卖家"引诱穷人承担不可能偿还的债务，当消费者不可避免地错过还款时，卖家就会开心地收回自己的商品。在19世纪后期，这样的骗局激起了公愤，让分期付款销售带有一丝臭名昭著的色彩。[①] 但是对于那些希望赢得顾客好感的合法商人来说，这种没收货物的做法很难得到社区的支持。这些分期付款的经销商和其他零售商一样，在波士顿和纽约等城市成立了自己的保护性协会，并开始雇用信贷专家来管理他们的账户。[②]

健全的信用管理原则可能是通用的，就像全国信贷员协会的代表经常建议的那样，但那些向个人销售产品的零售信贷专家则面临着商业领域前所未有的挑战。在评论零售商之间缺乏信用信息协调的问题时，一位商业作家指出，"零售信贷员和财务经理的工作有点困难，以至于在某种程度上，必须依靠信贷申请人的声誉、外表行为和装束。[③] 实际上，在1898年，某位洛杉矶的零售商注意到了商业债权人和零售债权人之间的区别："批发商人可以从合适的企业征信公司那里得到这样（有用）的信息，而且由于得到这样的信息还能省下一大笔钱（降低了交易成本）。为什么零售业就不能这样做呢？"[④]

---

① See, for example, "Plundering the Poor," *New York Times*, April 30, 1875, 6; and "Glimpses of Gotham," *National Police Gazette*, September 6, 1879, 14. On the stigma of installment selling, see Calder, *Financing the American Dream*, 166-183.

② See "Retail Furniture Dealers," *Boston Globe*, April 14, 1887, 2; and "Piano and Organ Men Combine," *Chicago Tribune*, September 18, 1889, 6.

③ John J. Cummins, "The Evil of Retail Credits," *Business: The Office Paper* 18, No. 11（November 1898）698.

④ "For Protection," *Los Angeles Times*, April 19, 1898, 11.

全国性征信行业基础设施：1900—1940 年

在20世纪的前20年中，个人征信公司（记录和编辑信用信息的外部机构）和零售信用管理人员（负责对商店客户提供信贷的内部专业人员）组成了代表他们利益的全国性协会。尽管信贷经理最终将发挥更重要的影响，但首个对全国性消费者信贷基础设施的激励来自私营零售征信公司的业主。1906年2月，在全国信贷员协会成立10年后，部分代理商聚集在纽约的一家宾馆，讨论建立一家全国性的协会（译者注：全国信贷员协会不只面向零售行业，该新成立的全国性协会则只面向零售行业），并通过这个协会来交换意见和促进他们的共同利益。

6个月后，全国零售征信公司协会（National Association of Retail Credit Agencies，NARCA）成立大会在纽约举行，12名与会者选出了威廉·H. 伯尔（William H. Burr，纽约州罗彻斯特市一家企业征信公司的律师兼负责人）作为这家协会的首任主席。在讲话中，他将个人诚信作为零售信贷的基础，并强调需要将零售征信公司的工作与商业领域的相应机构区别开来。当诸如邓氏公司和白氏公司这样的企业征信公司试图确定"这个公司的净值"时，伯尔观察到，零售征信公司需要了解的是"（消费者）他的声誉和记录是怎样的，他付账单是及时还是拖延，抑或是根本不付。"[1] 简而言之，零售信用报告几乎完全是基于对借款人品格和金融行为的评估。第二年，该组织更名为全国征信公司协会（National Association of Mercantile Agencies，NAMA），以消除与其他信贷员协会的混淆（注：全国征信公司协会［NAMA］是征信机构协会，全国信贷员协会［NACM］是信用经理的协会）。[2]

如前所述，早期的零售征信公司面临的主要困难是如何能够招揽足够

---

[1] J. R. Truesdale, "Agency Men Organize," *Mercantile Monthly*（1906），n.p., quoted in Flinn, "History of Retail Credit Company," 352.

[2] "Fake Agencies," *Courier Journal*（Louisville, Ky.），August 15, 1907, 8.

多的会员，以形成规模效应。这些机构的成功，无论是私营的还是由商人们经营的，都依赖于组织者说服足够多的当地商人购买其订阅服务的能力，更重要的是，为了机构的集体利益，这些商人能够提供关于他们客户的机密信息。如果没有广泛的支持，这个组织注定要失败。事实上，这正是19世纪末20世纪初许多征信企业的命运。伯尔有预见性地指出，"零售征信公司的残骸将散落在岩石上。"

全国征信公司协会的主要工作包括：促进商业零售机构间的合作，查清"冒牌"零售征信公司，并努力使不同征信公司的零售信用报告统一标准化。全国征信公司协会花了很多时间试图赢得当地企业的认可，并相应地管理征信公司收费，保证它们的报告服务能够被负担得起。这是场持续的斗争，收集和编纂这些资料的间接费用和劳动密集型工作成本是很难节省下来的。一位作家宣称，"我认为这是不言自明的，廉价的信用报告不可能很具体可靠。"[1] 劣质的信用报告不仅赶走了订阅者，还进一步侵蚀了零售征信公司未来成功的机会。

尽管最初致力于零售信用报告的问题，但全国征信公司协会的许多成员（从未超过200人）同时涉足商业信用报告，以补充他们收入的不足。像邓氏公司和白氏公司靠大批发商和制造商的订单得以维持，但对许多小本经营的商店老板来说，零售报告服务由于价格昂贵，是遥不可及的。1909年，某位全国征信公司协会领导人指出，他在弗吉尼亚里士满经营一家机构，零售业务只是他商业报告活动的很小部分，利润也少三分之一。他总结道，与商业信用报告中的"高脂厚奶油"相比，零售信用报告是"脱脂牛奶"。[2] 这就给零售征信行业造成了某种身份危机，在其存在的15年

---

[1]  William Sherman Rauch, "For the Good and Welfare of the Association: The Scope of Mercantile Agency Work," *Bulletin of the National Association of Mercantile Agencies* 1, No. 6（October 1911）: 282.

[2]  G. Norris Shuman, "The Shuman System and Business Extension," *Bulletin of the National Association of Mercantile Agencies* 1, No. 2（September 1909）: 19.

后就破产了。然而，尽管全国征信公司协会未能赢得零售商的广泛支持，但以利润为导向的零售信贷机构没有展示出合作精神，它所萌生的组织反而做到了这一点，那就是全国零售信贷员协会。

　　1912年，在华盛顿斯波坎召开的全国征信公司协会大会上，小部分零售信贷经理组成了全国零售信贷员协会，以代表他们自己的行业利益。它的创始人和首任主席是谢尔曼·L. 吉尔菲南（Sherman L. Gilfillan），他也是明尼阿波利斯百货公司的信贷经理。1870年，吉尔菲南出生在威斯康星州的西塞勒姆村。他在密西西比河沿岸威斯康星州拉克罗斯繁忙的木材加工厂附近长大。19岁时，他去了明尼阿波利斯，在那里他从记账员的工作开始，遵循了第一代信贷专家的典型发展轨迹。由于在橡胶和燃料公司积累了经验，他被 L. S. 唐纳森公司（L. S. Donaldson）雇佣。[①]

后来他回忆说，"我想学习一下新选择的职业，就抽空到图书馆去找相关参考文献，但毫无结果。事实上，在过去的日子里，几乎没有任何关于零售信贷的出版物。"[②] 1904年，明尼阿波利斯市成立了零售信贷协会，吉尔菲南成为该协会的积极成员（见图3.1）。[③]

　　在参加了1911年在明尼阿波利斯举行的全国信贷员协会大会后，

图3.1　谢尔曼 L. 吉尔菲南
　　明尼阿波利斯的信贷经理和成立于1912年全国零售信贷员协会（RCMNA）第一任主席。

（资料来源：《信用世界》，1939年11月）

---

① "Sherman Gilfillan, Credit Field Leader," *New York Times*, October 2, 1938, 22. See also "S. L. Gilfillan," *Credit World* 7, No. 7（March 6, 1919）: 25; and "A Few Remarks About Our Treasurer, Mr. S. L. Gilfillan," *Credit World* 8, No. 4（December 1919）: 19.

② S. L. Gilfillan, "The Early Beginnings of the National Association," *Credit World* 25, No. 7（April 1937）: 22.

③ C. J. Allen, "Historical Sketch," *Credit World* 5, No. 3（February 1915）: 8-10.

吉尔菲南突发奇想，提出了成立全国零售信贷员协会的想法。第二年，吉尔菲南到斯波坎，和来自圣保罗、罗切斯特、纽约和波士顿的代表们共同实现了这个夙愿。[①] 正如在其最初的章程中所写的那样，全国零售信贷员协会的主要目标是支持地方零售信贷员协会的组织，促进零售信贷经理和征信公司之间的合作，促进零售信贷专业人员之间思想和知识的交流。[②] 会员的年费定为3美元，包括其官方杂志《信用世界》(Credit World) 的订阅费，该杂志很快开始出版。在接下来的几年里，全国零售信贷员协会和全国征信公司协会（译者注：两者的区别在于全国零售信贷员协会面向信贷员和专业人士；全国征信公司协会是面向征信公司的）举行了联合年度大会，但是前者很快就超过了后者。吉尔菲南把全国信贷员协会看作其追求的模式（全国信贷员协会和全国零售信贷员协会的区别在于全国信贷员协会包含对公商业信贷员，而全国零售信贷员协会主要是面向零售信贷员），而不推崇全国征信公司协会。吉尔菲南宣称："让我们成为零售世界的信贷员，就像批发商的信贷员之于批发世界一样。"[③] 1919年，全国零售信贷员协会在圣路易斯建立了长期办公室。

像所有建立合作信用信息网络的前辈企业那样，全国零售信贷员协会面临着劝诱零售商摆脱孤立的艰巨任务。1912年，该协会成立时只有不到40名会员，到1916年发展到近1000名会员，到1921年，该协会已经超过10000人。[④] 它的成功证明了其早期领导层的不懈努力。在其形成期间，一名协会管理人员写了大约800封信来争取支持，另一名协会工作人员为了召集当地的分支机构，在1918年流感流行最严重的时候，开启1.9万英

---

① "Cut the Gordian Knot of Abuses, Woodlock Urges Credit Men," *Credit World* 7, No. 1 ( September 3, 1918 ): 9; see also *Credit World* 17, No. 12 ( 1929 ): 22.

② "Credit Men Form Association Here," *Spokesman Review* ( Wash. ), August 22, 1912, 7.

③ "S. L. Gillfillan, "President's Annual Report," *Credit World* 4, No. 5 ( October 1914 ): 8.

④ "Membership," *Credit World* 18, No. 10 ( June 1930 ): 40.

里的长途跋涉之旅，走访了18个州的城市。[①] 会员们要在衣领上佩戴协会徽章，并在其商店里挂有相框的证书，以此向同行们宣传会员之间的团结的同时向客户传达，他们是在信贷员协会的监督下开展业务的。一位洛杉矶代表恳求道，"现在，信贷员兄弟们，团结起来吧，召集您的信贷员同行，成立协会，每月至少见一次，彼此交朋友……很快你们就能打电话给你们的信贷经理兄弟，并对他说：'比尔，您对想要贷款的史密斯太太了解多少？'"[②] 到1918年，全国零售信贷员协会的成员遍及全国40个州和230个城市。[③] 虽然许多人为大型零售公司工作，但该协会设法将零售行业各个阶层的债权人聚集起来。这不是百货商店的组织，也不是纺织品店的组织"，《信用世界》的一则广告坚称："该组织是为了全国每一位发放零售信贷的人。"[④]

在20世纪早期的发展中，全国零售信贷员协会在零售信用管理的专业化过程中发挥了关键作用，但更重要的是，它为美国建立全国性的个人征信行业网络奠定了基础。如前所述，20世纪初的零售征信组织经营混乱，方法多样，鲜有成功。创业型私营机构通常无法赢得付费用户的合作和支持，而由商人自发经营的保护性协会，如19世纪70年代和80年代由杂货商发起的那些协会，通常随着奉献精神的衰落和怀疑的重现而逐渐消失。1891年，一位私营机构的暴发户对当地的商人协会嘲笑道："你们就是通过欢呼而组织起来的！但永远无法维持足够的兴趣或资金来生存。"[⑤] 有充分的证据证明这个观点是正确的。然而，私营机构和零售商协会的惨淡经

---

[①] Report of President Blanford, *Credit World* 8, No. 2（October 1919）：12; and Report of Secretary Crowder, *Credit World* 8, No. 2（October 1919）：14-15.

[②] Ben F. Gray, "Advantages of Forming Associations," *Credit World* 6, No. 1（June 1915）：82.

[③] A. J. Kruse, "Report from the Secretary," *Credit World* 7, No. 2（October 1918）：12.

[④] "We Want All Grantors of Retail Credit to Join Our Association," *Credit World* 6, No. 2（July 1915）：33.

[⑤] E. G. Bly, "Letter to Editor of the New England Grocer, November 23, 1891," *in United States and Canada Abstract of Unsettled Account of Migratory Debtors*（Chicago: Merchants Retail Commercial Agency, January 1892），10.

营并没有阻止新的努力出现。

1890—1900年，全美国各地成立了数十个征信组织，主要集中在城市中心。[①] 尽管零售征信公司诞生于纽约大都会，但是看起来在1900年之前就已经在中西部蓬勃发展，尤其是在俄亥俄、密歇根、威斯康星、明尼苏达、爱荷华和密苏里等州。19世纪晚期零售信用报告的传播不仅难以追踪，而且难以解释。例如，19世纪90年代人口就超过100万的美国第三大城市费城，在20世纪初并没有完善的零售征信基础设施，而面积只有费城的一小部分的内布拉斯加州的林肯市，却显然拥有完善的零售信用报告基础设施。[②] 正如加利福尼亚统计局的某位官员回忆的那样，在20世纪10年代初期，几乎所有零售信用报告仍然是"混乱、不可信、缺乏一致性，难以理解或缺少合作的噩梦，只有少数进步和高度系统化的社区（提供的零售信用报告）例外。"[③]

全国零售信贷员协会建立的全国性征信基础设施依赖于它整合和汇集数百个地方协会的能力。在20世纪的第一个10年间，大量的商人协会独立地出现了。"需求是一种力量，它使陌生的伙伴结成同盟，"1904年一本信用管理教科书的作者评论道："零售商们逐渐认识到，任由糟糕的信用风险在整个行业中肆虐，由自己承担损失，是最愚蠢的行为。"[④]

1912年发布的"零售信用评级机构和协会"全国目录，提供了一个难

---

① The histories of specific retail credit reporting organizations are recorded in a number of early accounts. See, for example, John Blocker, *Retail Credit Bureaus in Kansas* ( Lawrence: University of Kansas School of Business, 1927 ); A. V. Storer, *A Narrative Report, 1916-1938* ( Pomona, Calif.: Associated Credit Bureaus of Califor- nia, 1938 ); C. E. Cormier, "Nearly Half a Century of Efficient Credit Service," *Credit World* 27, No. 9 ( June 1939 ): 14, 31 [Bay City, ftich.]; and *Cooperative Credit in Cleve land: Fiftieth Anniversary, 1898-1948* ( [Cleveland, Ohio:] Credit Bureau of Cleve- land, 1948 ).

② See Truesdale, *Credit Bureau Management*, 14.

③ Storer, *A Narrative Report, 1916-1938*, 10.

④ *The Credit Man and His Work* ( Detroit: Book-Keeper Publishing, 1904 ), 208. For a description of early retail reporting procedures, including the use of ledger experience, see 209-219.

得的机会，让我们得以一窥全国零售信贷员协会刚刚成立时的状况。在列出的700多个组织中，超过半数被认定为杂货商（Merchants）、零售商（Retailers）或商人（Businessman）协会。私人机构在人口众多的东部州，如纽约和麻省占主导地位，但地方性协会在西部激增的程度是惊人的，特别是在得克萨斯州、加利福尼亚州、俄克拉荷马州和科罗拉多州。在得克萨斯州，121个征信组织中90%以上都是地方协会。[1] 得克萨斯的（地方协会网络）形成在很大程度上归功于J.E.R.奇尔顿，他是全国征信公司协会颇具影响力的领导人，也是达拉斯零售信贷协会（Dallas Retail Credit Association）的创始人，该协会后来成为益博睿的一部分。但在许多地方，征信公司只不过是由当地商会保存的一盒索引卡组成。某作家在1914年指出，"企业征信公司、信贷公司、个人征信公司、征信协会、商人保护协会，以及许多其他机构，尽管使用不同的制度，但都在为同一目的而工作。"[2]

　　尽管有这样的例子，但在人口较少的地区，人们往往缺乏建立地方协会和机构的愿望。北科罗拉多州的某信贷业务员抱怨道，"小城镇里的商人对现代征信公司的好处几乎一无所知。"[3] 尽管地理上的隔离曾经提供过些许保护，但20世纪20年代汽车的普及极大地扩展了消费者活动的半径范围。在争论全国性协会的好处时，全国零售信贷员协会的代表们常常警告说，那些征信组织发展缓慢的地区对于老赖来说颇具吸引力。没有征信协会起作用的城市不仅是"不良分子聚集的垃圾场"；也是"对那些不良分子有吸引力的邀请，一旦他们定居下来，就不会离开。[4] 该组织把没有建

---

[1] *Seaman's United States Directory of Retail Credit Rating Agencies and Associations*（Denver: Seaman Publishing, 1912）. My calculations exclude Michigan, which is an outlier, with more than 140 listings for individuals and partnerships（perhaps attorneys）.

[2] Willis V. Sims, "Credit Reporting in a Town of Thirty Thousand," *Credit World 5*, No. 1（December 1914）: 6.

[3] Frank Field, "Rural Credit Bureau Problems," *Credit World* 10, No. 2（October 1921）: 56.

[4] E. B. Heller, "Welding the Weakest Link," *Credit World* 15, No. 6（February 1927）: 30.

立起（征信）联系的城市描绘成堕落的地方，从而强调了征信组织的进步和文明作用。

在全国零售信贷员协会成立的前5年里，新兴地方性协会都被纳入了会员名单。这些地方性协会分布在圣路易斯和洛杉矶，以及德卢斯、纳什维尔、丹佛、孟菲斯、密尔沃基、匹兹堡和纽约等城市。1917年，当全国零售信贷员协会的某分支机构在纽约成立时，《纽约时报》评论道，"这座城市乃至全国的零售信贷员被 Mrs S. Low Paye 和 Mrs D. Ed Beete（译者注：这两个名字包含 "Slow pay" 和 "Dead Beat" 之意，表达了原作者诙谐的笔调）这些老赖玩弄于股掌之间的痛苦遭遇得以终结。"① 到1920年，全国零售信贷员协会包括了美国94个城市的地方协会。② 60个地方性协会很快成立，以协调西北部、中西部和新英格兰地区正在发展的地方性协会的活动。1920年，加利福尼亚州的零售信贷负责人组织了首次州会议，这是个具有里程碑意义的重要事件，足以使威尔·罗杰斯（Will Rogers，1908—1935年，全名威廉·佩恩·阿戴尔·罗杰斯，是一位来自俄克拉荷马州的美国舞台剧和电影演员、杂耍演员、牛仔、幽默作家、报纸专栏作家和社会评论员）作为社会名流出席会议。③

到20世纪20年代中期，全国零售信贷员协会已有15000名成员，其中包括越来越多的"女信贷员"。尽管该协会的名字带有性别歧视，但长期以来，女性一直在信贷部门和个人征信公司工作，不仅担任职员和秘书，还担任经理。1913年，伊利诺伊州凯瓦尼市的零售信贷业务员E.M.弗莱明（E.M.Fleming）小姐，成为全国零售信贷员协会的首位女性会员，并在第

---

① "Calling a Halt on Their Credit," *New York Times*, November 11, 1917, 92.

② D. J. Woodlock, "Report of the Executive Secretary," *Credit World* 9, No. 1（September 1920）: 16.

③ "Ideas Swapped by Credit Men," *Los Angeles Times*, May 23, 1920, 16.

二年成为第一位参加（信贷员）全国代表大会的女会员。[1] 5年后，一位女装专栏作家在（信贷员）全国代表大会上被"为数众多的女信贷员数量"所震撼。[2] 由于缺乏男性劳动力，许多妇女在"一战"期间从事信贷工作。

随着20世纪20年代消费信贷的大规模扩张，征信公司（对女性）开启了更多的工作空间。爱荷华州的达文波特当地协会的代表说，"在达文波特有比男信贷员更多的女信贷员，她们受雇于我们最大的百货公司，还有我们所有的女士成衣店和一家男士成衣店以及其他各种各样的商店。"[3] 1920年，找工作的女士和男士一样登上了《信用世界》杂志的分类广告栏，一位"南方女性"推销自己有十多年的经验和资格可以"完全掌管一个小办公室"。[4]

在20世纪30年代，妇女继续在职业领域获得承认和地位。她们的知名度通过女信贷员早餐俱乐部的增加得以提高。这些本地组织的社交网络将来自美国各地城镇的妇女聚集在一起。该活动的灵感来自波特兰征信公司的工作人员伊迪丝·肖，她羡慕地看着她的男同事们在信贷协会会议上建立互信关系。一位俱乐部成员回忆，"意识到女孩们几乎没有机会建立这样的友谊，这让她有点烦恼。"[5] 肖的想法迅速传播到太平洋西北部以外的地方。第一个女信贷员早餐俱乐部于1930年在俄勒冈州的波特兰成立。1937年，北美女信贷员早餐俱乐部包括大约60个分会和3000多名会员（见图3.2）。那时，这个组织也被公认为是全国协会的官方分

[1]　"Miss E. M. Fleming," *Credit World* 10, No. 12（August 1922）: 3.

[2]　"Following the Retail Credit Men's Convention," *Women's Wear*, August 30, 1918, 27.

[3]　Helen L. Croul, "A Credit Reporting Association Successfully Conducted by Women," *Credit World* 9, No. 1（September 1920）: 71.

[4]　"Position Wanted," *Credit World* 14, No. 10（June 1926）: 24.

[5]　Avadana Cochran, "Credit Women's Breakfast Clubs—Objects and Purposes," *Credit World* 24, No. 11（August 1936）: 8.

图3.2　数百名女信贷员聚集在华盛顿斯波坎市的一个早餐俱乐部会议上庆祝全国零售信贷员协会成立25周年

（资料来源：《信用世界》，1937年8月）

支。[1] 这表明男性主导的该行业（对女性）的欢迎态度，但其实女信贷员十年前就已经赢得了更重要的肯定。1927年，全国协会一致投票将"男士"从其名称中去除。正如《信用世界》的编辑所解释的那样："我们公司的男性标签遭到许多能干的女信贷经理的憎恨，这是理所当然的。"[2] 从此，该组织成为全国零售信贷协会（National Retail Credit Association，NRCA）。[3]

在20世纪二三十年代，真正的全国性征信基础设施开始形成。在没有征信公司的社区，新成立的地方征信协会通常会建立自己的征信公司。然而，当现有的私营征信公司（译者注：这些私人征信公司，例如商业征信所，相对独立、孤立地分布在不同的地区，有别于行业协会成立的在不同地区网络分布的征信公司）未能与零售商协会合作，或更多情况下私营征信公司实力欠缺时，就会发生冲突。私营征信公司的业主们有充分理由担心零售商（行业协会）的机构会把他们赶出市场。正如孟菲斯一家商业征信所（即企业征信公司）的老板所承认的那样："当零售信贷员协会刚成

[1] "Miss Edith Shaw of the Portland Credit Bureau," *Credit World* 19, No. 3（November 1930）: 5; and Ethel M. Dopp, "The Future of Credit Women's Breakfast Clubs," *Credit World* 25, No. 11（August 1937）: 26-28.

[2] David J. Woodlock, "Our Responsibilities," *Credit World* 16, No. 2（October 1927）: 3. By comparison, women who worked at Retail Credit Company（now Equifax）, one of the largest national credit reporting firms and a non-RCMNA affiliate, enjoyed far less responsibility or upward mobility during the same period. See Maureen A. Carroll, "'What an Office Should Be': Women and Work at Retail Credit Company," *Atlanta History* 40, nos. 3-4（1996）: 16-29.

[3] The organization underwent several additional name changes and is presently the Consumer Data Industry Association; hereafter it is referred to simply as the "national association."

立时，坦率地说，我很害怕。我想我的生计可能会受到威胁，我不赞成这场运动的发展。"[1] 最初支持并推动零售商协会发展的私营征信公司被"（零售）商人协会拥有的征信公司"所消灭或吸收，正如旧金山协会的负责人所说，这是个"奇怪的悖论"。[2]

1918年，私营征信公司达成了一项与全国征信公司协会的"休战协议"以仲裁争端，并防止零售征信公司入侵本地现有运营成功的私营机构。然而困难依然存在，自由交换的概念对追求利润的机构来说是有问题的，太多的机构只是提供劣质的服务。正如一位经验丰富的信贷专家所打趣的那样："犯错是人之常情，宽恕是神圣之举。商业机构是人性化的，他们必须得到大大的宽恕。"[3] 1921年，全国征信公司协会最终被全国零售信贷协会吸收，并放弃了自己的名字，将其作为后者的征信服务交换部门。到1926年，该信贷服务部门包括800个分局，每年共发出900万份报告，总共收集了5000万个信贷记录。[4] 全国零售信贷协会的领导人宣称，[5] "我们正在为美国建立零售信用体系框架。"

当全国性的网络开始出现时，在遥远城市的机构之间交换信息仍然是个问题。除了（报告）质量上的差异外，价格上的差异也会导致纠纷，尤其是当不同城市或地区的征信公司之间有"外部"报告需求时。优惠券系统的发展，即相关机构使用预购券支付征信服务，有助于标准化收费结构和平稳的交流 。[6] 但是，即使跨征信公司的报告变得更加有效，部分商

① M. G. Lieberman, "How Local Associations and Reporting Agencies May Be Coordinated with the National Association as a Great Working Unit," *Credit World* 8, No. 2（October 1919）: 73.

② William Loewi, "The Credit Bureau in a Community," *Credit World* 10, No. 10（June 1922）: 11.

③ "Maxims of a Credit Man, After Twenty Years' Experience," *Credit World* 8, No. 3（November 1919）: 25.

④ *Credit World* 15, No. 4（1926）: 20. The service division was also responsible for vetting bureau membership applications and reviewing the quality of bureau service; see G. C. Morrison, "Report of the Service Department Committee," *Credit World* 18, No. 10（June 1930）: 32.

⑤ Ralph W. Watson, "The President's Message," *Credit World* 14, No. 6（February 1926）: 11.

⑥ Truesdale, *Credit Bureau Management*, 158.

人还会完全避开征信公司，特别是当他们寻找那些外出旅游或刚搬到新地方，因而在社区内还没有建立征信记录的信贷申请人的相关信息时。直接询问对于单个信贷经理来说可能是种权宜之计，但是他们会给其他商家带来对（客户）相同信用信息的多次请求（便利）。百货公司和大型的专业公司常常满足这种需求，尤其是在他们圈内，但当怀疑小型零售商在他们高成本的信贷部门里掠夺信息（涉及商业上抢优质客户挖墙脚的问题）时，他们就开始愤愤不平。①

在20世纪30年代，全国零售信贷协会试图巩固其已有的1000多个分支机构网络。虽然信贷协会最初是为当地商人服务的，但全国的（个人）信用报告市场也在增长，特别是在汽车、金融、石油和直销公司中，这些公司向全国各地的消费者销售产品。为了确保这项业务，全国个人征信公司（National Consumer Credit Reporting Corporation，NCCRC）于1932年作为全国零售信贷协会的分支机构成立。这个新实体将这些征信公司指派到独家销售地区，并执行标准化的报告和定价，（这样的做法）立即引起了司法部的注意。1933年，美国圣路易斯地区法院以违反联邦反托拉斯法（Antitrust）为由，起诉了该全国协会。

征信（系统）的垄断性设计引发了一个有趣问题。一地多局之间的竞争终究是完全适得其反；它使零售商们重复报送信息和购买报告，更糟的是，还把零售商的忠诚度分散到两个或两个以上的征信公司中去。在20世纪20年代，从事某特定行业的专业征信协会，例如木材、煤炭、五金制品或家具经销商等行业征信协会，与零售信贷协会一起运营，遭到了全国性协会的谴责。一位信贷业务员辩称，"由于它必须满足的需求和条件，征信公司是天然的垄断机构；一个城市里有多个征信公司就像有不止一个电话系统那样令人讨厌。而且，由于每个征信公司都提供的是不完整的报

---

① Credit manager to L. S. Ayres & Co., April 8, 1908, scrapbook, folder 4, John Wanamaker Collection, Historical Society of Pennsylvania, Philadelphia.

告，更大的金融风险必然会出现。"①

联邦反垄断指控否认这一公用事业的论点。然而，其背后的理由即将信用报告中信息当作商品来对待，倒是引人注目的。自商业征信所成立之初，征信组织所面临的主要法律挑战是冒犯和诽谤。实际上，反垄断案正式承认了征信公司自19世纪40年代以来一直在做的事：将个人身份商品化。《商业周刊》(*Business Week*) 注意到全国零售信贷协会的 "1200多个附属机构只出售信用报告"，这是一种既不是货物也不是过程的新型服务，《商业周刊》称该案例史无前例。② 尽管通过了一项双方同意的判决，即禁止独家垄断和拒绝向非会员提供服务，全国零售信贷协会还是在1935年被指控违反了反垄断条款并被处以罚款。1937年，全国个人征信公司的跨征信公司报告服务被移交给新的机构——美国个人征信业协会 (the Associated Credit Bureaus of America，ACB of A)，该机构领导个人征信行业度过了 "二战" 及战后时期。③

尽管在大萧条时期遇到了挫折和困难，到1940年，全国性的征信网络还是建立起来了。可以肯定的是，这不是个完美的监视系统。事实上，许多零售商继续以诚实面孔或个人推荐为基础进行赊销，这让理性信用管理的倡导者颇为恼火。此外，许多散户债权人没有自己的信贷部门，也没有全职的信贷员。1938年，《巴伦周刊》(*Barron*) 报道说，尽管91%的小企业主向他们的顾客提供赊账，但只有10%雇用了信贷员。④

然而，个人征信公司日益增长的影响力是不可否认的。1930年，美国商务部 (Department of Commerce) 发起了一项全国性的零售征信调查，调查

---

① H. Orrin Jones, "The Interdependence and Interrelation of All Lines of Credit," *Credit World* 15, No. 7 ( March 1927 ): 24.

② "Credit Decree," *Business Week*, October 21, 1933, 11.

③ William Henry Blake, "History of the International Credit Association," *Credit World* 75, No. 3 ( January-February 1987 ): 29-30.

④ Howard Haines, "A Credit Policy for the Small Business Man," *Barron's*, June 27, 1938, 12.

了1.2万家零售商的授信情况。结果显示，超过70%的美国零售企业依赖征信公司提供信息（见图3.3）。尽管有小部分完全依赖于征信公司的信息，比如在百货商店中，有32.7%的受访者仅依赖于征信公司的信息，而52.9%的人利用征信公司的信息来补充他们自己的调查——这项研究强调了征信公司的重要作用。[①] 全国零售信贷协会的征信服务交易部门的主席在1928年说："如果这个国家没有征信机构的话，那么脑补一下商业的萧条状况。不良的信用风险将会存在并在全国蔓延。信用体系会恶化并逐渐崩溃。"[②]

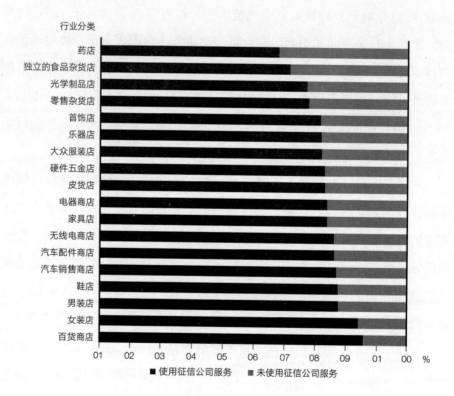

图3.3　不同零售业的征信服务使用情况

（资料来源：美国商务部，《全国零售信贷调查》（*National Retail Credit Survey*），华盛顿特区：1930年）

---

① U.S. Department of Commerce, *National Retail Credit Survey*（Washington, D.C.: GPO, 1930）.

② Stephen H. Talkes, "The Value of the Credit Bureau to the Retailer," *Credit World* 15, No. 11（July 1927）: 5.

　　深受爱戴的美国个人征信业协会创始人谢尔曼·吉尔菲南于1939年去世，他的去世标志着个人征信行业起步阶段的结束。《信用世界》向逝者致敬道，"实际上，我们的存在都是拜吉尔菲南先生所赐。"[①] 在不到3年的时间里，他和几位同事建立的协会已经发展成了全国性的监视基础设施，推出了数千家专业信用评估机构、专门研究该课题的行业期刊和教科书，以及在美国东西海岸间传递信用信息的标准协议。这座新的商业"宏伟建筑"经受住了大萧条的考验，并准备好监视战后消费信贷支出的大规模扩张。在第二次世界大战前夕，全国个人征信业协会的下属机构拥有6000万人的"个人主卡档案"（Individual Master Cards）。这些信用记录汇总在一起，为了解当时四分之三的美国家庭（共计2000万户）的日常生活和金融事务开了一扇窗。[②]

---

① "S. L. Gilfillan, Our Retiring President," *Credit World* 4 No. 5（November 1914）: 3.

② Arthur H. Hert, "Bureau Manager—Yesterday, Today, and Tomorrow," *Service Bulletin* [of the National Consumer Credit Reporting Corporation] 10, No. 9（20 May 1937）: 6.

# 第四章

# 运营信贷业务
## （Running Credit Gantlet）

本章主要涉及征信公司如何开展业务和运营。个人征信公司收集整理信息，零售机构的信贷部门做授信决策，两者形成了互补的风险管理体系，这种风控体系一直到今天还是全球零售信贷交易的主要模式。

19世纪大部分时间，面对面的信贷访谈是零售机构最初进行信用评估的重要形式，但随着信贷业务的增多，这种个人接触形式不堪重负。

20世纪初，零售机构的信贷部门和个人征信公司采用了信用档案、卡片系统和可视化技术，并采用了标准化的表格，这种代码化的信用分析逐渐成为信用科学。

征信行业可以说是一个技术的行业。往往先进的通信技术一面世，就被征信公司和信贷部门采用，提高信息传输和审批效率，促进信贷流通。电话系统、电传签名机、电传打字机、电气传送系统和气动系统的广泛应用都大大地提升了征信自动化程度。

### 消费者信息的提取、排序和交互

20世纪初，数百万美国人在新成立征信公司的密切监视下申请信贷业务，但这些机构只是新兴消费信贷工具的一支。与之对应的还有商店的信贷部门，在那里，信贷经理为了自己和所在机构的利益去访谈、记录和跟踪客户。印第安纳波利斯最大的百货公司艾尔斯（L. S. Ayres）的信贷人员说："感觉这个名不见经传的信贷部门昨日才成立，如今却成了人尽皆知的重要部门，是全国35000个同类部门之一。"[1] 信贷部门和征信公司是分开运营的，且存在着根本性的差异，即信贷部门实际上是在做授信决策，而征信公司只是为了查询收集信息。它们形成了互补的风险管理体系。"征信公司这个机构事实上可以视为信贷部门的分支，那里的工作人员是信贷经理的同行，"某位来自麻省的信贷经理解释说。[2] 虽然专门的信贷部门隶属于较大零售机构，特别是百货公司、专卖店和分期付款商店，但小型商户也被鼓励采用同样的原则和协议来管理他们的信贷客户。在这个连锁系统中，金融身份的概念是主要分析单位。

在20世纪初期，追求有效的信用记录管理是征信系统（Credit Reporting System）和授信系统（Authorization System）发展的核心。1920年，曼哈顿富兰克林西蒙百货公司（Franklin Simon Department Store）的信贷业务员说："就在不久以前，人们还不太注意系统地归档记录，但现已今非昔比。"[3] 数量庞大的匿名信贷客户让对具体人际交往信息的整理工作并无实际价值，这让信贷经理越发严重地依赖档案系统来回忆个案并做出决策。个人身份日益多地转变为纸面身份，面对面的工作方式与新形式的文件方

---

[1] Robert O. Bonner, "What Kind of a Credit Manager Are You?," *Credit World* 17, No. 5（January 1929）: 8.

[2] James Wilson, "Credit Co-operation a Vital Factor in Reducing the Bad Debt Loss," *Credit World* 7, No. 4（December 9, 1918）: 15.

[3] William H. J. Taylor, "Credit Office Efficiency," *Credit World* 8, No. 12（August 1920）: 10.

式形成竞争。[1] 正如旧金山大商场的信贷经理所观察到的："大规模的信贷和催收监视已经发展成为非个人接触的机制，让消费者看上去像是亲密的私人接触。"[2] 这样一来，信用审查就转变为保留个性化表象的一种中立手段。对该过程进行细致入微的描述，则揭示了信贷专业人士协调物化和文本化（两种不同）认知方式的难度。

### 信贷访谈

虽然征信公司是社区所收集信用数据的存储库，但消费者却在商店的信贷部门开户并披露个人财务状况的私密细节。在那里，个人接受了信贷经理严格的审查，这些信贷经理对顾客的财务状况进行评估和记录，并将这些记录作为征信公司为客户量身定制金融身份的素材。个人信用账户通常以二选一的方式开立：要么顾客直接申请信用账户，要么在结账时要求赊账。在这两种情况下，销售人员都将顾客介绍给信贷经理（或者，在没有信贷部门的商店中，则由办公经理或业主）审核。在这里，信用的社会性达到了戏剧性的高潮。信用，毕竟是一种社会信任的测量。要对人的信用作出判断可不是小事；它是对人的道德和社会地位的公民投票。（信贷）拒绝则意味着一个人没有价值、不够格、值得怀疑。1908年，某芝加哥记者在报道中写道："和客户谈及信用问题，就会触动他最敏感的神经。这是百货商店信用情况的总结。"[3] 直接提出信贷要求对所有相关的人都很重要。结论的内容和微妙性对双方都有更大的影响。

尽管信用报告在很大程度上使金融声誉去实体化和去人格化，但人们普遍认为，个人品格是信用风险最有用的预测指标。直到20世纪，该观点

---

[1] On the "paperization of identity," see Craig Robertson, "Paper, Information, and Identity in 1920s America," *Information & Culture* 50, No. 3（2015）: 392-416.

[2] Harry Jeffrey, "The Credit Man and His Department," *Credit World* 17, No. 10（June 1929）: 30.

[3] Jonas Howard, "Man's Credit Bump Sensitive; Department Store Knows It," *Chicago Tribune*, January 19, 1908, E3.

在所有债权人、商业机构以及消费者中几乎是不言自明的。[①] 在1912年的货币信托调查中，金融家约翰·皮尔庞特·摩根（John Pierpont Morgan），在被广泛报道（引用）的其国会证词中证实了这一点。当问到信用是否"主要是基于金钱或财产时，"摩根纠正道，"不是的，先生，首先是品格。"[②] 20世纪初，零售商在确定顾客信用度时提出的问题与大商店在19世纪80年代提出的问题相同："买方是否量入为出，及时支付账单；或者他是否承担了债务却没有能力去履行？ 他诚实吗？ 他家庭生活奢侈吗？他搬家时是否留下了一段好的记录？ 如果不幸失去了现在的职位，他会在有能力的时候把旧账补上吗？[③] 在信贷自由、追债难的情况下，借款人的诚实和道德才是最重要的。某著名的零售信贷专家在1927年宣称，"品格是所有资产中最伟大的。"[④]

即便是最坚定的理性信用管理倡导者，也将品格列为信用的必要条件。1898年，纽约的银行家和信贷改革最受尊敬的支持者之一詹姆斯 G. 坎农（参见第二章注释），在帕卡德商业学院面向一群年轻的听众演讲时，提出了对品格的正统解释，强调其独特性和真实性是身份的标志。"人不能穿套衣服就成为某个角色，除非有意装扮。而具有虚假品格的人是人们都鄙视的伪君子。"（译者注：可理解为人品如何不能仅凭外表下结论，除非人品本来就是虚伪的，虚伪的品格令人鄙视）[⑤] 但是，在未经训练的人

---

① As Olegario has observed, the persistence of character as the key criterion of creditworthiness gives the development of nineteenth-century credit assessment a remarkable sense of uniformity. "Analyzing the credit reports and business literature from the 1830s to the end of the century leaves one with a striking impression of continuity: a merchant in 1830 would have had little trouble grasping the method for assessing risk that credit manuals began to formalize and codify only toward the end of the century." Olegario, *A Culture of Credit*, 7.

② U.S. House, *Report of the Committee Appointed Pursuant to House Resolutions 429 and 504 to Investigate the Concentration of Control of Money and Credit*, 62d Cong., 3d sess., 1913, 136.

③ "To Our Members," *Commercial Register*, 1886-1887, 14th ed.（New York: Retail Dealers' Protective Association, 1886）, n.p.

④ David J. Woodlock, "Our Responsibilities," *Credit World* 16, No. 2（October 1927）: 2.

⑤ James G. Cannon, *Character the Basis of Credit*（New York: J. S. Babcock, 1898）, 9.

看来，品格是种朦胧的、容易隐藏的特征，需要新技术或有经验的信贷专家来解读。零售信贷公司的人并没有放弃品格这种难以捉摸的特性，而是从顾客的言谈和肢体语言中寻找个性。正如加农对帕卡德大学的学生们说的那样："今天就让X光照射在你们的品格上，看看会暴露出什么。"①

为了深入了解金融自身的奥秘，现代的信贷经理需要依赖大量文本资料来源，来自个人信件、信用报告、报纸、地方性和全国性的商业预测、参考书和申请人提供的信息。然而，文本来源并没有取代与潜在客户的一对一的交谈。直到20世纪，个人访谈仍然是一种特殊的调查技巧。尽管坚持（使用）文本信用报告，但几乎没有信贷经理相信信用报告胜过他们自己的直接观察能力。个人访谈不仅是客户提供基本个人和财务信息的管理流程；也是信贷经理了解申请人总体外貌和品格证词的机会。在寻找欺骗行为的外在蛛丝马迹时，信贷经理就像扑克牌玩家一样，寻找对手的破绽。有信用的人是值得称道的。《美国杂志》（*American Magazine*）某位被震撼到的作家讲述了信贷业务员在申请人填写申请表时，如何迅速评估一位"穿着得体的年轻人"的信用度。"看了这个人和这张申请表，信贷经理就能猜出此人没有房子，生活有点入不敷出，有些自私，收支不平衡，倾向于以牺牲别人为代价来取悦自己，所以不该过分信任他。"②

信贷经理的工作几乎可以用疯狂刨根问底来描述，某专业人士解释道，"信贷员与顾客的接触比任何人都要密切，这种关系也很微妙，他通过个性品格和能力问题触及客户敏感点。信贷员必须是个能够搞定客户、能力超群并了解客户真实面貌的人。"③ 只有通过直接的相互交流，信贷经

---

① James G. Cannon, *Character the Basis of Credit*（New York: J. S. Babcock, 1898）, 9, 10.

② Fred C. Kelly, "The Kinds of People to Trust in Money Matters," *American Magazine* 86（August 1918）: 51.

③ Edward M. Skinner, "Essentials in Credit Management," in *Credits, Collections and Finance: Organizing the Work, Correct Policies and Methods, Five Credit and Collec tion Systems*（Chicago: A. W. Shaw, 1917）, 10.

理才能穿透表面的事实和数字，来辨别个人的真正品格。某位作家夸耀道，"信贷员灵活应变的能力堪比外交官，在判断人性方面的敏锐洞察力也令人钦佩，甚至让柯南·道尔（Conan Doyle）笔下的夏洛克·福尔摩斯（Sherlock Holmes）看起来就像个可怜的虚张声势者。"[1]

然而，以貌取人有利有弊。早期的商业文献中不乏警世故事来证明这一点。一位作家警告说："某些顾客可能住在优雅的公寓里，但身上却连一美元也没有。还有某些顾客可能穿着侍奉上帝的制服，是教堂里声音最大的人，但他们貌似圣洁，其实邪恶。"[2] 正因如此，有些信贷专家不赞成面谈。就像批评人士指出的那样，面谈违背了理性信用评估的非个性化的客观原则，给了巧舌如簧的流氓们欺骗信贷员的机会。在评论面谈和信用报告各自优点时，厄尔林（一位早期的芝加哥信贷经理，参见第三章）在他1890年的基础著作中力挺后者。他推论道，"当要处理一些客观事实时，信用报告至少可以当作事实来接受，通过信用报告，我们冷静的推理和判断能力得到了锻炼，同时我们的同情心没有受到丝毫的诱骗或威胁。"[3]

如果说书面信用报告将社会声誉压缩成文字，那么信用面谈的目的则是将整个社交生活压缩成与个人短暂、不自然的接触。信贷经理的办公室经常被描述为"发汗箱"，暗示着可怕的面谈考验会在申请者中引发恐慌。一位旧金山的信贷人评论道，"我见过有些信誉卓著的申请人，当他们被介绍给严肃、面无表情的信贷员时，都吓得发抖，因为信贷经理就像在主持陪审团的审判员一样。"[4] 对财务细节讳莫如深是人们根深蒂固的习惯，

---

[1] "The Credit Man," *Credit World* 14, No. 6（November 1914）: 10.

[2] John J. Cummins, "The Evil of Retail Credits," *Business: The Office Paper* 18, No. 11（November 1898）, 698.

[3] P. R. Earling, *Whom to Trust: A Practical Treatise on Mercantile Credits*（Chicago: Rand, McNally, 1890）, 242.

[4] Frank Batty, "Taking the Application and Declining the Account," *Credit World* 15, No. 12（August 1927）: 12.

许多客户不了解新的信用评估标准，特别是那些从未接触过商业信用报告的客户。"女性尤其害怕这些面谈，"某作家写道，以至于有些女性拒绝开户。她们认为信贷员乐于窥探他们的私事，自己所有的私人历史和个人秘密都会残忍地暴露在这个冷血的人面前。[①] 有一次，某女士想买一块中国地毯，她向丈夫抱怨说："怎么回事，信贷业务部的年轻人问了我一些最私人的问题，包括关于你的，关于我们孩子的，他们这样做，肯定侮辱了我。"这件事情导致她抵制这家商店。[②] 毫无疑问，这样的信贷员在男女顾客中都激起了怨恨。一位丹佛的律师带着讥讽的幽默说道，"信贷员被某些人形容为冷血无情的人，具有"豪猪"和"北极猫"的某些特征，硬得难以剥皮，一旦被彻底激怒，就极具攻击性，通常在市区百货公司的豪华办公室里出没。"[③]

　　事实上，早期信贷部门位于昏暗的地下室或阁楼中，很难赢得人们的信任。某作家表示，"有些早期信贷员办公的场所，简陋得超出想象，里面的办公室连名称都莫名其妙，公众却被邀请到那里。"[④] 信贷经理获得职业合法性的迹象之一，是他们被调到了更宽敞明亮的办公室，里面有专门用来接待客户的房间。一位专家在1929年证实说："在商店带栅栏的橱窗里面谈客户的方式早已被大多数现代零售商所淘汰。"[⑤] 在有些商店里，根据顾客意愿，他们被邀请到开放程度不同的私人咨询室。例如，那些在一家丹佛的家具公司购买大宗商品的人，在"讨论交易的赊账安排"之前，会被导引到一间"摆满物件的会客室套间"进行休息。[⑥] 克利夫兰五月公

---

① J. W. McConnell, "Handling the Credits of a Retail Store," *System* 10, No. 11（August 1906）: 184.

② Louis Sinclair Grigsby, "That Credit Application," *Credit World* 15, No. 6（February 1927）: 6.

③ Edgar McComb, "The Credit Man," *Credit World* 4, No. 6（November 1914）: 10.

④ Batty, "Taking the Application and Declining the Account," 12.

⑤ David J. Woodlock, "The Structure of the Credit Department," *Credit World* 18, No. 3（November 1929）: 27.

⑥ "Mapping a Credit Department for 3 Types of Customers," *Credit World* 19, No. 5（January 1931）: 31-32.

司的信贷业务员指出，不仅要让面谈的消费者"身体上很放松"，更要"精神上放松"。他指导面谈官要保证顾客"不用站起来，而是舒服地坐着"。①房间的装饰也被考虑在内。某本教科书的作者赞赏道，"墙壁采用宁静的配色方案，而装饰，需要有趣，容易唤起客户的信任，如利用家庭照片、钓鱼场景或者大学文凭等。"②

　　信贷员有能力安抚他们的客户是至关重要的，这不是出于同情，而是为了降低他们的抗拒心理，以便尽可能多地获取信息。在接受一位潜在客户的申请时，信贷业务员谈论了许多令人感到不安的个人问题。这可能会让经常与殷勤的售货员亲密交谈的客户发怒，以至于常常和信贷员发生争吵。当问及丈夫的职业时，会让中产阶级女性感到尴尬，同时也侮辱了那些认为配偶的收入来源不值得讨论的"贵妇或上流社会妇女"。③当已婚女性开立了新账户，通常许多零售商会发送信件来确认其家庭和丈夫的办公地址，圣路易斯的信贷经理证实，这种做法避免了商店同狡猾的妻子以及有控制欲的丈夫打交道的麻烦。④确认申请人工资是件很复杂的事情，这不仅是因为确认工资可能会引起申请人的不满，还因为雇主不愿透露他们付给雇员的工资数额。即便是记录申请人的全名这种看似无关痛痒的事情，有时也会冒犯到客户。

　　机智和有魅力的个性是信贷员的全部技能中最有效的工具。成功的信贷经理是个充满活力的人，在与广泛的社会和专业团体打交道时，他能够驾轻就熟地与各行各业的人相处。企业信用报告只适用于企业主，与企业信用报告不同的是，个人信用报告跟踪任何寻求零售信贷的人，从工业百万富翁到认真的年轻店员。虽然从原则上讲，每份信贷申请仅仅是对事

---

① G. C. Driver, "Opening an Account," *Credit World* 9, No. 7（March 1921）: 13.

② John T. Bartlett and Charles M Reed, *Credit Department Salesmanship and Collection Psychology*（New York: Harper, 1932）, 25.

③ Louis Sinclair Grigsby, "That Credit Application," *Credit World* 15, No. 6（February 1927）: 7.

④ E. F. Horner, "Originating Accounts," *Credit World* 18, No. 2（October 1929）: 13.

实的记录，但在实践中，信贷面谈是为了满足不同客户的社会期望而量身定做的。正如某信贷经理所解释的，"用同样的流程对一位有社会地位的女士（她的丈夫是家著名公司的经理）和对另外一位住在公寓区的有点问题的速记员进行面谈是不太合适的。"①

具有讽刺意味的是，为了解客户的内在品格，信贷员依赖最差劲的骗子所使用的同样肤浅的技巧。在申请过程中，信贷经理试图让他的客户参与到自我暗示的对话中。所有人都认为，让人放下戒心的谈话，而不是"直截了当的提问"，是获得申请者信息最有效的方式。某位作者认为："虽然任何人都可以通过用让客户感觉冰冷无情的方式，直接问问题获得信息。用'不管怎么样，我知道你不诚实'的语气，最后的结果可能是客户在得到贷款后不去买你的东西。但是信贷员也可以愉快并保持趣味地跟客户谈论他的工作和生活，直到得到想要的所有信息。而不用问任何直接的问题，更不用通过粗鲁的、直接的审查方式进行面谈。这样不仅将确保得到更完整和更可靠的事实，也将赢得更多朋友或客户。"②

通过闲聊，信贷员能够确定与申请人的金融债务相关的有价值的细节，例如在家庭中受抚养的儿童或成人数，以及他们是否拥有（或正在偿还）一辆汽车。同样重要且更微妙的是，信贷员可能会知道信贷申请人亲戚和朋友的名字，如果客户没有结账就离开这个城市，他们（信贷申请人的亲戚和朋友）可能会受到骚扰。信用专家反复强调在申请时获得这些信息的重要性。当顾客坐下来恳求赊账购物的时候，信息是很容易得到的，一旦货物出了商店的门，信息就不可能得到了。有些信贷员还记录并保存了申请人的外貌特征，比如：体格、身高、肤色，以及对申请人品格的评价，"以便日后鉴定之用。"③

---

① Batty, "Taking the Application and Declining the Account," 24.

② Skinner, "Essentials in Credit Management," 10.

③ F. Churchill Crouch, "The Watchman at the Gate," *Credit World* 15, No. 2（Octo- ber 1926）: 28.

在20世纪前10年，日益增多的女性进入信贷部门开始进行客户面谈工作。女性信贷员特别擅长与某些客户打交道，尤其对"在市区办公室和商店工作的未婚年轻女孩，她们经常入不敷出。"某作家建议，"有问题的职业女性，可以通过女信贷员'祖母式'的忠告，变成负责任且有利可图的信贷客户。"[1] 为了回应男性主导的信贷机构的偏见，一些女性认为，她们天生的社交能力和爱说闲话的"特点"使其在这类工作中具有明显的优势。[2] 尽管女信贷员在男同事眼中已获得了合法性，但她们的权威有时会受到"沙文主义"客户的挑战，这些客户要求与男上司交谈。一个此类案例中，当某位女信贷员试图询问某位男客户时，这位客户嘲笑她，"这好像是高中生出来办理业务一样。"[3] 和新来的职业化男同事相比，女信贷员更加依赖于其男同事的支持。这种家长式的支持与其说是出于平等主义，不如说是通过保护成本较低的女性劳动力而使自己获利。

如果说诱骗申请人坦白其财务状况需要技巧，那么当信用特权被剥夺（拒贷）时，技巧就显得尤为重要。拒绝申请者本身就是门艺术。那些赊账遭到拒绝的人仍然是现金业务的顾客，没有零售商愿意把愤怒的申请者逼到社区里去散布不公正和恶意的故事。信贷经理们有时会发现自己卷入了一场考验他们斡旋能力的婚姻斗争中，且这种情况并不少见。当心怀报复的丈夫为了让妻子难堪而关闭账户时，或者当挥霍无度的妻子为了报复丈夫而开立新账户时，把不幸消息传递给受虐一方的责任就落在了信贷经理的头上。

拒贷时，信贷员最大的困难是提供令人满意的解释。由于糟糕的付款记录而被商店拒绝的顾客，店家可以简单地出示客户欠债总账作为证据；但当该商店基于征信公司的报告做出决定时，这就成了问题，因为零售商

---

① M. Stevens, "Difficulties of a Woman Credit Manager," *Credit World* 7, No. 9（May 1919）: 10.

② Minnie Lee Beal, "Woman's Value in the Credit Department," *Credit World* 5, No. 4（March 1915）: 21.

③ Q. B. Leithead, "The Woman Credit Manager," *Credit World* 9, No. 11（July 1921）: 15.

通常不知道负面信息的来源（征信公司使用代码保护零售商的身份），即使这个零售商知道负面信息的来源，他也不能告诉被拒绝的客户，因为这将涉及另一位商人，而该商人认为他上报的信息会被保密。在这种情况下，被拒贷的客户只能交由征信公司解决问题。征信公司的优点是对信贷经理的查询报告保密，于是使客户保持一种错觉，即认为获准赊账是出于信贷经理的善意和个人信任。另一种选择是，个别商户请"分析师"（Reporter）来调查信贷申请人，但这会立即让客户注意到其信贷经理的怀疑态度，并激怒该客户申请人。然而，即便处理得当，拒绝服务也可能让零售商处于不利地位。正如旧金山征信公司的经理所指出的，"愤怒的顾客，尤其是女性顾客，会到每家商店去，努力确定是哪家做出了对其贬损性的报告，从而制造混乱和尴尬。"①

到了20世纪20年代末，人们开始敦促信贷经理不要再对信贷申请人耍什么花招，弄得好像申请人享有某种特权。费城出版商回忆说，"当说：'我有个信用账户在沃纳梅克，或在斯特布奇和卡洛瑞尔（Strawbridge & Clothier），或者迈卡瑞（McCreery）时，'这可能算是成功人士的标志，"但是当数以千计的人带着这些特权，走进一间间的商店赊购商品时，这种（信用）特权就失去了排他性的光环。② 在这个虚拟权利的新环境中，零售信贷员是一名专业服务人员，而不友好或严厉的信贷面谈简直就是侮辱。尽管美国公众对促进他们赊购的复杂信息基础设施还基本不了解，但信贷经理是其最可靠的，而且在许多情况下是其业务运营中唯一看得见的组织代表。

① R. S. Martin, "The Use of the Central Credit Bureau," *Credit World* 17, No. 5（January 1929）: 24.
② William Nelson Tam "The Biggest Problem in Retailing Today," *Credit World* 17, No. 11（July 1929）: 21.

### 信用档案和新的可视化

尽管在20世纪的大部分时间里，个人接触仍是信用评估的一种基本模式，但在这些相互作用过程中，连同分类账报告、公共记录和征信机构编辑的剪报所记录的信息，都有助于信用关系的文字化（从而使信用关系去人格化）。某位达拉斯的信贷员在1921年回忆道，"通过观察一个人来了解他或她的信用状况，就好像牧人观察他的羊一样。可是，今天的牧场太大了……，每平方英寸的羊比以前多得多。"① 很少有信贷经理会拒绝当面审查申请人的机会，但是无论是人口稠密的市中心，还是人烟稀少的边远城镇，文本记录对于追踪消费者的身份、个人情况和财务状况都变得越来越重要。

从前有名望的信贷员依赖于自己超强的记忆力和直觉，而新的信贷专家则毫不掩饰地开始翻阅档案了。"当账本上包含了35000～40000个名字，即使优秀的信贷经理也不可能记住每个客户的名字，"1915年，圣路易斯信贷经理承认，"因此他或多或少地依赖于他的记录，当知道这些记录被很好地保存的时候，感觉非常安全。"② 消费者的个人记录和金融信息以文件形式放在信贷部门和征信公司的档案室中，逐渐取代了活生生的人，成为可信赖（Trustworthiness）的具体指标。1930年，在吹捧美国个人征信业协会拥有6000万份共享信用档案的客观事实时，某作家惊叹道："人们的面孔消失了，那里只有他们的记录。"③

在20世纪初，信贷部门和征信公司采用了最新的档案和记录保存技术

---

① Frank B. Morriss, "Is It Pig Headed, Hard Headed—Or—?," *Credit World* 9, No. 8（April 1921）: 29.

② C. F. Jackson, "A Little 'Shop Talk' on Department Store Credits," *Credit World* 5, No. 6（May 1915）: 18.

③ Frank C. Hamilton, "The Public Appeal Publicly Made Will Help Retail Credit," *Credit World* 18, No. 9（May 1930）: 28.

来重建和控制正在"消失"的消费者。办公室档案设备的发展在20世纪初经历了巨大的变化。在此之前，业务记录都保存在分类账簿、档案袋、分类文件和标好序号的柜子中，所有这些保存方式都被限制在对其信息的汇编、合并和检索的能力上。例如，分类账薄中包含的记录是按时间顺序为卷填写的，因此需要补充索引来查找分散在多个卷中的信息。同样地，无论何时对信息有需求时，文件装在文件夹里或打包在盒子里都需要费时地拆包和检索。19世纪70年代末，卡片档案系统的引入（由图书管理员梅尔维尔·杜威［Melvil Dewey］率先提出，见图4.1和图4.2）和19世纪90年代的垂直归档（Vertical Filing），使得记录保存更加灵活和高效，具有深远的影响。正如商业历史学家乔安妮·耶茨（JoAnne Yates）所解释的那样，由此产生的"归档革命（Filing Revolution）"不仅满足了商业通信和企业管理日益增长的需求，还在组织内部打开了大量未充分利用或被遗忘的信息宝库。[1] 亦如耶茨所建议的，这些新文件系统，彻底改变了信息物化的概念：信息易于存储、处理、定位，并且在以前过于烦琐或昂贵而无法利用的环境

图4.1　卡片文件系统
（资料来源：互联网）

图4.2　用来存储卡片的文件柜
（资料来源：互联网）

---

[1]　JoAnne Yates, "From Press Book and Pigeonhole to Vertical Filing: Revolution in Storage and Access Systems for Correspondence," *Journal of Business Communication* 19, No. 3（1982）: 20; see also Yates, *Control Through Communication*, 56-63; and Yates, "For the Record: The Embodiment of Organizational Memory, 1850-1920," *Business and Economic History* 19（1990）: 172-182.

中变得非常有用。

其中的一种场景就是个人信用监视。由于归档技术的进步，零售商和征信公司能够更轻松、更精确地记录大量人口的身份和活动。到1910年，卡片档案系统在信贷部门和征信公司都是标准化的。在这种系统中，个人消费者由一张主卡来代表，消费者的全部个人和财务信息都记录在这张主卡上。尽管卡片的形式在不同的信贷部门和征信公司之间有很大的差异，但所有的银行都包含了信贷主体的名称、地址、职业和收入字段。额外的信息也被记录下来，比如个人的婚姻状况、年龄、他或她目前住所和工作年限、是承租人还是房主、姓名和地址的参考信息、银行账户、与其他商家的信用账户和收支列表以及个人的品格或外貌。与信贷部门的文件不同，征信公司的文件还包括个人总体信用评级代码和在不同商店的交付习惯。信用卡片文件的灵活性更大，加上20世纪之交电话的广泛使用，推动评级书走入历史。一位作家在1915年写道，"使用评级账簿的方法是最古旧的，但很快成为最不受欢迎的方法"。[1] 到了20世纪20年代，信用评级书已经不再时髦了。[2]

在当时，信用卡片归档系统非常适用于商店信贷部门中的信用额度（Credit Limit）管理。商人们总施加一些人为的额度，如果超过这些额度，就不会向个人提供贷款。但是，在20世纪初，用于确定准确信贷额度的正式授信系统仍处在概念阶段。基于信用申请中收集和在信用主卡上所记录的信息，商店为客户分配最高赊购额度，只要在额度内，商店可迅速批准赊购。[3] 每笔赊购都是由信贷部门的职员授权的，信贷员只根据个人档案卡上注明的信用额度进行授权。一位纽约信贷经理解释说，"而今，当账

---

[1]　C. O. Hanes, *The Retail Credit and Adjustment Bureaus* (Columbia, Mo.: C. O. Hanes, 1915), 11.

[2]　A member survey conducted by the Retail Credit Men's National Association in 1924 found that only 22 percent of respondents published credit guides (Truesdale, *Credit Bureau Management*, 28).

[3]　"Cash Customers and Credit Ones," *New York Times*, September 20, 1914, 10.

户达到信贷经理设定的信用额度时，某种代码或信号将会启用，用于提醒人们注意，该账户已达危险标志。"① 信贷额度就像自动发出无声的警报一样，把信贷经理从亲自批准每笔赊购的负担中解放出来，使他们可以迅速批准新账户，给予很小的额度，风险几乎为零。

更重要的是，信用额度为零售商提供了新技术来区分客户并定制个性化服务。额度在客户不知情的情况下进行分配，并可随时间推移进行策略性调整，以奖励及时付款、惩罚疏忽大意或遏制不守信用的人。为防范信用额度过度扩张，信用额度是直截了当的工具，也可以是精心设计以反映细粒度的差异。例如，在费城的瓦纳梅克店里，有四十多个不同的代码，用于识别店内数千名顾客中的不同信用额度、筛除和豁免例外情况。这些代码中包括具体部门的额度和表明客户和商店已经达成了"共识"的一个"U"代码。② 如果顾客要求超出规定的额度赊购，需由信贷经理对其账户进行重新评估，这通常包括要求提供有关顾客就业、收入和偿付能力的额外信息。③

除了主卡档案外，信贷部门和征信公司还经常设置单独的"看门狗"（WatchDog）柜子。这些地方存放从报纸、法院命令和公告中收集了一些负面信息，包括离婚、破产、诉讼、不负责任的或不道德的行为等信息。在某些地方，看门狗柜子直接建立在一级档案系统中。例如，在密歇根州大溪城（Grand Rapids）的情况就是这样，当地征信公司的25万张主卡档案收在隐蔽的隔间里，里面藏着具有法律麻烦或不道德的新闻（例如"酿

---

① "As to Granting Retail Credits," *New York Times*, September 27, 1914, 10.

② Memorandum, November 9, 1916, scrapbook, folder 5, John Wanamaker Collection, Historical Society of Pennsylvania, Philadelphia. The "U" code, which also stipulated a $15 credit limit, reveals the persistence of personal interaction and case-by-case flexibility despite the movement toward depersonalization in credit departments.

③ "Cash Customers and Credit Ones," 10.

私酒活动"）。[1] 正如堪萨斯大学的一位商业研究者所称，类似这样"随处可捡"的材料包括："建筑许可、婚姻、出生、死亡、自杀、离婚和个人信息"，这些都是由"机敏"的征信公司秘书从报纸上剪下来的。[2] 这些信息可能不会对个人的信用状况产生直接影响，但它被作为日后使用的证据，也反映了这种工作强迫性和无所不包。一家征信公司的老板承认，他养成了剪报的"嗜好"，并把剪报放进特制的信封里。随着时间的推移，他收集了如此之多的负面信息，以至于档案中描述的人无须进一步咨询就可以对其进行评估。[3] 20世纪30年代末，一些征信公司所积累的剪报被吹捧为凭自身实力获得的宝贵资源。[4] 1938年在《读者文摘》（*Reader's Digest*）上发表某篇文章的作者描述道，"每条可能的信息源都用来保持征信公司继续存在的意义，你所在城镇的报纸会有人看。贸易杂志亦是如此。戏剧人物杂志《综艺》（*Variety*）也成了纽约和洛杉矶（征信公司）的数据宝库。每份可能会影响个人偿付能力的内容，对消费者有利或不利，都会被从报纸上剪下来，贴在卡片上。"[5]

　　当信贷经理的目光从有形顾客身上移到文件柜时，可视化（Visualization）成了理性信用管理的准则。这与20世纪前20年，可视化（Visibility）新准则引入的可视（Visible）卡片文件技术有关（见图4.3）。可视化文件系统由兰德公司（Rand Company，先于1925年与卡德克斯公司

[1] J. Frank Quinn, "A Glimpse Into the Operating Methods of the Merchants Service Bureau of Grand Rapids," *Credit World* 14, No. 9（May 1926）: 8. See also *Commercial Organization Credit Bureaus*（Washington, D.C.: U.S. Chamber of Commerce, 1922）, 17.

[2] John G. Blocker, *Retail Credit Bureaus in Kansas*（Lawrence: University of Kansas School of Business, 1927）, 29.

[3] George Koelle, "What Constitutes My Business," *Bulletin of the National Association of Mercantile Agencies* 1, No. 5（October 1910）: 206.

[4] James D. Hays, "Principles of Credit Reporting," *Service Bulletin* [of the National Consumer Credit Reporting Corporation] 10, No. 5（March 20, 1937）: 6-7. On the use and broader significance of newspaper clippings, see Popp, "Information, Industrial- ization, and the Business of Press Clippings."

[5] Edith M. Stern, "They've Got Your Number," *Reader's Digest* 32（February 1938）: 80.

合并，随后于1927年与雷明顿公司合并）开发并销售。文件卡片设计成专栏陈放，或竖放于旋转面板，或平放在抽拉的托盘。[①] 栏中卡卡叠置，只露出客户姓名或账号。如要获取指定卡片上的全部信息，只需将该卡片上方叠置的那列翻过来。与需要用户翻阅、查找和挪动卡片的"盲"卡系统（可还能存在错误归档）相比，可视化系统（Visible System）能让用户快速找到所需卡片，无须移动即可查看所需内容。

图4.3　圣路易斯一家百货公司斯蒂克斯，贝尔和富勒（Stix, Baer & Fuller）的信贷部使用了卡迪斯（Kardex）公司的可视文件归档系统

（资料来源：20世纪20年代卡迪斯公司出品的小册子。由哈格利博物馆及图书馆提供）

　　可视化系统还提供颜色编码方案，以快速区分不同类别的客户。按照惯例，一家麻省的百货商店也会在每个文件上附上彩色圆盘，标明个人信贷额度：红色表示无信用；黑色表示可贷款25美元；蓝色表示可贷款50美元；绿色表示可贷款100美元；金色表示可贷款150美元以上。[②]

　　20世纪20年代，兰德公司在市场上曾出售过这种可视化文件系统，该系统通过自主研发的不同颜色的透明胶片来区分不同类别客户。卡片编码颜色也可用来标记信用不佳的客户。例如有这样的系统，所有客户档案最初都记录在白色卡片上；如果信用主体有问题，就会变成蓝色；如果信用

---

① See *Kardex* ( Towanda, N.Y.: Kardex Company, [192?] ) ; *The Age of Vision in Business Affairs* ( Towanda, N.Y.: Rand Kardex Service Corporation, 1926 ) ; and *Visible Records: Their Place in Modern Business* ( Buffalo, N.Y.: Remington Rand, 1930 ) . See also Frederick W. Walter, *The Retail Charge Account* ( New York: Ronald Press, 1922 ) , 158-166.

② James Wilson, "The Necessity for an Efficient System of Limiting Accounts," *Credit World* 9, No. 2 ( October 1920 ) : 9. See also S. E. Blandford, "The Service Station in a Modern Retail Store," *Credit World* 8, No. 11 ( July 1920 ) : 21; James Wilson, "Keeping Accounts Within Limits by Control in Authorization," *Credit World* 10, No. 10 ( June 1922 ) : 5-6; and John T. Bartlett and Charles M. Reed, *Retail Credit Practice* ( New York: Harper, 1928 ) , 122-123.

主体被催收，就会变成红色。值得注意的是，文件颜色一旦转换为蓝色或红色就会永久染色，不能返回到白色。[1]

通过将信用授权与内部会计系统连接起来，尤其是追踪未付账单随着时间推移收益递减的系统，会计本身已成为许多百货公司的一项业务监视技术。[2] 这种制度使债权人能够识别无利可图的顾客等级，并根据等级高低向他们采取相应的催收行动。

推动征信系统标准化也延伸到统一信贷表格的开发。早期行业出版物和教科书就提供了许多可供模仿的例子。例如，1920年，美国个人征信业协会成立了信用档案部门，该部门收集了大量的申请表格样本和参考表格，供其会员使用。[3] 作为收集客户信息的指南，标准化的表格具有意想不到的优势。有趣的是，信贷经理报告称，那些不愿口头透露自己财务状况的人，在看到空白申请表时，也会自愿提供同样的信息。[4] 客户面对私人询问会感到恐惧，但在机构面前却卑躬屈膝。

带有当地协会公章的标准表格也被认为会对申请人产生惩戒作用，给人一种城镇商人们间高效合作的印象。某位作者声称，通过使用统一颜色和格式的表格，客户将信贷经理视为"善交际、头脑清醒的与时俱进者，通过与所在城市其他信贷人员之间的关系，能够快速获得验证信息"，换句话说，不是靠毫无意义的虚张声势或虚假陈述。[5] 当信贷经理一如既往

[1] Peter P. Wahlstad, *Credit and the Credit Man*, ( New York: Alexander Hamilton Institute, 1917 ), 214.

[2] Ingrid Jeacle and Eammon J. Walsh, "From Moral Evaluation to Rationalization: Accounting and the Shifting Technologies of Credit," *Accounting, Organizations and Society* 27 ( 2002 ): 737-761.

[3] B. H. Poindexter, "To the Members of the Retail Credit Men's Association," *Credit World* 9, No. 2 ( October 1920 ): 7.

[4] W. F. Jantzen, "How to Refuse a Customer Credit and Still Retain His Good Will," *Credit World* 6, No. 1 ( June 1915 ): 38.

[5] Robert H. Cantley, "A Uniform Information Blank," *Credit World* 6, No. 1 ( June 1915 ): 79 See also C. J. Allen, "The Opening of the Account and the Fraudulent Buyer," *Credit World* 7, No. 11 ( July 6, 1919 ): 15.

地以个人面谈形式审查客户时，这些面对面的互动越来越多地受到表格本身要求的结构化影响。对于那些始终把信用评估主要视为艺术的人来说，冷冰冰的制式征信表格是一种（难以接受的）侮辱。某作家认为，"平庸的信贷经理一开始可以将自己隐藏在表格背后，然而不久就会陷入致命的信用报告形式主义（陷阱中不能自拔），"[1] 以至于限制了他从申请人那里"挖掘"信息的能力。如果申请人显得很不可靠而又特别沉默，这时信贷员就会表演一番，例如故意把申请丢在一边，而采用随意发挥的形式，尤其是当同样信息可从其他地方获得的时候，例如通过公共记录。

尽管许多信用专家认为信用分析太复杂，不能简单归结为一门科学，但可视文件和其他新归档技术中有序积累的信息表明，信用分析可以成为科学。有关个人身份和个人财务支出的统一空白卡和档案卡、网格状字段、多色信号、编码的信用额度和信用评级，给人精密如机械的印象。1915年，在某本教科书上记载着，"直到最近几年，人们才把授信建立在可以恰当地称为科学的基础之上。虽然授信还没有具备成熟科学的尊严，但可以承认，管理良好的信贷部门的工作，现在是以完备的方法和结果确定的方式进行的，而这正是从事其他活动的科学进程的特点。[2] 当信贷专家使用的信息从实体记忆迁移到巨大的文本存储库时，整个信贷分析企业似乎呈现出一种新的真实感。某著名作家写道，"直觉，那种神秘的第六感，毁掉了很多好生意，但正确应用的事实却从未如此。"[3] 可视化（Visibility，清晰记录下的和经过系统化处理的信息）被吹捧为对付模糊想法和模糊预感的解药。兰德公司发行的杂志的一位作者声称，"信用控制科学正在发展。"简而言之，经理们需要并掌握活动发生的全部实

---

[1] A. N. Fraser, "The Use and Abuse of Credit Forms," *Credit World* 11, No. 2（October 1922）: 7.

[2] Ben H. Blanton, *Credit, Its Principles and Practice*（New York: Ronald Press, 1915）, 13.

[3] Guy H. Hulse, "The Secretary's Page," *Credit World* 17, No. 4（December 1928）: 9.

时情况。[1]

尽管卡片文件的空间限制鼓励了编码和缩写的使用，但叙事模式却很难消亡。大多数征信公司的卡片都有"备注"部分，可以在其中添加从禁止字段中删除的信息。这些备注往往带有贬义，但在某些情况下，却可以情景化出另一种具有同情心的画面。一位作者写道，"备注栏有很多有用的地方，但最主要的是用来解释一些情有可原的情况，比如生病、水灾中庄稼歉收、挥金如土（Spendthrift）、习惯性退货者等。"这有助于对信用评级进行解释（译者注：个人备注部分目前在个人信用报告中仍然存在，功能和本文中描述相同）。[2] 在对信用信息系统化和量化的推动中，这些开放式的叙事空间令人困惑。一位成员抱怨说，"大多数报告都会有相互参照的部分，比如备注，那么为何不把整个叙事都写入备注呢？"代码化和定性分析之间、科学和艺术之间，这些持续紧张的关系再次得到关注。支持备注部分以及人性本身并反对标准化的某资深信贷经理回答道："如果人类和活动的历史可以仅仅通过插入几个字母或日期就可以互换，那么'人格'二字就会从字典中去掉，所有的名字都将如同'机器人'般没有人性。"[3]

### 通信技术

不管存储在主卡档案中的信息是叙事型、编码型还是剪报型，都只有在快速访问时才有用。为了满足其成员对时间的敏感性需求，20世纪早期的征信公司发展成为复杂的通信指挥中心。到20世纪前10年，电话成为征信公司的主要通信技术。某作家在描述"模范征信公司"的运作机制时解释道：

---

[1] G. L. Harris, "What Progress in Management?," *Executive* 1, No. 5（November 1927）：10.

[2] Hanes, *The Retail Credit and Adjustment Bureaus*, 21.

[3] Storer, *A Narrative Report, 1916-1938*, 41.

"能与征信公司取得联系这件大事在很大程度上要归功于电话。"[1] 到20世纪20年代末，许多征信公司90%或以上的报告请求都是通过电话回复的。[2] 除了现场的信用调查，信用信息也通过直接打电话向雇主、房东、邻居、当地的商人和公用事业公司收集和核实。在20世纪20年代，许多征信公司在电信升级方面进行了巨大投资。例如，1926年，内布拉斯加州的奥马哈市的征信公司配备了10条入站电话线路和20条直通全市信贷部门的电话专线，而华盛顿特区的某征信公司安装了50部电话来回复每月16000个客户咨询。[3]

到20世纪20年代中期，城市征信公司开始经营多线电话站，与城市主要零售商的信贷部门直接连线。类似的系统在整个美国的征信公司都很常见。[4] 宾夕法尼亚州匹兹堡市的地方征信公司经过贝尔电话公司工程师们6个月的研究，于1928年成为美国最先进的地方征信公司之一，当时该局特别配备了160条，可扩展到300条的电话线。[5] 位于得克萨斯州沃斯堡的征信公司在1925年完成了5.8万多份报告申请业务，每份申请平均服务成本为34.5美分。由于有包括11名妇女在内的16名工作人员，客户提出的请求通常在5分钟内得到答复。对于那些有持续更新记录需求的个人来说，几乎可以立即得到答复，而新客户或外地访客可能需要等待半个小时才能得到答复。[6]

---

[1] Raymond T. Fiske, "A Model Credit Bureau," *Proceedings of the Controllers' Congress* ( New York: National Retail Dry Goods Association, 1930 ), 183.

[2] Bartlett and Reed, *Retail Credit Practice*, 92.

[3] "Omaha Has Successful Bureau," *Credit World* 14, No. 5 ( January 1926 ) : 21; and Louis Sinclair Grigsby, "Washington, Capital of Credit," *Credit World* 14, No. 6 ( Febru- ary 1926 ) : 15.

[4] See, for example, descriptions of telephone systems in St. Louis, Missouri: "Service Spells Success in Any Credit Bureau," *Credit World* 16, No. 5 ( January 1927 ) : 15, 27; in Hartford, Connecticut: Alfred C. Moreau, "Promptness in Credit Reporting," *Credit World* 16, No. 3 ( November 1927 ) : 27; and in Columbus, Ohio: M. C. Bonnar, "Credit Protection," *Executive* 2, No. 2 ( February 1928 ) : 19-20.

[5] A. B. Buckeridge, "Pittsburgh Retailers Have Perfect Credit Protection," *Credit World* 15, No. 5 ( January 1927 ) : 6-7; and Buckeridge, "Made to Order Telephone Equipment and Telephone Typewriters, Now in Use in the Pittsburgh Credit Bureau," *Credit World* 17, No. 4 ( December 1928 ) : 18-19.

[6] "Ft. Worth Has Up-to-Date Bureau," *Credit World* 14, No. 9 ( May 1926 ) : 15.

然而，技术创新并没有将人为因素从征信工作中剔除。

在征信公司的档案和通信系统中心，驻场接线员在接听电话，取出档案主卡片，并将信息传递给当地商人和信贷部门（见图4.4）。这项工作主要是由女职员完成，因为她们的双手和声音能在纸质文件和

图4.4　底特律企业征信公司的工作人员在接听咨询信用信息的电话

（资料来源：《信用世界》，1927年12月）

电话线路之间的机械鸿沟架起一座桥梁。正如历史学家肯尼斯·里帕托（Kenneth Lipartito）在提到早期电话行业时所说的那样，女性不仅充当了"转换开关"的角色，还充当了早期数据处理系统的"主板"。[1] 例如，旧金山的某征信公司，"女职员几乎不用离开座位。"[2] 两套文件就放在这些接线员的两侧，只要动动手指，就可查到成千上万的信用记录。

在许多大型征信公司内，工作人员或站着或坐着时（有时坐在带滚轮的椅子上）都戴着耳机，耳机上用长线连着电话总机，一旦接到咨询，他们就可以在文件柜之间移动，以便找到个人记录。操作员通常会被分配一个字母区间（例如，姓氏从A到D开头）工作，这样，可以让每个人在各自的领域内，越做越熟练。来自本地某百货公司来电咨询的如下场景，演示了该操作员在密尔沃基征信公司的工作：

---

① Kenneth Lipartito, "When Women Were Switches: Technology, Work, and Gender in the Telephone Industry, 1890-1920," *American Historical Review* 99, No. 4（October 1994）: 1075-1111; and related, Jennifer S. Light, "When Women Were Computers," *Technology & Culture* 40, No. 3（1999）: 455-483.

② R. S. Martin, "Mechanical Aids to Credit Reporting," *Credit World* 17, No. 12（August 1929）: 17.

　　征信公司的姑娘回答道："请稍等，"随后她到装满文件的铁柜子那儿，从众多抽屉里拉出一个来，再从一大堆记录中找出想要的卡片，然后回到电话机旁。回答道，"XX-23"，其意思是说，舒尔·斯肯纳姆绝对不值得授信，而其他人都急于知道他的下落。然后那位来自百货公司（Wide Awake）的姑娘说："谢谢，"说完的同时挂上电话，毫无疑问，能猜到这位姑娘面带微笑，因为是她把老板从一位信用不良的顾客手中救了出来。①

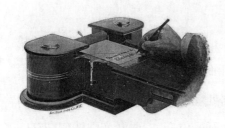

图4.5　电传签名机

（资料来源：互联网）

图 4.6　电传打字机

（资料来源：互联网）

　　正如信贷部门努力在其信贷客户中培养良好信誉一样，征信公司也努力使其本地会员对其报告的说服力和实用性留下深刻印象，这也大抵证明了参与的时间和费用是合理的。在强调提供电话报告时礼貌的重要性方面，宾夕法尼亚州哈里斯堡征信公司的经理声称，接听电话的"信用分析师"应由那些"声音中带着微笑的女性来做。"②

　　20世纪10年代后期，电传签名机（Teleautograph，见图4.5）和电传打字机（Teletype，见图4.6）的引进，为征信公司及其成员之间提供了新的快速沟通渠道。电传签名机，在1888年

① Fred S. Krieger, "Milwaukee Credit Bureau Important Force in Community Life," *Credit World* 11, No. 2（October 1922）: 4.

② James D. Hays, "Profitable Telephone Reporting," *Credit World* 16, No. 8（April 1928）: 12. See also Truesdale, *Credit Bureau Management*, 237-239.

由伊莱沙·格雷申请的专利，是现代传真机的先驱，可传送手写信息；电传打字机，发展于20世纪早期，并于1914年被美联社采用，可传送打字信息。这两款设备都允许运营商读取收到的查询信息，而不是等待名字和地址拼写出来，从而加快了服务速度。信息还可以异步发送和接收，这样就不会浪费时间在等待电话或被来电打断上。[1] 此外，这类机器使征信公司的操作员可以向多家不同的零售商发送报告或特别公报，而不需要单独打电话。[2] 发一份电传报告需要一分钟，相比之下，打电话却需要五分钟。为了减轻人们对于新技术对女性操作员影响的担忧，大溪城征信公司的经理向他的同事们保证："我们相信女员工在使用电传签名机工作不会比用电话累。"[3] 这两种系统都可以让信用调查人员，在不冒犯有可能站在身旁的客户的情况下，悄无声息地向当地征信公司提交咨询。

（大型）百货公司的信贷部门，和征信公司一样，也依靠专门的通信技术发送和接收信用信息。除连接到当地征信公司的外部线路外，许多大型零售企业还维护着它们自己的复杂内部通信系统，这些系统连接于商店的信贷部门与销售楼层的收银员和销售经理之间。在20世纪初，电气系统和气动系统，这两种不同的系统展开激烈竞争。

这种电气系统由美国国有现金注册公司（National Cash Register Company）生产，本质上是个内部电话系统，通过这个系统，销售助理或"检查员"给信贷部的操作员打电话，授权等待中的客户进行赊购。信贷部门的授信人员可随时查阅店内客户信用档案，经快速查完信用记录，决定批准还是拒绝客户的申请要求。到1920年，明尼阿波利斯某百货公司的整栋大楼里共有120个电话站。当有赊销请求时，检查员只需按个按钮，信贷部门就会发出闪烁的信号。如果获得批准，这家信贷机构的操作员只

---

[1] On telautograph technology, see also "Charge and Take in the Credit Man's Office," *Credit World* 18, No. 6（February 1930）: 27-28.

[2] Buckeridge, "Tade to Order Telephone Equipment and Telephone Typewriters," 18-19.

[3] Advertisement, Telautograph Corporation, *Credit World* 18, No. 4（December 1929）: 1.

要按下"OK"按钮，就会在收费条上自动盖章。据明尼阿波利斯商店的信贷经理介绍，95%的正常信贷业务，授权即可得到回复，剩下那5%特殊业务要提交给信贷经理做进一步审查，这个决定过程平均需要两分钟。虽然电气系统在信息传递速度方面有优势，但在准确性上却更具有风险，因为口头传达的信息很容易被误解和误拼，特别是对于发音相似的名字和地址。据某家商店保存的一份"报错单"了解到，电话接线员经常会因信贷销售员和检察员语音信息传递不当而阻断工作，要么语速太快，要么音量过高，要么表达模糊不清甚至多余。[①] 这位明尼阿波利斯市的信贷经理在强调只雇用有经验的操作员作为信贷部门授权人的重要性时，并声称："店内女员工通过电话获取客户姓名、地址和金额的准确性比她们直接查看票据时还要高。"[②]

相比之下，由兰姆森（Lamson）公司生产的气动系统（见图4.7），通过加压管道可将信贷请求原封不动地发送到信贷部门。[③] 虽然气动系统比电气系统信息传递慢，但精确度更高，因为授权人可以查看原始收费单。为了强调亲自检查的重要性，兰姆森公司一则"带式气压管办公桌"的宣传广告商写道："除非每页的单据都清晰可辨，并与中心主要信贷记录保持一致，否则不予批准销售。"[④] 为了证明气动系统的优越性，圣路易斯的某信贷业务员解释说："整个事情可以归结为四个字'可视授信'——可

① C. F. Jackson, [Pneumatic tube system for charge authorizing], *Credit World* 9, No. 1（September 1920）: 62.

② Milton J. Solon, [Telephone system for charge authorization], *Credit World* 9, No. 1（September 1920）: 61-62.

③ For description of the Lamson Tube System, see *Credit Control: A Textbook on Charge Authorization*（Boston: Lamson Company, [1917]）. See also Holly Kruse, "Pipeline as Network: Pneumatic Systems and the Social Order," in *The Long History of New Media: Technology, Historiography, and Contextualizing Newness*, ed. Nicholas Jankowski, Steve Jones, and David Park（New York: Peter Lang, 2011）, 211-230.

④ Lamson Company, "Present Day Business Requirements Demand Stricter Credit Control," *Credit World* 8, No. 12（August 1920）: 12.

以在你的办公室里看到正在批准过程中的支票。"① 虽然操作速度不能媲美
快如闪电的电气系统，但是气动系统的操作效率因引进了"机械分离器"
而得到提高，这使得信贷申请直接传送到信贷部门，而不用经过众多的中
间站点。正如有同样观点的人所说，通过安装篮子（装置）来持续接收传
递中的信贷申请，气动系统使授信者在授信时可按申请接收的先后顺序进
行，这与电气系统中随机闪烁的配电板形成了鲜明的对比。

图4.7　兰姆森公司生产的气动系统

（资料来源：https://lamson.com.au/products/pneumatic-tube-system/）

如果气动系统通过降低速度来追求准确率，那么顾客需要等待的时间
则可被隐私的有效保护所补偿。不同于电气系统要求销售人员或检查员通
过电话来宣读客户的姓名、地址和客户信贷金额，气动系统信贷信息传递
完全保密。为了说明隐私的可取性以及电子系统对客户隐私造成的侵犯，
某信贷经理回忆说，"有一天，城里较富有的一位女士来找我，对我说，
'杰克逊先生，我在这里办理赊购业务已有许多年了，我不明白为什么每
次我买东西的时候都要当着众人的面叫我的名字'。"② 正如另一则广告所宣
称的那样："客户喜欢兰姆森气动系统授信时所带来的宁静与尊严。"③ 此
外，有些信贷经理也指出，电气系统给进行身份盗窃的人提供了便利和可

① Jackson, [Pneumatic tube system for charge authorizing], 64.

② Ibid.

③ "Customers Like the Quiet Dignity of Lamson Authorizing," *Credit World* 18, No. 1（September 1929）: 23.

能性，因为心怀鬼胎的人会旁听到店员对着电话所说的内容，他可能会听到其他顾客的名字，然后去另一家商店，利用这个顾客的账户进行欺诈性赊购。

在20世纪上半叶，消费信贷采用一系列方法和机械技术来提取和管理信贷信息，其中包括面谈、档案系统、标准表格、电话和电动系统等，共同链接起这些多样的接触点，把个人带入难以控制或知之甚少的社会网络（见图4.8）。以赊欠方式购买商品的消费者，（其信息）会自动进入征信系统；这个操作具有强制性。1922年，密尔沃基零售征信公司的负责人阐释道："不管知情还是不知情，同意还是反对这一操作，征信公司内40万份之多的信贷记录中，所有申请信贷的客户都仅得到'及时''缓慢'或'从不付款'这三种评级。至于归于哪一类，取决于客户履行义务偿还信贷的方式。"①

图4.8　征信公司及其文件柜位于当地消费者监视网络的中心位置

（资料来源：《信用世界》，1933年7月）

---

① Krieger, "Milwaukee Credit Bureau Important Force," 4.

尽管全国各地有数以百万记载着美国人个人生活和财务状况的加密文件，信用评估可完全文字化和自动化处理的想法还是受到了（这些文件）经手者的质疑。个人征信的发展主要以不同形式的知识之间的紧张关系为特征，包括：个性化与文本化、直觉与科学、单一化与标准化、主观性与系统性。回想自己从1886年开始就目睹笨重的分类账簿，到便捷的电话通信，某位毕生从事零售信贷工作的麻省信贷经理赞叹技术的快速发展。他在1935年总结道："具有创造性天赋的人类还没能设计出一种能判断信用申请客户是好客户还是坏客户的机器人。"[1] 信贷机器人的奇想激发了复杂的情绪，这标志着信用科学的日趋完善和信用管理专业人员日益被时代所抛弃。不过25年后，计算机信用评分的引入将这种幻想变成了现实，并对信用度的基本理解提出挑战。

---

[1]　James Wilson, "Fifty Years in Retail Credit," *Credit World* 23, No. 11（August 1935）: 5.

# 第五章

# "信用是评判您的标准"

本章主要介绍信用教育的开展和信用度评估的应用。在征信发展过程中，消费者的教育非常重要，既能从消费者身上谋利，又能产生道德教化的威慑力。"及时偿付"就是一种全国性的征信教育，由美国个人征信业协会组织，上百个城市和众多大型零售机构参与。

面对大规模信贷交易，信用风险管理专家尝试对信用度评估进行系统化，同时用不同的因素来测量消费者的信用度，从传统的财富因素、定性的人品因素、职业、收入、地理和种族因素等，甚至尝试智力测试和心理测量。

在商业发展过程中，信用信息经过了从防范工具到促销工具的转变过程。大量个人信用信息开始应用到零售商的客户控制（或顾客控制）过程中来招揽顾客，20世纪30年代，大部分信贷经理或信贷员开始研究信用信息中已有客户的消费行为。

### 教育消费者同时从消费者身上谋利

20世纪上半叶，专业信贷经理建立了高效运作的国家征信基础设施，但征信制度化并不只是对其下属机构和信息处理技术的简单叠加。对于征信公司和信贷部门来说，仅靠识别、跟踪和筛除拖延还款和赖账的人是不够的。1918年，美国个人征信业协会（ACB of A）主席说道，"为了进一步完善征信，我们需要宣扬这一信条——信用即人品。如果一个人故意滥用信用，且不理会他人的警告，那此人一定会在商界和社会上受到排斥。"[①]除了努力解决组织和技术上的难题，信贷经理同时还在美国人的生活中扮演着更为重要的角色，即道德教化代理人。正如达拉斯高档百货公司内曼-马库斯（Neiman-Marcus）的联合创始人赫伯特·马库斯（Herbert Marcus）所评论的那样，"正是信贷员激发了公众的良知，不是让公众意识到自己对他人不诚实，而是让他们认识到自己对自己不真诚。"[②]

一开始，征信组织就认识到了信用监视的规范效应（Disciplinary Effect）。企业征信公司，如邓白氏公司，因极力鼓励商人们遵守符合批发商和中间商利益的商业规范和事件而受到赞扬。商业信用报告惩戒制度对商人个人行为起到很好的指导性作用，这种作用一直持续到20世纪。20世纪20年代中期，社会学家罗伯特·林德（Robert Lynd）和海伦·林德（Helen Lynd）在调查美国小镇居民的日常生活时，因（信用）监视对小镇居民的生活有如此大程度的影响而感到震惊。他们在具有里程碑意义的《米德尔敦》（Middletown）研究中观察到，"敏感的征信公司作为代表力量，趋向于规范不断扩大的商业阶层的不同习惯，诸如：投票给共和党

① Sidney E. Blanford, "National Unity in Business," *Credit World* 7, No. 4 (December 1918): 19.
② "The Dallas Pay Prompt Campaign," *Credit World* 17, No. 7 (March 1929): 23.

人，把打高尔夫球作为消遣，避免标新立异的异常举止。"① 他们意识到，信用关系加强了规范性标准，既规范了个人的行为，也规范了看似是非经济属性的生活领域。

当信用监管的惩戒力量转向消费者时，同样具有诱惑力。美国个人征信业协会的教育主管说，"从道德的角度来说，除了教会之外，我不知道还有什么比经过适当组织并有效运营的征信公司对社会所产生道德影响更大的了。"② 的确，仅仅是有关征信公司正在运营这一点就能发挥出惊人的威慑力量。1920年就发生了这样的案例，某个"纽约附近中等规模城市"的零售商用精心策划的诡计大赚了一笔。这位零售商通过公布一家子虚乌有的当地征信公司成立（的消息），而之后竟然收到了不少来自逾期客户的还款。③ 只要该征信公司的真实存在情况永久笼罩在神秘之中，这种惩戒效果就会发生。不同于21世纪高度保密的征信环境，早期的征信公司或协会（总是）不遗余力地宣传他们的工作。1926年，甚至连科罗拉多州偏远的梅萨县的某个地方征信协会也在电线杆上挂起了引人注目的金属招牌，在公众面前不断地曝光该协会的名字。④

与此同时，信用专业人士积极致力于对美国公众进行信用道德基础教育。1928年，加州征信协会的主席抱怨道，"人们虽然了解诸如裁军、儿童福利、卫生、健康生活方式（Biological Living）和优生学等问题，但是不知道信用是个道德问题，至少没有往这方面去设想过。"⑤ 具有讽刺意味的是，随着信用关系变得制度化和非人格化，商人们发现有必要提醒顾客

---

① Robert S. Lynd and Helen Merrell Lynd, *Middletown: A Study in American Culture* ( New York: Harcourt, Brace, 1929 ), 47. Though commenting specifically about commercial rather than consumer credit, their observations are relevant to both.

② Guy Hulse, "Helping the Retail Trade Through Credit Organizations," *Credit World* 16, No. 1 ( September 1927 ): 21.

③ "One Day to Collect Bills," *New York Times*, 10 September 1920, 24.

④ "Good Publicity," *Credit World* 14, No. 6 ( February 1926 ): 20.

⑤ H. P. Van Vianen, "Credit as a Moral Issue," *Credit World* 16, No. 9 ( May 1928 ): 24.

的是，信用的基础是人与人之间的信任和信心。换句话说，信用的基础就是信用的社会嵌入性。大众传播媒介和全国各地无数的私人咨询所传递的信用道德信息，明确地将信用和品格等同起来。信用专业人士抛弃了道德秉性与生俱来的观念，转而倾向于认为后天教化有助于培养有利可图的优质客户。金贝尔百货公司的某信贷经理在一篇颇有影响力的信用文章中断言，"毫无疑问，通过正确使用信用机制，商店可以训练顾客使用新的、更好的购买方式，从而培养并保持顾客的信心和良好的购买意愿。无论何时信用授信，这都应该是最重要的目标。"[1]

　　在教育引导消费者行为的同时，信贷部门经理还探索了新的统计分析方法，使信用评估系统化，并开辟新业务。从基于职业的粗略概括开始，零售商开发出越来越复杂的技术，用于分析整个客户阶层的财务状况。到了20世纪20年代，信贷经理不再只是简单地跟踪客户和进行授权，还会挖掘丰富的客户信息，以达到针对性促销的目的。这样，系统化的信用管理开始发展成为一种更具广泛意义的社会分类和控制工具。

### 信用民主化与诚信的发现

　　20世纪前20年，在信贷支出激增的情况下，信用专业人士试图证明自己的专业技能，以此让那些质疑不断上升的个人债务安全问题的发言者闭嘴。1929年，美国个人信贷未偿债务总额达到近80亿美元，随后在1933年降至40亿美元以下，在1941年又飙升至100多亿美元。[2] 由于同时作为债务的拥护者和惩戒者，信用专业人士发现自己处于尴尬的境地。正如当代啤酒公司广告词一样，用广告大肆推崇不负责任的行为，却又在毫无说服力的免责声明中宣扬责任。信贷经理"右手"批准了一笔大额

---

[1] Frederick W. Walter, ed., *The Retail Charge Account* ( New York: Ronald Press Company, 1922 ), 8.

[2] *Federal Reserve Charts on Consumer Credit* ( Washington, D.C.: Board of Governors of the Federal Reserve System, 1947 ), 3.

的消费信贷，"左手"又拥护自我约束的美德。这种摇摆的立场是通过双重论述来维持的，总体而言颂扬了美国人的诚实，同时又在个人层面强调了信用的道德约束必要性。这一论述的中心思想是信用已经"民主化"了。

20世纪10年代出现的分期付款、赊账、个人贷款和金融公司激增的现象，使信用自由化，并使数百万美国人能够毫无障碍地获得商品和服务，这一切都预示着生活质量的提高。信用的民主化被它的支持者解释为是一种世界历史性的转变。1917年的一本信用教科书中解释道，"随着文明的逐渐进步，人们学会了相互信任，因此人们对自己的同胞越来越有信心，这导致对信贷的使用也逐渐发展起来。"[1] 根据这种说法，信用曾经是用来保护财富和世袭特权的。普通美国人已经从"无信用的大众"中走出来，并以完全被赋予公民权的公民消费者的身份，接受了他或她与生俱来的权利。[2] 正如金融公司统计学家、个人信用的狂热支持者莫里斯·R. 内菲尔德（Morris R. Neifeld）所宣称的那样，"正如约翰·史密斯本人（译者注：作为普通美国人的举例）所经历的那种从无到有的人生旅程一样，他还经历了权利和自由的民主化进程，所以，其经历更多地被称为信用的民主化进程。"[3]

如果零售商在相互信任中找到了提高效率的方法，那么通过信任顾客，他们就会发现繁荣发展的机会。信用的民主化很大程度上依赖于美国人民新近"发现"的诚实特点。1930年，新奥尔良信用协会（New Orleans Credit Association）中的某位人士表示，"随着'轻信容易导致破产'（To Trust To Bust）这句老话被淡忘，每个人都享受着这种新的生活方式。"[4] 20世纪之交，某位新闻记者注意到美国人不但诚实，而且严谨，所有人都得

---

[1] Peter P. Wahlstad, *Credit and the Credit Man*（New York: Alexander Hamilton Institute, 1917），6.

[2] Evans Clark, *Financing the Consumer*（New York: Harper, 1930），5.

[3] M. R. Neifeld, *The Personal Finance Business*（New York: Harper, 1933），3-4.

[4] William J. Fisher, "Reaction to Installment Buying," *Credit World* 18, No. 8（April 1930）: 7.

到了全球历史上从未得到过的信任。"① 到了20世纪20年代，美国人近乎普遍的诚实（特点）标榜于大众杂志和贸易出版物上。诚信客户大概占赊购人数的98%或99%，且从未低于过95%的信用水平，他们被视为国家繁荣的引擎。② 1927年，通用汽车公司财务委员会的主席吐露道，"反对信贷的人如此之少，得益于工薪阶层内在的诚实品质，该品质是个人信用的重要基础。"③

作为一种思想立场，信用民主化与信用评估系统化同步发展。原则上，标准化的审核程序排除了授信问答中的人际关系因素。19世纪70年代，正如取代了讨价还价和民主化的大众零售模式的统一价格体系那样，统一的信用审核政策因消除了不同阶层顾客之间的优惠待遇而被民主化。因此，公民个人信用只要符合《公平信用报告法》（Fair Credit Reporting Act，FCRA）法律要求，就可享有平等的权利。不管借款方是富有还是贫穷，都比不上他（她）履行信贷义务或及时偿付重要。正如堪萨斯城的某家征信公司经理所述，"对所有申请信贷的人都应一视同仁，不给个人偏袒留下任何空间。"④ 当然，大型、非私人商店的盲目正义也可能产生闹剧，正如1913年约翰·D. 洛克菲勒所遭遇的信用检查（Credit Check）那样。民主化概念仍然具有影响力，这一概念随后被统计信用评分的拥趸者所援引，这些人将新的计算技术视为扩展信用市场和消除不公及偏见的工具。

① "Is the Average Man Honest?," *Washington Post*, December 1, 1901, 18.
② See, for example, William R. Basset, "In Every 100 ften 99 Are Honest," *Collier's* 72（November 10, 1923）: 17-18; Earl Chapin May, "Adventures of the Credit Man," *American Magazine* 107, No. 1（January 1929）: 32; and Edith M. Stern, "They've Got Your Number," *Reader's Digest* 32（February 1939）: 81.
③ John J. Raskob, "The Development of Installment Purchasing," *Proceedings of the Academy of Political Science in the City of New York* 12, No. 2（January 1927）: 623.
④ H. J. Burris, "Instructions in Opening and Handling Charge Accounts," *Credit World* 14, No. 7（March 1926）: 9.

### 信用宣传与消费者教育

零售信用管理发展繁荣之时恰逢第一次世界大战，这为信贷经理提供了将信用责任与爱国的信息相结合的机会。战争期间，美国政府要求零售商减少信用业务（当时多用现金交易），以增加货币资金流动，在1918年的大会上，该要求得到了美国个人征信业协会的承诺支持。[①] 信贷经理意识到节俭的方法为业务发展带不来任何益处，但他们会转而利用这个爱国口号的机会优势，主张及时偿付信贷是公民的义务。波士顿和美国其他地区的零售商向其（信用）顾客发信息，并以为战争作贡献的名义来催促客户及时偿付。在纽约，零售信贷员通过报纸直接向公众发表观点。[②] 关于信贷经理在战争期间增加信用责任的做法，波士顿菲林百货商店的总经理爱德华·A. 菲林（Edward A. Filene）向聚集的伙伴们说道，"这次战争的胜利除了需要有枪支和军备作为后盾之外，还需要依赖大家的士气、信用、互相理解以及懂得如何支配这些事情。"[③]

与此同时，零售商们还共同努力设定社区信贷业务规则，包括将客户正规账单周期定位30天。习惯了使用赊购的信贷客户必须了解这些新规则。1918年，克利夫兰的某位零售商提醒其同事，"通常，商家面对的是对商业规范知之甚少或一无所知的客户。"[④] 有些客户的信用账户明显留有余额，那是他们错误地认为全额结算会导致信用账户被注销。印第安纳波利斯商会的某份商业期刊写道，"这场战争不仅给零售商们提供了长期寻求的可重新处理逾期账目的机会，还赋予了他们控告无视合同条款的信贷

---

① "Report of the Committee on Resolutions," *Credit World* 7, No. 2（October 1918）: 98-99.

② "Prompt Payment of Bills Urged," *New York Times*, July 14, 1918, 19; and "Local Association Notes," *Credit World* 7, No. 4（December 1918）: 21-22.

③ Edward A. Filene, "Address by Mr. Filene, of Boston," *Credit World* 7, No. 2（October 1918）: 81.

④ Robert Adams, "Address by Mr. Adams," *Credit World* 7, No. 2（October 1918）: 29.

客户的新责任。"①

随着第一次世界大战接近尾声，地方征信协会在国内发起了一场新的宣传战。信用"及时偿付"（Pay Your Bills Promptly）或"付清"运动在全国各地的城镇展开，以提醒公众注意当地商人的信贷政策和征信公司的监督作用。② 更重要的是，"及时偿付"运动还向公众强调了信用的道德义务，并提醒他们个人信用评级是完全自主的。除此之外，运动声称"个人信用等级不是由当地的商人或征信公司评定的，而是从自己财务状况的真实记录中体现出来的。"正如反复解释的那样，"拥有良好的信用评级，完全取决于个人的信用状况。"内布拉斯加州某家征信公司所发布的一则广告中写道，"互相信任是种奇妙的感觉。如果你不相信，试试看，你会因为自己信用记录形成的不太好的信用评级，而让一些商家拒绝给你授信"。③

正当有些人褒扬由信用所带来的自由和快乐时，有些人却承受着因对信用不负责而带来的可怕代价。明尼阿波利斯市的一则广告警告道，"信用差的人将会遭到终生的束缚。他和家人会因受到商家日复一日地拒绝授信而感到羞愧。运往其住处的货物都贴有'货到付款'的标签，导致邻居们看到时窃窃私语（由于他的信用不好，因此导致不能信用赊购）。"④ 虽然许多营销活动采用的不过是一些报纸广告和说教性的社论，但是有些则是多媒体式的夸张宣传。例如，1919年俄克拉何马城举行的"按时付清"（Pay-Up Time）活动，就包含一封含有40000个收件人的群发邮件、放置在当地商店橱窗里的900张"双色卡片"、用于呈现给电影院观众的"彩色

---

① "Is Credit Expansion to Be the New Order of the Day?," *Credit World* 7, No. 5（January 1919）: 10（reprinted from Indianapolis trade journal *Heart o' Trade* [published by the Indianapolis Chamber of Commerce]）.

② See Truesdale, *Credit Bureau Management*, 35-39. For description of prompt pay and other consumer education campaigns, see John T. Bartlett and Charles M. Reed, *Retail Credit Practice*（New York: Harper, 1928）, 344-357.

③ "Run Ads to Stimulate Quick Paying of Bills," *Credit World* 8, No. 5（January 1920）: 8.

④ "Minneapolis Credit ften Tell Benefits of Prompt Payments," *Credit World* 9, No. 3（November 1920）: 29.

幻灯片"、贴在城市街车上的海报以及15块广告牌,其中6块有彩色图像且有电子照明功能。①

"及时偿付"运动很快传遍了全国,随后的1920年,发生了一起前所未有的由多个全国性"及时偿付"活动所组成的大规模运动。② 对这些活动所引发的关注,俄克拉何马州的某位信贷经理总结道,"作为信用商家,以下两个问题需要我们明确,第一是如何让信贷客户铭记赊账优先权的崇高尊严,第二是如何让客户知道商业信任对他们的重要性。因为一旦失信,其信用账户就会变成拖欠状态,这将损害其信誉。"③ 1927年,数百个城市共同参与了一项长达一周的全国性运动,(其中)包括大约260万份传单和数万个商店展示,向大约4000万人传递了关于信用责任的信息。④ 但具有讽刺意味的是,这些提倡节俭的活动还在进行之时,有的商店却在(同期)进行信贷促销活动。⑤

接下来的十年中,狭义的"及时偿付"话题转向了更为广义的"信用意识"概念。1930年,美国个人征信业协会(ACB of A)发起了一场耗资700万美元的大规模媒体宣传活动,旨在培养全国的消费信用意识。⑥ 零售商和征信公司也逐渐转用电台来广播(信用教育)信息。例如,费城的"信用时光"(Creditime)和休斯顿的"品格建设者"(Character Builders),这样的常规节目也向大众传播信用信息。随后的1939年,由通用食品公司赞助的流行喜剧二人组(Lum n'Abner)节目被邀请以信用为主题在全国进行

---

① A. D. Mcftullen, "A Letter on 'Pay-Up Time,'" *Credit World* 7, No. 7(March 1919): 30.

② "National 'Pay-Your-Bills' Day," *Credit World* 7, No. 12(August 6, 1919), 7-9; C. W. Hurley, Report of Y.M.C.A. Committee, *Credit World* 8, No. 2(October 1919): 84-86; and "Eight Days for the Middle Class," *Outlook*, January-April 1920, 10.

③ Robert R. Sesline, "Soliciting Accounts Under Present Day Conditions," *Credit World* 11, No. 3(November 1922): 19.

④ Geo. L. Myers, "The Pay Prompt Campaign Report," *Credit World* 15, No. 7(March 1927): 5.

⑤ "Pay Your Bills Promptly Day, January 22," *Credit World* 9, No. 4(December 1920): 21.

⑥ Guy S. Hulse, "Our Goal Is a National Consumer Credit Conscience," *Credit World* 18, No. 12(August 1930): 23.

巡演。① 据1930年对400家征信公司所进行的调查结果显示，38%的征信公司开展过"及时偿付"宣传活动，而其中的30%虽还未开展过，但也表示感兴趣或有意向。② 同年，波士顿征信公司在该市（成立）三百年庆典游行中推出了一辆花车，用于展示"现代征信公司"所使用过的工作设备，包括钢质文件柜、电话交换机和桌子。令人惊叹的是，一本巨大的评级书复制品整个放在了15英尺高的底座上，并用金色的字体写道，"我们的文件中有超过125万名信贷顾客的账单支付信息。"③ 显然，200万名观众中只有少数人会注意到这点。

有些地方性征信公司通过搬进引人注目的办公楼来彰显它们的重要性。借助这种审美改进手段，正像为了提升商店信贷部门的工作而进行的改进是为了让零售商和债务人对它们的规模和技术实力留下深刻印象。例如，20世纪20年代末，克利夫兰征信公司就搬进了7000平方英尺大的空间，内有宏伟的西班牙拱门、宽阔的大厅、玻璃围成的办公室和设备齐全的接待室。这家征信公司的秘书指出，"许多怒气冲冲的债务人原本来到征信公司是准备争吵的，但是当面对这种既令人印象深刻又充满友好的氛围时，他们的'对抗'情绪就丧失了大半。这种令人耳目一新的印象给来访的债务人提供了对征信表示尊重的新观念。换句话说，当债务人被带到每一位征信经理面前时，都会对该经理所说的任何信息表示尊重和信任。"④

① "Keeping Tabs on Credit in the Workshop of the World," *Credit World* 19, No. 3（November 1930）: 37; and "'Lum' n' Abner' Adopt a *Credit Policy* for Their 'Jot' Em Down Store,'" *Credit World* 27, No. 4（January 1939）: 3. For the transcript of an Altoona, Pennsylvania, radio broadcast, see Ralph F. Taylor, "Thrift—The Basis of Good Credit," *Credit World* 14, No. 6（February 1926）: 9-10.

② "For Economic Immorality Education," *Credit World* 18, No. 11（July 1930）: 31. By the late 1920s, retailers in large cities were apparently turning away from prompt pay campaigns, which struck them as "small town stuff." See ftilton J. Solon, "A Message from Our Pay Promptly Advertising Campaign," *Credit World* 17, No. 4（December 1928）: 12.

③ "Parading the Bureau on Gala Occasions," *Credit World* 19, No. 3（November 1930）: 23.

④ W. H. Gray, "The Cleveland Retail Credit Organization," *Credit World* 17, No. 7（March 1929）: 20.

　　除了通过广泛的（信用）宣传活动来吸引公众外，信贷经理还被敦促将与客户的私人互动过程变成（信用）宣传教育时刻。尤其是信用面谈环节，这被认为是进一步弘扬金融行为道德的重要契机。在信贷申请过程中，信贷经理会列出账户条款并讨论逾期付款的后果。1941年的某本信用指南解释道，"由于绝大多数债务人对什么是好的信用评级这一概念一无所知，因此信用面谈过程中进行信用教育显得非常重要。"[1] 即使用现金偿付的债务人也要接受信用面谈（咨询）。不欠债在以前可能是件值得钦佩的事，但在现在它已是一种过时的、欠考虑的习惯。毕竟，建立信用账户已不是简单地出于使用方便，而是与当地商人建立信用度记录的必要步骤。在信贷部门或征信公司没有一丁点信用记录的申请人，他们在未来的某天去申请贷款时将无法证明其可靠性。[2] 某位作家注意到用现金偿付的债务人可能会面临排斥问题，嘲弄道："正如我们所看到的一样，付现金的'笨蛋'似乎不知道（可以使用信用账户）这种事。"[3]

　　信用道德概念是一种特殊的反宣传形式，它被置于一大堆旨在刺激赊购欲望的广告之中。1928年的某篇教科书的作者指出，"大规模的广告已经造就了一个充满汽车用户、牙刷使用者、橙汁、柠檬和梅干消费者的国家。"紧接着他说道，"广告可以使美国成为有良好信用习惯是大众特征的国家。"[4] 不出所料，在传递（信用）理念的过程中，信贷员采用了与推动赊销同样的策略，特别是恐吓手段，给有抱负的美国人带来了社会焦虑。1930年，美国个人征信业协会（ACB of A）的某位领导人提出，"（信用）广告将唤起喜欢堆积账单债务人的不适感和不安全感，相反，它也会凸显及时偿付的债务人为'成功人士'。"[5] 在传递信用责任意识时，恐惧比理

[1] Clyde William Phelps, *Retail Credit Fundamentals* ( St. Louis: National Retail Credit Association, 1941 ), 78.

[2] Frank E. Morris, "Live Problems for Discussion," *Credit World* 9, No. 10 ( June 1921 ) : 12.

[3] William E. Koch, "Selecting Charge Accounts," *Credit World* 15, No. 12 ( August 1927 ) : 28.

[4] Bartlett and Reed, *Retail Credit Practice*, 346.

[5] Frank C. Hamilton, "Keeping Up with the Jones," *Credit World* 18, No. 5 ( January 1930 ) : 32.

性更有必要。有逾期行为的债务人必将名誉扫地、为社会所不容，并永不能办理信用业务。[1]

届时，羞耻作为教育力量将被公认。援引李斯德林消毒漱口水的广告，该广告有效且夸大地表达了口臭与社交失败之间的关系，信贷专业人士引荐类似的策略来改变债务人对信用的态度："如果李斯德林能够产出这种可以改变整个国家的卫生习惯，那么，同样也可以产出一种可以改变债务人赊购习惯的信用意识，这种意识将教会他们及时、快乐、系统地偿付。"[2] 到了20世纪30年代，长期以来作为催收信件和讨债通知为主要内容的社会耻辱的威胁已经发展成为名副其实的文学体裁。[3] 在及时偿付活动和"信用教育插页"中也充分利用了这一点，把插页附在客户声明的标题中，比如"人们根据你的信用来评价你""你的信用行为决定着你的信用记录！"[4] 另一运动提出了"不良信用"（Questionable Credit）概念，这就是羞辱性八卦的来源。1937年的某则广告照片上，一小撮妇女挤在一起聊着天，这预示着，"朋友们也会谈论'不良信用'问题！"[5]

最终，信用教育被纳入信用条款中，这归因于意大利共产主义者安东尼奥·葛兰西（Antonio Gramsci）的付出。[6] 职业信贷员试图通过意识形

[1] Frank C. Hamilton, "The Public Appeal Publicly Made Will Help Retail Credit," *Credit World* 18, No. 9 (ftay 1930): 29.

[2] "For Economic Immorality Education," 31. For another reference to Listerine, see Stanley Latshaw, "You Can Do What You Want—If You Know What You Want to Do," *Credit World* 18, No. 11 (July 1930): 30.

[3] See, for example, John T. Bartlett and Charles M. Reed, *Credit Department Sales manship and Collection Psychology* (New York: Harper, 1932), chap. 7; Bryant W. Griffin and H. C. Greene, *Installment Credits and Collections and the Installment Market* (New York: Prentice-Hall, 1938), chaps. 9-12; and Waldo J. Marra, *Stream lined Letters* (St. Louis: National Retail Credit Association, 1940).

[4] "Credit-Education Inserts to the Tune of Two Million," *Credit World* 14, No. 10 (June 1926): 2.

[5] "Three New 'Pay Promptly' Inserts," *Credit World* 26, No. 2 (November 1937): 32.

[6] Antonio Gramsci, *Selections from the Prison Notebooks*, trans. Quinton Hoare and Geoffrey Nowell Smith (New York: International, 1971).

图5.1　公众（信用）意识宣传活动强调征信公司的重要性和信用度的道德性

（资料来源：《信用世界》，1932年8月）

态灌输，而非强制手段来赢得认可。良性的赊购者意识到，"信用业务最好的结果只能通过他人的'认可'获得。""在这个世界上，我们能'强迫'他人去做的事情很少。"[1] 正如米歇尔·福柯（Michel Foucault）理论中所表述的那样，"法律力量对个人（信用）行为只有表面上的影响，而信用教育对（个人信用）自我管理却起到了意识形态话语权的作用。"1921年，波士顿R.H.怀特百货公司的某位经理说，"没有国家能够成功地对道德进行立法。"如果（好的信用）结果要永恒，那么必须对（赊购者）头脑进行（教育）训练并取得思想上的改进。[2] 同年，美国个人征信业协会（ACB of A）设立了信用教育处，其唯一目的就是提高公众对信用行为的认知。在不到一个世纪的时间里，巨大的信用链及背后深厚的人际关系已变得为多数美国人所不熟悉。19世纪相互依存的乡绅琼斯、屠夫穆格斯和鞋匠克里普斯（代表旧的商业秩序），在20世纪陌生人的世界里已经失去了吸引力。消费者必须牢记信用的道德本质。当忽视了匿名的机构贷款人的"信任"，消费者就要被教育而感到羞愧。"品格"作为信用度的基石，在美国个人征信业协会官方印章上占有重要位置（见图5.1）。

尤其从这个注重隐私的年代角度来看，早期个人信用报告最引人注目的方面，是它几乎没有引起公众的反应。虽然很多信用申请人害怕和憎恨信贷经理的访谈，有些甚至会因信用授权管理有延误而恼火，但是这也不能表明美国人会特别关注个人隐私或信息在征信公司和信贷部门之间的流

---

[1] J. E. Morrison, "The Characteristics of a Credit Man," *Credit World* 5, No. 3（February 1915）: 6-7.

[2] Sidney E. Blanford, "Credit Education," *Credit World* 10, No. 2（October 1921）: 54.

转的问题。这与19世纪对企业征信公司的各种尖刻的指责形成鲜明对比。为什么针对美国人商业声誉的调查比对消费者的调查更能激起众怒呢？要回答这个问题并不容易。这也许是因为半个世纪以来企业征信的成功运营，再加上美国消费者对即时满足的渴望，缓和了这种矛盾。

虽然征信公司和地方性（征信）协会不遗余力地宣传他们在社区中的作用，但是大多数美国公众似乎仍然对此一无所知或无动于衷。1910年至1930年，某位大众媒体学者对有关消费信用报告的报道进行了分析，并认为，因（信用）报告被描述为"必要的、适当的和不具威胁性的"检查，反对派意见受到压制或至少冷处理。① 通过这种方式，信用监视作为社会救赎技术，不仅肯定了美国人的善良诚实，与此同时，还揭穿了专业骗子和傲慢的富人。1930年，某份圣地亚哥的报纸上出现了罕见的不满情绪。那位作者评论道，"没有合理意义上诚实的公民会反对它。"这种盲目接受生动地证明了我们为了商业利益而屈从于间谍系统。如果这个系统是为政府而建立，我们将会非常愤怒。② 对征信公司的惩戒监督提供支持是一种金融道德意识形态，使得国家的经济福利高于个人的经济福利。

### 信用成为商业的建设者

系统性信用管理起源于一场隔离不良信用风险的渐进运动。1904年，厄尔林曾满意地说："只要把信用水平低的债务人从信用名单中剔除，就

---

① Joe Arena, "Framing an Ideology of Information: Retail Credit and the Mass Media, 1910-1930," *Media, Culture & Society* 18（1996）: 423-445.

② "The San Diego Daily In Its May 4, Sunday Edition, Carried the Following Editorial," *Credit World* 18, No. 10（June 1930）, 7-8.

能将更多的信用拓展到信用水平高的债务人上，这在以前是做不到的。"①
零售商当然早就明白，并非所有的债务人都是平等的。1869年，塞缪
尔·H.特里出版的消费者手册中，列出了8种消费者类别，这些类别几乎
都是信用水平低的。除了常见的如懒惰、奢侈和不道德等低信用水平债务
人外，还包括重病患者、未成年人、不负有法律责任的已婚妇女、没有家
庭牵挂可随时逃走的单身汉、短时居留的陌生人和既无积蓄又无退休财务
安排的55岁以上中年人。②

　　该创作始于（美国）内战之后，对特里来说，他认为那些手中有收成
的农业生产者（信用）风险最低。但是，到了20世纪初，情况却发生了变
化。零售商们把目光投向了日益壮大的上班族、管理者、成年男性及收入
稳定的公务员队伍，这些人喜欢现代化的生活设施和体面的生活方式。到
了20世纪20年代，（信用）风险最低的信贷潜在客户不再是农民，而是拥
有固定信贷历史和良好信用记录的工薪职业男性及其妻子。

　　信用报告的正规化促进了商家用新标准来分类顾客。引进了"正面—
负面"系统之后，不管顾客是信用好，信用坏，还是一般信用，商人们只
能通过采用肯定和否定的极端分析系统对所有顾客进行评级，商人们被迫
在明显的好坏两个信用等级之间进行分析。结果证明用这种评级手段实现
信用评估是件非常困难的事。某位职员承认，"信用评级卡中充满正面评
级，给零售商某种伟大而光荣的感觉，但是对于信贷经理而言，只有那
些'混合卡'能打破他们的平淡心情，甚至对于最快乐的信贷员而言。"③
可是，这种综合型信用评级卡不是例外，而是惯例。介于最高与最低（信

---

① Peter R. Earling, "The General Function and Work of a Credit Department," in *Credits and Collections: The Factors Involved and the Methods Pursued in Credit Operations;* and *A Practical Treatise by Eminent Credit Men*, ed. T. J. Zimmerman, 2nd ed.（Chicago: System Company, 1904）, 1.

② Samuel H. Terry, *The Retailer's Manual: Embodying the Conclusions of Thirty Years' Experience in Merchandising*（Newark, N.J.: Jennings Brothers, 1869）, 161-162.

③ Harris Copenhaver, "The Significance of Credit Ratings," *Credit World* 18, No. 8（April 1930）: 9.

用）风险之间，巨大数量的中等信用风险需要逐步作出评定。这里居住着
"慢吞吞的付款人"和"诚实的欠债人"。逾期或信用低的债务人没有及
时处理赊账是由于他们粗心大意、穷困潦倒或两者兼而有之。对零售商而
言，没有恰当赖账理由的债务人永远是苦恼的源泉，而那些平日里准时上
班但暂时手头拮据、偶尔还账不及时的人会被看成是可指望的长远合作对
象。当然，这种区别对待是非常重要的。正如詹姆斯·G. 坎农（James G.
Cannon）所断言的那样："应该拒绝或回避对实际诚信水平低却假装善良
的债务人授信。"①

　　由于财富不能保证什么，而人品又不能单独分离或成为系统测量的指
标变量，因此信用专家转向其他指标来预测信用度。在数量和规律性上与
收入相关的职业引起了（信用专家）的特别兴趣。1925年，布鲁明戴尔百
货店（Bloomingdale's）的某位高管以（职业的）受欢迎度降序的方式，提
出了如下关于信贷客户的信用等级规则：工薪阶层（有固定收入的）；有
固定工作；季节性职业和职业变动频繁的流动工，如油漆工、木匠等；短
工（从事季节性的、雇主经常更换的非技术性工作）。②

　　虽然富有经验的商人早就对职业和（信用）风险进行了基于印象的、
常识性的区分，但是对于它们之间的关系进行系统性的分析才开始不久。
例如，1929年，（美国）南方某家百货公司按职业对其损失（情况）进行分
类，结果惊奇地发现：通常认为（损失最低）最安全的两类（职业）阶层，
办公室职员和商人，却是（贷款）年度损失占比中最高的。③ 次年，得克
萨斯大学商业研究中心赞助了一项根据职业阶层对信用风险进行详细的分

① James G. Cannon, *Individual Credits: Address Delivered Before the National Association of Credit Men at Kansas City, Missouri* ( New York: J. S. Babcock, 1897 ), 6.

② Joseph B. Auerbach, "The Influence of Installment Selling on Open Credit Business," *Credit World* 14, No. 1 ( September 1925 ): 14.

③ "Do You Know What Class of People Cause Losses?," *Credit World* 18, No. 2 ( October 1929 ): 21.

析研究。报告收集了该州23家百货公司的数据,(分析)结果发现:"企业高管"的平均信贷金额最高,而"铁路员工"却最低,且其偿付周期较平均水平长。这种研究结果并不意外。[1] 尽管作者认为这些调查结果可能有助于确定信用额度,但同时他也告诫说,在孤立情况下,职业是个不可靠的变量。[2]

1931年,伊利诺伊大学(University of Illinois)的商学教授兼市场营销学者保罗·D.康弗斯(Paul D. Converse)牵头进行了两项研究,调查职业与信用评级之间的关系。然而,他并没有基于实际账簿检验数据的相关性,而是测试了信贷经理和征信公司经营者对这种相关性的看法。康弗斯的第一项研究调查了250个征信公司和一些中西部的百货商店。他注意到个人收入的稳定性是决定信用评级的最重要因素,其重要程度甚至超过收入总额,与此同时,调查结果也显示,信贷经理利用职业来推断个人情况。例如,警察和消防员往往有稳定的收入,但却获得刚及格的信用评级,在信贷经理们看来,那是因为"他们觉得公众对他们有义务,所以他们可以想花多少时间就花多少时间来还债。"[3] 同样地,信贷经理也会对从事他们认为不错的行业的个人给予较高的(信用)评价。教师就是这样一种职业,他们的薪水虽然微薄,却是众所周知的(信用评级)高。某位信贷专家在援引教师名录在寻找新客户方面的价值时证实道:"事实证明,教师账户是拓展新客户的最佳方式。"[4] 当提到城市商业目录时他指出,"列出每个人的职业可用于消除不希望招揽的个人。"[5]

许多商人将职业作为信用决策的指南,这在1934年出版的由美国个人

---

[1]  Arthur H. Hert, *An Analysis of Credit Extensions in Twenty Three Texas Department Stores by Occupational Groups*(Austin: University of Texas, 1930), 23.

[2]  Ibid., 41.

[3]  Paul D. Converse, "Occupation and Credit," *Personal Finance News* 17, No. 2(August 1932): 5.

[4]  Dean Ashby, "Credit Sales Promotion and Customer Control," mimeograph(St. Louis: National Retail Credit Association, [1936]), 45.

[5]  Ibid., 47.

征信业协会（ACB of A）主席参与编著的一篇关于"高危风险规避"职业综合清单的文章中有所说明。这份令人难以理解的目录，本质上就是一份临时性的、有点相关性和道德上可疑的职业清单：

演员、杂技演员、游乐园雇员、飞行员、理发师、私酒贩子、木匠、警员、收藏家、承包商、马戏团演员、特许经营者（Concessionaries）、侦探、代理、农场工人、粮食买家、粮仓员工、水果和蔬菜小贩、求医者（Health Seeker）、骑手及其他赛马厂工人、矿工、酒店员工、保险推销员、分期付款商店的外勤人员（Instalment House Outside Men）、工会工作者、贷款公司高层和雇员、俱乐部和社团组织者、海军士兵、音乐家、油漆工和糊裱工、自由职业者、邮局员工、台球厅老板、道路工人、典当行老板、餐厅员工、清洁和熨衣工、汽车方面的和其他小本钱商人、钻探工、电报员、市政员工、拳击手、水手、寄宿家庭管理员、护士（男女）、有色人种的牧师（Colored Ministers）、专业棒球运动员、佣金销售员、铁路护路工兵、钢结构工人、卡车司机、经纪行雇员、出租汽车司机、二手交易商人、女服务员。[①]

10年后，康弗斯教授和美国个人征信业协会合作，采用更大规模的全国性样本重新做了这项关于职业与信用评级关系的研究。研究结果再次证实了稳定收入在风险决定中的首要地位，同时，他还报告了很多轶事性证据来说明职业在道德推断中的作用。康弗斯教授承认："在某些情况下，职业的确反映了员工的品格和责任感。例如教师、售货员、护士、医生和牧师，他们通常都有很强的责任感。而在某些职业的工人中，比如非技术工人、侍者、矿工、理发师、看门人和油漆工。这些职业人群的（责任）

---

① John T. Bartlett and Charles M. Reed, *Methods of Installment Selling and Collection*（New York: Harper, 1934），87-88.

意识似乎处在相对较低的水平"①

　　虽然康弗斯立即补充说，总有例外存在，但是许多信贷经理，尤其是那些有成千上万个账户需要审核的信贷经理，发现这种归纳总结很有用。1930年的一次零售商大会上，出现了这样的问题：是否所有的新信贷账户都应该由当地征信公司进行调查。据某位（大会）参与者表示，职业分类而非使用信用报告（的方式）过去常常在店里用于对（信贷）申请人进行筛选。教师作为某种（职业）级别，可立即得到授信。虽然有些教师的还款速度迟缓，但是他们的信用（级别）都很高，然而，画家和劳工却十有八九会被断然拒绝授信，甚至都不需要给征信公司打电话确认其信用情况。②1928年的某本信用教科书指出，"我们既不应因某人的职业、专业、生意或肤色而剥夺了他（应有的）信用评级，也不应该因此人的这些因素而使他轻而易举地获得贷款资格。"但这类信息不能够被漠视。③

　　另一筛选信贷申请人的机制是地理因素。虽然来自富裕社区的申请人经常会给信贷经理带来麻烦，但是这些申请人还是会得到特别关照。19世纪80年代末，某位干货商人承认："有些店主会留意并登记商品的寄送地址，只要送货簿上出现的地址是某位女士的高级住宅，店主就会主动把该女士的名字登记在信用名单上。"④目标营销是一种原始的方法，这种做法既老旧又常见。然而，同样的行为准则在相反的情况下也起作用。整栋大楼或整条街道的居民会被一些零售商剥夺掉信贷资格。某位芝加哥记者解释道："房屋和人一样，也有不好的信誉。在有十多套公寓的街区里，有些房子在社区里会很受欢迎，而有些则评价很差。虽然房屋的外表和房

---

① P. D. Converse, "The Occupational Credit Pattern," *Opinion and Comment* 38, No. 51（August 12, 1941）: 1.

② *Proceedings of the Controllers' Congress, Eleventh Annual Convention*（New York: National Retail Dry Goods Association, 1930）, 62.

③ Bartlett and Reed, *Retail Credit Practice*, 106.

④ "The Effect of Credit," *Washington Post*, December 23, 1888, 10.

租可能都一样，但是租客的信用却有着明显的不同。很不幸，'买错房'或'租错房'的人很快就会发现，他们难以找到愿意赊账给他们的当地商人。"① 某本信用教科书指出，"资深信贷人员在头脑中应该有份既完整又准确的社区地图，以回忆被列入黑名单的社区和街区。"② 这样，个人深植于不同社会地理环境中并可能会因邻居（真实或想象中的）的集体过错而受到处罚。

在这里有必要指出：零售信用报告的发展主要服务美国白人与欧洲移民社会。这并不是说非裔美国人被排除在所有白人信贷网络之外，而只是强调在早期的对白人的标准性假设。20世纪初，虽然非裔美国人的确有机会办理零售赊购，但是正如历史学家玛莎·奥尔尼（Martha Olney）所指出的那样，实际上通过支付更高的首付，承担更多货物被收回的威胁来办理分期付款的非裔美国人比（美国）白人多得多，③ 非裔美国人在白人信用经济中的参与受限可以从早期的信用评级书中推断出来。正如前文所指出的那样，非裔美国人的名字由种族名称确定，并且在任何一卷信用评级书的记载中，他们名字的数量都不多，从而表明他们的特殊地位。④ 至少在某案例中，非裔美国人信用报告服务曾用于抵消这种忽视。1914年公布的计划就是专为芝加哥的非裔美国人社区发布信用评级指南。某位该计划的

① Cromwell Childe, "Why the Retailer Is Willing to Trust You," *Chicago Tribune*, October 23, 1910, E3. See also Thaddeus S. Dayton, "Trusting John Doe," *Harper's Weekly*（February 20, 1912）, 21.

② Bartlett and Reed, *Retail Credit Practice*, 101.

③ Martha L. Olney "When Your Word Is Not Enough: Race, Collateral, and Household Credit," *Journal of Economic History* 58, No. 2（June 1998）: 408-430. Several early university-affiliated studies document the exclusion of African Americans from credit markets and their substandard credit risk classification. See Arthur H. Hert, "An Analysis of Accounts Charged Off to Profit and Loss by Retail fterchants in Texas," *Credit World* 19, No. 11（July 1931）: 28-31; Paul K. Edwards, *The Southern Urban Negro as a Consumer*（New York: Prentice-Hall, 1932）; and Dwight A. Stewart, *Factors Affecting Credit Ratings of Consumers Located in Franklin County, Ohio*（Columbus, OH: Bureau of Business Research, Ohio State University, 1942）.

④ On the use of "colored" or "col." to identify African Americans in credit bureau files, see C. O. Hanes, *The Retail Credit and Adjustment Bureaus*（Columbia, fto.: C. O. Hanes, 1915）, 23.

支持者在《芝加哥辩护人》(*Chicago Defender*)中解释道，"当出于需要去申请信贷时，由于种族缘故，我们通常得不到信贷经理的信任，而在相应的社区赊账时也被不加考虑地拒绝。为什么呢？那是因为信贷员看不惯他们所住的房子，无法区分他们是诚信的人还是骗子。"[1] 这项非裔美国人信用报告服务似乎没取得什么成果，但却凸显了美国信贷关系的种族隔离问题。[2]

20世纪上半叶，种族偏见不但对白人信贷经理构不成问题，而且还被编纂为标准的操作程序。据1922年纽约市零售信贷员协会准备的某本参考手册上所描述的那样，"黑人、东部印第安人和外国人处于信贷风险层次结构的底部，仅仅略高于人品方面有问题的男性、女性及赌徒。"[3] 另一本几年后出版的参考手册上指出，"黑人、墨西哥人和东印第安人被认为存在次级信用风险。"虽然两位指南手册的作者都坚持认为，就信用而言，肤色并不是决定因素，但是他们并没有否认这种假设的效用。[4] 考虑到人们普遍接受了关于信用度的道德概念，将非白人归类为次级风险的举动承认的不只是经济上的不平等问题。如果将关于非白人的诚实、节俭和职业道德的种族主义假设转化为官僚主义事实，那么（信用）风险等级将兼做（评估）道德等级。某些教学文案使得消费信贷领域中既定的种族偏见合法化了，带有提示的用于记录（信贷）申请人种族身份的办公表格样板中，这样的种族偏见合法化也同样存在。

除了种族因素以外，许多零售商认为国籍作为非本地种族偏见的标识，可作为一种有用的信用指标。例如，20世纪20年代中期，某个分期付款珠宝商对记录本中的3000个（信用）账户进行了分析，随后得出结论：英国、加拿大和德国客户最可靠，甚至高于善良的美国白人，而希腊、

[1] "Plan Local Credit Reference Service," *Chicago Defender*, June 20, 1914, 4.
[2] Ibid.
[3] Walter, *The Retail Charge Account*, 126.
[4] Bartlett and Reed, *Retail Credit Practice*, 106.

俄国和意大利客户是最不值得信赖的,(信用度)甚至低于美国的有色人种。[1]基于民族起源的(信用)推断并不仅只是某位古怪商人热衷谈论的话题。1922年,由美国商会(U.S. Chamber of Commerce)(提供给)征信公司的业务手册中,将国籍列为用于确定个人(信贷)责任(的标准)时要考虑的某种间接依据。[2]据纽约市的零售信贷人员说,在信贷申请中要求客户提供全名的原因就是名字往往可以透露申请人的国籍,这对授信人来说是非常重要的信息。[3]这些信息的准确使用方式对当时的人来说肯定已经是很明显的事,所以这里并没有专门去说明。

正当专业信贷员寻找可靠的衡量标准时,有些人甚至考虑采用智力测试方法。某位《信用世界》撰稿人援引法国心理学家阿尔弗雷德·比奈(Alfred Binet)所施行的智力测试,提醒他的同事去注意这一可能令人震惊的结果。整整三分之一的普通民众属于低信用级别,他们表现为意志薄弱、犹豫不决和反应迟钝。正如作者所解释的那样,"这些反应迟钝的人之所以永远不会被划分到低信贷风险级别,是因为他们几乎缺乏财务管理能力。"[4]这位作者在随后的某篇文章中报道了有关第一次世界大战期间对美国军队所进行的智力测试,探究职业和心理能力之间的关系。不出所料,心理测试证实了专业信贷员在信用评级时存在偏见。医生和工程师被划分在了高信用等级,而劳工、工会工人和商人则在低信用等级。[5]如果

---

[1] "What Nationality Is the most Honest?," *Credit World* 14, No. 9(May 1926):23. On American nativism and racial ideology during the early twentieth century, see Matthew Frye Jacobson, *Barbarian Virtues: The United States Encounters Foreign Peoples at Home and Abroad, 1876-1917*(New York: Hill and Wang, 2000); and John Higham, *Strangers in the Land: Patterns of American Nativism, 1860-1925*(New Brunswick, N.J.: Rutgers University Press, 2008).

[2] *Commercial Organization Credit Bureaus*(Washington, D.C.: Chamber of Commerce of the United States, 1922), 7.

[3] Walter, *The Retail Charge Account*, 19.

[4] H. Paul Kegley, "Psychology for Credit Men—The Matter of Relative Intelligence," *Credit World* 21, No. 3(November 1932):32.

[5] H. Paul Kegley, "Psychology for Credit Men—Occupation as a Measure of Intelligence," *Credit World* 21, No. 4(December 1932):8-9, 28.

智力有任何指导作用，那么这些心理测试就可表明从事低技能和短期工作的客户不大可能成为信用客户。

商人也关注个人的购买方式。关注价格且坚持要求收到全部的肉类和干货这样的货物才付款的顾客被视为低信贷风险级别，即使他们很难缠。另外，浪费和管理不善则会得到鄙视。某位记者解释道，"所以，某位妇女通过打5美分的电话订购了一份5美分的物品，或者她接连打了两个电话，而第二个电话，是关于催货的，比如说'请快点把黄油拿过来'，那么这位妇女就很容易得到商店的差评。"① 另外，支出行为的突变也会引起特别关注。如果某人平时只购买生活必需品的顾客"突然开始购买'华而不实的小摆设'"，那么大致可以判断出他已陷入一场愚蠢的求爱之旅，或开始滥用自己的信用特权。总体而言，早期对信贷客户进行分类和监视其支出是带有惩罚性的，因为这样做的主要目的是识别和排除最严重的（信用）风险。然而，20世纪20年代期间，零售商在寻求扩大和加强销售时，信贷经理开始转向顾客行为，这样做的目的不但是为了（信用）预警信号，而且也是为了寻找销售机会。

### 顾客控制

19世纪大型零售商都很清楚的事实是，赊购顾客在店内花的钱要比付现金顾客多。现金顾客曾一度被公认对商家忠诚度不高，这次选择了这家店，下次有可能就会换到另外一家店去消费。尽管部分商家继续抵制信贷（交易），并乌托邦式地幻想着纯现金交易，有的商家还是逐渐接受了这种包含债权人与债务人关系的紧密型信贷交易关系。接受信贷交易的商家把赊账看作是一种使自己逐渐获得顾客信任的手段。如果这种手段得以巧妙地处理，即使不是真正意义上的忠诚，至少也能增进顾客对商店的好感和

① Cromwell Childe, "Why the Retailer Is Willing to Trust You," *Chicago Tribune*, October 23, 1910, E3.

（形式上的）忠诚。1889年一名远道而来的记者在采访某家纽约零售商时，不仅震惊于店主为满足善变的信贷顾客所做的努力，还震惊于他们为了扩充顾客数量而体现出的看似受虐的欲望。考虑到持质疑态度的这位记者可能无法理解这种独特行为的意义，零售商透露出他的赊账动机：

> 仁慈！这你就外行了吧！我们店内有位女士的赊账从刚开始的百分之五十一直增长到百分之五百，这远比现金交易时花得多。闲来无事，她在本店不仅签单赊购想要的每件商品，还会买不怎么想要甚至负担不起的东西。你不必为此发笑，其实男人也会有这样的消费行为。我们也乐意让男人像女人一样在这儿赊账消费。①

为此类零售商和分期付款机构工作的信贷经理和他们参与组建的征信业协会，最初起到的是（信用）安全审查功能（的作用），这包括询问（信贷）申请人相关信息，并在这些信息数据中搜寻欺诈证据。正如早期的专业信贷员所不断抱怨的那样，他们的雇主相当不满地认为他们是必要的"邪恶"，专业信贷员既昂贵又没效益，仅可当作是一种预防性的检查。②

为了获得雇主的良好评价，信贷经理开始宣称他们在信贷业务构建中所作的贡献。第一次世界大战后信贷经理被固化的这种全新身份，反映了他们的服务意识在增长，并宣传自己在新客户关系建立中的优势。1920—1921年经济的急剧下滑，作为另外的刺激因素助长了这一观念。面对收缩的利润，信贷经理被敦促以销售的思路来服务，并采取建设性的信贷政策，将顾客服务放在首位。③ 由于日常业务往来时常会涉及微妙的顾客个

---

① "The Ways of Women," *Observer-Journal*（Dunkirk, N.Y.），January 7, 1889, [1].

② See, for example, "To the Retail Merchant and Store Owner," *Credit World* 8, No. 7（March 1920）: 5.

③ Fred E. Kunkle, "The Buyer's Strike and the Credit Manager," *Credit World* 9, No. 10（June 1921）: 21; and L. M. Crosthwaithe, "Constructive Credit Granting," *Credit World* 9, No. 5（January 1921）: 10-11.

人问题，信贷经理作为特殊身份的人，能和顾客培养出感激之情和忠诚之心。尽管这种亲密关系也是波林禁令（Pauline Injunction）"不欠任何人任何东西"的训诫的核心，债务毕竟还是会使债务人处于妥协和弱势地位，然而，信贷经理却试图把这种恶习变成美德。美国个人征信业协会的某位成员宣称："信贷部门就是顾客与商店之间的纽带。"①

作为具有销售技巧的代理人，信贷经理的首要职责就是招揽新客户。刊登报纸广告和群发邮件是很普遍的做法，但更明智的做法是只针对最有潜力的人进行直接邮件营销。信贷经理不遗余力地去收集潜在客户名单。他们搜索城市名录和电话簿（两者都可以用来搜索理想社区的个人信息）、出生和婚姻登记单、税单、建筑许可证、汽车登记、狩猎许可证，及银行和大学名录。当地报纸也作为一种低投入、便捷获取商机信息的来源。报纸上可看到实时新闻，例如：琼斯小姐要去欧洲了；约翰·史密斯被选为证券公司的领导（head Elks）；伊芙琳·布兰克小姐从瓦萨尔回来了。②有关订婚、婚礼、出生公告、房地产交易以及有关社区知名成员的社会活动、政治倾向、商业计划或教会活动的新闻，都被用作寻找新商机的来源。没有任何一种出版物会显得微不足道或过分圣洁。为了寻求新业务，信贷经理甚至仔细研究了国会记录。

在众多信息来源中，尤为受重视的就是信用评级簿。20世纪20年代，个人征信机构对电话的广泛使用降低了（信用）评级簿（口头传达的信用咨询及其报告）的受欢迎程度，即便如此，商人们仍然热衷于挖掘评级簿中潜在的顾客信息。信贷经理对评级簿上信用良好的个人进行了名单编制，然后，正如20世纪70年代充斥着信用卡市场的"预先批准"的信贷优惠一样，信贷经理给名单上的每个人都发了封直呼其名的私信，并表明

---

① David J. Woodlock, "A Dual Responsibility," *Credit World* 14, No. 10（June 1926）: 3.

② Daniel J. Hannefin, "Building Prospect Lists—A Continuous Process," *Credit World* 17, No. 6（February 1929）: 12.

本店已用他或她的名字开了赊账账户。华盛顿特区的某位零售商解释道："由零售商业机构发行的（信用）评级簿，（如有）则特别有价值，因为期望的客户类别名单或许已经区分好了。"① 19世纪50年代末，商人们终于意识到信用评级簿对销售业务所起到的潜在作用。事实上，这种滥用评级簿的行为已成为邓白氏等领先企业征信公司反对出版此类书籍的理由之一。

信用信息经过了从防范工具到促销工具的转变过程，这个过程标志着美国信贷商业实践历史上的重大发展。机警的零售商总是翻看现有顾客名单，寻找有用信息。1889年某位未披露姓名的商人发现，"商人都倾向于通盘看待顾客，然而较好的做法应是以客户单元来看待，每个单元都是小小的影响中心，它可以帮助实现潜在业务，也可以毁掉潜在业务。"他建议商家使用中等大小的空白本子来记录每位顾客的姓名、地址、来访次数、消费金额、折扣情况及个人特点等。② 早期为记录这样的交易数据既费力又需要钢铁般意志的努力来维持。同时，这些数据的潜在价值也激发了持续努力。例如，在费城沃纳梅克（Wanamaker's）工作的信贷经理每隔一段时间就会参考信贷账目来跟踪店内信贷客户的活动。这个（跟踪）计划实施于1902年，其目的是用于识别已流失的信用客户，以及通过个性化服务，吸引回头客购买，挽救即将错过的生意。③ 20世纪20年代初，某位信贷业务顾问敦促信贷经理通过分析店内顾客的购买习惯和设计有针对性的促销活动使"账本说话"（Ledger talk）。④

大量的信贷政策，加上热情的客户服务、精心制定的授权、账单管理和收款程序等，让维护的投入非常昂贵。虽然如此，但正如该顾问所预期

---

① Mark Lansburgh, "Promoting New Business," *Credit World* 16, No. 1（September 1927）: 9.
② "Watching the Individual Customer," *Business: The Office Paper* 19, No. 8（August 1899）: 488-489.
③ Unsigned memo to Rodman Wanamaker, February 26, 1902, scrapbook, folder 2, John Wanamaker Collection, Historical Society of Pennsylvania, Philadelphia.
④ Kunkle, "The Buyer's Strike and the Credit Manager," 22.

的和信贷经理随后所发现的那样,"大规模信贷所必需的系统记录保存,本身就是一种奖赏。"信贷客户不仅比现金客户花得多,在信贷过程中他们还产生了大量有价值的信息。不像用现金来办理业务的客户,全程都匿名,而办理信贷的客户,他们需提交全部个人(信息)、财务历史(信息),以换取信贷经理的信任。20世纪20年代初开发的新簿记设备也使信贷经理能够更具体地跟踪客户个人的财务状况。例如,艾略特—费雪公司的簿记机器使了解全部细节的资深信贷经理用详细的日报告逐条列出店内所有信贷交易成为可能。据有关该系统的某则广告所言,"使用该系统不仅可以知道交易达成的时间,还可知道所购物品的性质、支付方式等,并且所有这些都不需要额外附加的工作。"[1] 1926年,底特律的某位销售主管指出:"我认为百货公司内没有哪个部门能像信贷部一样拥有如此多有价值的信息记录。有时候要获得想要的信息很难,但只要获得了这些信息,并对这些信息数据进行分析,就会有所启发。"[2] 1929年的经济大萧条之后,提取此类信息的任务显得更加紧迫。

20世纪30年代初,大部分信贷经理开始返回到之前所积累的(信用)资料簿中对已有客户的消费行为进行研究。这种新型系统分析实践方法称为"顾客控制"。[3] 顾客控制的基本前提是店内的老主顾是最有价值的顾客。以往,信贷促销的重点是吸引新客户,然而此时,大部分商家已逐渐意识到争取新客户远比简单地召回已有老客户要困难和昂贵得多。内曼—马库斯的信贷经理评论道,"向店内已有信贷客户群发邮件的行为价值无法估量,因为这种做法代表了直接广告最优渥的渠道。"[4] 因此,信贷经理

---

[1]　Advertisement for Elliott-Fisher, *Credit World* 8, No. 12(August 1920): 5.

[2]　J. G. Pattee, "The Value of Retail Credit as Viewed by a Retail Merchant," *Credit World* 14, No. 7 (March 1926): 6.

[3]　For an early overview of customer control that details the mechanics of various systems, see Orville Wendell O'Neal, "A Study of Customer Control from the Standpoint of Sales Promotion"(M.B.A. thesis, University of Texas, Austin, 1933).

[4]　Robert Ross, "Why a Charge Account?," *Credit World* 15, No. 11(July 1927): 28.

搜索了店内所有客户的文件，寻找不活跃账户，并向这些客户发信，敦促他们重返商店消费。某些情况下，某种特别的促销活动被用作通信的借口，其中更常见的是零售商称收件人为有价值的但又常常缺少关注的客户。旧金山的某家男装店给其不太活跃的顾客写了如下这封信，信中同时呼吁了美国人信用的道德区分和社会阶层划分：

> 并不是所有人名字都能登上社交名人录。无论社会地位是高还是低，所有与我们有信贷交易的客户都将在商家留下记录。商家对顾客的信任是业务的命脉。你们这些值得信赖的人已经为自己建立了信誉，这比单纯的社交名人录更有价值和意义。我们能很快再见到您吗？[①]

此类信件非常有效。例如，1929年明尼阿波利斯市的某家商店在4个月的时间里，仅通过向不活跃的顾客寄信就赚得了1万美元，这是一笔可观的收入，比寄信的成本高出38%。[②]

芝加哥服装公司卡珀卡珀（Capper and Capper）是最早证明顾客控制有效性的公司之一。1929年，该商店修改了地址簿并用于对现有信贷客户的购买习惯进行分类。印刷卡片附于每位客户的铭牌上，位于框架可移动标签的位置，用于指示客户所购买的或是否在之前的季节里所购买的相关商品，如西装、外套、帽子、男士的装饰及体育服装等。附加的彩色标签显示了顾客的居住地址是否在商店的货物配送范围内，是否购买了昂贵的物品，是否在商店的七个分店中的某个商店购物，或是否在促销期间购买等。女顾客按婚姻状况和她们购物的部门种类进行分开分类。[③]由于妇

---

① Bartlett and Reed, *Credit Department Salesmanship and Collection Psychology*, 245.

② Robert B. Gile, "Developing the Retail Store's Best Market," *Credit World* 18, No. 4（December 1929）: 5.

③ *Getting More Business from Store Customers: A Study of Retail Customer Control Plans*, Report No. 1037（Chicago: Dartnell Corporation, [1932]）, 5-6. See also Bartlett and Reed, *Credit Department Salesmanship and Collection Psychology*, 224-227.

女经常为整个家庭购物，因此只在男装部买东西的模式表明她也可能会被说服来女装部为自己买东西。相反，如果只是为自己购买，她也可能会被说服去男装部为丈夫购买。卡珀卡珀商店使用该系统向不同级别的客户发送个性化信件，并且在第一年的使用中，使3500个不活跃的账户恢复了活力，并使在该商店多个部门购物的客户数量增加了一倍多。①

由于经济大萧条削弱了消费者的购买力，零售商将顾客控制作为一种从久经考验、值得信赖的客户那里榨取更多销售额的方式。正如1931年布鲁明戴尔百货店的某位高管所言，"信贷经理的业务变成了促销工作，而非风险防范。"② 1932年，商业出版商达特尼尔（Dartnell）对415家零售商进行了调查，结果发现绝大多数的零售商要么已经实施了顾客控制系统，要么正在制订这样做的计划。③ 根据这份调研报告，提供赊销服务的商店处于这一活动的最前沿。20世纪30年代，各种各样的客户控制系统被投入使用。有些是人工的，比如可见索引或活页系统。

系统中的每个客户的销售活动都用个人卡片或表格的小格子里的勾选标记进行编码。每个盒子代表着不同的领域，通常是商店的某个部门、某个月或某个季节。当邮寄活动计划启动时，职员便开始检查编码卡片或表格，并编制满足所选标准的客户名单。该系统允许零售商跟踪单个商店顾客的购买模式，包括每个顾客的季节性支出、销售总额和购买类别。然而，其他系统都是机械的。除卡珀卡珀和其他商家所使用的地址簿系统外，还开发了复杂的穿孔卡片系统。穿孔卡片不仅允许有更详细、更精细的分类方案，其检索过程通常也比手工系统更快、更准确，因为穿孔直接从商店的分类账簿中传递销售和客户信息（见图5.2）。某类这种系统的制造商西莱克垂克（Selectric）声称，"一位普通办公室女职员可以为20000

---

① *Getting More Business from Store Customers*, 5.

② "Hails White-Collar Buyer," *New York Times*, May 20, 1931, 49.

③ *Getting More Business from Store Customers*, [2].

名客户保存卡片，并在数小时内
生成完整的客户名单。"①

虽然顾客控制最初是作为一
种恢复闲置账户的手段，但是其
更广的应用范围是显而易见的。
在追踪顾客购买方式时，零售商
惊奇地发现大多数顾客集中在商
店中的一两个部门进行采购，
而完全忽略了（该商店）的其他
部门。鉴于此，顾客控制就变成
了如何让客户多花钱、多购物的
问题。丹佛的科特雷尔服装公司
（Cottrell Clothing Company）的信
贷经理指出，"理想的系统是让每
位有信用账户的顾客在商店的所
有主要部门进行交易，顾客控制

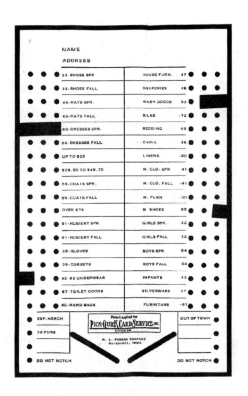

图5.2   用于顾客控制的穿孔卡

（资料来源：1932年达特内尔公司的特别
报告）

系统是记录顾客购买习惯的绝佳工具。"② 顾客控制使零售商识别出个人顾
客忽略的部门，并设计出个性化的信件以鼓励这些客户光临（被其）"忘
却"的部门。这样，经常在商店购买袜子但从未买过鞋的顾客可能会收到
促销材料，（这些促销信息）引导他们去到卖鞋的部门。

有一次，芝加哥一家不知名的百货公司给在成衣部采购过但从未买过
外套的有信用账户的顾客发了促销信："虽然您从没有在我们店里购买过
大衣，但我们想推荐给您'沙格穆尔'（Shag-moor）大衣。这些大衣是春

---

① Robert B. Gile, "Developing the Retail Store's Best Market," *Credit World* 18, No. 5（January 1930）: 14.

② Glass, "Sales Promotion Thru the Credit Department," 9.

季穿着的理想选择，它们防尘、防雨、防皱，特别适合骑摩托。"信件发出后，16000多名清单顾客中的300名顾客选择了首次购买大衣，销售额超过了2.1万美元。[1] 顾客控制系统收集的信息被用来产生越来越个性化的销售宣传。科特雷尔服装公司的促销信如此撰写，并补充道，"根据我店记录，您在我们的服装部门多次购买却还没有光顾过我们的配套衣品部门，我们现在正出售一批新的斯泰森（Stetson）毡帽，并确信这顶帽子和之前您从我店购买的套装很搭配。"[2] 通过鼓励活跃顾客在商店的所有部门购买，店家希望从竞争同一顾客的对手那里赚钱。

同样地，顾客控制系统允许零售商将促销邮件直接发送给持有信用账户的主要持有者，从而更深入地影响顾客的整个家庭。如前所述，许多妇女负责家庭的大部分采购，包括为自己以及子女和配偶购买商品。然而，直邮活动通常致函账户持有人，即女性的丈夫。这样就错失了两方面的机会：收件人并非积极买家，而账户的实际用户则完全被忽略了。通过顾客控制，按性别和婚姻状况对每个账户进行分类，可以设计出能够触达丈夫和妻子的促销活动，也可以通过吸引母亲来购买，触达家庭里的孩子。[3]

随着顾客控制变得越来越复杂，零售商试图进一步通过定价、品位和平均支出区分他们的信贷客户。有钱购买贵重物品的顾客需另行识别和标记。一份零售行业刊物指出："显然，如果对某顾客的信用记录进行分析后发现，她之前购买的大衣最高价格平均为50美元，那么诱导她购买一件价值3000美元的貂皮大衣就没什么用了。"这证明了顾客控制的效用。[4]在试图提高毛皮大衣的销售量的同时，一家商店展示了收入细分的作用。

---

[1] *Getting More Business from Store Customers*, 12.

[2] Glass, "Sales Promotion Thru the Credit Department," 27.

[3] See Gile, "Developing the Retail Store's Best Market"（January 1930），5-6; and Dean Ashby, "More Business from Present Customers," *Credit World* 23, No. 10（July 1935）: 30.

[4] "Credit Sales Promotion," *Bulletin of the National Retail Dry Goods Association* 19, No. 6（June 1937）: 99.

在这家店的4万名信用账户顾客中，有1万名女性顾客从未买过外套但有购买能力，某日她们收到了高端的私人销售活动邀请。这次活动产生了2.5万美元的销售额，取得了巨大的成功。① 此外，（注重）价格的购买者（等待促销的人）和（注重）质量的购买者被分别归类，让零售商为爱讨价还价的人和全价购买的顾客量身定做不同的促销活动。此外，顾客控制还使商家能够专门吸引高收入顾客，这样就不会使他们感到自己"与工人、职员、妇女和孩子混为一谈"。② 同时，调查人员还对低收入人群进行了跟踪调查，以了解他们在促销活动中的表现。例如，最近完成了分期付款购买计划的顾客被认为是很有价值的。爱荷华州达文波特一家百货公司的信贷经理注意到，"这类人，敬畏他们所承担的信用义务，并且将成为最理想的赊购顾客。"③

顾客控制试图通过机械手段，恢复在大众零售发展过程中失去的个体差异。一旦邻家店主认识了所有顾客，并能提出符合个人品位的建议，该现代百货商店就成了一台日销千笔的机器，每天处理数千笔交易。一位支持顾客控制的人评论道，"（起初），个人顾客消失在挤满了人的商店中。几乎没人尝试过去分析这类人群，既不会将人群划分到个人顾客维度（进行分析），也无法确切地知道利润是否与人数成正比。（但现在）这一时刻即将到来。"④ 顾客控制通过直接吸引个人顾客的特殊兴趣和习惯，提供了使大众零售变得个性化的方法。一位顾客控制倡导者断言，"信贷部门中'了解你的客户'的工作从来没有显得这么必要，充分了解并通过客户账户向信贷部门提供的联系方式来促进新业务很有必要。"⑤

---

① George D. Adams, "New Methods of Account Promotion," *Credit World* 17, No. 7（March 1929）: 16.

② Gile, "Developing the Retail Store's Best Market"（January 1930）, 6-7.

③ Ashby, "Credit Sales Promotion and Customer Control," 19.

④ Robert B. Gile, "Customer Control," *Retail Ledger*（July 1930）, 8.

⑤ Ashby, "Credit Sales Promotion and Customer Control," 32.

　　在顾客控制发展的背后是更深刻的认识：并非所有的客户都同样有价值。1930年，西莱克垂克系统的制造商罗伯特·B. 盖尔（Robert B. Gile）在全国范围内对100多家百货商店、专卖店和男装店进行了调查，结果惊人地发现普通商店里40%的顾客购买了77%的商品。[①] 几年后的另一项研究表明，16%的顾客付费购买了商店里49%的商品。[②] 这些发现不仅强调了取悦现有客户的重要性，而且还表明，根本不值得花成本去维护整个购买群体。事实上，根据盖尔的说法，一家商店的顾客中有整整60%的人几乎没有盈利。盖尔和他的同代人凭直觉所做的这一推测，后来被称为"帕累托原则"（Pareto Principle）"或"80/20法则"（The 80/20 Rule），这一著名的法则十年后由管理学顾问约瑟夫·M. 朱兰（Joseph M. Juran）编纂而成。在零售业中，朱兰的"重要的少数和琐碎的大多数"概念意味着20%的顾客创造了80%的销售额。根据这一逻辑，零售商明智地将其促销努力导向规模小而有利可图的固定客户，而不是"无足轻重的大众"。盖尔援引《尘暴区》（Dust Bowl）一书中的比喻，声称在无用的土地上浪费如此多的精力，类似于"旱作农业"。[③]

　　顾客控制促成了与信用评级有着更广泛联系的市场歧视，最有价值的信贷客户，终究是那些显示其偿还能力和意愿的人。某案例中，一家服装公司试图通过直接根据客户的信用状况恢复一份约有2000名不活跃客户的名单。促销信解释说，"您的信用风险良好，只是意味着我们可以自豪地指出，您的购买记录赋予了您极好的信用评级。"[④] 顾名思义，无论出于什么原因，有问题的账户或较低信用评级的个人，会被排除在外。顾客控制的排斥性效应可以通过芝加哥的一家男装店来说明，这家店的促销活动只针对"付费最高的顾客"，约占其两万名顾客总数的三分之一，并且所有

① Gile, "Customer Control," 8.

② Ashby, "More Business from Present Customers," 10.

③ Gile, "Customer Control," 8.

④ Bartlett and Reed, *Credit Department Salesmanship and Collection Psychology*, 248.

被视为（存在）"不良信用风险"的顾客都被排除了。[1]

准确地说，顾客控制是在信贷部门而不是在销售或广告部门发展起来的，因为正是在这个部门，每位客户的金融活力才被了解，并因客户的金融活力作出推断。在这样的系统中，个人的信用历史和购买历史一起出现，并互相印证。正如1933年一篇商业论文的作者所解释的那样："信用评级、信用额度、逾期金额、分期还款的日期和金额，与调整货和退货有关的习惯，以及类似的信息提高了顾客控制记录作为销售工具的价值"。[2]随着信用的特权被普遍性稀释，顾客控制引入了一种新的、强化的目标营销和客户关系管理形式，这种形式通过让利少数人来培养忠诚的纽带。

然而，顾客控制是复杂的，需要一定程度的组织和投资，这远远超出了大多数零售商的能力。一位圣路易斯的直销邮件专家认为，"毫无疑问，挺好的一件事是每月给10万客户中的大部分发邮件，并且说'史密斯夫人，六个星期前您从我店买了6双八号半的丝袜，我们相信这令您完全满意。我们将有特卖的两种一流袜子产品到货，希望下周会多出售一些给您。'"[3]到20世纪30年代末，顾客控制被吹捧为强有力的营销工具。"一些稳定发展的商店开发新技术，该技术使顾客实际上成为试验品，并受现代化的打孔机所允许的最精细烦琐的顾客数据分类的制约。"[4]

虽然信贷部门越来越多地参与销售工作，但征信公司却没有。信贷部门向地方征信公司提供了机密的客户信息，但征信公司本身仍保持不偏不倚的编辑和数据存储的功能。正如一位记者所说，"这就像拍X光照片，征信公司拍片，提供赊销服务的商店经理（进行）诊断。"[5]早期的征信公司与独立商店的促销策略无关。他们主要关心的是保持当地用户的支持和积

---

[1] *Getting More Business from Store Customers*, 21.

[2] O'Neal, "A Study of Customer Control from the Standpoint of Sales Promotion," 82.

[3] Hart Vance, "Catering to Human Feeling," *Credit World* 19, No. 4（December 1930）: 33.

[4] "Credit Sales Promotion," 98.

[5] Katherine G. Cohen, "Needed: More Credit Bureaus," *Independent Woman* 13（July 1934）: 224.

极参与，并提高征信公司管理的效率（从而降低成本）。直到20世纪末，电子化的征信公司才开始将个人信息数据库作为有营销价值的商品出售。

当大众社会的概念闪现在20世纪早期的政治家和文化评论家的脑海中时，信贷经理已经开始解析它。在大众消费和大众广告的时代，顾客控制遥遥领先。目标营销力量始于半个世纪前对当地零售买家的剖析，这种力量在20世纪后期打破了美国大众市场。具有讽刺意味的是，市场细分的种子已经播下，为的是产生稳定、可预测的美国大众市场，即不断变化的实体，对这个实体的仔细考察突出了其各个组成部分之间的差异，而非共性。因此，在20世纪前25年间，美国大众消费的民主化包含了一种现在为人们所熟悉的逆部落化运动，即消费者被分为不同的收入、人口和生活方式群体。在20世纪20年代和20世纪30年代，信贷经理不仅展示了如何利用个人和财务信息来识别和区别个人，而且还将这种分类方案嵌入到信用状况和金融身份的道德秩序中。

# 第六章

# "文件管理员的天堂"

本章描述个人征信局的文件系统自动化和信用报告的标准化，以及数据经济的出现。征信系统的大规模发展催生了文件系统处理的自动化方式的出现。个人信用报告的标准方式最初分为简版报告和详版报告。20世纪40年代，美国个人征信业协会发布了一系列"Factbilt"标准表格，这也是当代个人信用报告标准的前身。

初期的个人信用报告并不标准化，例如零售信用公司发布的品格信用报告，是基于直接调查而非前述基于分类账的方式。仅包含负面信息的负面报告直到20世纪60年代仍然是信用卡和银行授信系统发展的关键因素。

个人征信公司也在开拓数据增值的业务，发现重新打包数据之后，可以向雇主、保险公司、汽车经销商、政府贷款计划和房东出售专门的报告。

从一开始，征信组织就有足够的动力来保护信息，因为需要防止数据被对手盗用，还希望通过限制访问来避免诉讼。同时通信特权原则对于个人征信公司也是适用的。

### 战后征信处于自动化的前夜

1953年《生活》（*life*）杂志一篇专题报道调侃读者道："您已经听说过'信用等级'一词，但您并不认为自己会拥有一个信用等级。您可能觉得自己的财务状况过于琐碎而不会产生一个信用评级。"该专题报道了个人征信公司的内部运作情况，发表在刚好许多美国人积累假日债务的12月下旬。当数以百万计的美国人利用充足的信贷来购买房屋和汽车，开发装点战后漂亮郊区时，他们正被庞大的监视网络笼罩。当时美国个人征信业协会有1700家成员，这位《生活》杂志撰稿人将美国个人征信业协会1700家成员与"联邦调查局的分支机构"进行比较并打趣说，这种全国性的监视制度会让"苏联秘密警察头子抓狂和羡慕"。[1] 该作者还补充道，不仅大多数公民在地方征信公司有档案，而且这些档案中包含"个人隐私信息"。为了说明这一点，报道摘录了一位五十岁的克利夫兰人的信用报告。报告原件据说有单行距两页纸的长度，记录了该人在他三十多岁时参与酒吧斗殴（案件被法庭撤销），并且说他二十多岁时"由于饮酒过量，参加赌博和奢侈的聚会"损害了自己的财务和行业声誉。

尽管美国公民在20世纪50年代仍然对征信公司职能和规模处于不了解的状态，而且这种情况也困扰着信贷专业人员，但征信公司的重要性对于商业机构是显而易见的，包括正在大力推广信用卡的银行和石油公司。《商业周刊》报道了征信公司正在美国经济中扮演"更重要的角色"，规模令人印象深刻。1958年，美国最大的大纽约征信公司（Credit Bureau of Greater New York）拥有包括"该市大部分大型零售机构"的1500名会员以及数百名员工。员工们用该局的650万份个人信用档案来回应每天7000～8000笔的查询。[2] 据《商

---

[1] Robert Wallace, "Please Remit," *Life*, December 21, 1953, 42-43.

[2] "Credit Bureaus Get Bigger Role," *Business Week*, March 8, 1958, 52, 54. See also A. B. Buckeridge, "Credit Information Is Important Again," *Journal of Retailing* 23, No. 3（October 1947）: 99-102.

业周刊》的观察，征信公司确实是战后"文件管理员的天堂"。征信公司被誉为现代信用记录保存管理的奇迹，堪比冷战时期的情报机构。就像《生活》杂志暗示的那样，征信公司已经悄然成为20世纪美国经济中不可或缺的机构。

这个纸质文件的天堂需要上班族来整理并处理数百万张卡片、单据、文件和剪报。除了增加了便携式缩微胶卷机（用于复制商人账本和法院记录）、答录机（使征信公司有24小时的服务）和新的影印设备（用于复制邮寄或同时内部使用的报告），战后的征信技术仍然与20世纪20年代及更早时期的技术非常相似（见图6.1）。1959年的政府指南列出了包括打字机、复印机、书桌、椅子、钢制文件柜和"先进的电话系统"等进入这个行业所必需的设备。[1] 任何情况下，信用查询都需要局里的职员亲查个人文件，并以口头或书面形式向等待的查询者传递。一位作家在访问了大纽约征信公司后回忆说："就像盘旋的蜜蜂汲取和食用花粉一样，征信公司职员会扎入文件堆中，拔出适当的卡片，然后通过附近的电话读信息。职员们采集的花粉实际上是那些计划赊账购买诸如鞋子、洗衣机或结婚礼服之类物品的个人隐私历史。"[2] 引入像雷明顿·兰德（Remington Rand）公司的卡德·维耶（Kard Veyer）传送带系统后，职员们对问询的回答更加迅速。但这些系统并没有改变征信公司的工作基本上

图6.1 大纽约征信公司

（资料来源：《信用世界》，1952年6月）

---

[1] Harold A. Wallace, *Starting and Managing a Small Credit Bureau and Collection Service* (Washington, D.C.: Small Business Administration, 1959), 35.

[2] Hillel Black, *Buy Now, Pay Later* (New York: William Morrow, 1961), 41-42.

是纸质卡片驱动的事实。①

所有这些都在20世纪60年代中期发生了变化，征信行业开始将其纸张天堂转换为计算机数据库。信用报告的自动化并非简单直接，而是历经数十年且极为复杂的过程。尽管如此，计算机化仍是个人信用监视历史上的一次重大突破，其影响远不止速度，还影响了信用度的类别和道德化描述。为了解计算机化的总体影响，进而了解20世纪后期金融身份的转变，必须先详细介绍20世纪中期个人信用报告的内容和发行情况。这些标准化报告以及它们所汇编的个人信息档案通常包含各种非财务信息。在判断信用度时，个人的生活和家庭安排、健康、就业、法律事务和犯罪等详细信息都被认为和还债记录、收入以及财产一样是必不可少的。这些信息是从商户账簿、法院记录到剪报和调查采访等各种各样的来源获得。随着征信公司大量的纸质文件和受限的叙事报告被转换为机器可读的代码，信用信息变得越来越简化和定量。换言之，计算机化将财务身份转换为一种全新的技术事实（Technology Fact）。

研究20世纪中期的征信对于掌握征信公司在现代征信发展中所发挥的广泛作用至关重要。正如行业内专业人士很快了解到的那样，征信公司丰富的个人数据集合使他们处于独特的信息经纪人位置。他们的记录不仅对债权人有价值，而且对风险管理和社会控制感兴趣的众多商业和政府组织也很有价值。为了利用这些机会盈利，许多征信公司将信息重新打包并转售给保险公司、雇主、房东和执法部门等第三方。这些第三方所做的调查均与信用度并无直接关系。更有甚者，在20世纪60年代，一些征信公司偏离

---

① Sam Rees, "Microfilming Reduces Personnel Costs 15 Percent," *Credit World* 48, No. 3（December 1957）: 11-12; "A Business Getter and Time Saver in the Space Age," *Credit World* 50, No. 11（August 1962）: 21; Elmer L. Kestle, "Electronic Servants Aid Credit Bureau Reporting," *Credit World* 56, No. 4（January 1968）: 18-19; "Copying Credit Card Reports Speeds Bureau Service," *Credit World* 55, No. 6（March 1967）: 19-20; and J. J. Boxberber, "Mechanized Files for Credit Bureaus," *Credit World* 48, No. 4（January 1960）: 8-9.

了作为中立的当地账务数据汇编者的角色，开始涉足包括预筛选项目和销售客户名单的新促销服务。战后，作为个人数据的提供者，在编纂并完成自动检索金融身份识别同时，征信公司也成为新兴信息经济的主要参与者。

### 内容和形式：个人信用报告，1930—1970 年

与《生活》杂志专题报告所述相反，战后征信公司的主要业务不是信用评级，而是信用报告。尽管许多早期的个人征信组织起初都发布了评级书，但在20世纪初，大多数征信机构又都放弃了这些评级书。取而代之的是使用电话向订户提供更及时和实惠的口头报告（确实也存在例外，特别是达拉斯的奇尔顿的红皮书和明尼阿波利斯的黄皮书，这两本书一直出版到20世纪60年代）。[①]

必须强调的是，消费者的财务身份并非主要以个人信用等级或分数的形式传播，而是以报告形式由征信公司以口头和书面形式向订户传达。此类报告基于多种来源，包括本地分类账数据、法院记录、报纸剪报以及征信公司调查人员撰写的叙述性摘要。正是由于这些包括个人、财务和法律的混杂文字内容才有了消费者金融身份的原材料。

到了20世纪初，简版报告（Trade Clearances，译者注：该报告包含基于放贷者和征信公司共享的客户账户（结算）信息，往往仅包含基本的账户概要信息，例如账户余额、是否有未偿还情况等）和详版报告（Antecedent Report，译者注：该报告包含除了顾客的账户结算信息，还有关于顾客的详细调查信息）成为信用报告的两种基本主导类型。简版报告

---

① The rarity of credit rating is noted by Rule, *Private Lives and Public Surveillance*, 197. For exceptions, see C. A. Wildes, "Home of the Yellow Book," *Credit World* 42, No. 12（September 1954）: 3; and Simon, *Pioneers of Excellence*, 144. For additional discussion of rating guides, see *Credit Bureau Fundamentals: A Manual of Credit Bureau Proce dures*（St. Louis: Associated Credit Bureaus of America, 1951）, sec. 9, pp. 21-25; and "Question: Every Credit Bureau Should Have a Credit Guide," *Management Monthly* 3, No. 4（April 1955）: 6-7, 24.

是最便宜及时的报告。简版报告有时称为"局内（in-file）"结算报告（译者注：这些报告基于征信公司内部已有的文件，不需要重新调查，就可以做出快速的信贷决定），是根据征信公司档案中的现有信息得出的个人信用状况的摘要图表。大多数情况下，这些报告中的信息是在订户呼叫时（通常是在客户等待时）由电话接线员口头传达的。一些较大的公司（百货商店、银行和金融公司）则直接通过电传签名机或电传打字机获得了概要信息。[①] 简版报告只包括基本的识别信息（姓名、配偶的姓名和当前地址）以及以未结清的信用分类账数据，分类账数据包括最大余额和还款历史。订户还可以额外付费购买更新的交易清算。更新工作需要征信公司工作人员与该报告对象的债权人联系，以获取最新的分类账数据。某些情况下，还需要确认报告对象的工作、居住或信用旁证（Reference）。

相比之下，详版报告则是对个人的财务和工作经历的全面描述。除交易清算中包含的信息外，详版报告通常会记录对象的年龄、种族、婚姻状况、抚养人数、现任和前任雇主、所担任的职位、工资和其他收入来源、银行账户信息、自有住房还是租住，以及涉及该主体的任何破产或法律诉讼记录。通常详版报告还包括"备注"部分，备注中以简洁的叙述方式提供了对该主体的家庭生活、性格、声誉、工作或收入的补充评论。由于准备这些较长的调查报告需要付出更多的努力，因此比简版报告昂贵。

尽管从事类似业务，但是在第二次世界大战之前，各征信公司之间的简版报告和详版报告的内容和风格大相径庭。甚至报告的术语在各征信公司、城市之间也都不相同，这使得比较本地信息或订购异地（"国外"）报告变得困难。例如，详版报告被不同地区称为特殊报告、完整报告或标准报告。为了解决这种混乱，美国个人征信业协会及其唯一的主要竞争对手

---

① J. Gordon Dakins, *Retail Credit Manual: A Handbook of Retail Credit* ( New York: Credit Management Division, National Retail Dry Goods Association, 1950 ) , 437-438; and Clyde William Phelps, *Retail Credit Fundamentals*, 4th ed. ( St. Louis: International Consumer Credit Association, 1963 ) , 66. On the use of teletype by banks, see Black, *Buy Now, Pay Later*, 43.

零售征信公司（Retail Credit Company，RCC）各自发起了信用报告标准化工作。这种标准化的作用远不只是简化内部业务和与订户之间的通信，实际上，报告的标准化是对确定信用度的知识进行编码分类。此类编码标准最有影响力的是美国个人征信业协会和零售征信公司的标准格式。

### Factbilt 标准消费者报告

20世纪40年代初期，美国个人征信业协会发行了一系列新的"Factbilt"标准表格。顾名思义是由二十多种不同类型Factbilt表格组成的报告包括简版报告、详版报告、给雇主使用的人事报告、房东的房客报告、军人的"品格"报告和退伍军人管理局（Veterans Administration，VA）的贷款，以及发给发行信用卡的石油公司的报告。[1] 定为第1号表格的详版报告是黄金标准，命名为"标准消费者报告"。标准报告包括前述典型详版报告的内容，以及有关主体的品格的问答式专项栏目：

"申请人在品格，习惯和道德方面是否受到称道？雇主是否看好申请人？是否怀疑过去或现在有非法行为？"

此外，报告脚注还指示调查人员"简要介绍该主体的历史"。[2] 这种非虚构文学作品为征信公司调查人员提供了一个机会，详细阐述该主体的"婚姻或其他家庭困难"或与"频繁缺勤"有关的就业问题。[3] 尽管没有该时期的实际报告可供分析，但许多指导性文本中的样本提供了其内容和演变的一瞥。除了格式和措辞上的细微变化外，始于20世纪40年代初期的Factbilt标准报告在二十年间基本保持不变。直到20世纪60年代的报告中都包含该主体的种族，其中"白色、黑色、红色、黄色"在某些迭代中

---

[1] *Credit Bureau Fundamentals*, sec. 6.

[2] Clyde William Phelps, *Retail Credit Fundamentals*（National Retail Credit Association, 1941），96; Dakins, *Retail Credit Manual*, 427; *Credit Bureau Fundamentals*, sec. 6, p. 6; and H. Wallace, *Starting and Managing a Small Credit Bureau*, 87.

[3] *Credit Bureau Fundamentals*, sec. 6, p. 10.

作为选项出现。在其他示例中，还进一步指出了国籍，例如"白人，美国人"。[1] 对有关该主体的道德和声誉问题的回答从敷衍的回答（是、不是、没有和好的）到简短的评论。

尽管Factbilt系列旨在使全国协会——美国个人征信业协会内部的报告标准化，但一些征信公司会员仍对其表格进行了修改以满足其自身需求。例如，达拉斯征信公司使用的标准报告中包含了该主体的信用等级，而费城征信公司则提供了"完整"报告，其中包含会员代码、主体的房东名称和备注的标题指示调查人员提供"客户声誉，邻居类型的描述"。[2] 很难从少数几个案例里了解到Factbilt报告被采纳或忽略的程度。但是达拉斯和费城分支都是由全国协会的著名领导人领导的，表明地方差异可能是普遍的。

## 零售信贷公司（RCC）的品格信用报告（Character Credit Report）

尽管美国个人征信业协会及其成员机构是消费者报告行业的毫无疑义的领导者（它们在1952年共保存5000万信用记录），但零售征信公司是其有影响力的竞争对手。[3] 零售征信公司成立于1899年，最初的组成是作为针对亚特兰大地区的零售商分类账分享的个人征信公司。在20世纪前20年零售征信公司将重心转移到更有利可图的保险报告，导致其信用报告服务萎缩，但在30年代重新进入该领域。[4] 1934年，零售征信公司收购了纽约的零售商业代理公司，该公司据说是通过几次换手，从最初的布鲁克林塞尔斯代理商继承而来。零售征信公司还收购了佐治亚州和南卡罗来纳州的地方征信公司，并在蒙特利尔建立了加拿大据点。[5] 与美国个人征信业协

---

[1] Phelps, *Retail Credit Fundamentals*, 4th ed., 67.

[2] For Dallas sample report, see, Dakins, *Retail Credit Manual*, 427. Charles F. Sheldon, Investigations: *Manual of Operation* ( Philadelphia: Philadelphia Credit Bureau, May 1961 ), 60 ( unpublished document in author's personal collection ) .

[3] Howard A. Clarke, "The Evolution of Consumer Credit," *Credit World* 41, No. 1 ( October 1952 ): 7.

[4] Flinn, *History of Retail Credit Company*, 238-239.

[5] Ibid., 255-260.

会不同，后者是一个独立的本地分支机构的网络，零售征信公司致力于将自己建立为全国性征信机构，尽管主要聚焦保险业务。该公司也于1913年被合并，两年后在整个美国大陆设有15个分支机构。[①] 零售征信公司从未达到美国个人征信业协会会员产生的信用报告年度数量，但它是一个强大的全国范围的竞争者和战后征信行业的领先者。零售征信公司1976年更名为艾奎法克斯（Equifax），它仍然是当今美国三个主要征信机构之一（译者注：最后也加入了美国个人征信业协会）。

像美国个人征信业协会一样，零售征信公司试图通过为其各种报告使用专用表格来标准化服务。在20世纪30年代初，它开发了所谓的"品格信用报告"，直到70年代仍是公司的标准消费者报告。[②] 零售征信公司品格信用报告类似Factbilt标准消费者报告，其中包括带有类似提示的"品格"标题：

诚实和公平交易的声誉好吗？

您是否了解任何非法活动或家庭麻烦？（如果是，请解释）

是否有任何疾病（身体或心智）影响支付能力？（如果需要，请说明）

除了记录主体的贷方账户和付款历史记录的栏目之外，一段叙述性说明还指示零售征信公司员工对个人的居住社区声誉发表评论，并"放大与家庭有关的任何不寻常信息，已知疾病或其他可能影响收入或支付能力的特征"。[③]

---

① Flinn, *History of Retail Credit Company*, 237.

② On the introduction of the Character Credit Report, see ibid., 251-255.

③ A sample Character Credit Report（Individual）is reproduced in Cole, *Consumer and* Commercial Credit Management, 3rd ed.（Homewood, Ill.: Richard D. Irwin, 1968）, 252. See also Character Credit Report（Individual）, U.S. Senate, Committee on Banking and Currency, *Fair Credit Reporting*, Hearing, May 19-23, 1969（Washing-ton, D.C.: GPO, 1969）, 52-53.

### 直接调查和负面信息

尽管美国个人征信业协会和零售征信公司的标准化报告具有许多相似之处，但是它们的信息来源差异很大。由于零售征信公司主要关注保险报告，因此零售征信公司开发了一种完全不同的消费者报告方法，该方法基于直接调查而不是共享分类账数据。传统上，保险报告要求提供有关申请人的健康、家庭生活和性格的详细信息，所有这些信息都用于估算其受伤，患病或过早死亡的风险。[1] 这些信息最好通过与保险申请人以及他/她的熟人直接面谈而获得，而不是本地商人。

为此，零售征信公司雇用了大量的当地调查员或"检查员（Inpector）"来编制保险报告，从而建立了一个类似于19世纪企业征信公司邓白氏的调查员系统的信息收集网络。到1968年，零售征信公司在整个北美地区拥有300多个分支机构，并雇用了6300名"检查员"。[2] 同样的基础设施也被用于编制其信用报告。当零售征信公司收到一份信用报告的请求时，"检查员"被派去采访信用申请人，他/她的家庭成员以及"其他有关来源"，例如"雇主、前雇主、推荐人、俱乐部会员、邻居和前邻居"[3]。与美国个人征信业协会的报告不同，该协会的报告依赖于当地债权人提交的客户账户信息和付款历史，而零售征信公司报告则由检查员视情况而定。直到20世纪60年代末，因为零售征信公司收购了集中在南部和东北部的近60个

---

[1]  On the history of insurance reporting, see Sharon Ann Murphy, *Investing in Life: Insurance in Antebellum America* ( Baltimore, Md.: Johns Hopkins University Press, 2010 ) ; and Bouk, *How Our Days Became Numbered.*

[2]  W. Lee Burge, "What Retail Credit Co. Is and Does," *Insurance Management Review*, August 10, 1968, 15-16.

[3]  U.S. Senate, Committee on the Judiciary, *The Credit Industry*, Hearing, December 10-11, 1968 ( Washington, D.C.: GPO, 1969 ), 99, 105-106.

地方征信公司，分类账数据才成为该公司消费者报告的重要内容。①

　　尽管美国个人征信业协会报告重点是该组织本地成员小组的账本经验，但美国个人征信业协会并不是一个被动的信息交换中心。Factbilt报告，就像一个广告夸耀的那样，"来自所有地方和任何地方的所有事实。"②与零售征信公司一样，美国个人征信业协会合作机构也进行了直接调查，充实新文件或旧文件时通常是这种情况。如果被要求报告的人没有当前文件，则征信公司的职员就会去打电话，消费者主体的雇主、银行和房东，都会被接触以获取信息。③房东特别重要，因为他们经常提供对象的"个人习惯"和"方式"以及其租金记录、家属数量，以及在该住址的历史。④如果该对象的房东和雇主不明，调查员会打电话给邻居。如果邻居也没有提供帮助，该征信公司会给"街角"的食品店和杂货店打电话找线索。1961年的一本手册指出："充分了解'周边呼叫'的艺术以获取有关该报告主体的信息有着无可比拟的重要性。"⑤

　　由于直接调查大部分是通过电话进行的，因此征信公司务人员磨炼了特殊技术以赢得联系人的信任和合作。"获取信息的关键在于您，无论是'通过电话或见面谈'，如何展示自己，"该手册解释说："通过电话，您的声音必须灵活，语调夸张。您必须非常礼貌、体贴、并且永远要表现专业。"⑥调查人员被严令禁止使用诡计（除非是为了找到"逃避者"），并被指示要明确自己是当地个人征信公司的代表。然而，他们在解释打电话目

---

① Ibid., 105-106. The RCC also relied upon the Retail Commercial Agency, which had offices in more than sixty of the nation's largest cities. However, its reports, like those of the RCC, were based on direct investigation rather than ledger data. See ibid., 99, 107.

② Factbilt advertisement, *Credit World* 52, No. 6（March 1964）: [33].

③ "Credit Bureaus Get Bigger Role," *Business Week*, March 8, 1958, 54.

④ *Credit Bureau Fundamentals*, sec. 3, p. 2.

⑤ Sheldon, *Investigations*, 51. On telephone interviewing, see also *Credit Bureau Fundamentals*, sec. 5, pp. 7-11. An extensive library of directories, including medical college yearbooks and U.S. Navy handbooks, was similarly maintained at the Philadelphia Credit Bureau（Sheldon, *Investigations*, 75-80）.

⑥ Sheldon, *Investigations*, 43.

的时被允许有一定的自由度。建议的说法是，调查人员只是在更新或修订该个人征信公司的档案，而被调查者的姓名自然会出现在其中。只有作为最后手段，当个人申请信贷的企业给予个人征信公司授权时，才会致电调查对象。[①]

除非通过电话无法联系到受调查者及其邻居，在较贫穷社区中经常有这种情形，否则不必要去现场。[②] 大纽约征信公司有"6名乘车的外勤人员"进行无法通过电话处理的调查。[③] 调查人员被指示培养可信赖的线人，私下会面以确保机密性，并隐藏笔记本或预印表格以免对讨论的目的"产生怀疑"。[④]

直接调查可能是权宜之计，但这引入了一种间谍气氛，这种做法在20世纪60年代后期受到严厉的批评。使用"负面报告"也是如此。尽管个人征信长期以来一直按照"正面—负面报告"的原则进行操作（即编辑有关信用度的有利和不利信息），但顾名思义，"负面"报告仅指出了包含负面的信息。这些信息通常涉及法律诉讼，违约或刑事指控的消息。正如詹姆斯B.鲁（James B. Rule）在其关于信用监视的开创性社会学研究中所观察到的，这种"偏向负面信息"在各个人征信公司之间很常见，反映了它们迅速识别和隔离社区最危险风险的冲动。[⑤] "我们就像联邦调查局那样记录犯罪行为的人"，纽约征信公司经理，负面报告中最直言不讳的拥护者之一鲁道夫·塞韦拉（Rudolph Severa）解释说。"这里我们关注的是风险高，可能

① Bureau investigators were also forbidden to revealto the applicant the identity of the business on whose behalf it was calling, unless the business also gave permission to do so（*Credit Bureau Fundamentals*, sec. 5, p. 5）.

② Sheldon, *Investigations*, 56.

③ Rudoph M. Severa, "The World's Largest Credit Bureau," *Credit World* 40, No. 9（June 1952）: 5.

④ *Credit Bureau Fundamentals*, sec. 5, p. 12.

⑤ Rule, *Private Lives and Public Surveillance*, 193. See also Furletti, "An Overview and History of Credit Reporting," 3-4.

进行商业犯罪的人。"① 为了传达这种时间上敏感的信息，尤其是可疑的新账户或突然大量购买，许多征信公司提供了"监视"服务为当地商人预警。1960年，塞韦拉所在的纽约征信公司每天发出600～800次负面警报。②

负面信息通常通过以下三种渠道进入档案：新闻剪报、公共记录或成员反馈。有关结婚、出生、离婚、死亡、商业销售和晋升，事故和灾难以及逮捕的新闻，已从当地报纸上剪下来，并添加到了主文件中。甚至堕胎或早产的报道也被记录为不良信息，这些都是基于这样的逻辑：个人悲剧常常伴随着对医生、医院和殡葬的一些新债务。③ 因此，为了获得公共记录信息，各征信公司文员定期来到当地法院和市政厅。在那里，他们精心复制房地产交易、民事和刑事诉讼、税收评估和欠税、破产、起诉和逮捕有关的所有项目记录，像从报纸和其他期刊上剪下来的信息一样添加到主文件中，一些征信公司甚至每天为其成员发布公共信息的公告。④

利用这些发布的和公共的来源，战后各征信公司越来越多地从其成员那里寻求负面信息。20世纪50年代，消费者信贷的迅猛增长是对全国的征信基础架构的严格考验，促使各征信公司和零售商开发更加快速的个人信用风险评估系统。一位信贷专业人士说："鉴于现在的信贷数量巨大，遵循旧的原则来获取完整的报告纯粹是愚蠢的。"⑤ 尽管十年后信用评分成为部分解决方案，负面报告作为廉价的权宜之计而焕发活力。"我们只想知道您是否有任何负面的信息"费城地方征信机构的一位代表对此解释

---

① Quoted in Black, *Buy Now, Pay Later*, 40. See also Rudolph M. Severa, "Credit Bureau Services—Today and Tomorrow," in *Credit Management Year Book, 1958-1959*, Vol. 25（New York: Credit Management Division, National Retail Merchants Association, 1958）, 260-262.

② Rudolph M. Severa, quoted in E. M. Arthur, *Checking and Rating the New Account*（New York: Credit Management Division, National Retail Merchants Association, 1960）, 13-14.

③ H. Wallace, *Starting and Managing a Small Credit Bureau*, 62-64.

④ Cole, *Consumerand Commercial CreditManagement*, 237.

⑤ "Your Responsibility for Prompt Credit Bureau Service," in *Credit Management Year Book, 1963-1964*, Vol. 30（New York: Credit Management Division, National Retail Merchants Association, 1963）, 287.

道。他预测，"征信公司的未来将是包含负面信息的文件，这些文件可通过电话立即获得。那就是我们要做的——而不是给出一个人的个人生活历史。"[1] 这种情况从未实现，但是负面信息仍然是20世纪60年代信用卡和银行自动授信系统发展的关键因素，其中很多设计是先搜寻不良信息（过期的账单、超额度账户或空头支票），再默认通过。

尽管不良信息主要涉及破产和不还款的法律诉讼（换句话说，涉及金融范畴），但它并不限于此类型。在业务中被称为负面的报告或"垃圾"，捕捉到"任何可能表明个人品格的指标。"[2] 因此，有关一个人的"饮酒习惯、家庭麻烦、雇佣中的不正常"而引起的刑事、驱逐，以及八卦都收录文件中。此类信息可能不会在负面信息警报或公告中发布，但会嵌入到记录中，并可能出现在以后的报告中。随着时间的积累，这些剪报和碎片化的信息往往使征信公司文件变得混乱。甚至佐治亚州的一个小征信公司都声称每年在其档案中增加35000个公共记录条目，其中包括一个特殊的"酒档案"，记录了"非法饮酒者"供汽车经销商和汽车金融公司使用信息，可能是用于判断酒驾造成的损失。[3] 在明尼阿波利斯，该征信公司的主要文件还附带着一个装有敏感信息的次要"机密"文件（每个有名字的消费者通常需要两个信封）。[4]

获取如此微妙的信息所付出的巨大努力也使它难以割舍，旧的法院和警察记录可能会无限期的保留。[5] 例如，《生活》杂志在1953年发表的样本报告记录了该消费者卷入二十年前的酒吧打架，这条老旧信息可能已从当地警察记录中删除了，但仍保留在征信公司的档案中。一些负面项非常

---

[1] "Cooperation—The Key to Improved Credit Reporting Service," in *Credit Management Year Book, 1958-1959*, 275-276.

[2] Hal Higdon, "The Credit Keepers," *Chicago Tribune*, November 19, 1967, I34.

[3] Helen Davis, "The Credit Bureau in a Small Community," *Credit World* 47, No. 12（September 1959）: 9.

[4] "How Minneapolis Does It," *Credit World* 38, No. 4（January 1950）: 19.

[5] H. Wallace, *Starting and Managing a Small Credit Bureau*, 72.

不利，而且遭到诽谤诉讼的风险如此之大，以至于无法通过电话或书面形式传达给订户。取而代之要求成员进入征信公司直接从经理那里收到"办公室报告"。此类负面信息被比作"上膛的枪"，如此危险，以至于有一本操作手册建议将出现此信息的文件与其他文件分开并安全地看管。①

### 重新确定信息使用的目的和数据营销

由于信用度从来就不是简单的经济计算问题，因此信用档案始终包含与个人的工作、家庭和私人生活有关的广泛个人信息。正如操作员很快掌握的那样，信用报告有更大价值。就像零售信贷部门一样，他们发现自己的信用记录的价值不止简单地开设和管理信用账户，征信公司还发现了重新打包和变现"价值无限的数据副产品"的方法。② 除信用报告外，战后许多征信公司向雇主、保险公司、汽车经销商、政府贷款计划和房东出售了专门的报告。③ 例如，租户报告详细列出了潜在租户的"娱乐习惯"而不是"付款习惯"。征信公司的档案记录了有意思的人物，例如，在浴缸里养鳄鱼的人、以及另一个用有伤风化的壁纸装饰公寓的人、还有嘈杂的音乐家、深夜破坏和纵火制造混乱的"夜猫子"。④ 美国个人征信业协会和零售征信公司都有自己的标准化形式提供此类辅助服务。1962年美国个人征信业协会为Factbilt人事报告做的广告提到，"求职者告诉您他们想让您知道的事情。""能不能找出他们可能不希望您知道的事情取决于您自己。"⑤ 这种多元化服务方式可追溯到最早的消费者报告组织，其中一些征

---

① H. Wallace, *Starting and Managing a Small Credit Bureau*, 90-91.

② Harold A. Wallace, "Successful? Mediocre? or Sick?," *Credit World* 41, No. 9（June 1953）: 29.

③ *Credit Bureau Fundamentals*, sec. 6, pp. 11-30; and H. Wallace, *Starting and Managing a Small Credit Bureau*, 86-89. On secondary reporting services and the intersection of credit and "investigative" reporting, see also Rule, *Private Lives and Public Surveillance*, 182-183.

④ Paul D. Green, "They Get All the Credit," *Nation's Business* 33, No. 3（March 1945）: 68.

⑤ Advertisement for Factbilt Personnel Reports, *Credit World* 50, No. 7（April 1962）: inside front cover.

信组织将信用报告与员工甄别和侦探工作混在一起。

最常见的非信贷报告涉及保险和就业。在20世纪初期，零售征信公司成为了这两个领域的领导者。正如该公司迅速意识到的那样，在许多债权人看来，使个人成为保险风险资质差的品质（疾病、吸毒或酗酒、不稳定或非常规的行为）也使个人信用风险资质较差。因此，为保险报告收集的信息可以重新用作个人信用或人事报告进行销售。通过这种方式，可以在更多的保险调查报告（已经盈利）中获取非信用信息以用于信用报告服务。通过汇总各种报告的数据，零售征信公司最大限度地利用了其信息使价值最大化，实现了规模化的盈利经济。对应美国个人征信业协会报告主要基于本地商人的共享分类账数据，零售征信公司报告是由检查员根据具体情况制作的。在美国个人征信业协会通过其关联成员共享当地和全国信息来提高效率的情况下，零售征信公司建立了自己的全国个人信息库，该信息库是由其检查员通过直接调查收集的，并且通常是在与信用评估完全无关的情况下收集的，即以保险和人事报告的名义。

尽管美国个人征信业协会从未挑战零售征信公司在保险报告专业领域中的主导地位，但其成员确实提供了一系列辅助服务，包括人事、租户和联邦住房管理局（The Federal Housing Administration，FHA）报告。由于美国个人征信业协会的会员地方征信公司有受地域限制而很难发展新的信用报告业务，因此此类辅助报告被视为增加收入的一种方式（见图6.2）。正如美国个人征信业协会手册所说，"越来越多的雇主正在向征信公司索取有关寻求工作或晋升的人的特征，信用记录和工作经历的信息。通过在其主文件中添加用于人事报告的信息，征信公司能够为雇主和向社区中的求职者提供越来越重要的新服务。"[1] 不仅个人报告可以用征信公司档案中已有的信息轻易生成，而且还可以以信用报告三倍以上的价格出售。[2] "当我

---

[1] *Credit Bureau Fundamentals*, sec. 1, p. 8.

[2] H. Wallace, *Starting and Managing a Small Credit Bureau*, 103-104.

们后来被要求为准雇主准备一份特别人事报告时，无论是雇用文员、推销员，还是仆人、女佣或儿童的家庭看护，一个小剪辑（显示逮捕或定罪）变得多么重要，"20世纪30年代后期一位信用行业专业人士观察到"我们不断进行的记录所提供的价值远远超过我们乐观的期望。"①

实际上，人事报告是"扩展的信用报告"，其中包含有关该消费者主体的"健康、道德、忠诚、与同事的合作以及管理、能力和工作经验等其他事实"。②为鼓励其成员考虑这利润丰厚

想了解我的经济状况吗？（6.2图的翻译）

我可能是贵商店申请赊账的顾客……，我可能是一家新公司求职者，我也可能是申请赊欠牙医服务的患者。

我可能已婚、单身、离婚或寡居；我可能有小孩抚养或父母赡养。我可能是一个家庭主妇，职业女性，或者两者兼具。

不管我提交的申请中存在什么问题，你可以在美国个人征信业协会的本地机构提供的Factbilt信用报告中发现答案。今天就打电话，他们就会告诉你关于我的详情。

图 6.2　Factbilt个人报告的广告

（资料来源：《信用世界》，1952年9月）

的副业，美国个人征信业协会手册描述了如何回应人事报告的要求。例如，如果某个当地兄弟会人士要求征信公司调查一名不认识的叫"吉姆"的申请人——"如果他不是我们的同伴，我们不想称他为'兄弟'"，一份可以验证申请者的身份、教育程度、工作、"品格和声誉"以及信贷记录的报告就会生成。不幸的是，对于这位虚构的申请人来说，这份报告并不让人高兴。"我与交谈过的所有线人都没有对他的稳定性和一般习惯给予很高的评价。他们似乎认为，他的早期家庭生活可能是造成这种情况的原因，并且可能部分解释他的行为。他是警察注意的人，曾多次受到

---

① James D. Hays, "Principles of Credit Reporting," *Service Bulletin* [of the National Consumer Credit Reporting Corporation] 10, No. 5（March 20, 1937）: 6-7.

② Charles F. Sheldon, "Problems of the Large Credit Bureaus," *Credit World* 39, No. 8（May 1951）: 30.

讯问。"① "吉姆"有未付的房租，购买衣物和食品的账单，并因"在公司喝酒"而失业。该手册指出，准备此类报告很容易，因此得出结论："可能没有美国个人征信业协会的成员机构以上述方式回答不了的此类请求。"②

我们无法猜测此类报告在美国个人征信业协会成员中所占的业务总量或百分比。诸如此类的官方说明文字强烈暗示至少一些分支机构从事人事和其他形式的"调查"报告。奇尔顿的达拉斯个人征信公司和大纽约征信公司的几个业务部门专做人事报告和相关服务。后者拥有60名"调查人员"，以满足对"联邦住房管理局、剧院、商业和其他类型的特殊报告的需求。"③ 除了联邦住房管理局、退伍军人管理局和石油公司的报告之外，夏威夷征信公司甚至还提供"综合人事报告"。④ 然而，其他许多个人征信公司，也许甚至大多数个人征信公司，对此类工作只是浅尝辄止。美国个人征信业协会主席后来作证说，该协会成员98%以上只出售信用报告。他补充说："有一些出售人事报告的，但几乎没有出售保险报告的。"⑤ 相比之下，零售征信公司总业务中只有五分之一涉及信用报告（占比为10%）或人事报告（占比为10%），它的主要工作还是保险报告（占比为80%）。⑥

如果可以获得有关非信用报告数量的数据，那么我们对战后征信行业的理解显然会得到加强。但是在某些方面已经没有意义，信用度、健康和就业能力的属性全部重叠的事实说明了这一点。这种重叠反映的是一种隐含的理解，即信用度（一个人作为金融主体的信誉）在概念上与道德品质有关，这些道德品质涉及一个人的生活方式、声誉、身体健康和社会适应性。而且，这种重叠在战后美国社会中完全没有问题。19世纪的信用专业

---

① *Credit Bureau Fundamentals*, see. 9, pp. 1-3.

② Ibid., sec. 9, p. 3.

③ Severa, "The World's Largest Credit Bureau," 5.

④ "The Credit Bureau of Hawaii," *Credit World* 47, No. 10（July 1959）: 4.

⑤ U.S. Senate, Committee on Banking and Currency, *Fair Credit Reporting*, 162.

⑥ Ibid., 175.

人员用品格（Character）、资本（Capital）、能力（Capacity）定义信用度，其中品格与信用度息息相关一直存在到20世纪。

信用报告可以纳入保险和人事报告，因为都具有描述个人诚实、一致性、易于相处和清白的人生这几个共同点。征信公司在1950年的一本手册中解释说："将节俭、理性、及时偿还债务和正确生活方式翻译成关于每个人的真实而具体的词语描述。"[1] 当20世纪60年代后期该行业被传唤到联邦立法者面前并受到媒体的抨击时，不是因为信用度的本质含义引起争议，而是因为收集、共享以及更重要的纠正这些信息，几乎没有规则可循。隐私问题引发了新的法律和限制，但有关个人信用记录与保险和就业风险相关的基本观念并未改变。

战后零售信贷部门重新构想了作为促销部门的角色，而不仅仅是在20世纪20年代那样防止损失，征信公司追随这样的做法将自己重新定位为商务建设者。美国个人征信业协会的总裁指出："征信公司最初的工作是为了阻止贷款给信用不良者。现在，征信公司的职能是销售工具。"[2] 在20世纪50年代和20世纪60年代，许多征信公司开始从事促销清单和客户筛选服务。这是对传统的重要突破。长期以来，出售客户名单，尤其是包含本地潜在优质客户的名单，一直是征信公司不愿做的。为了提高其公正性的声誉并让对分享其客户机密信息有戒心的订户放心，早期的个人征信公司采取了以下立场："名单列表是神圣的，除非所有人都可以使用，否则不要向客户披露一个名字。"[3]

个人征信组织一直坚称自己没有"评价"任何人的信用度，从而避免受到批评。相反，他们只是收集当地商人的经历，并与订户共享分类账信

---

[1] Dakins, *Retail Credit Manual*, 415.

[2] John L. Spafford, "Using Credit Reports to Sell Consumer Durables," *Credit World* 56, No. 9（June 1968）: 20.

[3] John K. Althaus, "The ACB of a Transfer Plan," quoted in Arthur, *Checking and Rating the New Account*, 50.

息。通过避开黑名单和"良好"或"优先"的风险清单,各征信公司得以避免遭受委屈的消费者的诉讼。① 因此,零售商、商人、银行、金融公司以及其他服务提供商独立地评估征信公司报告并得出自己结论:"个人征信公司本身没有给您评为'A'或'BB'。"早期的个人理财杂志《变化时代》(Changing Times,现为Kiplinger's)在1950年告知读者,澄清了个人征信公司与邓白氏(Dun&Bradstreet)等商业评级公司之间的区别。在审查了信用报告和其他信息来源后,"信用经理或信贷员必须使用自己的判断。"②

战后许多征信公司通过提供"新来者"服务涉足促销活动。这些活动直接效仿"欢迎车"模式,"欢迎车"是由孟菲斯人托马斯·布里格斯(Thomas W. Briggs)于1928年建立的全国性联盟辛迪加(Syndicate,译者注:由同一生产部门的少数大企业,通过签订统一销售商品和采购原料的协定以获取垄断利润而建立的垄断组织)。从本质上讲,是一种商业推广工具,略加伪装就成了一个慈善民间协会。当一个新的家庭搬进城里时,当地"欢迎车"分会的一位热情洋溢的女代表会向他们致意,为他们提供有关邻里、学校、购物、教堂和其他社区设施的有用信息。同时,她还赠送当地商人礼物和优惠券。这是她的真正目的,向"欢迎车"订户介绍新客户,希望通过善意的姿态赢得他们的业务和忠诚度。"欢迎车"礼仪小姐经常乘坐当地汽车经销商提供的闪亮的新车,车上贴着经销商醒目的名字。到20世纪50年代初,超过1000个美国社区在当地设有分会与新来者建立联系。《星期六晚报》(Saturday Evening Post)赞扬创始人的独创性,他指出布里格斯找到了一种将具有"和蔼、慈母般的、中年、爱八卦"妇女天生的自然社交能力转变成数百万美元生意的方法。③

在20世纪50年代,征信公司开始建立听起来相似的组织,以将信贷促

---

① *Credit Bureau Fundamentals*, sec. 9, pp. 21, 26.

② "Your Personal Credit Rating," *Changing Times* 4, No. 6(June 1950): 15.

③ Rufus Jarman, "Four Thousand Women Ringing Doorbells," *Saturday Evening Post*, September 8, 1951, 40-41, 59, 62, 65-66.

销和监视捎带到新来者的家中。然而，除了当地商人的礼物和优惠券外，他们经过特殊培训的礼仪人员还为新居民提供了信贷申请表。拜访后，礼仪人员带着完整的申请表或至少是该家庭以前住所地址返回了征信公司，以便可以向其前住址的征信公司要求提供信用报告。因此，新居民的信用信息就在他（她）购物或在社区中开设账户之前被掌握。如果事先得到的报告令人满意，则本地商家可以隆重展示欢迎新客户，并在他（她）的名下开设免费的赊账户头。

在明尼苏达州的圣保罗，当地征信公司经营着市中心欢迎协会，在两年期间，礼仪人迎接了4100多名新移民（见图6.3）。在这期间，她向新居民提供了小册子，并"以一种不经意的方式"在他们轻松的状态下得到信贷申请。[①] 据称，新来者对在家里这种私密环境完成信贷申请而不是在城里办公室中咨询信贷经理的方式很赞赏。1956年，达拉斯奇尔顿分局开始了自己的欢迎新来者服务，这个项目如此成功，以至于很快就复制到其他40个城市。[②] 甚至没有进行"欢迎车"式操作的征信公司也为订户准备了新居民清单，并向新居民邮寄了欢迎信，提醒他们当地征信公司的存在以及把他们信用信息传递到当地征信公司的重要性。各征信公司不断到处打听，从公用事业、房地产公司、报纸、公共档案和牛奶店了解新居民。[③]

图6.3 明尼苏达州圣保罗市的市区欢迎协会的代表在家里拜访了新的社区成员，并为当地征信公司收集了信贷申请表

（资料来源：《信用世界》，1957年7月）

---

① Elaine M. Brand, "Your Credit Bureau Should Have a Newcomer Service," *Credit World* 45, No. 10（July 1957）: 6.

② "Pocket Notebook Forerunner to Multifold Credit Service," *Dallas Morning News*, January 17, 1960, 6.

③ Howard G. Chilton, "Welcome, Newcomer," *Management Monthly* 3, No. 10（October 1955）: 5.

通过提供这种筛选和名单服务，征信公司正在进入新的领域。在某些地方，新居民计划已集成到本地信用卡项目中，值得一提的是Charga-Plate信用卡。Charga-Plate由总部位于波士顿的法灵顿制造公司（Farrington Manufacturing Company）于20世纪20年代末推出，表面上看起来很像现代信用卡，给客户发放了一块印有姓名，地址和账号的小金属片，可以代替现金来赊账购买。但是，与后来的维萨（Visa）或万事达（MasterCard）等通用信用卡不同，Charga-Plate是在本地组织的，通常仅被较大的零售商尤其是百货公司接受。① 在圣保罗，Charga-Plates自动发给满足既定资格的新居民，他们的申请表之前由该局的欢迎大使收集。② 在达拉斯、辛辛那提、匹兹堡和西雅图等其他城市，当地征信公司实际上负责了当地的Charga-Plate组织的运营。③

在征信公司不运营当地Charga-Plate业务的地方，一些征信公司提供了筛选服务，这些服务实质上外包了信贷部门的信贷审批职能。例如，纽约征信公司提供了"选择性筛选服务"，订户直接把新信用申请提交给他们。经过特殊培训的"筛选者"对照该征信公司收集的信息对申请进行审查，并确定是否可以安全地向申请人提供信用，以及多少信用额度。④ 在华盛顿特区对信贷申请不堪重负的商人要求当地征信公司调查并同意"不打扰他们就可以做出决定。"⑤ 之后，当地征信公司也提供了类似其他城市征信

---

① On Charga-Plate, see Lewis Mandell, *The Credit Card Industry: A History* ( Boston: Twayne, 1990 ), 18; Hyman, *Debtor Nation*, 117-118, 120-128; Dakins, *Retail Credit Manual*, 218-223; and Charles F. Sheldon, "The New Way— 'Charga-Plate It, Please,'" *Credit World* 23, No. 4 ( January 1935 ) : 26-27, 31.

② Brand, "Your Credit Bureau Should Have a Newcomer Service," 6.

③ See Simon, *Pioneers of Excellence*, 114-115; "The Credit Bureau of Cincinnati," *Credit World* 46, No. 7 ( April 1958 ) : 11; [on Pittsburgh] "Your Responsibility forPrompt Credit Bureau Service," 282; and [on Seattle] E. ( Pete )DeWitt, "A Complete Credit Service," *Credit World* 40, No. 12 ( September 1952 ) : 7.

④ Arthur, *Checking and Rating the New Account*, 47-48.

⑤ John K. Althaus, "Credit Approval Service," in *Credit Management Year Book, 1961-1962*, v. 28 ( New York: Credit Management Division, National Retail Merchants Division, 1961 ), 215-217.

公司的服务。信贷经理仍然是他们商店账户的最终仲裁者，模棱两可的申请被退回给他们这些专家判断，这小小的权限让步预示着重大变革，20世纪60年代新的信用筛选技术开始侵蚀信贷经理的职能。

在战后征信组织中，达拉斯奇尔顿分局在将征信与信用促消相结合的积极努力中独树一帜。除了建立自己的信用卡：Golden Charg-It卡。1958年，它还向当地商人出售了预筛选的优质信用客户名单（如前所述，奇尔顿征信公司是战后为会员发布信用评级指南的少数几个主要征信公司之一）。而且，奇尔顿的预筛选清单可以按邮寄区进行排序，并且每个区都可以进一步"细分到按收入、年龄、职业、租房还是拥有住房的人群。"① 这种精准市场营销和消费者分析，当时有三个全国征信公司提供的核心服务，远远领先于时代。在整个20世纪60年代，奇尔顿一直奉行快速扩张和多元化的战略，收购了40多个征信公司，并开发了从支票验证系统到计算机咨询的各种新型信息服务。② 奇尔顿的积极业务扩展甚至涵盖了测谎仪（Polygraph Testing）服务和保姆（Babysitting）服务。③ "征信公司业务的理念正在发生变化，"达拉斯征信公司的继承人 J. E R. 奇尔顿三世（J. E R. Chilton III）在1962年指出。"尽管我们的主要职能之一是保护商人免受信贷损失，但我们正在迅速发展营销性的业务。"④ 1969年，新的伞形实体，奇尔顿公司成立了，该公司在接下来的十年中建立了强大的计算机化的信用报告网络和精准营销业务。公司于1985年被出售给位于芝加哥的制造公司博格华纳（Borg-Warner Corporation），并在三年后被TRW（现为益博睿）收购。

---

① "New Credit Card Offered by MRCA," *Dallas Morning News*, November 13, 1963, 2; and Simon, *Pioneers of Excellence*, 121-122.

② Simon, *Pioneers of Excellence*, 154-155; and "New Firm Manages 40 Credit Bureaus," *Dallas Morning News*, March 21, 1963, 2.

③ Rudy Rochelle, "Credit Where Credit's Due," *Dallas Morning News*, March 11, 1962, 1; and "Credit Firm Adopts New Name; Moves into Million Dollar Home," *Dallas Morning News*, January 16, 1966, 37.

④ Rochelle, "CreditWhereCredit'sDue," 1.

### 机密性和公众利益

从一开始，征信组织就有强大的动力保护信息。除了有价值的分类账数据被竞争对手盗取或被"搭便车"的非订户获取这些风险外，地方征信公司还试图通过限制对报告的访问来避免昂贵的诽谤诉讼。一般来说，通信特权原则是在19世纪后期为企业征信行业建立的，它使个人征信公司免受起诉。这个法律墙给各征信公司提供了运作的空间，一个生气或特别好奇的消费者可能会造成很多麻烦。为了保护自己，信贷专业人员（信贷经理和征信公司操作员）遵循两个基本规则：永远不要告诉信贷申请人什么信息导致他们被拒绝，永远不要让申请人看到自己的信贷记录。

第一条规则对于信贷经理在拒绝信贷申请时至关重要。尽管在告知此不愉快决定时他们会自然倾向保留面子，但信贷经理被禁止泄露客户的信用报告中污点的来源。为此，在许多情况下指认另一个商家（可能是竞争对手）是拒绝申请的"原因"。这种恶意的方式常常让信贷经理面对愤怒的申请人，被拒绝的申请人会从一个信贷办公室冲到另一个商家毫无戒心的信贷经理面前。更糟的是，在报告中泄露负面的东西，尤其是可能已经被驳回的刑事指控或提及品格缺陷或家庭动荡等，将使该征信公司面临诉讼。征信公司合同通常禁止其订户将报告信息透露给他们的主体。进而，被拒绝的申请人获得了平淡的解释，即他们信用报告中的信息不完整，或者仅含糊不清地说信息"不充分"。[①] 如果申请人提出抗议，他们将被转介给其他征信公司。

第二条规则主要适用于征信公司运营人员，他们负责处理被拒绝和不满的申请人。美国个人征信业协会手册指示："大多数征信公司的政策

---

① See Harold A. Wallace, "Good Public Relations," *Credit World* 40, No. 5（February 1952）: 29; and Clyde William Phelps, *Important Steps in Retail Credit Operation*（St. Louis: National Retail Credit Association, 1947）, 20-21.

是特别小心关注对自己的信用报告表现出兴趣的人。"并强调，"避免让任何人看到自己的信用报告。"① 相反，征信公司经理礼貌地聆听了个人的不满，并收集了新的信用申请或书面声明。这些被征信公司称为"访谈"的行动既是公共关系活动，也是乘机调查。为避免违反特许保密通信的条款，征信公司职员对个人档案的实际内容保持沉默，消费者在任何情况下都无法直接接触其信用报告。等他离开后，访谈中获得的信息会进行核实，并对照该征信公司的现有文件进行交叉检查，以了解是否存在错误或遗漏。

征信行业主要是对商界的忠诚，为他们防范欺诈和无利可图的消费者。但与此同时，征信公司运营人员也敏锐地意识到了保护敏感个人信息的公共义务。保密的美德不仅在培训教材和官方出版物中得到了肯定，而且在美国个人征信业协会的最初职业道德守则中被列为"有关职业荣誉"。② 入行指南解释说："应教导新员工的第一件事，"就是征信公司被寄予信任能够知道比其他任何机构都多的有关人员和公司的信息。"③ 闲话和八卦会损害了征信公司的公正。更糟糕的是，它们破坏了本地订户的信心，并使整个企业陷入法律危机之中。美国个人征信业协会警告说："你可能会看到你亲戚或认识的人的文件。""你可能会处理你朋友认为'有料'的报告或公告。但把这些信息保存在合适的地方文件或报告中，是你能为所有人做的伟大的服务。"④ 保密的必要性甚至扩展到征信公司员工的举止。文员被指示在提供电话报告时要保持冷静，并抵制疲惫的信贷经理的恳求而直率或主观地谈论某个人的信誉。"如果成员问，'你的想法如何？'或'你如何评价他？'你必须回答'对不起，我们无法发表意见。'"⑤ 同样，

① *Credit Reporting Fundamentals*, sec. 9, p. 4; emphasis in original.

② "Code of Ethics," *Credit World* 16, No. 2（October 1927）: 31.

③ H. Wallace, *Starting and Managing a Small Credit Bureau*, 47.

④ *Credit Reporting Fundamentals*, sec. 2, p. 2.

⑤ Ibid., sec. 7, p. 7.

我们也阻止表现"惊奇"或"个人感兴趣",因为这些表现显示了对征信机构监视的个人主体的非商业性的好奇心。

尽管没有理由怀疑征信行业对保密的承诺,无论动机是出于荣誉还是担心诉讼,但这并不是绝对的。在他们战胜"老赖"并保护国家的信用经济的追求中,征信公司运营人员不仅将自己视为平凡的商业服务提供者,他们还是维护社会秩序的爱国者。征信公司觉得自己的保障功能与执法机构区别不大,因此本着公共服务的精神向政府官员开放了他们精心看护的个人数据。有重大意义的是,第一次世界大战就在消费者信贷管理的专业化日益兴起之时开始了。渴望表现出对国家及其事业的忠诚,全国(零售商)征信公司协会(NAMA)的成员,代表个人征信公司的早期贸易组织,让美国政府不受限制地获得其档案。[1] 1937年,这种合作进一步巩固,当时美国司法部与全国个人征信公司(20世纪30年代美国个人征信业协会的报告部门)签订了合同,从其分支机构购买报告供联邦调查局探员使用。[2] 征信公司以前是免费提供此信息的。

信用报告和警察工作的交叉,如用信用度与保险风险和就业能力的重叠,在信贷专业人员中毫无问题。加州信贷经理在评论与地方警察当局合作的重要性时建议:"如果'当值警长'打电话,请不要问任何问题。给他或为他找到你所有的或可以得到的一切信息,事后适当的时候他会告诉你关于什么和为什么"[3] 第二次世界大战后,征信公司与政府机构之间的这种合作关系继续存在。在20世纪60年代早期,大纽约征信公司为FBI、政府财政人员、纽约警察局设有办公桌,他们每天都来填补他们自己的卷宗。[4]

---

[1] "Credit Agencies Offer Reports to U.S. Gov't," *Women's Wear*, August 13, 1918, 38.

[2] "United States Department of Justice Agrees to Buy Credit Information," *Service Bulletin* [of the National Consumer Credit Reporting Corporation] 10, No. 13(August 5, 1937): 1.

[3] Storer, *A Narrative Report, 1916-1938*, 82.

[4] Black, *Buy Now, Pay Later*, 41. See also *Credit Reporting Fundamentals*, sec. 11, p. 4; and Rule, *Private Lives and Public Surveillance*, 199.

在休斯敦，该市的主要征信公司不仅与FBI签订了合同，而且与国税局（IRS）也签了，并打折出售报告，目的是追查欠税人。正如休斯敦的一名官员在总结征信行业的公民义务时解释的那样，"征信公司认为，为了好的执政有责任向政府提供可能有用的信息来协助政府调查。"[①] 在预防"针对商业犯罪"的工作中，信贷专家认为，不言而喻他们是站在正义的一方。

尽管后来的揭示给这些安排添加了恶毒色彩，但这也就是商业和政府监视之间最令人反感的关联。实际上，私人和公共机构长期以来一直保持着共生关系。私营部门的征信公司依赖于当地法院和市政办公室的公共记录，而公共贷款计划，例如通过联邦住房管理局和退休军人事务局开展的公共贷款计划，则依靠私人征信公司提供详细的调查报告。第二次世界大战之前制度化的公共和私人监视系统的这种相互渗透，表明了当代美国监视有复杂的历史，这种历史从未承诺商业利益与政府利益之间要有明确的分离。即使在1970年颁布了禁止征信机构向非信贷政府机构出售信息的立法之后，仍未阻止联邦调查局或国税局等机构获取其档案。它只是要求获得法院命令才能这样做。可以肯定的是，这是一项重要的新的宪法保障，但它遗漏了一个更重要内容。就像1953年《生活》杂志开玩笑说的那样，那些使"苏联秘密警察负责人羡慕而又嫉妒的"征信公司，现在仍在为美国政府服务。当代隐私保护的辩论集中在政府的监视而忽略了隐藏在私营部门数据库的强大功能，只要一张传票就能得到我们"隐私信息"的数字化收藏。"9·11"事件后政府大规模扫数（Data Sweep），这种不安的现实是显而易见的，但它具有更深的渊源。

特别是在统一公共和私人监视方面，至关重要的一个关联是社会安全号码（Social Security Number，SSN）。最初于1936年发布，即《美国社会安全法案》（Social Security Act），该法案通过一年后，这些9位数的号码从

---

① U.S. House, Committee on Government Operations, *Commercial Credit Bureaus*, Hearing, March 12-14, 1968（Washington, D.C.: GPO, 1968）, 133-134.

未打算用作国民身份识别的系统。在美国，公众对政府强制性身份识别的厌恶情绪很深。1936年总统大选的前几天，富兰克林·罗斯福（Franklin D. Roosevelt）甚至被指控订购了美国工人身份金属识别牌，每个牌上都印有一个社会安全号。[1] 这种指控是不实的，抹黑竞选并未能阻止罗斯福连任，但是对于现代严格管理的普遍恐惧并非没有根据，[2] 这个号码带来的对于大众社会管理效率是不可抵御的。1943年，罗斯福总统发布了一项行政命令，扩大了社会安全号码的使用范围，在联邦机构中可用于身份识别。1962年，美国国税局正式采用了该号码来识别美国的纳税人。[3] 20世纪60年代初期，社会安全号码也越来越普遍地用于私人部门，包括征信公司和信贷部门，作为客户的身份识别。当计算机生成的信用报告和统计信用评分系统将财务身份转换为非人格化的定量值时，正是政府颁发的社会安全号码成为解锁它的代码。

---

[1] "Hamilton Directs Major Attack at Social Security in Speech Here," *Boston Globe*, November 1, 1936, B21.

[2] On the encroachment of Social Security numbers in business and objections to universal identification, see Robert N. Anthony and Marian V. Sears, "Who's That?," Harvard Business Review 39, No. 3（May-June 1961）: 65-71.

[3] Carolyn Puckett, "The Story of the Social Security Number," *Social Security Bulletin* 69, No. 2（2009）: 55-74.

# 第七章

# 编码消费者

本章阐述个人征信公司的计算机化和信用评分的出现。个人信用报告的自动化进程始于1965年。计算机化还开启了一段高速行业整合期，很多小规模的个人征信公司被计算机水平高的征信公司所兼并。计算机化改变了个人征信公司的信息处理，同时也改变了数据存储模式。

长期以来，个人征信公司没有得到银行业的支持，主要的业务来自各种零售机构，直到20世纪60—70年代的信用数据公司改变了这一切。

信用度太复杂，太特质化，以至于不能简化为特定的规则和措施。基于统计分析的信用评分出现了。信用评分系统将信用度重新定位为抽象的统计风险函数。战后随着消费信贷的发展，和计算机信息技术的崛起，信用评分开始得到了广泛的应用。

### 信用报告和信用评分的计算机化

"二战"后，计算机从国防领域走进商业世界，很快便应用到了众多行业中。这些"巨脑"在战争期间获得政府军工科研项目的支持，为复杂计算、常规任务、机械作业的自动化带来了不可思议的全新可能性。正如战后技术专家约翰·迪博尔德（John Diebold）在《哈佛商业评论》（*Harvard Business Review*）发表的文章中预测的那样，这场现代工业革命的根本特征并非用重型机械主宰自然。最宏大深远的影响会发生在业务信息处理这一领域。[1] 纸张，而非蒸汽，将会转化为一种虽然无形，但震撼力却丝毫不减的商品：信息。在20世纪后半叶，计算机化信用报告将成为新兴信息经济的一个关键要素，并将个人身份的商品化推进到一个新境界。

个人信用报告的自动化进程始于1965年，当时史上第一家计算机化征信公司在南加州上线。"这台集中式信用管理计算机的想法不是天马行空，"一位IBM公司的高管于1967年解释道。这个点子之前就有，如今正在落地实施。[2] 尽管转变进程复杂，进展也不同步，全自动化征信公司直到20世纪70年代末才成为行业主流，但计算机化还是开启了一段高速行业整合期。少数大规模的计算机化征信公司开疆扩土，在全国各地收购或兼并小规模的地方征信公司。一份银行业期刊评论道："自动化带来了一场征信业的根本变革。"[3]

这种变革超越了单纯地加速和集中信用信息。计算机编码影响了信用报告本身的结构和内容。叙述性注解和主观解释不易适应平实的、公式化的数据处理语言，尤其是这些数据处理语言由外部工程师和程序员

---

[1] John Diebold, "Automation—The New Technology," *Harvard Business Review* 31, No. 6（November-December 1953）: 63-71.

[2] James F. Benton, "Challenging Credit Management," *Credit World* 55, No. 10（July 1967）: 15.

[3] Stephen P. Coha, "Automated Credit Reporting," *Bankers Monthly* 84（February 15, 1967）: 20.

开发的时候。由于许多机构用户的会计系统实现了自动化，可以轻松地传输分类账数据，从而增加了通用和简化编码的必要性。20世纪60年代后期，恰逢国会调查暴露出信用报告中存在值得遣责的道德主义言论之前不久，计算机化已经将（信用）报告行业推向晦涩难懂的概述和量化的方向。

尽管信用报告自动化在现代个人信用监视发展中是个地震般的大事情，计算机在此新兴系统的第二维度，即统计信用评分方面也发挥着同等重要的作用。20世纪50年代后期，商业顾问和研究人员开始利用计算机为大型银行和零售商创建复杂的评分系统。计算机辅助的信用评分骤然刺激信用度概念和语言发生根本变化，（这种变化）甚至比计算机化的（信用）报告更彻底。除了减少或消除债权人与借款人的见面，评分系统将信用度重新定义为抽象的统计风险函数。

### 信用监视进入计算机时代：1960—1970 年

20世纪50年代中期，包括通用电气和美国银行在内的许多美国大型公司都渴望利用新式的商用计算机。[1] 除了简化生产和机械加工流程之外，计算机还是实现烦琐的文书功能（例如会计、账单和库存控制）自动化的理想选择。的确，当范内瓦尔·布什（Vannevar Bush）在《诚如所思》（*As We May Think*，1945年）一文中勾勒他对战后计算机运算的奇思妙想时，商业记录保存就是他强调的创新点之一。布什开创性的文章除了预见了超文本和万维网的概念外，还预言了计算机可能会为"大型百货商店的平常问题"提供不那么崇高但同样神奇的解决方案，具体来说，就是处理数以千计个人赊购客户的信贷和账

---

[1] James W. Cortada, *Information Technology as Business History: Issues in the History and Management of Computers*（Westport, Conn.: Greenwood Press, 1996）; and James W. Cortada, *The Digital Hand: How Computers Changed the Work of American Manufacturing, Transportation, and Retail Industries*（New York: Oxford University Press, 2004）.

图7.1　计算机科学预言家范内瓦尔·布什（Vannevar Bush）

单信息（见图7.1）。[1]

20世纪50年代后期，银行和会计的自动化预示了即时、无摩擦的交易初露端倪。电子数据不仅预告了传说中无纸化办公的到来，还预告了无支票和现金社会的出现。[2] 在这个不久将至的世界，许多人预测支票和现金将被仅有的身份证取代，此证件关联了银行、信用和个人信息。[3] 这是直接截取自爱德华·贝拉米（Edward Bellamy）《向后看》（*Looking Backward 1887-2000*，1888年）一书中的乌托邦式制度。在贝拉米的这部畅销小说中，一位波士顿贵族在2000年醒来，就像里普·范·温克尔（Rip Van Winkle）一样，发现工业资本主义的不公正现象已经被消除。许多技术创新影响着这个新美国实现社会和谐，其中类似于现代信用卡和借记卡的"粘贴板"卡已取代现金，成为交易媒介。贝拉米的金融科幻小说如今看来当然是有先见之明的。除了支票簿和现金外，21世纪的美国人现如今携带一系列通用支付卡来精确执行交易功能，尽管费用和利率通常不太理想。

然而，电子支付仅是该新兴系统的一部分。实际上，授信系统对于确认持卡人是否有可用的资金或信用额度是必要的，对于确认持卡人是其本人也同样重要。20世纪60年代，尽管无支票社会在技术上可行，但这一构想受限于"确定谁有资格获得信贷以及获得多少信贷这一相对简单的问

---

[1] Vannevar Bush, "As We May Think," *Atlantic Monthly*, v. 176, n. 1（July 1945）: 106.

[2] On the cashless society, see Bernardo Bátiz-Lazo, Thomas Haigh, and David L. Stearns, "How the Future Shaped the Past: The Case of the Cashless Society," *Enterprise & Society* 15, No. 1（March 2014）: 103-131. On electronic payment systems, see David L. Stearns, *Electronic Value Exchange: Origins of the VISA Electronic Payment System*（London: Springer, 2011）.

[3] Allan H. Anderson et al., *An Electronic Cash and Credit System*（New York: American Management Association, 1966）, 15.

题"，换言之，即个人身份识别问题。为了解决《纽约时报》所说的"消
费者个人身份与数据信息匹配"这个人类绊脚石，作为持续变动的个体及
其数据之间一种有安全保障的技术桥梁，指纹或声纹的使用被提了出来。①
在战后的大众社会中，人和金钱的非物质化导致身份识别错误和欺诈成为
严重的问题。快速到来的无支票、无现金社会不仅需要集成计算机和电子
收银机的复杂系统，还需要全新的高速运转的监视基础设施来识别和检查
全国人口。

　　20世纪60年代中期，从借记卡授权到个人支票验证，信用报告和信用
评分的计算机化是迈向消费者监视自动化整体运动的一部分。某电子行
业作家指出，"商用电子系统的下一个主要市场很可能是'反老赖市场'
（the Anti-deadbeat Market）"，他描述了南加州的西尔斯（Sears）公司和
梅（May）公司正在开发的授信系统。② 到20世纪60年代末，与个人征信
行业相分离的"在很大程度上未开发的信用安全新兴领域"已经变得很普
遍了。例如，在1966年，梅西百货公司采用了验证器（Validator），这种
店内服务允许销售员通过在电子台式设备中输入客户的账号来授权赊购。
同年，在芝加哥，派瑞（Pirie）、卡森（Carson）、斯科特（Scott）安装了
电话授信机（Telecredit），这是另一种"与计算机连接的按键式电话和语
音组合系统"验证服务。③ 即使是位于达拉斯的奇尔顿征信公司，也在
信用记录计算机化之前建立了自己的自动支票验证服务。这个名为"Veri-
Check"的系统为当地个人汇编了一个包含"姓名、物理描述和最新支票兑

① William D. Smith, "The Checkless Society: Human Beings Causing the Chief Delays," *New York Times*, May 21, 1967, F1, F14.

② Walter Mathews, "Credit Checking System Takes Aim at Deadbeats," *Electronic News* 13 (September 23, 1968): 35.

③ Ultronic Systems Corporation, advertisement for Validator, *Credit World* 53, No.7 (April 1965); and "Computerized Systems for Credit Authorization Are in the News," *Credit World* 54, No. 5 (February 1966): 31. See also Ronald J. Ostrow, "Telecredit, Inc., Unveils Check Verifying Unit," *Los Angeles Times*, December 16, 1965, B10.

现历史"的数据库。[1]

## 个人信用报告计算机化

在电子支付和授信系统的背景下，人们很快就想到了信用信息的计算机化。随着战后个人债务的飙升和新型信贷方式的激增，从循环的商店贷记卡到新的通用信用卡，能快速获取准确、最新信用信息的手段越来越受欢迎。某银行杂志注意到："毫无疑问，某些全国范围的计算机化信用信息系统即将浮出水面，但目前尚不确定它将以什么样的型式出现。可以想象的是，银行、百货公司或金融公司的计算机可与城镇或美国其他地方的另一台类似计算机交换信息。"[2]

但是，这个想法并非来自征信行业，而是来自收音机和电视制造商。1961年，摩托罗拉总裁罗伯特·W. 加尔文（Robert W. Galvin）推出他的"想象性"计划（Speculative Plan），当中建立了个人信用数据中央存储库。这个假想中的系统称为全自动信贷交易系统（Fully Automated Credit Transaction System，FACTS），消费者携带类似于信用卡的"市场卡"，在购物时将卡插入"电子收款机"中，商家便可以即时获取购物者的完整信用记录。[3] 加尔文承认，摩托罗拉无意开发该系统，但该计划表明，完善的信用信息和信用评估是触手可及的梦想。

## 信用数据公司（CDC）

消费者报告计算机化的先驱者是位于加利福尼亚的私人公司——信用

---

[1] "Computer to Control Hot Checks," *Dallas Morning News*, April 7, 1963, 1. On Chilton's subsequent acquisitions of check verification services, see Ledgerwood Sloan, "Chilton Corp Makes Effective Use of Computer to Expand, Diversify," *Dallas Morning News*, August 24, 1969, 13.

[2] "The Computer and Credit Information," *Burroughs Clearing House* 52, No. 4（January 1968）: 4.

[3] Joanne Knoch, "An Electronic Credit Plan? Galvin Says It's Possible," *Chicago Tribune*, March 23, 1961, D7.

数据公司（Credit Data Corporation，CDC）。20世纪60年代中期，信用数据公司的创始人哈里·乔丹（Harry C. Jordan）发起了一场雄心勃勃的运动，以建立一个全国性征信网络。尽管信用数据公司似乎是西海岸现有征信公司的"叛逆者"，但乔丹并不是征信行业的新手。他的父亲老乔丹掌控密歇根商户信用协会（Michigan Merchants Credit Association），老乔丹于1930年创立了这个位于底特律的征信机构。1956年乔丹的父亲去世之后，正在攻读罗切斯特大学生物物理学研究生的乔丹回来经营这家家族企业。值得注意的是，他继续学业并于1959年获得博士学位，同时还在密歇根大学从事一项癌症研究项目。如果乔丹的学术成就对于征信公司运营者来说不同寻常，那么他一手打造全国性计算机报告系统的计划就更加非同小可。[①]

乔丹并没有争取在全国各个城市和城镇与地方征信公司达成合作，而是试图在三个"巨大的经济联合体"，即洛杉矶到旧金山地区、波士顿到华盛顿走廊，以及芝加哥和布法罗之间的大片区域建立三个区域中心。乔丹注意到43%的美国人口居住在这三个庞大的"超级城市"之中，他的愿景是将每个地区的覆盖范围进行内部整合，并将这些地区联系在一起。[②]在这样设想下，信用数据公司商业蓝图并不企图覆盖整个国家；相反，它设法解决"美国消费者的流动性"这个乔丹所认为的信用信息缺陷根源问题。在解释为什么信用数据公司（CDC）的第一个计算机化征信公司选择在洛杉矶时，乔丹指出："洛杉矶900万人口是生活在车轮上，他们在大约3000平方英里的区域里生活、工作和消费。"[③]一位信用数据公司的竞争对

---

① For Jordan's biography, see "New Service Uses Computers to Supply Fast Credit Checks," *New York Times*, July 10, 1966, 99; and obituary for Norman D. Jordan, *Detroit Free Press*, July 4, 1956, 16.

② H. C. Jordan, "The Centralization and Automation of Credit Information," *Bulletin of the Robert Morris Associates* 48（August 1966）: 698-699. For more on the development of CDC and credit bureau computerizations, see Rule, *Private Lives and Public Surveillance*, 205-212; and Hyman, *Debtor Nation,* 211-212.

③ Jordan, "The Centralization and Automation of Credit Information," 699.

手后来表示，南加州人的流动性是"征信行业革命的触发点"。①

信用数据公司的洛杉矶征信公司花费300万美元建立系统，并于1965年上线。该征信公司租用IBM 1401计算机，每月租金20000美元，可在90秒内提供报告，每次查询的价格为63美分（如果没有查询到记录，价格为33美分）。② 第二年，价格降到了22美分。③ 信用数据公司的洛杉矶系统中存储了500万条信用记录，在此基础上信用数据公司迅速扩大并整合了在加州的覆盖范围。1966年，增加了圣地亚哥、文图拉和圣塔芭芭拉的订户；其洛杉矶办公室与旧金山相连，乔丹于1962年购买一家旧金山的征信公司，并将其中的350万条记录进行了计算机化。④ 在洛杉矶开业后一年，信用数据公司号称拥有覆盖全加州超过1100万的综合信用记录。⑤ 一位石油行业记者赞扬信用数据公司的自动系统说："分散在全国各地的数千个征信公司采用当前烦琐、耗时又脆弱的系统来准备手写信用报告，与此相比，信用数据公司的自动系统优势明显，而且只要半价。"⑥

在建立西海岸区域中心同时，信用数据公司也即时转向了东海岸。1966年，乔丹的底特律征信公司耗资300万美元实现计算机化，该局成为信用数据公司在布法罗和芝加哥之间中西部据点的核心。底特律征信公司

① Ernest A. Schonberger, "Computer Helps Speed Credit Checking Process," *Los Angeles Times*, November 27, 1967, B11.

② "New Service Uses Computers to Supply Fast Credit Checks," *New York Times*, July 10, 1966, 1; and Ronald J. Ostrow, "Computerized Credit Bureau to Be Opened," *Los Angeles Times*, September 15, 1965, 10-11; on oil company participation, see "New: Instant Credit Reports," *National Petroleum News* 58 (June 1966): 139.

③ "New Service Uses Computers to Supply Fast Credit Checks," 41.

④ On CDC's files, see Jordan, "The Centralization and Automation of Credit Information," 700; on CDC's Southern California expansion, see Gilbert H. Bryn," New Developments in Credit Reporting," *Consumer Finance News* 52, No. 2 (August 1967): 28.

⑤ "New Service Uses Computers to Supply Fast Credit Checks," 41.

⑥ "New: Instant Credit Reports," 138.

有300万份档案，匹配了该市近80%的信用查询。① 同年，纽约办公室开业并迅速收集了600万个人信用信息。② 通过电话和计算机交换连接东部、西部和中西部地区的征信公司，信用数据公司的目标不仅是整合现代大都市中的信用监视，而且还可以"从美国任何地方快速获得信用信息。"③ 1969年，当信用数据公司纽约办事处可以远程访问其洛杉矶总部的信用数据时，就实现了此目标的第一步。④

　　表面上，信用数据公司在20世纪60年代中期的突然崛起与谁能领导信用信息计算机化的猜想相矛盾。随着美国银行、零售商和信用卡公司开始实现其会计和记录保存自动化，征信公司将在未来的信用信息服务中扮演的角色并不明朗。相反，人们普遍认为信贷自动化将由银行业来主导，该行业远远领先于个人信用信息市场上的所有其他主要利益相关者，并且随着电子记录机会计（Electronic Recording Machine Accounting，ERMA）和磁性墨水字符识别（Magnetic Ink Character Recognition，MICR）技术的发展，银行业已经彻底革新了支票清算系统。⑤ 虽然零售商逐步以重量级计算机使用者的身份加入其中，但他们并不处于该技术普及的最前沿。⑥ 未来银行家，而非零售商或征信机构，将成为新兴消费者信息经济的技术先锋。

　　尽管消费者报告行业是战后商业格局中不可或缺的组成部分，但出于

① "New Service Uses Computers to Supply Fast Credit Checks," 41; "Credit Data Extends Automated Operations to Detroit Area," *Management Services* 3, No. 4（July-August 1966）: 11; and Bryn, "New Developments in Credit Reporting," 3.

② "Credit Data Moves Into East; Office Based in New York City," *Management Services*4, No. 6（November-December 1967）: 11.

③ Bryn, "New Developments in Credit Reporting," 28.

④ On New York's credit files, see "Credit Data Moves Into East," 11. On New York toLos Angeles connection, see "Credit Reporting System," *Datamation* 15（March 1969）: 149. For additional description of CDC and its operation under TRW, see Rule, *Private Lives and Public Surveillance*, 205-212.

⑤ James L. McKenney and Amy Weaver Fisher, "Manufacturing the ERMA Banking System: Lessons from History," *IEEE Annals of the History of Computing* 15, No. 4（1993）: 7-26.

⑥ Cortada, *Information Technology as Business History*, 166. For tables of computer diffusion by industry, see Cortada, *The Digital Hand*, 55.

两个主要原因，它被排除在中心化报告行业的愿景之外。首先，大多数的征信公司太小，无法调配必要的资金来进行计算机化，因此把它们排除在外。信用数据公司的创始人认为，至少要有四百万人口才能支撑一个计算机化的机构，而符合此类型的美国城市的数量"屈指可数"。[①] 其次，征信报告行业非常碎片化，各个机构之间的信息和服务质量差异很大，很难想象从这些组织中会产生一个统一系统。这种不匹配和差异性在城市和乡镇的征信公司之间最为明显。

与百货商店和其他大订户支持的大城市征信公司不同，小城镇征信公司通常资金严重不足，并且缺乏提供全面可靠信息的能力。甚至在城市中心，竞争和分散也导致了很多混乱。在许多情况下，多个机构彼此争夺相同的用户，或者多个机构之间独自为特定交易或行业服务。1963年，《华尔街日报》(Wall Street Journal)指出，仅旧金山一地就有27家不同的征信公司。[②] 1962年，《美国银行家》(American Banker)的消费金融编辑在信贷专业人士面前讲话时，警觉地指出信用报告是"征信机构用补丁拼成的被子"。各个领域，例如银行、金融公司和零售商等，都有自己的信息源。因此，他抱怨道，"授信人无法从任何单一渠道获得姓氏为爱德华、名字为多纳休、妻子是美黛琳这个人的完整信息。"[③] 另一位将责任从银行本身推卸出去的银行业记者特别指出，"整个信用信息总系统中的薄弱环节是地方性和全国性征信公司缺少足量即时更新的报告。"[④]

然而，尽管银行业在财力和技术上处于更有利的位置来领导信贷数据的计算机化，但事实银行并未起到领导作用。银行业未能做到这一点在很

① Jordan, "The Centralizationand Automation of CreditInformation," 704.

② William M. Carley, "Careless Checking?," *Wall Street Journal*, August 9, 1963, 7.

③ Edward M. Donohue, address before the International Consumer Credit Conference, National Retail Credit Association, Spokane, WA, June 21-26, 1962; published as "Credit Bureaus of the Future," *Credit World* 50, No. 12 ( September 1962 ) : 9.

④ William H. Westrup, "Needed: A Central Source for Consumer Credit Data," *Burroughs Clearing House* 51, No. 3 ( December 1966 ) : 68.

大程度上归因于该行业对个人信息的态度。银行家是保守的专业人员，有着严格的为客户保密的历史。他们不愿透露有关其账户持有人的任何信息。相比之下，零售商和本地消费服务提供商则没有这方面的道德疑虑。实际上，他们最初拒绝与本地征信组织共享分类账数据是出于对自身隐私的担心，如果他们最好的客户被其他人发现，他们担心这些客户可能会被竞争对手挖走。另一方面，银行认为客户的个人和财务信息是神圣不可侵犯的。未经账户持有人的书面同意，许多银行甚至拒绝透露相关信息。[①]在这方面，银行业对个人隐私的保护颇具前瞻性。

因此，银行与个人征信公司之间的关系从来就不是一种完全和谐的关系。自始，许多银行都拒绝参加本地报告业务，无论是私人的还是商业协会的，即使是参与，银行通常也只共享基本的识别信息和少量概述数据。相反，银行依靠自己的内部记录和银行间的关系来获得客户信息。[②]一位商业作家在20世纪初评论银行之间机密信息自由流通时说道："现代银行之间存在一种惺惺相惜的感觉。因此，如果你因为迟交汽车款或者因为每天到球场晃荡而被第十国民银行拒绝，那么几乎可以确定，第八或第九国民银行不会忽视你的不良信用历史。"[③]另一方面，非银行机构，包括联邦贷款机构和咄咄逼人的信贷经理，所提出的信贷查询让许多银行家反感。

然而，到20世纪60年代中期，战后消费信贷的规模，以及诸如赊购账户和信用卡之类的信贷工具之间日益模糊的界限，导致一些银行家认为与非银行机构进行更多的信息交换是不可避免的。有人评论道："如果你随机选择一位消费者并考虑其携带的赊购账户和信用卡等信用账户的数量，要收集到最新的财务信息是相当困难的。"[④]正如这位作者所指出的，

---

① C. W. Fishbaugh, "Confidentially: This is How We Handle Credit Reports," *Banking* 56, No. 9（March 1964）: 100.

② Ibid.

③ "Bank Keeps Borrower's Record," *Washington Post*, June 5, 1910, MS2.

④ Westrup, "Needed: A Central Source for Consumer Credit Data," 67-68.

各征信公司无疑是这个问题的一部分，而银行业兄弟会似的自我隔绝和保持沉默寡言也是问题的一部分。1965年，美国个人征信业协会的成员机构从银行获得的收入不到总收入的10%。其大部分业务来自零售商（占比为40%）和金融公司（占比为18%）。[①]

有鉴于此，信用数据公司的神秘崛起可以很容易用主要客户——银行来诠释。长期以来，个人征信公司一直未能获得银行业的支持，而信用数据公司实际上是银行业的代理。信用数据公司的洛杉矶征信公司于1965年开业时，其最初的225名订户包括该市几乎所有提供分期贷款的银行和发行信用卡的大型石油公司。[②]更重要的是，订户还包括美国运通（America Express）公司和美国银行（Bank of America）等全国性信用卡发行人，这些发卡机构提交了800万个数据项以帮助建立信用数据公司的原始档案。到1967年，信用数据公司还负责万事达赊账（Master Charge）的授权。[③]当时，一家银行杂志观察到，"信用数据公司已走进银行大楼，并以信息提供者和服务审批用户的身份参与到银行的程序中。征信公司也曾请求获取银行信贷档案，但据报道，鲜有商业银行响应。"[④] 1967年，当信用数据公司在纽约开设办事处时，其订户包括大通曼哈顿银行、第一国民银行、纽约银行和纽约大都会地区、康涅狄格州以及新泽西州的其他一百多家银行，还有通用汽车验收公司（General Motors Acceptance Corporation，GMAC）和通用电气信贷公司（General Electric Credit Corporation，GECC）等主要金融公司。[⑤]到1969年，信用数据公司每月处理500万笔收购审批

---

① Associated Credit Bureau study cited in Rule, *Private Lives and Public Surveillance*,196.

② "New Service Uses Computers to Supply Fast Credit Checks," 41.

③ Schonberger, "Computer Helps Speed Credit Checking Process," B9.

④ "The Computer and Credit Information," *Burroughs Clearing House* 52, No. 4（January 1968）: 4. For reference to American Express, see U.S. House, Committee on Government Operations, *Commercial Credit Bureaus*, Hearing, March 12-14, 1968（Washington, D.C.: GPO, 1968）, 78.

⑤ "Credit Data Moves Into East," 11.

查询，每笔用时不到3分钟。[①]

为什么银行涌向信用数据公司？幕后谈判如何尚不清楚，但可以肯定的原因是，信用数据公司的信息收集协议符合银行业对客户隐私的保护态度。乔丹从一开始就坚持认为信用数据公司文件将只包含基本的识别信息和财务数据，即个人的付款历史以及其未结清贷款账户和开放式信用账户的贷款类型、金额和额度。重要的是，信用数据公司文件不包含有关个人的种族、宗教、心理特征或性格、病历，或从邻居、报纸乃至雇主那里获取的八卦。[②]这种"最小主义"做法与战后大多数征信机构的信息"最大主义"做法形成了鲜明对比。

从历史上看，征信公司对信息的要求是混杂的，这些信息揭示了人们对信用（即品格这一概念）根深蒂固的理解。此外，许多征信机构将信用报告与人事报告、房贷调查报告和保险报告混合在一起。在这些机构中，各种各样的个人信息，从婚姻纠纷的消息到一个人家庭的过分讲究，都可以作为个人档案的素材，并被存储在多个报告内容中，以备将来使用（和重复使用）。信用数据公司完全省却了这些内容。乔丹承认，尽管从技术上来说，（个人档案中）包括这样的信息是可行的，但乔丹的公司和订户认为那样就践踏了个人权利。[③]信用数据公司的例子本来可以影响消费者隐私的未来，但事实并非如此。相反，信用数据公司发起的消费者报告计算机化的运动只是引发了一场让美国消费者在日益完整的系统下受到私营部门监视的"竞赛"。

### 行业对信用数据公司的回应

信用数据公司对消费者报告行业既是刺激也是生存威胁。例如，加利

---

[①] "Credit Reporting System," 149.

[②] U.S. House, Committee on Government Operations, *Commercial Credit Bureaus*, 87.

[③] Ibid., 88.

福尼亚州的地方征信公司突然发现自己有被完全绕开的风险。1966年，一家新的联营公司，即计算机报告系统公司（Computer Reporting Systems, Inc., CRS）成立于洛杉矶，以帮助南加州各征信公司与信用数据公司竞争。当订户们拨打免费电话接通中央终端的话务员时，计算机报告系统公司可以在90秒内为这些订户提供完整的信用信息，这一速度与信用数据公司的速度相当。1967年，计算机报告系统公司的系统中有400万个"完整"文件（包括就业和银行信息以及付款历史记录），计算机报告系统公司还从订户那里收到了1000万条存在磁带上的应收账款记录。同年，计算机报告系统公司还致力于将亚利桑那州、内华达州和加利福尼亚州南部的40多个机构进行计算机化并连接起来。[1] 1967年之前，第二个组织——征信公司公司（Credit Bureaus, Inc., CBI），则致力于将西海岸北部的报告计算机化。总部位于俄勒冈州塞勒姆市的征信公司公司将俄勒冈州、加利福尼亚州、华盛顿州和爱达荷州的40个机构共400万个文件的手工记录转换为磁带。[2] 据报道，1965年末，夏威夷征信公司甚至也订购了一台IBM 360机器来自动处理其50万份个人文件中的信息。[3]

　　计算机报告系统公司和征信公司公司代表了当地对信用数据公司进军西海岸的及时反应，但后者最大的竞争对手是美国个人征信业协会。作为全国最大且最具影响力的个人征信公司，美国个人征信业协会在全国范围内共有2000多个会员机构。但是，与信用数据公司不同，美国个人征信业协会包含许多规模不等的征信公司，从市中心百货商店支持的大型城市征信公司，到服务于当地商人和小型农村机构的郊区卫星征信公司。无论在城市还是郊区，经常有几个美国个人征信业协会的成员机构提供的服务范围重合且相互竞争。确实，战后郊区"卧室"式（译者注：形容征信公司规模小、简陋）征信

① Schonberger, "Computer Helps Speed Credit Checking Process," B11.

② Coha, "Automated Credit Reporting," 22.

③ "Consumer Business Trends," *Credit World* 54, No. 1（October 1965）: 34.

公司的激增被大都市征信公司视为恶性发展，这种发展进一步分散了信息。[①]

　　由于美国个人征信业协会代表着多重利益，它在计算机化的前夕面临着特殊的挑战。其中的根本问题不是计算机化本身，而是中心化。计算机化信用报告的效率不仅在于其速度，还在于单一来源的信息整合。对遵循这种逻辑的人来说，由于一个或几个大的机构吞噬了其他机构，显然计算机化会使大多数征信公司无法继续运营。令人不安的现实是，美国个人征信业协会的许多成员会"被大城市的'按钮怪兽'吞灭"。[②] 然而，美国个人征信业协会明白，如果它们不去领导该行业的计算机化，总会有人去做这件事，信用数据公司已经开始做了，其他公司也跃跃欲试。1966年，另一家公司霍珀霍姆斯（Hooper-Holmes）宣布，计划通过其计算机化的全国网络将其155个分支机构和600万个文件与地区办公室链接起来。尽管这家位于新泽西州的公司专门从事保险和人事报告而不是信用报告，但其客户包括信用卡公司和石油公司以及零售商。[③]

　　1965年，美国个人征信业协会在得克萨斯州启动了CB-360计划，这是一份计算机化的倡议，当中涉及达拉斯的私有征信公司奇尔顿、由商户经营的休斯敦征信公司（Credit Bureau of Houston）和IBM。该项目的名称参考了IBM System 360计算机的应用，项目追溯到信用数据公司成立两年前进行的可行性研究。[④] 这项成就的真正领导者是达拉斯的奇尔顿征信公司。20世纪60年代初期，奇尔顿将业务范围扩展到了达拉斯以外的地区，

① Robert Pinger, "ACB of A's 'Year of Action,'" *Credit World* 53, No. 9（June 1965）: 13.

② Ibid., 14.

③ "Nationwide Computerized Credit-Rating System Set," *Wall Street Journal*, June 3, 1966, 28; "Competition Quickens in Credit Reporting as More Firms Enter the Race," *Management Services* 3, No. 5（September-October 1966）: 9; and Michael J. Kelly, "The Credit Index," in *Credit Management Year Book, 1964-1965*, Vol. 31（New York: Credit Management Division, National Retail Merchants Association, 1964）, 172-176.

④ A. J. McGill, "A Program for the Automation of Credit Bureaus," in *Credit Manage ment Year Book, 1965-1966*, Vol. 32（New York: Credit Management Division, National Retail Merchants Association, 1965）, 165-175; and John L. Spafford, "Facts about ACBofA's Project 'CB-360,'" *Credit World* 55, No. 1（October 1966）: 11-12.

并于1963年成立了征信公司管理公司（Credit Bureau Management，CBM），这是他们在得克萨斯州、亚利桑那州和阿肯色州拥有或指导的40个机构的总公司。[①] 1964年，奇尔顿的达拉斯机构和征信公司管理公司搬进了一个耗资150万美元的宽敞新办公室，着眼于安装计算机系统并使其信用卡营销业务多元化。[②] 同年，奇尔顿还与IBM签订了安装360计算机的合同，耗时两年多完成安装和编程。该机构的总裁鲍勃·奇尔顿（Bob Chilton）注意到达拉斯信用账户的急剧增长，他解释说："我们正在进入一个完全以信用为导向的世界，我们正在努力跟上这种持续且完全经济性的远景。"[③]

1966年初，当新的达拉斯征信公司正式开业时，其主要人员参加了一场"敲键盘"（Key Punching）典礼而不是剪彩。敲击键盘通过计算机为洛杉矶的一位匿名人士制作了一份信用报告。首份报告在一秒内获得，当中显示此人"无负债"（Solvent），不过他正和他妻子办理离婚。[④] 到20世纪60年代后期，奇尔顿公司重新将自己定位为一家多元化通信公司和征信公司自动化项目的顾问。奇尔顿没有购买新的征信公司并扩大其全国覆盖范围，而是开发了电子数据处理软件，并将其通过美国个人征信业协会出售给其他机构。奇尔顿最重要的客户之一是伊利诺伊州库克县的征信公司，该局与奇尔顿签订了合同，约定在1968年将其芝加哥分局的文件计算机化。[⑤]

### 自动化和数据缩减

计算机化征信的主要优势是它的速度，虽然准确性是至关重要的，但

---

① "New Firm Manages 40 Credit Bureaus," *Dallas Morning News*, March 21, 1963, 2.

② "Credit Association Building Announced," *Dallas Morning News*, August 9, 1964, 1. For cost of new office, see "Credit Firm Adopts New Name; Moves Into Million Dollar Home," *Dallas Morning News*, January 16, 1966, 37.

③ Rosalie McGinnis, "Dallas Firm Pioneers Computerized Credit," *Dallas Morning News*, November 3, 1964, 5.

④ Rosalie McGinnis, "New Credit Office Open," *Dallas Morning News*, January 21, 1966, 3.

⑤ Alan Drattell, "Corralling Credit Data," *Business Automation* 15, No. 2（February 1968）: 40.

即使是完美的信用信息也只有在其可迅速获得时才有用。一位征信机构职员解释说："消费者花数月的时间决定购买彩色电视机，但在他决定要买的那一天，就想立即交货。"[1] 这样的紧迫性驱使百货商店在20世纪早期开始安装气动管和内部电话系统，用于信用部门和卖场销售人员之间迅速沟通客户身份和信用额度。《洛杉矶时报》(*Los Angeles Times*) 指出，在计算机化之前，"谨慎的信贷经理可能不得不拨打多达10个电话"，以获取有关信贷申请人的最新信息。"该过程很可能需要半天的时间，有时需要两天。书面信用报告最多可能需要10天。"[2] 计算机化的信用报告将这段时间从几小时和几分钟缩短到几秒钟。电子记录的延展性也提升了速度。和一次只能由一个操作员使用纸质文件的情况相比，计算机化使多个操作员可以同时访问同一条记录，从而避免了"文件不足"造成延迟这一长期困扰征信机构的问题。

此外，自动化加快了更新和清理现有信用文件的烦琐过程。自19世纪70年代消费者报告组织首次出现以来，信用信息的修订一直是令人畏惧的艰巨考验。实际上是数量上万的文件，每份都必须定期检查并更新。例如，休斯敦征信公司要求25名员工审计该机构的120万份文件。[3] 随着计算机系统变得越来越复杂，电话查询期间刚一收到新的信息，操作员就可以实时修改信用数据。到1968年，奇尔顿的系统允许操作员用修改后的数据覆盖旧信息，那些修改过的数据当场输入并自动加盖日期戳记。[4]

20世纪60年代中期，随着征信公司的订户也开始对自己的会计和记账部门进行计算机化，信用信息的更新过程得到进一步简化和加速。地方征信公司一直在强力要求其成员定期提交更新的分类账信息。作为信用信息的清算所，该征信公司的信息是否及时和准确，取决于从其成员、从市中

[1] U.S. House, Committee on Government Operations, *Commercial Credit Bureaus*, 131.

[2] Schonberger, "Computer Helps Speed Credit Checking Process," B11.

[3] U.S. House, Committee on Government Operations, *Commercial Credit Bureaus*,131.

[4] Drattell, "Corralling Credit Data," 49.

心百货商店到杂货店处收到的分类账数据的及时和准确。起码在某些情况下，有些征信公司会员未能按规定的时间间隔或根本没有提交分类账信息。有些商户大声谴责或干脆忽略这一基本义务，这一点也不奇怪。手动编辑分类账信息，如修改和清理征信公司文件，是一项烦琐的杂务，在忙碌的时期或人员短缺的情况下很容易被忽略。随着主要零售商和其他消费信贷提供者转向自动化，分类账信息的编辑不再是分立的活动，它很容易经由新的电子数据处理系统产生。大波士敦征信公司（the Credit Bureau of Greater Boston）的经理在1968年解释说，分类账数据现在是"作为内部簿记的副产品"而生成的，它的会员几乎没有借口不提供更频繁和完整的信息。[1] 通过磁带或电子方式传输后，分类账数据迅速合并到征信公司自己的计算机文件中。美国个人征信业协会的自动化主管指出："我们的系统将主要使用授信机构记账应用程序中的自动磁带和卡片。"[2]

速度是计算机化的最主要吸引力，而存储紧随其后排第二。纸质信用报告存放在文件柜中，需要大量办公空间，尤其是在大型城市的机构中。一位专家指出："许多征信公司没有正式的流程来清除或清理文件。只要文件装满了，就会购买更多的文件柜。"[3] 计算机文件使空间需求极小化。1966年，当达拉斯征信公司将其纸质文件进行了计算机化处理，该机构的一百万条记录以前需要存储在超过3000平方英尺办公空间的文件柜中，现在这些记录全部被转移到一个"数据单元"，其大小相当于一个办公室废纸篓。[4] 计算机化还可以廉价且轻易地复制信用文件。在一个交易信息的

[1] Leo P. Hardwick, "Problems of Consolidation," *Burroughs Clearing House* 52, No. 9 ( June 1968 ) : 37.

[2] Clarke N. Newlin Jr., "The Credit Bureau of Tomorrow," *Credit World* 56, No. 1 ( October 1967 ) : 12; emphasis in original.

[3] Robert K. Pinger, "The Credit Bureau of Tomorrow," in *Credit Management Year Book, 1965-1966*, 183.

[4] "Computerized Credit Shown," *Dallas Morning News*, September 15, 1966, 14; see also "Dallas: Credit Bureau Putting Records on Computer," *New York Times*, September 25, 1966, 159.

行业中，这个吸引力不小。征信公司里面有一排排柜子，每个柜子包含成千上万的精心收集的纸质主文件，在发生火灾或其他环境灾难时，这些柜子很容易遭受无法挽回的损失。在磁带上备份信用记录并将其存储在远程位置，可以大大降低这种损失的可能性。

更显著的是，计算机化影响了信用度的描述和评估方式。为了符合计算机的技术限制，特别是计算机对分类清晰和减少数据的要求，信用报告的内容变得更加简洁和量化。1965年，即美国个人征信业协会发起计算机化计划的同一年，该协会还推出了一种新的字母数字"通用语言"，以在其信用报告中传达分类账数据。[1] 特定业务的计算语言这一想法已经浮出水面。其中最重要的是COBOL（Common Business Oriented Language），于1960年推出后很快成为行业标准。为了适应各种竞争的硬件需求和非科学家用户的需求，COBOL采用了简化的字符集和自然的英语指令。[2]

美国个人征信业协会的新语言是对此类高级系统的简单模仿。它的组成部分包括：用于区分债权人类别的直观字母代码："A"是汽车经销商，"B"是银行，"D"是百货商店和杂货店；用于区分不同类型信贷的字母代码："O"代表赊销账户，"R"代表循环账户，"I"代表分期付款账户。重要的是，新的编码方案使用数字清楚地表达了客户如何付款。长期以来，征信公司及其订阅者抱怨使用模糊的术语来描述个人的信用状况，例如"合理"（Fair）、"付款慢但良好"（Slow But Good）和"按约定付款"（Paid As Agreed）。"慢"到底是什么？百货公司可能认为在60天内付款是慢的，但珠宝商或街角杂货店可能会认为这是合理的。

---

[1] John L. Spafford, "A New Common Language for Communicating Credit Information," *Credit World* 54, No. 3（December 1965）: 6-8; and "Let's Talk the Same Language," *Banking* 58, No. 8（February 1966）: 40-41, 136. For additional description of the standard language, see "Credit Bureau Adopts Common Language," *Banking* 61, No. 8（February 1969）: 96.

[2] Nathan Ensmenger, *The Computer Boys Take Over: Computers, Programmers, and the Politics of Technical Expertise*（Cambridge, Mass.: MIT Press, 2010）, 91-101.

　　在商业语境中，这样的语言表达通常毫无意义，尤其是在各个征信公司开始为全国性信用卡发行银行和石油公司服务时。美国个人征信业协会某位管理人员在1964年指出："在消费信贷行业发展的早期阶段，只是希望有一套标准的术语。很快，它（标准的术语）变成必需的。"[1] 数字因此取代了俗语："1"表示客户在30天内付款；"2"表示30天至60天内付款；"3"表示在60天至90天内付款；依此类推等。

　　信贷专业人员被迫"忘掉地域性，建立一套所有机构和授信者都可接受的通用语言"，而且这种语言"与计算机兼容并且可以借助自动化工具传送"。[2] 这种编码无疑是有用的，但它偏爱面向主要零售商和金融公司严格的30天报送周期，这给非正式、个性化的信贷关系留出了更少的空间。如此一来，信用语言的标准化将信用风险的概念进一步推向了非人格化和抽象化。

　　在上线之前不久，美国个人征信业协会还推出了Factbilt 100表格。这份经过简化的新报告用于回复各种信用查询，包括简版报告和详版报告。重要的是，尽管该表格仍然提供了写入公共记录项目和其他"交易信息"的空间，当中去掉了有关品格和声誉的栏目，也取消了针对主体创建叙述性"文字描述"的指示。[3] 与该时代的所有信用报告一样，人们无法确定美国个人征信业协会采纳和实际使用这些表格的范围。大型城市征信公司着眼于计算机化，与郊区和农村小征信公司用老方法足以满足需求相比，两者之间可能存在差异。但是，该协会的领导层清楚地看到了该行业数据将减少的未来。谈到计算机化过程中指出存在"新的、使用缩略语的报告和使用代码的可能性"，休斯敦机构的负责人建议"多数信贷提供者可以

[1] Spafford, "A New Common Language for Communicating Credit Information," 6.

[2] Duane O. Watkins, "Let's All Talk the Same Language," in *Credit Management Year Book, 1965-1966*, 190.

[3] For sample form, see Cole, *Consumer and Commercial Credit Management*, 228.

用来自当地征信公司更少的具体信息有效地拓展信贷。”[①] 尽管在20世纪60年代，美国个人征信业协会开始谨慎地减少数据量，但信用数据公司的报告从一开始就去除了叙述性和主观性的信息（见图7.2）。正如其创始人解释的那样：“我们要保持信息的量化。”[②] 信用数据公司的计算机化报告是向量化清晰度迈进的典型例子，其中使用社会安全号码作为个人标识。

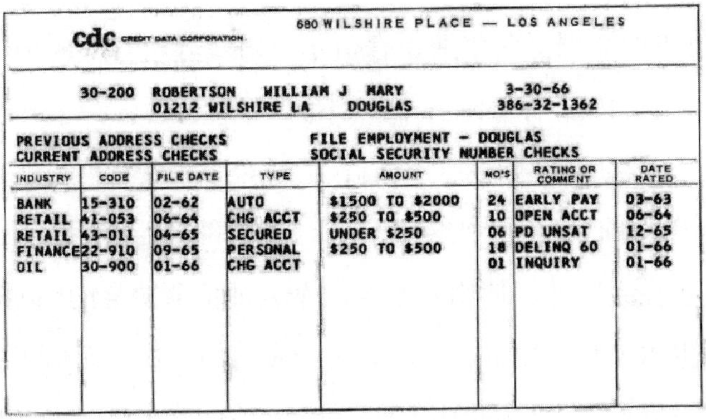

cdc CREDIT DATA CORPORATION　680 WILSHIRE PLACE — LOS ANGELES

30-200 ROBERTSON WILLIAM J MARY　3-30-66
01212 WILSHIRE LA DOUGLAS　386-32-1362

PREVIOUS ADDRESS CHECKS　FILE EMPLOYMENT - DOUGLAS
CURRENT ADDRESS CHECKS　SOCIAL SECURITY NUMBER CHECKS

| INDUSTRY | CODE | FILE DATE | TYPE | AMOUNT | MO'S | RATING OR COMMENT | DATE RATED |
|---|---|---|---|---|---|---|---|
| BANK | 15-310 | 02-62 | AUTO | $1500 TO $2000 | 24 | EARLY PAY | 03-63 |
| RETAIL | 41-053 | 06-64 | CHG ACCT | $250 TO $500 | 10 | OPEN ACCT | 06-64 |
| RETAIL | 43-011 | 04-65 | SECURED | UNDER $250 | 06 | PD UNSAT | 12-65 |
| FINANCE | 22-910 | 09-65 | PERSONAL | $250 TO $500 | 18 | DELINQ 60 | 01-66 |
| OIL | 30-900 | 01-66 | CHG ACCT | | 01 | INQUIRY | 01-66 |

图7.2　信用数据公司的信用报告样本

（资料来源：《罗伯特·莫里斯协会公告》（*Robert Morris Associates Bulletin*），1966年8月）

尽管存在这样的差异，早期的计算机化征信公司面临一个共同的问题：如何识别个人。随着全国各地的零售商和授信者将记录保存自动化，各个机构采用了自己独特的客户识别系统，通常是字母数字代码。[③] 虽然这些数字并不是什么新鲜事物，但是随着战后美国人数量和流动性不断增长，传统的身份识别系统（基于名称和地址）变得越来越不切合实际和不可靠。信用数据公司的创始人感叹，“非常迫切地需要‘某种’通用的编号系统”。“出于个人识别的目的，很难再设计出比名称和地址更糟糕的系

① Robert K. Pinger, “Credit Bureaus of the Future,” *Credit World* 53, No. 3 (December 1964): 19.

② *Commercial Credit Bureaus*, 89.

③ On the problem of identification systems, see A. Anderson et al., *An Electronic Cash and Credit System*, 46-50.

统。"① 在一个拥有"190万史密斯和150万约翰逊"的国家中，身份识别错误已成为严重的负担。毕竟，"如果威廉·H. 史密斯太太（Mrs. William H. Smith）订购的礼服被交付到 W. 亨利·史密斯太太（Mrs. W. Henry Smith）的手中，威廉·H. 史密斯太太会不高兴的。如果这个情形之下威廉·H. 史密斯太太还收到账单，她会更不高兴。"② 当每个用户的计算机化分类账数据与征信机构的主文件合并时，这样小小的记账问题会成为重大问题。"你不能只将杰西潘尼、西尔斯、森格尔、内曼等所有不同类型的账号一直记下去。无论如何，你必须有个识别号。"③

在呼吁使用通用身份识别号码时，最适合采用的选项显然是社会安全号码。20世纪60年代初期，社会安全号码已在联邦机构中使用，并且没有任何条例禁止在政府外部使用它。美国个人征信业协会的Factbilt 100表格中包含填写主体（及其配偶）的社会安全号码的空格，而信用数据公司则将社会安全号码记录为"辅助标识号"（Secondary Identifier）。1968年，美国银行家协会建议其成员把社会安全号码作为"全国性的身份识别系统"，这确定了社会安全号码在商业领域中的合法性。④ 数月后，一家银行杂志指出，征信公司要求信贷申请人提供的社会安全号码，因为它是"目前可用的最佳通用标识符"。⑤

到20世纪70年代初，奇尔顿公司的分支已经实现计算机化，达拉斯征信公司的负责人已经将社会安全号码视为识别财务身份的魔术钥匙："想象一下，如果我们所有的客户都有计算机终端……一个人走进来，说：

---

① Jordan, "The Centralizationand Automation of CreditInformation," 703.

② Anthony and Sears, "Who's That?," 65.

③ "Your Responsibility for Prompt Credit Bureau Service," in *Credit Management Year Book, 1963-1964*, Vol. 30（New York: Credit Management Division, National Retail Merchants Association, 1963），292.

④ "Bankers Group Urges Use of Social Security Number for Records," *Wall Street* Journal, March 8, 1968, 8.

⑤ Hardwick, "Problems of Consolidation," 72.

'这是我的社会安全号码。我想要在你这里开一个账户。'他们拿起电话，输入社会安全号码，然后返回来信息。"[1] 美国消费者的金融身份因而获得了如此有魔力的钥匙，实际上简化成了数据。

### 信用评分和信用度量化

尽管计算机加快了更新和传达征信公司信息的进程，但信用报告的主要接收者，即信贷经理们，仍需努力解读它们。申请人的信用记录常常是含糊或缺失的，这使得信贷经理们决策时依赖直觉来确定（如果授信的话）申请人偿还多少是可信的。信用管理人员一直梦想着能有个神奇的公式来减轻工作的压力和不确定性，希望有一个万无一失的系统可以在货物和金钱出门之前识别出赖账的人。但是，正如许多人所认为的那样，信用度显得太复杂，太特质化，以至于它不能被简化成为固定的规则和数据。

在20世纪60年代，品格（Character）仍然被认为是个人信用度的基础，能够判断这种难以捉摸的个人品质仍然是信贷经理最重要的技能。尽管信用报告可以洞察申请人的品格，尤其是有关职业、家庭安排和过去债务偿还记录的信息，但许多信用管理人员坚持信用访谈的重要性。一位商业教授兼信用管理顶尖专家在1967年的信贷教科书中承认："虽然个人印象是靠不住的，但通过与申请人的当面接触，债权人可以有效地观察到客户的人品、对债务的诚信、对信贷服务的态度，以及经济能力。"[2] 面谈是如此重要，以至于在20世纪50年代，一些信贷经理抵制向商店客户提供空白信贷申请的新做法。这种申请做法被贬称为"沉默的面试官"，它使客户可以私下完成自己的申请，而无须信用管理者的干预。绕开面谈剥夺了信用管理者与申请人会面并对申请人进行全面评估的机会。某位一流的信贷专

---

[1] Allen Hall, "Chilton Corp. Shifting Sights to Small Cities," *Dallas Morning News*, February 9, 1973, 11.

[2] Robert Bartels, *Credit Management* (New York: Ronald Press, 1967), 391.

业人士在评论客户自己提供申请的劣势时断言："与信贷申请人进行面谈是零售业的一种精湛艺术，应给予承认。这个工作肯定不能安排给自动机器或新手。"[1]

然而，到了20世纪60年代初，一种类似自动系统的东西实际上正在被开发，这个系统还可以由新手操作。《纽约时报》报道："准借款人仍被问到有关其年龄、婚姻状况、是否拥有或租住房屋、在目前岗位上工作了多长时间这些熟悉问题。"但是，这种新的信用评估制度有一个关键差别。"通过对每个因素应用一套科学方法确定的权重，并将其相加获得一个总分，信贷经理可以在30秒内拒绝几乎肯定会导致坏账的那些申请。"[2] 这个新系统是统计信用评分。

## 统计评分的发展

尽管统计信用评分直到20世纪60年代才被广泛采用，但是量化信用度的工作在几十年前就开始了。最雄心勃勃的计划之一是由芝加哥邮购巨头斯皮格尔（Spiegel）发起的，该公司于1934年建立了一个"打分"（Pointing）系统来筛选信贷申请。斯皮格尔的初始系统仅包含五个变量：订单数量、申请人的职业、婚姻状况、种族和地理位置。[3]

对于像斯皮格尔这样的邮购公司来说，他们不能亲自面见分布在全国的客户，处理申请这项烦琐工作是由信贷经验很少或没有信贷经验的年轻女性完成的。根据斯皮格尔一名代表后来的回忆，在节日期间"打分文

---

[1] Frank Batty, "California's Growth and the Credit Education Aspect," *Credit World* 40, No. 2（November 1951）: 4.

[2] Albert L. Kraus, "Scoring System Begun on Credit," *New York Times*, July 9, 1961, F1.

[3] Henry L. Wells, "New Customer Credit Pointing System," in *Numerical Pointing Plans for Evaluating Consumer Credit Risks*, Second Consumer Credit Symposium, University of Pennsylvania, January 10, 1963, 5.

员"是在大街上"整车"招募来的，然后进行快速培训立刻上岗。[①]

到20世纪30年代后期，消费信贷出借人也开始尝试内部评分系统。1938年，凤凰城的一家银行吹捧过一个五变量公式的成功，该公式的设计可以从有薪水的和能赚钱的分期付款借款人中安全地"'挖掘'相当稳定量的好矿石。"[②] 在旧金山，一家贷款公司的信贷经理报告了他的计划，该计划将三个C（Character，Capital，Capacity），即品格、资本、能力，转换为"标准估值表"。[③] 评分系统不仅限于私营部门，最广泛的应用是由联邦住房管理局实施的，该机构于1935年出版的《审贷手册》（*Underwriting Manual*）包含用于评估贷款风险的条目。除了评估房产的状况和位置外，这些"决策网格"还对借款人个人进行了评级。而且不出所料放在申请人的"偿还能力"和"未来前景"之前，位于网格顶部且权重最高的变量，是借款人的"品格"。[④] 尽管这些早期的系统是（假定）有效的，却没有一个系统以统计理论为基础。旧金山贷款公司系统的开发者承认："确实，这仅仅是一种试错的方法，但关键是它确实有效。"[⑤]

当信贷经理梦想有预测信贷风险的公式时，他们通常会向保险业寻求灵感。有人想，如果精算方法可以成功地应用于死亡率，为什么它不能同样地适用于信用度呢？当然这其中存在的一个问题是，死亡是所有保险单的终点，而债务的偿付从来都不是不可避免的。事实上，债务可能永远存在。更令人困惑的是，人们认为信用度植根于无法直接量化的内部品格。尽管无法将品格进行分离和测量，但可以通过相关的变量来推断。例如，

① Henry L. Wells, "Discussion," in *Numerical Pointing Plans for Evaluating Consumer Credit Risks*, 63.

② H. L. Dunham, "A Simple Credit Rating for Small Loans," *Bankers Monthly* 55, No. 6（June 1938）: 332.

③ Joseph M. Greenberg, "A Formula for Judging Risks Accurately," *Credit World* 28, No. 9（June 1940）: 20, 22.

④ JenniferLight, "Discriminating Appraisals: Cartography, Computation, and Access to Federal Mortgage Insurance in the 1930s," *Technology & Culture* 52（July 2011）: 489.

⑤ Greenberg, "A Formula for Judging Risks Accurately," 20.

斯皮格尔的打分系统试图通过对申请人的职业、婚姻状况、种族和居住地点进行评分，从而推断申请人的品格，所有这些变量都被认为是道德素质的指标。

在20世纪30年代后期，美国国家经济研究局（the National Bureau of Economic Research，NBER）将其注意力转向了消费信贷，并发表了有关该主题的一系列研究。该系列的第8期于1941年出版，其中注意到消费金融经受了大萧条的冲击，但损失很小，其中还专门研究了这些出借方如何评估消费者的信用。作者戴维·杜兰德（David Durand）不仅对测试已有方法的有效性感兴趣，也对通过统计方法设计"纯粹客观的信用公式"的可能性感兴趣。[1] 杜兰德重申了一个耳熟能详的老观点："按照保险业的原则对风险进行精算分析是信用研究应努力追求的目标。"[2] 他凭借手中掌握的数十家银行和金融公司交给国家经济研究局的7000多笔贷款记录，通过实验展示了如何进行精算分析。

杜兰德采用判别分析（Discriminant Analysis），这是一种由英国统计学家和优生学家罗纳德·费雪（Ronald A. Fisher）提出的先进统计方法。这项新技术使研究人员能够估计与两个互斥类别或结果相关的多个变量的显著性。虽然费雪率先使用这种方法研究自然选择，但这种方法也可以应用于信用风险。例如，统计学家可以从"好"贷款（全额偿还）和"坏"贷款（违约）这两个截然不同的类别中随机抽样，并在预测结果时分析变量（如借款人的年龄、职业或收入）的相对重要性。换句话说，判别分析使研究人员能够开发评分系统，其中来自信贷申请的信息被简化为一连串的离散变量，每个变量都有其自身的值和权重，以反映与付款或违约的统计关联。某人在这些变量上的值（通常）乘以他们的相对权重之和，用来预

① David Durand, *Risk Elements in Consumer Instalment Financing*, technical ed.（NewYork: National Bureau of Economic Research, 1941）, 84.

② Ibid., 100.

测其及时还款的可能性，从而得出信用"评分"。

杜兰德的结论，对于他们将来的所有输入，都因其矛盾性而引人注目。他能够证明工作稳定、居住稳定且拥有银行账户的申请人与良好的信用风险正相关。令有性别歧视的债权人惊讶的是，他还发现女性的风险比男性的风险要低得多。他发现其他变量，例如申请人的年龄、婚姻状况、收入、资产和受抚养者人数，没有或有很少的预测价值。尽管他的研究十分严格且富有创造力，但杜兰德认为他的发现几乎没有引起"实际的信贷主管"的兴趣。他的样本有偏差，而且他的分析只有"训练有素的数学家"才能理解。但更令人遗憾的是，他的数据集不包括过去的付款历史或借款人的个人品德和声誉的相关信息。因此，他承认，他无法研究借款人的道德特征，而信贷经理认为，借款人的道德特征是决定信用度的最重要因素。[①]

杜兰德的报告作为哥伦比亚大学博士学位论文阅读量翻倍，但并没有溅起太大水花。该论文发表于美国卷入第二次世界大战和商用计算机开发出来前夕，几乎没有公司根据其发现采取行动。确实，很少有信贷经理相信数学方法可以提供很多价值。1946年，信贷公式的话题在零售信贷专家会议上被提出时，全国主要百货商店的代表驳回了这一主题。梅公司经理评论道："我不认为有科学评估信用风险之类的东西。"内曼-马库斯的一位代表同意这一看法并补充道，"信贷员必须知道挑选品格的能力是信用评估中的首要条件，不管它科学与否。"[②]

### 战后信用评分的兴起

在20世纪50年代后期，统计学评分再次受到关注，这主要是来自西

[①] David Durand, *Risk Elements in Consumer Instalment Financing*, technical ed. ( NewYork: National Bureau of Economic Research, 1941 ) , 7.

[②] John T. Rose, "Scientific Evaluation of Credit Risks," in *Credit Management Year book, 1946-47*, Vol. 13 ( New York: National Retail Dry Goods Association, 1947 ) , 168-169.

海岸的研究中心诸如斯坦福研究所（Stanford Research Institute，SRI）的学术贡献。SRI与美国银行合作，开发了银行业革命性的自动支票清算技术。相关的研究领域也产生了人本因素学（Human Factor）和运筹学，这是两个致力于组织效率和技术介质研究的跨学科领域。但是，成功地将信用评分带入主流商业实践的是一个位于圣拉斐尔的咨询公司——费埃哲公司（Fair，Isaac and Company，FICO）。[1]

费埃哲成立于1956年，是斯坦福研究所的两位前分析师——作为电气工程师威廉·菲尔（William R. Fair）和数学家厄尔·艾萨克（Earl J. Isaac）的商业尝试（见图7.3）。[2] 在令人沮丧的开始之后，他们获得了重大突破。1958年，据费埃哲的说法，美国领先的个人贷款公司之一美国投资公司（American Investment Company，AIC）是唯一对他们商务介绍作出回应的贷款机构，并且聘请了这家新兴的公司来分析其信用档案。基于"保险公司在获得诸如年龄和职业等信息后，就可以相当准确地预测该人的寿命有多大的保险风险"这样的理由，美国投资公司把握住了将科学原理应用于信用风险的机会。[3] 费埃哲采用了与杜兰德相同的统计技术为美国投资公司建立评分系统。判别分析本身并不是什么新鲜事物，信用评分的早期作者通常将其突然火爆归结于一个原因：计算机。正如美国投资公司的研究主任所解释的那样："要在电子计算机出现之前找到这些相对值，数学家就必须针对每种特征尝试各种可能的权重组合，需要进行数以百万计的计算。"[4] 费埃哲用具有表现力的可视化说明了这种令人难以置信的复杂性。如果18个变量的评分系统中每套可能的权重用一粒沙粒表示，

---

[1]  See Poon, "Scorecards as Devices for Consumer Credit" and Poon, "Historicizing Consumer Credit Risk Calculation."

[2]  "William R. Fair—A Credit Industry Pioneer," *Credit World* 84, No. 4（March-April 1996）: 44.

[3]  R. J. Zaegel, "Experience with a Credit Scoring System," in *Numerical Pointing Plans* for *Evaluating Consumer Credit Risks*, 25. On AIC, see also Poon, "Historicizing Consumer Credit Risk Calculation," 226.

[4]  Zaegel, "Experience with a Credit Scoring System," 27-28.

则所有沙粒将形成整个太阳系大小的球。"如果要找到最能将'好'与从'坏'的信用风险中区分出来的特定沙粒，我们将面临一项艰巨的任务。"[1]然而，借助计算机，这样的计算可以在一天内完成。

图7.3　费埃哲的研究人员，联合创始人厄尔·艾萨克（左起第二位）正在研究信用评分系统

（资料来源：巴勒斯清算所[Burroughs Clearing House]，1972年4月，由优利系统公司[Unisys Corporation] 提供。）

在20世纪60年代初期，包括美国投资公司和通用电气信贷公司在内的许多大型公司开始采用信贷评分系统。美国投资公司使用评分系统每月筛选65000笔贷款申请，到1965年通用电气信贷公司已投资1.25亿美元用于评分系统的开发；两家公司都使用计算机来完成这项工作。[2]　1968年，一份发给全国200家最大银行的调查问卷显示，超过三分之一的银行正在使用评分系统，另有三分之一的银行在考虑使用评分系统。[3]　与此同时，大中型零售商开始开发内部打分系统，并向自动化系统过渡。例如，1962年，位于加利福尼亚、拥有十八家连锁店的广汇汽车商店（Grand Auto Stores）进行计算机化，其中包含了由心理学家开发的评分系统（In-house Point

[1]　Earl J. Isaac, "Statistical Problems in the Development of Credit Scoring Systems," in *Numerical Pointing Plans for Evaluating Consumer Credit Risks*, 44.

[2]　On AIC, see AlbertL.Kraus, "Scoring System Begunon Credit," *NewYork Times*, July 9, 1961, F11. On GECC, see Charles G. Klock, "Credit Risk Selection Through Statistical Evaluation," in *Credit Management Year book, 1964-1965*, Vol. 31（New York: Credit Management Division, National Retail Merchants Association, 1965）, 164.

[3]　G. A. Wilt and J. M. Tierney, "Progressive Risk Analysis Through Credit Scoring," *Credit World* 56, No. 6（March 1968）: 10-11.

Scoring）。其信贷经理吹嘘说："由于具有这些电子功能，我们已经能够建立一个真正的电子信贷部门。"[1]

信用评分很有潜力，但早期采用者很快注意到了它的麻烦之处。比如，早期评分系统的开发者很难确定哪些变量可以预测信用度。由于个人的诚实度和责任感无法直接量化，因此早期的评分系统试图从侧面推断出这些"无形的品质"。在20世纪60年代，测试了各种各样的变量，从申请人的职业和家庭规模，到个人是否有银行账户（不论银行账户有多少钱）或家里是否有电话。虽然孤立的单个变量对于债务偿还的预测可能并不重要，但是判别分析可以让从业人员测试多个变量之间的相关性。因此，斯皮格尔的研究主管解释说，"单独看信贷申请者房子的'房间数量'可能毫无意义。但是，如果有2个房间以及家里有5个或5个以上的孩子，这可能表明存在不良的社会经济状况和逾期的高风险。"[2]

早期信用评分系统中使用的信息通常是从公司自己的信用申请中获取的。由于信用度的决定因素，至少可以通过统计学方法衡量的因素，尚不完全清楚，因此信贷申请本身就成为探索的工具。申请中的每个数据项，在某些情况下多达40项，都被转换为数值并用来测试方法的好用程度。斯皮格尔的研究主任指出："从理论上讲，可以向信贷申请人提出无数问题，然后对这些问题的显著性进行测试。但是，在实践中，问卷的大小和日益增加的销售阻力将问题的数量限制为10到15。"[3] 正如早期的从业人员所了解的那样，没有普遍适用的预测变量或权重系统。费埃哲的副总裁后来对《金钱》（*Money*）杂志说："我们对何为信用度良好这个问题连一个最模糊的概念都没有。"《金钱》的记者解释说："统计数据告诉分析师，

---

[1] Al Kutnik, "Consumer Credit in the Electronic Age," *Credit World* 51, No. 1（October 1962）: 81.

[2] 1 Wells, "New Customer Credit Pointing System," 8.

[3] Ibid., 17.

哪些问题有效而其他问题无效，但是不解释为什么。"①

重要的是，具有最大预测能力的变量通常与一个人赚多少钱无关。正如1964年沃顿商学院的一项研究所揭示的那样，申请人的月收入和支出与收入之比看似是明显相关的财务信息，在预测违约方面的作用远不如借款人是否拥有电话、是否拥有房屋或是否拥有银行账户（不论银行账户有多少钱）。② 这些结果并非例外，是很典型的。一项又一项的研究将这些变量以及其他变量（例如在当前工作和住址待的时间长短）列为最能预测不良贷款的情况。换句话说，信用度的主要决定因素只是间接地或松散地和财务有关。仅仅靠家里有电话、有房贷和有支票或储蓄账户这些社区和机构关联性的证据，就位列在"好"借款人的最佳预测指标之中。如果无法衡量个人品格，那么社交和经济的"稳定性"就取而代之。由于房屋所有权、电话线路、银行业务关系、婚姻以及长期雇主和地址具有易于编码的属性，稳定性已成为品格的粗略代表。

早期新技术采用者所面临的第二个问题是保持评分系统的有效性。由于每家商业机构，无论是零售商、银行还是金融公司，都要处理不同人群的统计数据，每家机构都必须开发自己的评分范围和权重组合。没有两个系统是相同的，因为没有两家商业机构面对完全相同的借款人群。因此，一个公司的评分系统无法复制到另一家公司。每个系统都是定制产品。即使是行为上或社会经济上的微小差异也会改变统计评分系统，并有可能造成灾难性的误算。为了适应全国客户的地域差异，像通用电气信贷公司这样的信贷机构使用了多达15~20种不同版本的评分系统。③ 环境条件不是唯一的问题。信用度也是一个移动目标。随着时间的流逝，客户统计集群的微小变化甚至能导致最精心设计的系统失去预测能力。因此，每个企业

① Jeremy Main, "A New Way to Score with Lenders," *Money* 6, No. 2（February 1977）: 73-74.

② Paul D. Smith, "Measuring Risk on Consumer Instalment Credit," *Management Science* 11, No. 2（November 1964）: 327-340.

③ Klock, "Credit Risk Selection through Statistical Evaluation," 163.

必须不断对其客户文件进行重新采样，并对其权重进行调整。一旦启动了信用评分系统，没有系统是可复制或永久使用的。

尽管存在这些困难，但统计信用评分，就像计算机化信用报告，提高了信用评估的速度。随着战后消费贷款激增，许多信贷部门人手不足，新员工无法短期内学会信贷评估的精妙技艺。信用评分是解决这两个问题的方法。通过给信贷申请者评分并建立信用分数线，在该分数线之上和之下的申请会被自动接受或拒绝，极端情况可以快速被发现。这样就加快了整体流程，减少了信贷经理的工作量，使他们可以将宝贵的专业知识集中在名声不佳的"灰色"区域中，处理模棱两可的案例。就像一位商业顾问所说的那样："艰难的决定交由人工决策，容易的决定交由程序化处理。"[1]同时，购买昂贵的征信公司信息仅服务于不好不坏需要小心审视的情形，因而降低了审查成本。

信用评分不仅节省时间，还因为节省了劳动力成本而节省了金钱。由于展现了经验丰富的信贷经理的智慧，早期的评分系统被吹捧为"培养信贷人才"的有用培训工具。[2]正如一位评分倡导者所解释的那样，"人们会说'19分'或'26分'，而不是'勉强达标'（Marginal）或'相当好'（Fairly Good），考虑到具有很确切的风险特征类别，数字标识是一种更精确的交流方式。"[3]实际上，培养初级管理人员是不再令人担忧。信用评分是一项简单的任务，"就像对选择题一样"，因此这可以由廉价、低技能的工人完成。[4]结果就是信用评估从专家式的个人接触工作转变为死记硬背的文书工作。即使是为进行统计分析而准备信用记录这个单调乏味的过程也是由

① Justin Davidson and Joseph Buchan, "Management Sciences and the Computer" *Papers Presented at the Retail Research Institute's 6th Annual EDP Conference for Retailers*, Long Island, NY, August 31-September 4, 1964（New York: National Retail Merchants Association, 1964）, 5.

② R. A. Biborosch, "Numerical Credit Scoring," *Credit World* 53, No. 9（June 1965）: 7.

③ Robert A. Morris, "Credit Analysis: An O.R. Approach," *Management Services* 3,（March-April 1966）: 54.

④ Ibid., 54.

低工资的劳动力完成的。在20世纪60年代和70年代，费埃哲将手动编码工作外包给了数百位加利福尼亚的家庭主妇。[1]

在加快信用评估速度和降低所需技能的过程中，统计信用评分对信用管理产生了更为深远的影响，在信贷政策领域尤其如此，在信贷评分之前，出借方通过指示其信贷部门"收紧"或"放松"信贷标准来应对经济状况和商业情形的波动。在信用决策主要取决于专家判断的情况下，此类行政指令不可能被精确地执行。"收紧"或"放松"到底是什么意思？信用评分给模糊的术语带来了真正的特殊含义。用数字代表信用度，可以通过提高或降低分数阈值来轻松调整信用标准。一位银行家指出："这种方法比给所有信贷人员写备忘录要求他们'收紧'信贷审批有效得多。"[2]

但这仅仅是开始。通过将信贷决策转换为统一的量化规则，评分系统还使得管理人员快速生成能够显示损益模式的报告，并计算其各种组合的风险水平。这对管理多个办公室的大型公司而言尤其有用。除了作为管理层提供审核信贷部门和人员的绩效工具之外，在效率上相当于将系统的监视功能用于内部管理，此类报告还有助于主管人员预测并适应不断变化的状况。换句话说，评分为持续监视和预测信贷业务提供了一种手段。麻省理工学院的一位教授观察到这些用于管理的"信用评分副产品在重要性上几乎可以与它的主要功能相媲美"。[3]《哈佛商业评论》（*Harvard Business Review*）在一篇有关该主题的文章中强调，信用评分不仅是一种用来对信用申请进行评估的工具，还是一个"综合管理信息系统"。[4]

---

[1] Poon, "Historicizing Consumer Credit Risk Calculation," 221-245.

[2] Biborosch, "Numerical Credit Scoring," *Credit World* 53, No. 9（June 1965）: 8.

[3] H. Martin Weingartner, "Concepts and Utilization of Credit-Scoring Techniques," *Banking* 58, No. 8（February 1966）: 52. On the relationship between automation and workplace surveillance, see Shoshana Zuboff, *In the Age of the Smart Machine: The Future of Work and Power*（New York: Basic Books, 1988）.

[4] William P. Boggess, "Screen-Test Your Credit Risks," *Harvard Business Review* 45, No. 6（November-December 1967）: 117.

随着统计评分在20世纪60年代后期逐渐成熟，更广泛的营销应用也变得明白易懂。评分系统不仅可以识别出最坏的风险，而且识别出最佳的机会。这些顶级客户可以被挑选出来给予优质的服务和金融产品。例如，在美国投资公司，"信用分析报告"能让经理识别出销售不足（Undersold）的借款人，即信用评分高但借入金额少的客户，从而向这些客户提供额外的贷款。[1] 实际上，需要不断采样和分析客户记录的评分系统是复杂的内部研究程序。那些掌握计算机评分系统的人，就像早期的纸质信贷部门经理，很快意识到他们的统计数据是一个营销金矿。除了定位可轻松实现的目标，这种系统还可以用来研究消费者并在他们之间做更精细的区分。费埃哲的代表指出："精心设计的信用评分系统的主要副产品是从申请人样本中获得的大量信息"，即有关被拒绝者和被接受者的信息。他们建议，通过分析"成功概率不同的人所具有的个人特征"，可以将营销活动更精确地定位到想要的细分市场。[2] 可以将用于信用申请评分的数据交给市场部门，匹配上诸如邮政编码和贷款金额等其他客户信息，这些都为消费者的筛选、排序和分类提供了全新的可能。一位有关人士赞叹道，"可以有效分析此类数据的程度几乎是无限的，"[3]

通过量化信贷风险，信贷机构也可以开始尝试可变利率。借助统计概率作为指导，贷方可以为高分客户提供更低的利率，为边缘或更低分的客户提供更高的利率。[4] 以风险定保费形式的可变利率，是保险业务的标准做法。精算方法在信贷风险中的应用为类似的实践打开了大门。杜兰德在1941年的美国国家经济研究局报告中的分析开启了信用评分的应用，尽管

---

① Zaegel, "Experience with a Credit Scoring System," 37.

② H. J. H. Roy and Edward M. Lewis, "Credit Scoring as a Management Tool," *Consumer Credit Leader* 1, No. 4（November 1971）: 12.

③ Nicolas Johnson, "How Point Scoring Can Do More to Help Make Loan Decisions," *Banking* 64, No. 2（August 1971）: 41.

④ William D. Buel and Gilbert L. Lewis, "Credit Scoring—and Beyond," *Banking* 61, No. 8 (February 1969): 43.

他怀疑由于"很难，甚至不可能"收集到足够的统计数据，并且"区分借款人是不切实际的。"[①] 但是他错了。归根结底，统计信用评分的真正力量不是给高分客户提供更具吸引力的利率，而是使债权人能够将信用风险降到底。正如杜兰德所观察到的那样，评分的真正分析优势不是要识别好的和坏的风险，而是要识别不那么糟糕但无利可图的风险。[②] 统计评分系统做到了这一点，并掀起了一场新的下沉市场竞赛。寻求在达到甚至越过利润的刀锋边缘寻找信贷客户将导致"次级"贷款的发展。

### 计算机化风险管理和金融身份的未来

人们很容易观察到计算机化的信用报告和统计信用评分是由技术"解决"的业务问题。归功于计算机的使用，曾经分散且不一致的信用报告，得以集中和标准化；曾经由易犯错的信贷经理主观确定的个人信用，已经通过数字评分变得可计算且客观。但是，将技术看成任何大规模的社会、经济或政治变革的根本原因总是很危险。这是犯了技术决定论的原罪：即将行为或不可避免的后果归因于人类发明的无生命工具。在信用监视的情况下，这种决定论尤其容易引起误解。或许很难想象信用报告或评分的人工系统可以与电子信息处理的速度、规模或功能相匹配，但是这些计算机化的系统在20世纪60年代所采用的形式并非必然发生的。宁可说，信贷专业人士非常有意识地决定将速度和规模放在已建成的收集混杂信息并进行"判断性"信用评估的系统之上。随着消费信贷的迅速扩张，整个信用监视组织不堪重负，计算机化这一决定是在现实压迫下作出的。这是人类的决定，而非看不见的技术之手所为。

到20世纪70年代，在美国，计算机化的信用报告和信用评分开始拓展金融身份的边界。它们共同构成了一个强大的监视系统，其覆盖范围已经

---

① Durand, *Risk Elements in Consumer Instalment Financing*, 92.

② Ibid., 8.

超出了信贷风险这一狭义问题。征信公司成为个人信息的重要供应商，如费埃哲这样的信用评分公司则引领了市场营销和行为建模方面的发展。通过将信用记录、个人数据、购买历史与风险管理和精准促销的新技术结合，计算机化的信用监视提供了评估消费者的新方法。概念上保险和人事决策都与信用度相关，尽管信用报告早就为保险和人事决定提供信息，但是新的计算机化信用监视系统可以预测各种情况下从每个人身上的获取利润的空间，并将美国人分为不同的价值类别。

回顾20世纪70年代末期风险评分发展，一位专家预见到了风险评分的扩张，"由于可以预料量化系统将用于传统授信之外，其实施范围将会拓宽。我们将看分数表格来做出决策，例如租赁/不租赁、促销/不促销、保险/不保险、雇用/不雇用和开设/不开设支票账户等。"[①] 在这个算法主导的未来世界中，信用评分只是判断可信度（Trustworthiness）和计算个人经济价值的众多可用指标之一。

---

① O. D. Nelson, "Credit Scoring—Outlook for the 80's," *Credit World* 67, No. 5 (April-May 1979): 36.

# 第八章

# 数据库恐慌

本章描述个人征信公司的海量个人数据引起了美国公众的数据库恐慌，个人隐私的博弈就此展开。作为私营的中心化征信数据库的发展，可以跟踪数百万美国人，在20世纪60年代，引起了美国立法者和消费者权益倡议者的担忧。数据库技术的发展也推动美国的个人征信行业也开始向三个全国性网络进一步集中。

1970年10月《公平信用报告法》通过，和1968年的《消费者信贷保护法》一起，反映了消费者保护运动在美国政治中的影响力与日俱增。1974年颁布的《平等信贷机会法案》解决了信息相关性的问题，将基于性别或婚姻状况而拒绝授信视为非法。并于1976年进行了修订，进一步禁止贷方考虑信贷申请人的种族、国籍、宗教、年龄和是否接受公共援助。

信用评分最初解决技能员工短缺的问题，但很快又重新确定了信用度概念和评估程序，代替了很多职业信贷员。

### 计算机信用监视及其带来的不满

长期以来，信用专业人员惊叹于美国公众对个人信用监视的无知。全国个人征信协会的教育主管在1954年承认："普通人完全不了解征信公司的职能，这让我感到惊讶。我认为没有一个组织像征信公司那样，如此多人对它知之甚少，却又能影响着这些人的日常生活。"[1] 这种情况在20世纪60年代中期突然改变了，但是这种改变对业界不利。公众被唤醒了，美国人开始对此感到愤怒。

1966年，美国国会成立专门委员会以调查假想中的联邦数据库的隐私风险。在此过程中，它发现了一个更加令人不安的现实。中心化的私营部门数据库，包括那些属于征信行业的数据库，已经上线而且可以跟踪数百万的美国人。征信行业的影响力和复杂程度令立法者震惊。一位国会议员宣称，计算机化的征信公司"实际上是一个由私人掌握全国性的数据中心"，但没有任何监管措施能保护公民消费者的信息免受滥用。[2] "老大哥"并没有伪装成奥威尔式的技术官僚出现，而是作为控制消费者的业务系统到来。

到20世纪60年代末，征信行业发现自己处于公共风暴的中心，其友好和善的自我形象变得支离破碎。公众对计算机化的恐惧引起对征信行业做法的调查，调查很快针对整个行业的道德和专业性提出了一些严重问题。应允许征信公司收集哪些信息，以及哪些规则规定了信息的处理和流通？征信公司的运营者早就认识到他们工作的严肃性，他们认为自己勤勉地守护着自己负责的个人信息。然而，在国会听证会上，立法者和消费者权益倡仪者意识到他们所担心的不仅仅是数据库。信用监视机构及其大量文

---

[1] David Blair, "The Credit Bureau as a Vital Force in Your Community," *Management Monthly* 2, No. 11（November 1954）: 19.

[2] U.S. House, Committee on Government Operations, *Commercial Credit Bureaus*, Hearing, March 12-14, 1968（Washington, D.C.: GPO, 1968）, 120.

件，包括纸质文件和数字文件，受制于专业规范和无强制力的道德守则。错误很常见，美国公民对其信用的制造和销售几乎没有控制权。一位在理查德·尼克松（Richard Nixon）总统政府中负责消费者事务的特别助理说："寻求信贷的人通常会觉得自己的一生要么被无情的计算机支配，要么被控制在只听一面之词的人们手中。不幸的是，在消费者心中，征信公司与超级保密、通过电子窃听、几乎私人运营的间谍网络联系在一起。"[1]

计算机化的信用报告只是20世纪60年代征信行业技术变革的最明显体现。个人信用监视正在经历内部的第二次革命。在功能强大的计算机辅助下，统计信用评分正在改变贷方评估个人信用度的方式。信用决策长期由经验丰富的信贷经理作出，他们与借款人见面、接受借款人的信贷申请，后来许多贷方开始转向风险评分。这种系统对大型全国性银行、零售商和金融公司特别有吸引力，因为它们努力跟上战后信贷增长的步伐。1972年，费埃哲的一位代表评论道："数百年来，放贷一直是一种艺术，因为判断的作出必须基于对定性信息的直观考虑。近20年来，技术创新将放贷活动从一种艺术形式转变为一个科学过程，这个过程使人们能够根据定量数据做出决策。"[2]

而且，这种转变对信贷经理的专业知识构成了直接威胁。评分的拥护者认为，统计风险建模使信用评估更加具有一致性且更为公正，但是包括许多信贷员在内的其他人则将统计风险建模视为非人格化的。计算机及其创造性的统计方法似乎正在破坏信用度的道德基础。

### 无知（和纯真）的终结

1966年夏天，众议院小组委员会开始调查美国社会所面临的新威胁：

---

[1] U.S. Senate, Committee on Banking and Currency, *Fair Credit Reporting*, Hearing, May 19-23, 1969（Washington, D.C.: GPO, 1969）, 13.

[2] H. J. H. Roy, "Why Credit Scoring," *Burroughs Clearing House* 56, No. 7（April 1972）: 27.

计算机数据库。听证会由新泽西州众议员克里鲁斯·加拉格尔（Cornelius Gallagher）主持，旨在回应联邦数据中心的开发计划。该中心是由美国经济协会（the American Economic Association）和社会科学研究委员会（the Social Science Research Council）策划设立的。社会科学研究委员会是一个独立的非营利组织，其于1960年成立了一个探索性的专门委员会，旨在研究联邦经济数据的保存和使用。该专门委员会的调查结果被称为"鲁格斯报告"（Ruggles Report），以委员会的主席耶鲁大学经济学家理查德·鲁格斯（Richard Ruggles）的名字命名。报告建议将当时分散在众多机构中的联邦统计数据集中起来，以便研究人员更有效地使用政府数据。

拟建的联邦数据中心将汇总人口普查局、劳工统计局和税务局等机构的机器可读记录，以便进行高层级（且匿名）的社会经济分析。从渴望数据的社会科学家的角度来看，该计划是完全明智且正面的。[1] 然而，在众议员加拉格尔和其他立法者的眼中，中心化的政府数据库往好了说是对美国公民隐私权的冒犯，往坏了说是通向极权主义的门。加拉格尔预言说："'计算机化的人'将失去他所有的个性和隐私……他在社会上的地位将由计算机来衡量，他将失去个人身份。"[2] 在这情况下，联邦数据中心这个想法被放弃了。

然而听证会揭示，国会的担忧完全错位了。中心化数据库已经在包括个人征信行业在内的私营部门中运行。兰德公司（Rand Corporation）计算机专家保罗·巴兰（Paul Baran）的证词让人大开眼界。巴兰是创建网络通信系统的关键人物，后来被公认为是互联网的首要架构师之一。当他在

[1] Report of the Committee on the Preservation and Use of Economic Data to the Social Science Research Council, April 1965, in U.S. House, Committee on Government Operations, *The Computer and Invasion of Privacy*, Hearing, July 26-28, 1966（Washington, D.C.: GPO, 1966），195-253.

[2] Ibid., 2. For an overview of government computerization and congressional investigations during the 1960s, see Alan F. Westin, *Privacy and Freedom*（New York: Atheneum, 1967），Chap. 12.

描述商业数据库（包括"独立信贷系统"在内）的发展和必然整合时，本杰明·罗森塔尔（Benjamin Rosenthal）众议员打断了他，"那么，你要说的是，即使政府没有批准建立这样的系统，但它仍在不断发展，因为各个团体正在独立地开发基础系统。"巴兰的回应"正是如此"让人不寒而栗。①

到20世纪60年代中期，当征信公司受到国会的审查时，其职能和运作对任何人都不应该是秘密。除了美国个人征信业协会的媒体宣传活动以加强公众对地方征信机构的了解外，《生活》杂志等国家出版物中的专题报道几乎没有留下想象的空间。甚至在几本最畅销的书中，如希尔勒·布莱克（Hillel Black）的《立即购买，以后付款》（*Buy Now, Pay Later*，1961年出版）、迈伦·布伦顿（Myron Brenton）的《隐私侵略者》（*The Privacy Invader*，1964年出版）和万斯·帕卡德（Vance Packard）的《赤裸的社会》（*The Naked Society*，1964年出版），关于征信机构进行间谍活动的引诱恐惧言论也未能引起人们的关注。《立即购买，以后付款》当中包含一个专门针对征信公司的章节，这个章节取了一个恶意标题，名为"老大哥的老大哥"（Big Brothers' Big Brother）。该书的主要目标是消费者信贷本身，它具有不合理性和虚假便利性，但是现代征信公司把个人信贷看作是自己赖以生存的基础。布莱克写道："如果明天将美国征信公司的档案销毁，可以想象，我们整个经济将陷入萧条，这样的萧条和20世纪30年代的情况相比，是大巫见小巫。"②

1967年，布伦顿和帕卡德在战后监视相关的不同论述中讨论了同一领域的问题。在两人的论述中，征信公司的机器在电子窃听、测谎和心理测试等新技术面前黯然失色。相比之下，老式文件柜显得古朴，而由私营部门运营的文件柜则更是如此。在麦卡锡主义和冷战妄想症的背景下，大多数美国人害怕的是中央政府而不是商业部门的情报收集。布伦顿和帕卡

---

① U.S. House, Committee on Government Operations, *The Computer and Invasion of Privacy*, 122.

② Black, *Buy Now, Pay Later*, 37.

德著作的书评中经常提及"老大哥"，但这基本上不涉及对征信公司的评价。① 正如一位对这些作品持轻蔑态度的评论家写道："帕卡德就征信公司调查活动所写的冗长报告根本没有激起我的愤慨：如果想让自己的财务情况保持私密状态，你可以只用现金支付。"② 这些评论家不明白的是，征信公司并不是孤立运作的。相反，它们是正在成长的监视组合的一部分，该监视组合既包括政府机构，也包括商业机构，并且其中的信息往往流向距原点很远的地方。

　　如果美国消费者和公共知识分子对征信公司的日益增强的影响力视而不见，那么联邦政府就不能置之度外了。其中，司法部对征信行业的能量非常了解。司法部于1933年对美国个人征信业协会施加了反托拉斯禁令（于1953年进行了修改），以禁止它们成员之间的垄断性信息共享做法。信用报告的内容以及该行业对广大商业带来的益处是毋庸置疑的。第二次世界大战后，美国商务部甚至出版了推荐征信公司服务的教育材料。1948年的小册子解释说，征信公司在评估个人信用时向商人提供了"整体情况"，"需要检查法院记录中是否有动产抵押、留置权、破产、契约等。案底会被记录下来，包含重要事实的报纸信息会被剪裁放在永久纪录中。"③ 这些信息对联邦调查局（FBI）和美国国家税务局（IRS）而言也有重大价值。

---

① See John Brooks, "There's Somebody Watching You," *New York Times*, March 15, 1964, BR1; Robert R. Kirsch, "Individual Privacy Loss: With Us Here, Now," *Los Angeles Times*, March 15, 1964, D18; Charles Poore, "Now Everybody Wants to Know What's on Your Mind," *New York Times*, March 17, 1964, 33; Glendy Culligan, "Brothers of Assorted Sizes Are Kibitzing on Our Lives," *Washington Post*, March 18, 1964, A4; Frederick H. Guildry, "Big Brother Is Watching," *Christian Science Monitor*, March 19, 1964, 9; Robert C. Moore, "Is Big Brother 'Bugging' You?," *Boston Globe*, March 22, 1964, 27; Edmund Fuller, "A Pair of Indictments of Privacy-Invaders," *Wall Street Journal*, March 26, 1964, 14; and Lewis Nichols, "Still Naked," *New York Times*, April 26, 1964, BR45.

② Joseph W. Bishop Jr., review of *The Naked Society*, by Vance Packard, *Yale Law Journal* 74, No. 1（November 1964）: 196.

③ "The Credit Bureau as an Aid to Profitable Credit Selling," *Small Business Aids*, No. 434（Washington, D.C.: U.S. Department of Commerce, 19 February 1948）, 1.

这两家政府机构均与大城市的主要征信公司签订了合同，以购买信用报告作调查用。仅在纽约，联邦调查局和美国国务院每年就从该市最大的征信公司收到两万份信用报告。①

政府与征信行业最重要的业务关系是通过美国联邦住宅管理局和美国退伍军人事务部贷款计划体现的。虽然美国联邦住宅管理局本身并不是信用报告的大量购买者（其于1967年购买了12000～15000份报告），但贷款机构在每次贷款申请时通常会提交报告。美国联邦住宅管理局每年收到约50万份申请，使其间接地成为征信公司的主要客户。② 实际上，在征信行业受到国会抨击之前不久，征信公司已经从美国联邦住宅管理局处收到质问。1963年，该机构抱怨在收到的信用报告中存在"严重遗漏"。一个令人震惊的案件涉及一名阿拉巴马州男子，该男子收到美国联邦住宅管理局贷款仅六个月后就违约了。随后的调查显示，该案主要归咎于质量低劣的信用报告。虽然该报告表明该男子是一个"令人满意"的借款人，但报告漏掉了该男子的煤气服务被多次切断，他的家具已经被收回，他是数起诉讼的对象。根据美国联邦住宅管理局分析，这不是一个孤立的案例。在审查了1200多份违约的抵押贷款之后，美国联邦住宅管理局确定，如果不是因为"遗漏或不准确"的征信公司报告，其中近三分之一的贷款会被拒绝，另外12%贷款的信用评级将被"降级"。具有讽刺意味的是，为了解决这种质量参差不齐的问题，美国联邦住宅管理局编制了自己的可信赖征信机构白名单。③ 由于没有标准用以规范征信机构的资格，因此任何人都可以从事该业务。因此，美国房贷银行家协会（Mortgage Bankers Association of America）的前负责人抱怨道："你会收到一些糟糕的信用报告。"④

① Stanford N. Sesser, "Prying for Pay," *Wall Street Journal*, February 5, 1968, 16.

② U.S. House, Committee on Government Operations, *Commercial Credit Bureaus*, 40-41.

③ William M. Carley, "Careless Checking?," *Wall Street Journal*, August 9, 1963, 1.

④ Ibid.

### 国会听证会和《公平信用报告法（FCRA）》

国会在1966年对私营部门数据库的调查发现很快引发了新的一轮听证会，这次听证会专门针对个人征信行业。在1968年和1969年的听证会上，行业领导者被传唤到立法者面前，就信用报告的内容及其组织的信息处理做法接受质问。① 如果说有千百万份个人纸质文件散布在成千上万的地方征信公司中，这一点一直是没有争议的，那么这些详细的个人信息直接进入单个数据库的前景则引起了恐慌。众议员加拉格尔说："我们正在进入的是一个全面监视的社会和一个全面管理的社会，所有信息都将进入中央数据库。"②

虽然美国的个人信用监视系统在计算机化之前就已实施，但是整个行业的分散化，以及纸质文件和电话报告的效率低下似乎提供了一层隐私保护。单独一个机构无法了解特定人员相关的所有信息，为了收集建立完整档案所需的材料，其中需要的额外工作和成本也足以限制此类调查。联网数据库将消除此类人为的和离线的保护。参议员菲利普·哈特（Philip A.Hart）警告道："现在，随着计算机技术的出现，我们看到这样一个可能性，购买者可以在几秒钟内获得每位美国公民的完整档案。"正如他指出的那样，这个可能性尤其令人不安，因为征信行业已经显示出在三个全国性网络中集中的迹象，即信用数据公司、美国个人征信业协会和零售征信公司。③

立法者和隐私保护倡导者们担心，如果任其发展，征信公司可能会成

---

① Three separate hearings were held, one in the House ( March 12-14, 1968 ) and two in the Senate ( December 10-11, 1968, and May 19-23, 1969 ). For a summary, see Robert M. McNamara Jr., "The Fair Credit Reporting Act: A Legislative Overview," *Journal of Public Law* 22 ( 1973 ): 67-101.

② U.S. House, Committee on Government Operations, *Commercial Credit Bureaus*, 136.

③ U.S. Senate, Committee on the Judiciary, *The Credit Industry*, Hearing, December 10-11, 1968 ( Washington, D.C.: GPO, 1969 ), 1.

为一个信息"汇总"，只需按一下按钮，就可以输出一个人的整个历史。这正是法律学者亚瑟·米勒（Arthur R. Miller）的预见。他在1968年对参议院一个小组委员会说："未来的信用网络，可能被保险公司、收账者、各级政府、各行各业的雇主以及需要专门的邮寄名单或邀请名单的任何人使用。今天的服务通常是为授信人提供的单一服务，明天可能会成为一个完整的、目的广泛的信息收集和信息报告网络。"[①]

这个行业长期以来视自己为美国商业和全国信用经济的捍卫者，对于这个行业而言，听证会就是一场灾难。不像邓白氏等19世纪的企业征信公司不断受到不满的商人和诉讼人的困扰，个人征信机构的运营几乎没有受到过惩罚。除了20世纪30年代的反托拉斯法规和已有的防止诽谤的保护措施外，个人征信行业靠的是行业自律。"在过去60年中，我们一直在保护隐私，我们相信我们将来还会保护它。"美国个人征信业协会的高管约翰·L. 斯帕福德（John L. Spafford）在1968年众议院听证会上对小组委员会成员说道，"我们相信我们可以用电脑做到这一点，坦率地说，先生们，我们相信我们可以用计算机日后发展的任何成果来做到这一点。"[②] 没有人理会斯帕福德做的童子军似的天真保证。

国会听证会的证词迅速揭示了征信公司报告在保密性、准确性和信息使用方面存在系统性缺陷。众议院听证会的第一位证人，法学教授艾伦·威斯汀（Alan F. Westin）说明了征信公司的信息传播存在松懈性（Laxity）。为了测试获得报告的难度，威斯汀致信大纽约征信公司，要求该局提供一份"品格报告"，内容与一位在哥伦比亚大学为他工作的女性研究助理相关。据称，这位女士（她被列入计划之中）正在考虑哥伦比亚大学的一份工作。一天后，该局经理致电，将这位女士的信用档案读给威

---

① U.S. Senate, Committee on the Judiciary, *The Credit Industry*, Hearing, December 10-11, 1968（Washington, D.C.: GPO, 1969）, 136.

② U.S.House, Committee on Government Operations, *Commercial Credit Bureaus*, 120.

斯汀的工作人员，并同意邮寄一份打印好的报告副本。令人吃惊的是，这种"令人发指的个人信息披露"服务是免费的，以向大学表示友好。[1]

威斯汀教授揭露了美国最大的征信公司（同时也是美国个人征信业协会的成员）在保密方面的严重失误，同时也表明，此类征信公司所处理的不仅仅是信用信息。听证会上一些最具煽动性的证词集中在征信行业的调查程序以及道德和个人轶事的收集上。例如，威斯汀收到的"先前的住址报告"包含该女士以前的工作、信用记录、收入和房主/房客/寄宿生的状态，以及用以表明她的"性格、习惯和道德"的栏目，雇主对她的看法，"非法"活动的证据以及针对她提起的诉讼或判决。尽管美国个人征信业协会领导人声称，其信用报告中排除了"外部"非信用信息，以及其成员机构没有进行外部调查，但立法者引用了相反的证据。除了制作最近的美国个人征信业协会信用报告（内容包含消费者的智商），"新来者服务"的运作则是侵入式家庭监视的一个例子。"新来者服务"是一项由该协会50~75名成员提供的促销副业，该服务被指控雇用"礼仪小姐"来收集有关新居民的家庭条件和财产的信息（译者注：该服务和前述"欢迎车"活动相关）。[2] 这些行为以及其他侵害行为被记者掌握，成为整个征信业务的象征性标注（Emblematic）。

正如威斯汀指出的那样，无须成为征信机构就可以获得大量详细的个人信息。如果在纽约征信公司尚未计算机化时，各机构尚且无法保护对纸质文件的获取，那么我们如何能相信这些征信公司在数据库时代能保护好个人隐私呢？更令人不安的是，政府本身就是购买信息的众多非征信机构之一。在听证会上，立法者获悉，美国个人征信业协会和零售征信公司的成员局把信息卖给了一系列的联邦机构，包括美国国家税务局和联邦调查局。当他们被迫为自己的行为辩护时，行业代表用了一些幼稚且尴尬的证

---

[1]  U.S.House, Committee on Government Operations, *Commercial Credit Bureaus*, 7-9.

[2]  *Fair Credit Reporting*, 165-167.

词来回应。零售征信公司总裁李·伯格（W. Lee Burge）和美国个人征信业协会高管斯帕福德均表示，他们的组织与政府机构的合作是一项对公众的服务。众议员加拉格尔问斯帕福德："你是为联邦调查局、国家税务局还是为公民提供公共服务？"斯帕福德回答说："FBI不是代表公民吗？政府不是吗？"加拉格尔回击道："有时公民与国家税务局意见不合。你为国家税务局投入了很多，而国家税务局有时与公民意见不一致。毕竟，《人权法案》（Bill of Rights）不是为政府官僚所写。"[1] 如果政府可以在没有法院命令的情况下获得公民的个人和财务信息，也许甚至不需要联邦数据库。这些信息可以直接从商业数据中间商（如征信公司）处购买或传讯。众议员罗森塔尔感叹道，技术的速度已经"超过了社会责任。以前我会走进社区银行，他们认识我，但他们不会把信息泄露出去。"[2]

虽然信用报告看起来很差，但是人事和保险报告更糟糕。零售征信公司受到国会特别攻击。作为美国最大的征信公司和一家信息收集模式以个人调查（非商家提供的分类账数据）为中心的公司，零售征信公司在很大程度上依赖线人的信息。在听证会上，议员质疑零售征信公司使用的信息来自前雇主和邻居，这些信息构成未经证实的传闻。在一个案例中，一位女士很难找到工作，因为由邻居提供信息的零售征信公司文件将她描述为"精神病和神经质"。零售征信公司的律师为这种伤害性行为辩护。该位女士是否为医学定义上的精神病这一点无关紧要，但对于准雇主来说，认识这位女士的人认为她疯了才是至关重要的。"那么，你正在做的是通过使用这些字眼来报告她在社区中的声誉吗？"参议院小组委员会的一位成员问道，律师回答"的确如此。"[3]

从本质上讲，零售征信公司遵循的是刘易斯·大班在19世纪40年代开

---

① U.S.House, Committee on Government Operations, *Commercial Credit Bureaus*, 135.

② Ibid., 115.

③ U.S. Senate, Committee on the Judiciary, *The Credit Industry*, 110.

发的商业信用监视模式。如大班所说，他的商业征信所系统，美国大众信用监视的起源，仅是一项计划，旨在收集所有美国企业主在当地声誉，并将这些信息集中起来，以供远方授信人使用。零售征信公司律师几乎逐字复述了大班在19世纪作出的辩解，认为该公司没有做错任何事，仅仅是汇编当地人已经知道的内容和当地人相互之间的看法。他提出质疑道："传闻有什么问题？如果没有人根据传闻采取行动，就没有任何文明。我的意思是，我们每个人在生活中的每一天都根据传闻采取行动。"[1] 可问题是，传闻嵌入在非人格化的监视网络中，并在本地环境之外被广而告之，传闻的效果被放大了，难以根据情况进行改正或纠正，这会更具破坏性。

　　零售征信公司人寿和汽车保险报告的内容也引起了类似的关注。例如，该公司的人寿保险报告中留有空档，用以详细说明申请人的酒精类消费情况。1969年的参议院听证会主席、《公平信用报告法》的发起人威廉·普罗克斯米尔（William Proxmire）承认，"酗酒与死亡率"之间可能存在关联。但是，他指出，该报告的一部分要求调查人员描述"申请人如何喝酒，在社交场合饮酒还是独饮，是出于家庭问题还是其他麻烦。"普罗克斯米尔参议员认为这令人难以置信。"不仅要知道一个人是否喝酒，还要知道他为什么喝酒。调查员难道是训练有素的精神科医生？你难道真的认为，仅仅和邻居聊几分钟就可以确定一个人为什么要喝酒？"[2] 关于申请人的"居住条件或邻里关系"以及其是否是"好辩论、有对抗性"这些标准化问题，揭示了零售征信公司监视的深度和随意性。

　　当被问及为什么这样的问题会出现在表格上时，伯格总裁指向了零售征信公司的客户，零售征信公司只是向保险公司提供他们要求的信息。他

---

[1] U.S. Senate, Committee on the Judiciary, *The Credit Industry*, 118. For an economist's defense of the credit bureau's "surgically-precise gossip," see Daniel B. Klein, "Promise Keeping in the Great Society: A Model of Credit Information Sharing," *Economics and Politics* 4, No. 2（July 1992）: 117-136.

[2] U.S. Senate, Committee on Banking and Currency, *Fair Credit Reporting*, 204.

认为，人寿保险公司不是利用邻里信息来对居住在贫民区的申请者进行分析，而是要评估"不健康、拥挤的条件"对其寿命的影响。① 他推测，汽车保险公司认为，对抗性人格类型发生"路怒"的风险更大。有理由认为，一个有对抗性的人"也许在其操控方向盘时，会用保险杠、挡泥板和自己的声音来参与争执。"② 所有这些完全不同的信息，与人品、性格、职业、心理、健康相关的，都混杂在零售征信公司文件中。美国个人征信业协会至少声称其成员机构将信用信息与人事或保险报告中使用的信息分开。但零售征信公司并没有这样做。加拉格尔众议员警告说，在成为"数据丰富的社会"的过程中，美国面临着"隐私保护贫乏"的危险。③

尽管严重侵犯了隐私，但征信行业档案中人品、信贷、就业和健康信息的相互关联并没有给议员们带来太多担忧。通过解释征信公司报告与就业和保险调查报告之间的区别，大多数人接受各种客户都有正当理由考虑不同类型的信息。例如，尽管这种推导饮酒动机的企图是荒唐的，雇主或保险公司仍要求提供有关个人的性格、习惯和健康状况的更详尽信息。正如加拉格尔参议员所澄清的那样，业界为客户编写"完整而准确的个人信贷活动图景以及有关可靠性和性格的某些一般性评论"，这是可以理解、甚至值得赞扬的。"该小组委员会既无意愿也无管辖的权力来改变这一传统。"④ 只要将信贷、人事和保险信息分别放置在各机构的档案中，并且只要这些信息是真实的，国会领导就愿意给它通行证。

令议员和许多消费者权益提倡者真正担忧的是，征信公司档案中的信息不准确，而且个人没有明确的方式介入。在听证会上，"卡夫卡式"的故事说明了征信业不受限制的权力，在这个故事中，由于错误的信息或恶

---

① U.S. Senate, Committee on Banking and Currency, *Fair Credit Reporting*, 206.

② Ibid., 212.

③ Cornelius E. Gallagher, "The ACB's Guidelines for Protection of Privacy," *Credit World* 57, No. 5（February 1969）: 6.

④ U.S. House, Committee on Government Operations, *Commercial Credit Bureaus*, 61.

意的阻挠而被拒绝信贷或就业的个人无法澄清自己的名誉。在这种情况下，数据库显得特别令人恐惧。计算机网络以其闪电般的速度、传输大量数据的能力以及全量的存储能力，可能加剧已有的错误，更有甚者，这些错误以及主体过去的所有失误都永久保存在数字记录中。加拉格尔众议员警告说，"计算机代表了征信公司行业中的一个激进的新元素，也可能是美国人生活中的新元素。"他告诫信用数据公司总裁哈里·乔丹（Harry C. Jordan）："现在你已经将机器引入了久经考验的行业中，这是危险的。"①

美国个人征信业协会和零售征信公司在听证会上被杀个措手不及、被媒体嘲讽，而征信行业的第三大参与者信用数据公司的境遇要好得多。在1965年美国第一个计算机化的信用报告系统上线之前，信用数据公司仔细地制定了指导原则用以管理其中心化文件的内容和发行。信用数据公司首先与代表原始订户（主要是银行、金融公司和全国信用卡发行人）的咨询委员会合作，决定其记录将仅包含个人的基本识别信息、账户和付款历史、当前和以前的工作，以及公共记录项目，例如破产、诉讼、判决和留置权。所有个人和就业信息均来自客户的信贷申请表。账户和付款信息直接来自订户，作为自动记账系统的副产品通过计算机传输到信用数据公司，公共记录项目则是从已公开的信息来源中分别收集的。

重要的是，信用数据公司不会进行任何外部调查或收集有关个人性格、健康或家庭生活的信息。它仅出于信用评估的目的将信息出售给真正的授信机构（尽管信用数据公司确实允许其订户使用报告来筛选自己的潜在员工）。该公司坚决拒绝贩卖促销客户名单。按乔丹的说法，"名单不能私自出售要求"是一种该行业约定俗成的严格规则。②但是，信用数据公司最积极捍卫隐私的行为是，在没有法庭命令下拒绝向不提供信贷的政府机构共享信息，例如执法部门和国家税务局。信用数据公司已经三次拒绝

---

① U.S. House, Committee on Government Operations, *Commercial Credit Bureaus*, 85.

② Ibid., 100.

美国国家税务局对信息的要求，并且因此收到了传票。[①]

　　与零售征信公司和美国个人征信业协会相比，信用数据公司在保护个人隐私的努力上更具有主动性和前瞻性。它的总裁还提供了令人信服的证词来捍卫计算机监视本身。毕竟，乔丹拥有生物物理学博士学位，并对信息理论和技术有深刻的理解。当他设定了信用数据公司明确定义的信息处理协议时，他认为集中式数据库没什么可担心的。人们可以对具有前瞻性和智能性的网络报告系统进行管理，以达到社会期望的目标。换句话说，技术只能做其人类主人允许的事情。他承认，对计算机进行编程以记录几乎任何类型的信息在技术上是可行的，信息类型包括关于个人性格、心理特征和家庭生活的传闻。他的公司有意将系统设计为可以排除此类信息。同样，从技术上讲，计算机也可以长时间存储一个人的全部生活历史，不计成本的话，甚至可能直到永远。但同样，乔丹的系统设计使这一点无法实现。信用数据公司计算机程序被设定为可以定期消除个人记录上的污点。五年后，未还款或迟付款的记录会消失；十五年后，破产记录会消失。乔丹断言："这是文明传统的一部分，所有人都有权改正错误或被原谅过失。"这消除了人们普遍认为"机械大脑"永远不会忘记的误解。[②]

　　乔丹甚至认为，数字记录比传统的纸质文件提供了更多的隐私控制。在一个典型的人工机构中，成排的文件柜中的文件任由大批员工在没有监督的情况下浏览，与之不同的是，计算机系统只有少数专家和程序员才能访问系统中的信息，这些信息用肉眼是看不见。甚至艾伦·威斯汀教授都将计算机的不透明性视为一种优势。"五分之一瓶波旁威士忌就可以搞定'X'城市某个征信公司的初级职员，远远不及IBM 360有用，因为IBM 360可以经受住任何诱惑。和计算机拉关系的方式与我们在朋友间的裙带关

---

①　U.S. House, Committee on Government Operations, *Commercial Credit Bureaus*, 62-101.

②　U.S. Senate, Committee on the Judiciary, *The Credit Industry*, 64.

系网络中拉关系方式大为不同。"① 这种观点认为，受过良好教育的男性计算机技术人员在道德上要比低薪、主要是女性的办公室操作员表现好。但是，即使不是这样，计算机本身的记录保存功能也提供了强大的威慑力。由于访问计算机报告需要特殊代码，因此只需查看自动日志即可识别违规的情形和违规的来源。工作场所的计算机为管理层提供了新的员工监视模式。乔丹解释道："简而言之，你可以将交叉检查内置到计算机程序中，以电子方式察觉可疑之处。"②

甚至信用数据公司报告的量化语言也间接地加大了个人隐私保护力度。"纸质文件可以让随便一个小女孩写下任何东西，相反，计算机只提供了数目有限的评级。因此，我们无法写下小便条说，有传闻他昨晚与妻子吵架。计算机无法输入这样的数据。"加拉格尔众议员对此并不放心。③"如果由一个小女孩就这样轻率地处理2000万美国人的个人资料，我会很担心那个小姑娘是谁，你难道不为此担心吗？"④ 乔丹排除了这种担忧，指出转移到信用数据公司文件中的数据有80%是在计算机之间传输的。

尽管针对计算机化报告的内容和操作细节，乔丹为技术提供了一个社会塑形，但他认为计算机化的扩散是必然趋势。信用数据公司每周都会在其数据库中添加50000个新文件，他估计将在5年内拥有所有美国人相关的文件。他的公司不是唯一实现自动化过程的征信公司，他预测所有信用信息将在10年内实现计算机化，并且该信息将由少数公司控制。⑤ 在听证会上，计算机化的征信公司仍然是少数。零售征信公司甚至还没有开始计算机化，一些主要的城市征信公司也没有计划进行计算机化。"信贷主要是本地事务，"大波士顿征信公司的经理解释道，"我们根本不需要联系其他

---

① U.S. House, Committee on Government Operations, *Commercial Credit Bureaus*, 51.

② Ibid., 95. On computing and workplace surveillance, see Zuboff, *In the Age of the Smart Machine*.

③ U.S. House, Committee on Government Operations, *Commercial Credit Bureaus*, 86.

④ Ibid.

⑤ Ibid., 69; and U.S. Senate, Committee on the Judiciary, *The Credit Industry*, 75-76.

地区来合理化计算机互联的成本。"① 然而，到1973年，全国所有大城市的征信公司都已计算机化。由于小型征信公司对转换的成本和其中的麻烦感到担忧，因此向自动化迈进的步伐有所减缓，但自动化的发展趋势已是不可逆转的。②

如果不能停止计算机化，毕竟还可以订立一些处理信用信息的新规则。不足为奇的是，征信行业坚持认为，改革应该通过自愿的自我监管而不是严格的联邦法规进行。1969年1月，美国个人征信业协会推出了一套新的准则，给予消费者了解自己档案内容的权利，限制政府对信用记录的访问，并指示负面项应在七年后删除（破产情况除外）。零售征信公司采用了美国个人征信业协会的准则，但信用数据公司却选择遵循自己"限制性"更强的道德规范。③ 尽管所有人都对消费者权益表示担忧，但行业领导者却对这些投诉和错误轻描淡写，在处理如此大量报告的情况下这些投诉和错误是个别且罕见的。甚至乔丹也认为错误是不可避免的，不必对其太关注。信用报告不需要使用与关键基础设施相同的可靠性标准。他指出，当空中交通管制系统有"擦伤"，将是灾难性的；但对征信公司而言，仅是个人有"稍微的不便"。④ 但对此，立法者不同意。信贷已成为美国人生活中不可或缺的要素，进行监管非常重要以至于不能采用自愿、不一致且无法执行的内部人员处置方式。确实，信用监视已成为美国经济基础设施的重要组成部分。

《公平信用报告法》（FCRA）于1970年10月通过，并在两周后被尼克松总统签署成为法律。《公平信用报告法》与1968年的《消费者信贷保护

---

① Leo P. Hardwick, "Problems of Consolidation," *Burroughs Clearing House* 52, No. 9（June 1968）: 73.

② Allen Hall, "Chilton Corp. Shifting Sights to Small Cities," *Dallas Morning News*, February 9, 1973, 11.

③ U.S. Senate, Committee on Banking and Currency, *Fair Credit Reporting*, 142-147, 173, 230.

④ U.S. House, Committee on Government Operations, *Commercial Credit Bureaus*, 94.

法》(*Consumer Credit Protection Act*)(其中包含"借贷真相"条款)一起，反映了消费者保护运动在美国政治中的影响力日益增强。《公平信用报告法》主要建立了以下新规则：信用报告的获取只能出于"合法业务需求"；政府机构必须有法院命令才可以获取报告（某些识别信息可以共享而不需要法院命令）；如果信用主体要求，征信公司必须在个人档案中披露信息的"性质和内容"，以及信息的来源；负面项在7年后（破产为14年）删除。如果个人在授信、保险或雇佣，申请工作中被拒，或者由于不良信用报告而提高了该人的贷款利率或保险价格，则要通知该主体并向他们提供征信公司的联系信息；如果要求提供某个人的调查报告，则必须通知该人；就业报告方面，如果报告中包含不良的公共记录信息，则必须通知该主体。[①]

由联邦贸易委员会（Federal Trade Commission，FTC）执行的《公平信用报告法》，赋予消费者新权利，消费者可查看、纠正和监视自己个人信息的流通。这是解决信息不准确问题迈出的重要一步。但是，严重的问题很快显现出来。首先，法律只要求征信公司在个人档案中披露"所有信息的性质和内容"。它没有指定如何共享信息。在国会听证会上，征信行业强烈反对任何要求他们向消费者提供信用报告副本的规则。他们争辩说，消费者会被这种隐秘的语言所迷惑，并且正如乔丹所指出的那样，不能信任消费者会保护自己报告的机密。[②]《公平信用报告法》赋予了消费者知道他们报告内容的权利，但是从技术上讲没有赋予他们直接检查报告内容的权利。因此，就回到19世纪商业机构的保密方法，征信公司拒绝向来访的消费者提供报告的副本。取而代之的是，征信机构职员们向消费者口述报告的内容，按他们的意愿改变或省略细节。[③]

《公平信用报告法》在保护隐私方面所做的特别少。政府机构仍然可

① Fair Credit Reporting Act of 1970, 15 U.S.C. 1681.

② U.S. Senate, Committee on Banking and Currency, *Fair Credit Reporting*, 232.

③ Sheldon Feldman, "The Fair Credit Reporting Act—From the Regulators Vantage Point," *Santa Clara Law Review* 14, No. 3（1974）: 474-475.

以在没有法院命令的情况下获得基本信息，而且文件的内容不受限制。由于很难证明征信公司违反了规则，并且长期存在的《特许保密通信法》保护了它们免予诽谤，因此它们几乎没有被起诉的担心。结果，这些征信机构没有动力主动约束自己信息收集的做法。[①] 此外，"合法业务需求"的规定实际上是一扇敞开的大门。虽然《公平信用报告法》明确允许债权人、保险人和雇主使用信用报告，但是"合法业务需求"是一个包罗万象的统称，这个词可以很容易地用来证明向房东、市场研究人员和消费者名单销售商，出售信用信息的合理性，更不用说律师、收款公司或私家侦探。随着征信公司将自己重新定义为综合数据提供者，此漏洞将成为主要争论点。

尽管像信用数据公司这样的新公司拒绝将信用报告卖给狭义定义的授信机构以外的任何人，但奇尔顿等其他计算机化的机构正朝着服务扩大和多元化的方向发展。随着人们对新技术和设施投入巨额资金，在更广泛的背景下将信息变现的诱惑是非常现实的。[②] 信用数据公司于是就成为公司多元化的牺牲品。1968年，国防工业巨头TRW收购了信用数据公司，TRW制造核导弹和卫星，TRW渴望加入迅速发展的信息技术市场，它将信用数据公司视为快速收购"大型专有数据库"并占据主导地位的机会。[③] 在后续的20年中，TRW和最大的计算机化征信公司开发了越来越多的信贷筛选和营销计划。《公平信用报告法》鉴于其适度要求和宽松定义，甚至没有

---

① Sheldon Feldman, "The Fair Credit Reporting Act—From the Regulators Vantage Point," *Santa Clara Law Review* 14, No. 3（1974）, 482-485. For additional critique of the FCRA, see Vern Countryman, "Computers and Dossiers," *The Nation*, August 30, 1971, 134-149, esp. 135-138, 147-149.

② This observation is made in Arthur R. Miller, "Personal Privacy in the Computer Age: The Challenge of a New Technology in an Information-Oriented Society," *Michigan Law Review* 67, No. 6（April 1969）: 1148.

③ Davis Dyer, *TRW: Pioneering Technology and Innovation Since 1900*（Boston: Harvard Business School Press, 1998）, 279. For cashless society remarks, see "Thumb-Print Economics," *Time* magazine, November 27, 1964, 64.

开始考虑未来影响消费者监视的重要因素。

更为重要的是，导致《公平信用报告法》通过的调查揭示了征信行业对信息的无限胃口。尽管公开辩论围绕着准确性和隐私性问题展开，但背景中却隐隐显现出了一个更深刻的问题：在作出信用决策时，哪些信息是相关的？财务信息只是征信公司收集的一小部分。除了记录美国消费者的收入、资产和过去的付款历史外，机构的文件还包含大量"非金融"细节，从性别、年龄和婚姻状况，到住址、工作经历、租房者身份或房主身份以及法律判决。更重要的是，信用报告与保险风险和就业决策纠缠不清，这两者都与信用度有着深厚的历史和概念上的关联。尽管《公平信用报告法》对征信公司报告和更具侵入性的"调查"报告（为雇主和保险公司准备的那种报告）进行了区分，但《公平信用报告法》并没有限制它们的混合。即使在《公平信用报告法》生效后，令人恼怒的大量保险调查报告（大多数涉及零售征信公司的调查方式）仍继续引起人们的关注。[①] 这引发了一个问题：哪些信息（如果有的话）是官方定义的采集边界？

关联性是信用评估的一个问题，因为不清楚财务信息在何处结束以及非财务信息在何处开始。个人的工作经历（不是他或她当前的工作和薪水）是财务信息还是个人信息？性别、年龄或家属人数？所有这些变量都可用于推断借款人、保险单或雇员的未来获利能力，但这些都不是财务数据。问题在于财务信息和个人信息相互重叠和互通。例如，过去稳定的工作可能表明申请人工作努力且可靠。因此，从根本上讲，我们尚不清楚放贷人的尽职调查在何处终止，也不知这种窥视从何时开始。

美国银行高管肯尼斯·拉金（Kenneth V. Larkin）在1969年参议院听证会上代表美国银行家协会直接提出了这个问题。他主张："如今，消费信贷授信方需要更多而不是更少的信用信息。"他特别反对《公平信用报

---

① See, for example, Thomas Whiteside, "Anything Adverse," *New Yorker*, April 21, 1975, 45-50, 53-54, 56, 59, 61-64, 69-71, 74-76, 80-82, 84-86, 89-92, 95-101.

告法》立法措辞中将征信公司信息限制为"必要"项目。他解释说："在典型的信用决策中，很难将任何一个条目定义为'必要'，而将其他条目定义为'不必要'或'边缘化'。实际上，信用决策是基于所获的信息做总体的判断。"[①] 总体判断的中心是品格（Character），这是信用度的三个"C"中的第一个。拉金坚持认为，借款人的"正直、诚实以及还款意愿"（Integrity，Honesty，[and] the Willingness to Pay）是信用度的基础，这些品质不能仅仅通过查询其过去的还款历史来判断。[②] 拉金对信息最大化和品格至上的要求引人注目，因为他的雇主美国银行是信用数据公司的主要客户。法案取消了对"必要"信息的限制，征信公司仍然可以自由选择任何信息来进行汇编，只要他们尽了"合理"的努力以确保信息的准确性并在7年后消除负面条目数据项。

尽管《公平信用报告法》并未解决相关信息的问题，但辩论一直非常活跃。禁止信贷决定中基于性别、种族和其他个人特征歧视的政治运动，实际上就是要这些信息与决策不相关，凸显了20世纪70年代存在的问题。信贷经理也秘密地展开了针对相关性的斗争。随着统计评分系统的日益普及，信贷经理的专家判断已被计算机取代。信用度可以看作是信用风险的一种表述，它只是统计分析和关联的函数。计算机辅助评分不仅使信贷经理的人为判断变得无关紧要，而且它还威胁着要使（信贷经理）整个职业变得无关紧要。

### 专业人士的恐慌：统计评分和信贷经理

到20世纪70年代初，在《纽约时报》宣布信用评分对赖账具有令人惊叹的预测能力的十多年之后，许多信贷经理仍然不希望使用这些计算机支持的系统。不可否认，计算过程使复杂的统计分析变得容易且具有成本效

---

① U.S. Senate, Committee on Banking and Currency, *Fair Credit Reporting*, 319.

② Ibid., 323.

益。但是对于许多信贷经理来说,评分似乎并没有提供运营收益。正如费埃哲的一位高管后来回忆到:"当初提出以评分代替传统的判断过程进行信用决策,这个想法并没有得到任何明显的热情响应。"[1] 许多信贷经理拒绝评分系统,原因很简单,他们并不认为信贷评估是一个问题。像美国投资公司这样的大型机构有多个分支每天要处理成千上万的申请,可以看到系统化分析的经济优势,但许多中小型企业却不能。

早期采用统计系统,并不是因为它们被认为优于有经验的信贷经理的判断。"个人信贷机构每年放贷数十亿美元,其中的大部分贷款给了它们从未见过的人。然而,它们的损失似乎低得惊人。"沃顿商学院的一位教授在1964年指出,这是因为美国公众诚实或者因为"筛选系统的效率"已经足够好。[2] 信贷经理已经非常擅长评估个人信贷风险,在许多情况下他们能保持损失低于总信贷额的1%。他们的判断方法行之有效,对激增的战后个人债务的稳定性没有威胁。问题是,这些经验丰富的信贷专业人员根本就不足以处理大量新的信贷申请。美国个人征信业协会人士在1962年指出:"如今很难找到好的信贷经理,这样的话比过去会听到的更加频繁了。"[3] 信用评分最初解决了一个比较普遍的问题:技能员工的短缺。但是,在解决这个问题时,评分系统很快重新定义了信用评估程序和信用概念本身。

在可能进行个人面谈的情况下,面谈仍在继续,因为信贷经理相信每个申请都是独一无二的,而且他们的专业判断优于局外人的神秘数学模型。一位统计学教授在描述评分系统的优势时承认:"'模型'一词引起了一些商人的担忧。对他们而言,这不现实。"[4] 的确,对于许多信贷经理

---

[1] Edward M. Lewis, *An Introduction to Credit Scoring*(San Rafael, Calif.: Athena Press,1992), 11.

[2] Paul F. Smith, "Measuring Risk on Consumer Instalment Credit," *Management Science* 11, No. 2 (1964): 327.

[3] John L. Spafford, "Let's Quit Talking and Do Something," *Credit World* 50, No. 11(August 1962): 12.

[4] Gerald J. Glasser, "Statistical and Mathematical Applications in Consumer Credit Management, Part Two: Statistical Decision Theory," *Credit World* 55, No. 2(November 1966): 18.

而言，没有什么比放弃其专业判断而改用赌博赔率（译者注：此处是对模型应用的比喻）而显得更不靠谱。在1968年众议院关于信用报告的听证会上，印第安纳州的众议员约翰·迈耶斯（John Meyers）证明了信贷经理的辨别力。迈耶斯在去华盛顿之前曾在一家银行工作过，他告诉他的同事们："你可以很好地判断一个走进银行借钱的人。如果他看起来很激动，并且想要一间私人房间，单独面谈，而不是站在前面老老实实地排队，那他的风险可能很大。"[①]

如果信贷经理最初因为觉得麻烦多于其应有的价值而拒绝评分系统，那么他们很快就有更加个人和情感上的理由来反对——信用评分威胁到他们的工作。自19世纪末以来，信用管理变得专业化，这些办公室工作人员也一直在努力争取得到雇主的认可。与销售和交易人员不同，人们常常不情愿地将早期的信贷经理视为一道昂贵但必不可少的防堤，用于抵制欺诈和损失。到20世纪50年代，信用管理终于成为许多公司中的管理角色。但是战后评分系统的发展以及更普遍的自动化威胁着要将信贷经理取得的成效化为乌有（见图8.1）。

新的信用评分系统消除了信贷经理与信贷申请者之间的个人接触，从而有效地消除了信用评估中的人为因素。可以肯定的是，在访谈过程中，信贷经理盯着消费者的鞋子看，依靠这样的访谈是有缺陷的。[②] 个人偏见而非职业智慧使许

图 8.1　曾经被视为幻想的信用判断自动化，对于战后的信贷经理而言已经变得非常真实了，因为统计信用评分威胁到他们的专业知识

（资料来源：《信用世界》，1933年6月）

① U.S. House, Committee on Government Operations, *Commercial Credit Bureaus*, 60.

② Justin Davidson and Joseph Buchan, "Management Sciences and the Computer" *Papers Presented at the Retail Research Institute's 6th Annual EDP Conference for Retailers*, Long Island, NY, August 31-September 4, 1964（New York: National Retail Merchants Association, 1964）, 1.

多信贷决策沿社会阶层、性别和种族以及其他更多特定偏见的方向倾斜。但是，尽管信用评分有望消除这种偏见（实际上是使信用评估民主化），但它也将个人信用度简化到了通过统计概率运算得出。申请人不再是个人信用风险，而是在更大风险池中的不露面的游泳者。在这些风险人群中，人与人之间的共同点仅仅是表面的经济特性和人口统计学的特性。这个基于统计事实的新世界中不但不鼓励信贷管理人员进行人为干预，反而要避免这种情况，它会造成失真和误差。因此，信用评分挑战了长期关于信用度概念本身的假设。如果信用度不再是个人品格的函数（诚实、责任和道德），那么信用评分到底能衡量什么？财务和道德素质真的可以被分开吗？对于许多信贷经理来说，答案是否定的。[①]

到20世纪70年代初，信贷经理陷入了一种"难受的状态"，一只脚在过去，另一只脚在未来。虽然传统方法在经济上不再可行，但信用评分对他们来说是自毁前程的行为。[②] 在1975年的美国银行家协会会议上，波士顿第一国家银行的代表敲响了传统信贷经理的丧钟。令人惊讶的是，这位高管在报告中表示，如果该行的"信用分析师"被评分系统所取代，则该银行可以在过去两年中避免25%的年度亏损。他坚持认为，该银行的分析师并没有错，但他们无法与评分系统的赔率准确性相提并论，评分系统的运行则要求"个人只要足够聪明到能把一列数字加起来就行"。[③] 不久之后，甚至这种计数都会被机器取代。

---

① For more on managerial conflict, see Josh Lauer "The End of Judgment: Consumer Credit Scoring and Managerial Resistance to the Black Boxing of Creditworthiness," in *The Emergence of Routines: Entrepreneurship, Organization, and Business History*, ed. Daniel M. G. Raff and Philip Scranton（New York: Oxford University Press, 2017）, 269-287.

② H. J. H. Roy and E. M. Lewis, "The Credit Manager's Uncomfortable Position," *Credit World* 59, No. 7（April 1971）: 10-11.

③ E. S. Amazeen Jr., "Credit in a Recession Economy—Back to Basics," in U.S. House, Committee on Banking, Currency and Housing, *To Amend the Equal Credit Oppor tunity Act of 1974*, Hearing, April 22-23, 1975（Washington, D.C.: GPO, 1975）, 102.

## 民主化还是去人格化？信用度和《平等信贷机会法》（ECOA）

随着计算机信用报告和统计信用评分的使用在20世纪60年代后期逐渐成为现实，信用风险的评估发生了巨大变化。计算机化的征信机构将个人详细资料和付款记录缩减为一系列数字和代码，这看起来更像计算机表格，而不是文字概述。统计信用评分则将信用度转化为对不露面人群的数学分析，而忽略了有血有肉的人。在这两种情况下，信用评估都从人类交互的世界迁移到机器的黑匣子中。正如艾伦·威斯汀（Alan Westin）教授所说，"我们的世界正在迅速成为一个几乎没有面对面接触的世界。百货商店和信用卡公司的经理等越来越多地依赖信用报告。他们从没有见过消费者客户或与其有任何接触。这个人对于他们来说可能只是一个数据。"①

对于许多美国人而言，在信用评估中引入计算机是一件非常异类的事情。信用度一直是一个信任的问题。一个人有足够的财务能力还清债务是不够的，更重要的是，这个人是否愿意抑制住延迟还款的自私冲动并愿意实际还款。的确，正如奥地利移民弗朗西斯·格伦德（Francis Grund，见第一章的描述）在19世纪30年代所观察到的那样，美国信用体系的"魅力"（Genius）就是其根植于个人特性。美国的信用度不是由财富或特权决定的，它建立在个人的道德义务和责任感上。这些无形的个人品质是无法被直接看见的，更不用说被量化了。随之而来的是，信用评估永远不可能真正地简化为仅仅进行财务计算。甚至早期拥护信用评分体系的人也只是将统计分析系统视作为人类信用判断的辅助物，而非替代品。

然而，随着贷款机构、零售商和信用卡公司的发展壮大到全国范围，人为因素逐渐消退。多分支机构的和地区化的信贷部门在未见到信用主体

---

① U.S. House, Committee on Government Operations, *Commercial Credit Bureaus*, 31.

的情况下处理上千份信贷申请。信用关系的制度化当然不是一个新问题。它可以追溯到19世纪40年代，当时第一个企业征信组织开始收集有关美国商人的信息。然后，就像在20世纪60年代后期一样，许多美国人不满于自己的个人信息被送到遥远城市的办公室，这些信息被陌生人用于判断自己的声誉。用于报告和评估信用度的计算机系统以一种19世纪评论家无法想象的方式进一步破坏了人性化的信用评估。有了计算机，分类账数据和信用报告就在机器之间而不是在人与人之间传递，而统计评分系统评判的是抽象的人群而不是单个个体。

如果数据库监视在批评者眼中成为了极权主义的幽灵（the Specter of Totalitarianism），那么行业人士看到的景象则完全相反。电脑化的报告和评分系统并没有压迫美国人民。相反，它们有助于扩大经济机会并使之民主化。通过跟踪所有成年公民并分析统计人口，消费信贷比以往任何时候都更便宜、更方便并且更为随处可得。长期以来，这一直是信用监视的主要卖点。征信组织确定社区中最严重的风险，以此帮助贷方将信贷扩展到了值得信赖且可营利的大多数。在20世纪最初20年广受赞誉的消费信贷"民主化"取决于征信机构和信贷部门的理性管理。矛盾的是，信用监视对整体的关注使信用评估更加公平和便捷。正如洛克菲勒在1913年经历的那样，每个人都要接受信用检查，征信的功能是进行客观记录，无关财富、特权或偏见。信贷民主化的代价是不断的监视。对于放款人以及许多消费者来说，这确实是一个合算的交易。然而，直到20世纪60年代后期，大多数美国人完全不知道他们在这个交易中放弃了多少个人权益。

战后信贷的大量增长无疑是支持民主化的令人信服的论点。然而，获得信贷的机会既不平等，也不完全民主。在20世纪60年代末和20世纪70年代初，许多妇女和少数族裔仍然感到难以获得授信或贷款。长期以来，中产阶级白人妇女一直被认为是有价值的信贷客户，尤其是在百货商店和大型零售商眼中，但她们的赊账账户通常与信用良好的丈夫或男性共同签署人联在一起。许多单身和离婚的妇女即使自己有收入，也无法以自己的名字开户或获得信用卡。同时，城市中低收入少数族裔经常被困在自己的邻里的高利贷之中。由于这些"贫民窟的商人"，穷人不仅支付了更多的钱，而且许多人无法建立正式的信用历史记录，而主流零售商和全国性贷款机构在提供赊账账户或信用卡时需要这些信用记录。结果，许多市区少数族裔实际上被隔绝在大范围的消费信贷世界外面。[①]

到20世纪70年代初，这些形式的信用歧视已成为立法干预的目标。尽管《公平信用报告法》要求征信公司提高透明度，但并没有采取任何措施来禁止这种歧视。正如征信公司运营商一个世纪以来所坚持的，他们仅向订户提供有关潜在借款人的信息。他们没有"评价"任何人。是否提供贷款完全取决于授信人。全国小企业协会（*National Small Business Association*）的代表在参议院关于信用报告的听证会上对立法者说："实际上，信贷经理没有标准"。信用决策通常是"判断"和"直觉"的问题。[②]换句话说，对征信行业的监管几乎没有改变贷方实际评估信用度的方式。

最终，《平等信贷机会法案》（Equal Credit Opportunity Act，ECOA）直接解决了信息相关性的问题。《平等信贷机会法案》于1974年紧随《公平信用报告法》之后颁布，将基于性别或婚姻状况而拒绝授信视为非法。该法令于1976年进行了修订，以进一步禁止贷方考虑信贷申请人的种族、国籍、宗教、年龄和是否接受公共援助。[③]实际上，《平等信贷机会法案》规定使这些个人信息与信用无关。作为朝着实现社会平等目标迈进的一步，《平等信贷机会法案》是一项重要的政治胜利。到20世纪70年代，包括商人在内的许多美国人，都认为基于生理特征或肤色降低信用度是不道

---

① On gender and racial credit discrimination, see Hyman, *Debtor Nation*, chap. 6; and L. Cohen, *A Consumer's Republic.*

② U.S. Senate, Committee on Banking and Currency, *Fair Credit Reporting*, 256.

③ For legal analysis of the ECOA's provisions, see Earl M. Maltz and Fred H. Miller, "The Equal Credit Opportunity Act and Regulation B," *Oklahoma Law Review* 31, No. 1（Winter 1978）: 1-62.

德的。许多贷方已经在其申请和评分系统中删除了这些冒犯性信息类别。但是，信用歧视并不是那么简单。消费者贷方和零售商都是为了赚钱。一般来说，他们并不是因为性别而拒绝女性信贷申请者，而是因为女性的收入通常比男性少，并且经常为了养育儿女离开劳动力市场（因而放弃自己的收入）。同样，贷方也没有统一拒绝向非裔美国人提供贷款，而是避免向不稳定、低收入的市中心区域居民提供信贷，这恰是许多非裔美国人居住的地方。对于经历过这种歧视的个人来说，经济计算与赤裸裸的性别歧视或种族主义之间的区别对待是争议的焦点。这是具有歧视性的。但是，这并不完全是肆意的。在信贷决定中，男人优先于妇女，白人优先于非裔美国人，这反映了美国社会存在真正的结构性不平等。

在定义相关信用信息的法律范围时，《平等信贷机会法案》提出并回答了许多新问题。在统计评分的发展中，这一点最明显。作为解决歧视问题的技术手段，评分系统似乎很理想。它们的使用甚至得到了全国消费者金融委员会（National Commission on Consumer Finance）的认可，该委员会是1968年根据《消费者信用保护法》（Consumer Credit Protection Act）组成的两党调查机构。该委员会在其1972年的最终报告中得出结论，信贷授予中使用的"基于统计的歧视"与保险审批中使用的"基于统计的歧视"没有区别，应予以接受。[1] 评分系统与"判断型"信贷经理不同，信贷经理的信用评估在定义上是主观的、具有特例性的，而评分系统是客观的、具有一致性的。1975年，蒙哥马利·沃德公司（Montgomery Ward）的一名信贷经理作证说："该系统对数值的依赖消除了个别信贷经理对任何个人或部分申请人有偏向或偏见的可能性。"[2]

更好的办法是，可以将歧视性的信息从评分系统中正式排除。如果禁

---

[1] National Commission on Consumer Finance, *Consumer Credit in the United States*（Washington, D.C.: GPO, 1972）, 155.

[2] U.S. House, Committee on Banking, Currency and Housing, *To Amend the Equal Credit Opportunity Act of 1974*, Hearing, April 22-23, 1975, 86.

止考虑性别，则只需在统计计算中删除此信息即可。信用评分的精算原则吸引了许多立法者和美联储的关注，美联储负责法律监督和解释。根据法规B编写的《平等信贷机会法案》规则甚至允许评分系统存在关于年龄的例外。根据美联储的规定，在确定信用度的过程中，只要计算方式对年长申请人有利，年龄可以包含在"统计上可靠、凭经验得出"的系统中。换句话说，较年轻的申请人可能会因其相对缺乏工作和信贷经验而处于不利地位，但是有固定收入的年长者和退休申请人则不会。

从理论上讲，统计评分是绝对合理、一致和透明的。实际上，消除歧视要困难得多。在某种程度上，这是因为统计评分系统并未单独权衡各个变量。相反，这些统计评分系统依赖复杂的计算，其中多个变量相互作用并影响其他变量的预测能力。单个变量无法在不影响所有其他变量的情况下消除。例如，如果婚姻状况被取消，那么其他变量会获得更大的权重，例如职业类别或一个人是否拥有或租用了自己的房屋。《平等信贷机会法案》要求贷方向每个被拒的信贷申请人提供拒绝的特定原因，这一项要求就更凸显了这个难题。贷款人辩称，当申请被拒绝时，不可能查明哪个变量是最重要。甚至费埃哲都强烈反对这一要求。在一份写给联邦贸易委员会的书面声明中，该公司断言"关于将任何单独的数据项目或任何组合项数据作为拒绝的原因，这些都是故意的和毫无根据的虚假陈述，除了误导申请人外别无益处。"[1] 尽管这些论调有些虚伪，取值偏离常值的变量可能被指认为是得分低的原因，但是这显示出贷方对把信用评估简单理解为数学事实感到的不安，而法律要求他们捍卫这些事实。

最令人不安的是，与统计信用风险相关的变量是如此深入地嵌入到社会经济环境中，以至于它们实际上是无法彼此分开。例如，即使从评分系统中排除了性别和种族，受保护的类别仍然可能遭受偏见。发生这种情

---

[1] U.S. Senate, Committee on Banking, Housing, and Urban Affairs, *Credit Card Redlining, Hearing, June 4-5, 1979* (*Washington, D.C.: GPO, 1979*), 149, *fn16*.

况的原因是性别和种族与不被禁止的"次要"变量紧密相关，例如职业类别、就业时间或是否租房或拥有自己的房屋。从统计上看，妇女和少数族裔更可能从事低薪、低技能的工作，这对他们不利。同样，离开工作岗位生孩子的妇女更可能有中断就业经历；少数族裔，尤其是市中心的少数族裔，更有可能租房而不是拥有自己的房屋。简而言之，统计信用评分无法通过排除表面上的个人特征来终结歧视，因为性别和种族不平等现象直接融入在美国社会的结构中。当合法的次要变量与被禁止的主要变量交织在一起时，数据指标问题立即变得很明显。

尽管贷方支持《平等信贷机会法案》的立法宗旨，但他们担心立法会介入信贷决策过程。这种担忧大部分集中在歧视本身的概念上。在贷方和经济学家的眼中，歧视（Discrimination）并不是一个肮脏的词。作为用来描述合理经济选择的术语，它准确地体现了信用评估的基本目标：识别好风险与坏风险，并以不同的方式对待它们。实际上，这是通过判别分析在统计信用评分系统中的应用来实现的。信用评估毫无疑问是具有歧视性的，问题在于，这是否是《平等信贷机会法案》禁止的任意性歧视或非理性歧视。从纯粹的经济学角度来看，可以肯定地认为，在信用评分模型中使用任何在统计意义上具有预测性的变量都是完全合理的。在随后的信用卡歧视听证会上，费埃哲的总裁威廉·菲尔（William Fair）表示，如果一个变量在统计上与信用风险相关的话，那么不应禁止任何变量，包括信贷申请人的种族、宗教、性别、婚姻状况或血统。正如菲尔所说，"更多的信息总是更好的。真正的'恶棍'不是可能的种族主义者或厌恶妇女的授信者……不是无情的信用评分系统的设计者，而是知识和信息的缺乏。"①

正如菲尔和其他人主动承认的那样，评分系统仅揭示了变量之间的相

① U.S.Senate,Committeeon Banking, Housing, and Urban Affairs, *Credit Card Redlining*, 183-236. Statistical justifications were similarly used to defend racial discrimination in the insurance industry; see Bouk, *How Our Days Became Numbered*.

关性。这些系统没有提及这些相互关系的根本原因。"评分系统模拟了借款人的行为，但并不分析这些行为的原因。"[1] 因此，一个评分系统可以说明房屋所有权、某些职业或一个邮政编码与信贷风险或多或少相关，但评分系统未能解释原因。统计评分系统的开发者对社会学或行为理论没有兴趣。菲尔解释道："因为我们不知道为什么一个人会给某个特定的债权人还款，而其他人不还。我们必须寻求可以找到的任何关联。"[2] 如果菲尔对数据来者不拒的处理方式和他对理论的冷漠与20世纪70年代的社会科学规范不一致，那么这种不一致不会持续太久。菲尔的信息最大化理念成了21世纪初大数据布道者的口中的颂歌。[3]

但是，很快凸显出来的是，缺乏理论的统计分析可能而且确实会造成荒谬结果。哥伦比亚大学的商学院教授兼信用评分最激烈的批评家之一诺埃尔·卡彭（Noel Capon）指出，信用模型通常包含与信用度没有明显关系的变量。有些模型考虑了诸如汽车的使用年限、工会成员资格、丈夫和妻子之间的年龄差异以及姓氏首字母之类的因素。[4] 如果预测相关性是选择变量的唯一依据，那么任何琐碎的小事都可以成为关注的对象。卡彭在嘲笑菲尔的证词不合逻辑时问道，"为什么不考虑头发的颜色（如果有头发的话）、是左撇子或右撇子、是否戴眼镜、身高、体重、清晨的饮料偏

① David C. Hsai, "Credit Scoring and the Equal Credit Opportunity Act," *Hastings Law Journal* 30, No. 4（November 1978）: 382-383.

② U.S. Senate, Committee on Banking, Housing, and Urban Affairs, *Credit Card Redlining*, 196.

③ Chris Anderson, "The End of Theory: The Data Deluge Makes the Scientific Method Obsolete," *Wired*, June 23, 2008, http://www.wired.com/2008/06/pb-theory/（accessed August 9, 2016）. See also Viktor Mayer-Schönberger and Kenneth Cukier, *Big Data: A Revolution That Will Transform How We Live, Work, and Think*（Boston: Houghton Mifflin, 2013）; and José van Dijck, "Datafication, Dataism, and Dataveillance: Big Data Between Scientific Paradigm and Ideology," *Surveillance & Society* 12, No. 2（2014）: 197-208.

④ Noel Capon, "Credit Scoring Systems: A Critical Analysis," *Journal of Marketing* 46（Spring 1982）: 82-91.

好（是咖啡、茶、牛奶还是其他），以及其他絮絮叨叨的虚假变量?"[1] 卡彭还观察到，大多数评分模型并未包含似乎最相关的一类信息：申请人的过往还款记录。

直到20世纪80年代后期，信用评分系统通常仅依靠信用申请收集的信息。通过使用客户免费提供的申请信息，贷方可以避免购买征信公司的报告，而这些报告载有还款历史。当时，菲尔等评分倡导者还认为信用报告过于不准确和不一致，因此无法适用于评分系统中。[2] 但是，正如卡彭所指出的那样，过去的还款记录，而不是随意的统计相关性，与信用的相关性是不言自明的。今天在这个听证会房间里，有多少信贷行业的代表是因为自己的居住地或汽车的使用年限而被提升到现在的职位呢?"卡彭在参议院听证会上问道。他很好地阐述了他的观点。后续的信用模型中纳入还款历史数据，这一点可以减弱卡彭的一些批评，但这并没有回应他反对"野蛮经验主义"危害的关键论点。

对于贷方而言，《平等信贷机会法案》被视为朝着越来越严格的禁令滑去，这将使评分模型降级使用，减少利润。更糟糕的是，《平等信贷机会法案》含糊不清的表述使一些放款人担心自己会对结构性不平等承担责任，并且遭到被拒的信贷申请者为了社会公正而起诉。全国消费者金融协会（National Consumer Financial Association）的一位代表向立法者恳求说："信贷提供者不可以也绝对不能被立法强迫成为其他社会弊端的替罪羊。"[3] 他提出，如果妇女申请信贷被拒绝的比例高于男人，那么她们当然是遭到歧视了。当中的原因不是放贷人，而是不公平的劳动力市场，妇女被分配

---

[1] Noel Capon, "Credit Scoring Systems: A Critical Analysis," *Journal of Marketing* 46（Spring 1982），85fn3. See also U.S. Senate, Committee on Banking, Housing, and Urban Affairs, *Credit Card Redlining*, 95-183.

[2] U.S. Senate, Committee on Banking, Housing, and Urban Affairs, *Credit Card Redlining*, 226-230.

[3] U.S. House, Committee on Banking and Currency, *Credit Discrimination*, Hearing, June 20-21, 1974（Washington, D.C.: GPO, 1974），112.

到低薪工作。消费信贷方和零售商承认，社会和经济差异是美国社会的事实。统计上的差异可能是真实的，换句话说，妇女和其他受保护阶级可能确实信用度不如白人男人，这种事实是一个"导电轨"（Third Trail，原义为是一种通过放置在铁路轨道旁边或之间的半连续刚性导体为火车提供电力的方法，此处表示棘手或敏感），没人敢触碰。[1] 立法者更愿意把统计评分看作一根技术魔杖，而不是丑陋的镜子。

　　在争取信贷民主化的努力过程中，《平等信贷机会法案》对信用度的未来产生了深远的影响。具有讽刺意味的是，新法律加速了信用评分系统的采用。20世纪70年代末期，一项法律合规工具诞生，作为一项节省劳力以加速信用评估的技术。面对禁止使用个人信息类别和要求披露信用标准的规则，贷方将评分系统作为抵抗歧视诉讼的盾牌。至少，评分系统能让贷方证明自己对所有信贷申请人采用同样的标准，并且可以展示其用于决策的正式规则。《银行》（Banking）杂志警告读者："你正在处理这个领域内一个困难且复杂的问题。信用判断的本质是歧视性的。你必须准备好去证明这些判断并非是不公平的歧视。"[2] 因此，《平等信贷机会法案》一夜之间完成了顾问和行业内部人士10年来未能做到的事情：说服持怀疑态度的信贷经理接受统计评分。

　　更重要的是，通过推动信贷决策迈向不受个人感情影响的计算机评分，《平等信贷机会法案》发展了信用度的新版本。这个版本不存在于个人的个性或背景中，而是存在于大量匿名人群之间模糊的统计关联中。相悖的是，通过保护特定类别的弱势美国人，《平等信贷机会法案》合法化了一种更倾向于群体（有相同特征和行为的人群）而不是个人的信用评估方法。1975年，当《平等信贷机会法案》的修改正在秘密进行中，参议院

---

[1]　Hyman, *Debtor Nation*, 192.

[2]　Roland E. Brandel, "New Dangers Arise in Point Scoring, But You Can't Afford to Be Without It," *Banking* 68, No. 3（March 1976）: 86; emphasis in original.

消费者事务分委员会主席约瑟夫·拜登（Joseph Biden）参议员表达了他对评分系统的担忧。如果统计分析显示某个特定群体的信用风险高，那么该如何阻止此信息用于歧视该人群呢？拜登承认："我想我只是不喜欢信用评分系统。"委员会同僚杰克·加恩（Jake Garn）参议员回答说："如果你不允许信用评分系统，那么你希望人们基于什么来授予或限制信贷呢？"加恩以西尔斯公司和杰西潘尼公司等全国性零售商处理的大量申请单为例，并补充说道："他们无法坐下来与每个人进行个人授信流程。如果他们不能使用某种系统，他们能怎么做？"[①] 20世纪后期，美国的发展规模和速度使这种个性化的交易不可能继续。在这种转变中，长期以来信用度的基石，即无形的个人品格，被同样无形但可量化的指标取代：风险统计。

---

① U.S. Senate, Committee on Banking, Housing and Urban Affairs, Markup Session, September 25, 1975, 5-6.

# 第九章

# 从债务到数据

本章强调了个人征信公司从处理信贷数据开始拓宽到处理其他的消费者数据的数据服务商的转变，标志着数据经济的崛起。

20世纪后期，美国经济开始由数据驱动，包括数据的生产、管理和商品化。未来的征信公司关注点不仅仅是跟踪未偿债务，还可以处理更广泛的数据——海量的消费者数据。由于具有庞大的消费者数据，具有信息资本的独特优势，个人征信公司已经逐渐成为消费者数据代理商。在大量的数据和新型预测技术的支持下，征信公司对消费者的经济生活发挥日益重要的作用。

20世纪80年代，征信公司数据才成为信用评分模型的一部分。信用评分到90年代才引起公众的注意，标志时间就是1995年房利美和房地美对其的认可。风险分析的扩展应用并未止步于信贷领域，例如保险风险评分等。

个人征信领域的隐私保护也变得越来越重要，1999年的《金融服务现代化法案》揭示了21世纪初消费者隐私变化的情况，定义了最敏感的消费者信息类别——非公开个人信息（NPI）。

### 新兴信息经济中的征信公司

1976年1月，美国银行的一封信送到了布鲁斯·斯坦伯格（Bruce Steinberg）的邮箱。信中祝贺斯坦伯格拥有"非常好的信用"，并邀请他申请开通BankAmericard账户。作为这封信的收信人，他并没有像处理大部分垃圾邮件那样将这封无用的宣传信件扔进垃圾桶，他收到邮件后生气了。斯坦伯格是旧金山的摄影师，也是唱片专辑封面的设计师，他从未在美国银行开过账户。他想知道这家银行如何知道他的财务状况？为何他会被选出接收此信用卡邀约，而且为何这份邀约中还吹嘘了银行和他是多么熟悉？

斯坦伯格写信给美国银行要求解释。他最终了解到，该银行在准备促销工作的过程中，从一家全国营销公司R. H. 当纳利（R. H. Donnelley）处借到（Rented）了一份顾客名单。然后这份名单被提供给一家征信公司：TRW征信数据（TRW Credit Data）。这家征信公司将这份名单与其数据库中的数据匹配。然后根据美国银行提供的变量交叉对照的列表进行了进一步审查。斯坦伯格之所以收到BankAmericard的邀约是因为他的名字同时出现在两个商业数据库中，而且他的个人资料符合该银行对有吸引力客户的秘密定义。简而言之，他被"预筛查"了。从法律上讲，这三个公司没有做错任何事。正如联邦贸易委员会解释的那样，《公平信用报告法》允许进行预筛检。但斯坦伯格并没有平息怒火。[①] 他起诉了TRW公司，赢得了35000美元的和解金。

1980年，当斯坦伯格的故事传开时，他的法律抗争被看成是对垃圾邮件展开的一场"堂吉柯德式"战斗。正如TRW公司所作证，以及《华尔街日报》所报道的滑稽事情那样，BankAmericard的邀约邮寄给了352484

---

[①]  Federal Trade Commission, "Prescreening," *Federal Register 38*, No.26 (February 23,1973):4947.

个人，其中有42018人做出了回应，只有斯坦伯格一个人抱怨。① 甚至在斯坦伯格作过证的消费者事务委员会，其主席参议员保罗·聪格斯（Paul Tsongas）也对他的愤怒感到困惑。"您收到一封信，说您是一个好人、并且您拥有良好的信用等级、我们很乐意接受您，然后您却说，'不'。"聪格斯认为，大多数人都会对此感到受宠若惊。② 但斯坦伯格却不为所动。他坚持认为，征信公司在未经其知情或同意的情况下向第三方透露其个人的财务信息，侵犯了他的隐私。正如他用粗鄙的言辞指出的那样："这种混乱的数据共享无异于'强奸'了我们的文件，因为没有人问我们愿不愿意"。③

斯坦伯格的BankAmericard邀请信送达于消费监视历史上的关键时刻。在20世纪70年代，数据库激增并成为美国日常生活的一部分。到1974年，联邦政府运营了800多个数据库，总共包含10亿多条涉及公民个人的记录。④ 政府数据库只是对公众负责的数据库，是有案可查。有更多的私营数据库在幕后运作。银行、保险公司、零售商、航空公司、酒店、邮购公司和其他企业都有自己的数据库。"我们不可避免地生活在一个'信息社会'，"1977年一个最高级别的总统隐私委员会表示，"我们几乎没有人可以选择避免与记录保存组织产生关系。"⑤ 由于记录保存组织采用了数据库，信息社会也不可避免地成为监视社会。

当机构数据库在20世纪60年代首次出现时，公众最为关注的是政府的

---

① Kathryn Christensen, "What's in a Name? This Consumer Says Privacy and $35000," *Wall Street Journal*, April 22, 1980, 1.

② U.S. Senate, Committee on Banking, Housing, and Urban Affairs, *Fair Financial Information Practices Act*, Hearing, February 21, April 22, 23, and 30, 1980（Washington, D.C: GPO, 1980），294.

③ Christensen, "What's in a Name?," 45.

④ U.S. Senate, Committee on Government Operations and Committee on the Judiciary, *Privacy: The Collection, Use, and Computerization of Personal Data*, Joint Hearing, June 18, 19, and 20, 1974（Washington, D.C.: GPO, 1974），2252.

⑤ Privacy Protection Study Commission, *Personal Privacy in an Information Society*（Washington, D.C.: GPO, 1977），5.

过度扩张，尤其是集中化。一只无所不知的闪烁盒子位于一座偏远的联邦大楼深处，这种"奥威尔式（Orwelian）"的想象激起了国会第一次关于信息隐私的听证会。然而，立法者未能理解或预料的是，去中心化时隐私却缺乏保护。一个数据库中的信息可以很容易地通过存储介质或直接通过互联的电信网络转移到另一个数据库。计算机记录毕竟从根本上不同于纸质记录。电子数据具有延展性，也具有模块化的特点，易于搜索，甚至更易于复制。如果没有阻止此类数据共享的法律框架，个人信息就会成为淘金热似的商品。到20世纪70年代，关于美国人的数据不仅更加丰富，而且还在商业利益方之内及之间以更高的频率和更快的速度传播。这正是斯坦伯格所感受的。

随着20世纪后期资本主义变得"信息化"，美国经济由数据驱动，包括数据的生产、管理和商品化。① 新型计算机化的征信公司是这些发展的先锋。在20世纪70年代和80年代，个人征信行业缩小成少数几个具有网络数据库并覆盖全国的大机构。与被取代的数千个地方机构不同，这些合并的机构是具有更大野心的价值数百万美元的公司。零售征信公司是美国主要的征信公司之一，它在1976年更名为艾奎法克斯，这明确了它的雄心。它在《华尔街日报》上刊登了整页的广告："我们重新命名，因为我们远不仅是信用信息的收集者。我们是一个由公司形成的网络，可以提供您需要的任何种类业务信息。"艾奎法克斯以及紧随其后的竞争对手很快就明白，未来的征信公司的主要关注点将不再是跟踪未偿债务。它可以处理更广泛的数据——海量的个人数据。

---

① The history and significance of late twentieth-century information society is addressed in a massive body of scholarship. See, for example, Manuel Castells, *The Rise of Network Society*, Vol. 1, *The Information Age: Economy, Society, and Culture*, 2nd ed.（Malden, Mass.: Blackwell, 2009）; Mark Poster, *The Mode of Information: Poststructur alism and Social Context*（Chicago: University of Chicago Press, 1990）; and Vincent Mosco and Janet Wasko, eds., *The Political Economy of Information*（Madison: University of Wisconsin Press, 1988）.

随着征信公司计算机化并积累了海量的个人信息数据，它们处于可以利用信息资本的独特位置。尽管信用报告仍然是其核心业务，但领先的征信公司已采取行动使其服务多样化，并重新定义其在新兴信息经济中的角色。预筛选仅仅是开始。在斯坦伯格收到BankAmericard信件的10年后，三个主要机构：艾奎法克斯、环联和TRW，深入参与了一系列辅助业务，从风险评分到消费者画像和直接营销。这些新业务共同在其母公司内部产生了协同的信息流。信用数据库被打造成风险评分程序，直邮数据库与信用数据库进行了互动，消费者画像和营销系统从所有这些数据库中获取信息。在20世纪末，征信公司成了一个不太体面的名称。艾奎法克斯的首席执行官在1997年取笑道："一个号称局的公司（Bureau有衣柜之意）就是您放袜子的地方。"他拒绝为他的公司贴上标签。[1] 那时，三个主要的征信公司已经演变了，他们已经成为个人数据代理商（Data Broker）。

### 由计算机化巨人接管

计算机不仅加快了征信公司的服务速度，还降低了信用报告的成本；这使得力量的天平倾斜于少数几个拥有资本投资数据处理设备的大型机构。在20世纪70年代和80年代，正如许多人在计算机进入商业领域时所担心的那样，一连串规模较小的机构及其精心设计的纸质记录在并购浪潮中消失了。该行业的快速整合体现于主要专业组织的成员人数不断减少。美国个人征信业协会成员总数在1969年达到2200个的顶峰之后，在五年内下降到1800个。在剩余的1800个成员机构中，有200个是计算机化的机构。[2]

对于征信公司的主要客户（尤其是银行和零售商）而言，征信机构合

---

① Lisa Fichensher, "Credit Bureaus Reinvent Themselves for Kinder, Gentler, and Wider Role," *American Banker*, December 29, 1997, 1.

② U.S. Senate, Committee on Banking, Housing, and Urban Affairs, *Fair Credit Reporting Amendments of 1975*, Hearing, October 22, 23, 29, and November 18, 1975 ( Washington, D.C.: GPO, 1985）, 119.

并是一个可喜的发展。在他们看来，理想的征信公司更像是垄断性的公共事业，而不是一群争夺情报的机构。当多个机构在同一城市或城镇竞争时，信用信息分散在各个局中。如果没有一个机构能够提供完整的信息，那么谨慎的放贷人就不得不从多个机构购买报告。从用户的角度来看，合并有望提高效率并降低调查成本。曾经在20世纪30年代干预、压制信用报告网络垄断的联邦政府，到了20世纪70年代和80年代几乎没有阻扰该行业的迅速集中。一旦启动，合并的力量就非常强大。到20世纪70年代中期，该行业已被五个寡头机构垄断：TRW信用数据（后来的TRW信息系统）、奇尔顿公司、休斯敦的联合信用服务公司、乔治亚州的征信公司股份有限公司（艾奎法克斯的子公司）和环联。到1980年，大约70%的个人信用报告（每年2亿份）都由这五家征信公司来提供。①

　　这些机构中的最后一个是环联，是个人征信行业的新手。② 就像TRW信用数据问世于其国防和航空母公司收购信用数据公司一样，环联也是公司多元化的产物。1968年，位于芝加哥的货车租赁公司联合罐装车公司（Union Tank Car）收购了该市最大的征信公司，并监督其完成计算机化。在不到两年的时间里，更名后的总公司环联在信用报告领域拥有六个征信公司，其中五个在芝加哥地区，一个在圣路易斯。③ 20世纪70年代，环联继续收购了美国东北地区的主要征信公司，包括美国最大的、位于纽约市的征信公司，并且在这些机构中安装了计算机系统。到20世纪70年代中期，它与数十个独立机构签署合约以加强报告网络，建立的"微波通信系统"（Microwave Communications System）将芝加哥的中央计算机与各大城市的分支机构相连。到1975年，环联拥有4000万美国人的档案，成为美国

① U.S. Senate, Committee on Banking, Housing, and Urban Affairs, *Fair Financial Information Practices Act*, 881.

② The firm's name was originally Trans Union. For clarity's sake, the current spelling, TransUnion, is used throughout the text.

③ "Trans Union Forms Credit Unit," *Wall Street Journal*, January 20, 1970, 39.

主要的个人征信公司之一。[1]

在20世纪80年代后期，更多的合并使五个主要个人征信公司减少到三个。1988年，奇尔顿被TRW收购，休斯敦的联合信用服务（于1982年被计算机科学公司收购）通过服务协议成为艾奎法克斯的附属公司。因此，到20世纪80年代末，个人征信行业被有效地控制在三家全国性征信公司手中：艾奎法克斯、TRW和环联。1996年，TRW信息系统从其母公司中剥离出来，并以10亿美元的价格卖给了波士顿的两家私募股权公司——托马斯·李（Thomas H. Lee）和贝恩资本（Bain Capital）。这家前TRW征信公司及其信息子公司改名为益博睿（Experian），它们很快被转售给英国零售巨头大英百货公司（Great Universal Stores，GUS）。大英百货公司以零售邮购业务和拥有博柏利（Burberry）设计师品牌而闻名。

随着并购整合重塑了征信行业的组织结构，处于主导地位的征信机构也在寻找机会以实现信息服务的多样化。征信公司很早就认识到了其信用档案的剩余价值，并渴望为其大量档案找到新用途。在20世纪80年代，领头的征信公司并未止步于它们作为就业、保险和租户报告销售的情报集成业务，它们全心投入到风险建模和数据库营销中，这些新兴信息时代的业务依靠强大的计算机和庞大的消费者数据仓库。当时主要征信公司两者皆有，在巩固其在征信行业的地位的同时，它们还确立了自己在新型监视社会中的关键角色。该角色汇集了数千个数据点，并将数百万人用统计学进行风险和价值的归类。在大量的数据和新型预测技术的支持下，征信公司及其分支机构将对一个人能生活得怎么样（Life Chance）发挥着日益重要的力量。[2]

---

[1] Trans Union Corporation, Annual Report, 1975, p. 44.

[2] On the disciplinary effects of corporate data gathering and discriminatory risk classification programs, including the contributions of late-twentieth-century credit bureaus, see Gandy, *The Panoptic Sort.*

### 从预筛选到风险评分

在20世纪70年代和80年代，主要的征信公司积极地开展了类似布鲁斯·斯坦伯格所经历的预筛选项目。尽管预筛选（Prescreening）一词是个新词，但概念本身并不新。自20世纪50年代以来，征信公司一直在为市区的赊账卡项目作审查，并编制促销名单。不同之处在于这些项目是在由本地范围内组织和由人工处理的。计算机极大地扩展了此类操作的范围。征信公司利用它们自己的数据库以及客户和专业销售名单经纪人的数据库，轻松地编制大量潜在客户名单。由于他们可以轻松访问如此多的数据，预筛选迅速从一项利润丰厚的副业转移成为主要计算机化机构的核心服务。当斯坦伯格收到他的预筛选邀约时，TRW公司年收入的7%来自预筛选。[①]到20世纪80年代末，艾奎法克斯从预筛选中获得了其总收入的10%～20%的利润。[②]

预筛选的增长反映了征信机构最重要的用户之一的需求：信用卡发卡银行。当主要银行在20世纪60年代开展信用卡业务时，它们面临着典型的"鸡生蛋、蛋生鸡"的困境。如果消费者不尝试使用银行的信用卡，则商家不会接受信用卡支付。同时如果很少商户接受信用卡支付，消费者对使用这个新型塑料材料做的"护身符"也没什么兴趣。银行的办法是向公众普遍投放激活了的信用卡，无论消费者们是否需要，这些信用卡都会直接邮寄给消费者。这种促销策略导致欺诈行为猖獗，损失惨重，搞笑的是多个家庭的狗竟然也收到信用卡。在遭受大量投诉后，该做法于1970年被禁止。因此，预筛选作为一种经济、合法的中间途径出现。信用卡发卡机构不再盲目地给公众发信用卡，而只针对那些"预选合格"的人发卡。

---

① Statement of Edward J. Brennan Jr., Privacy Protection Study Commission, August 4, 1976, p. 6, in David F. Linowes Papers, University of Illinois Archives.

② U.S. House, Committee on Banking, Finance, and Urban Affairs, *Fair Credit Reporting Act*, Hearing, September 13, 1989（Washington, D.C.: GPO, 1989）, 47.

　　最初，计算机化的个人征信机构仅在自己的信用数据库使用银行的名单，用银行自己的标准来收集直邮潜在客户名单。根据《华尔街日报》的报道，发卡银行根据富裕地区的邮政编码、德国造的豪华汽车的贷款以及诸如美国运通卡之类的尊贵卡选出一些人。[1] 这些变量虽然不科学并且很直观，但却是最高机密。甚至斯坦伯格这样的一个无畏的质疑者，也无法让美国银行透露这一"严格遵守"的标准，这个使他上预筛选名单的标准。[2] 到20世纪80年代中期，预先筛选变得更加复杂。转折点是预筛选评分（PreScore），这是费埃哲开发的一种新型统计评分模型。

　　预筛选评分与以前所有评分模型不同，它整合了征信公司的信息。难以置信的是，直到20世纪80年代中期，征信公司数据才成为信用评分模型的一部分。此前，每个模型都是根据使用客户的数据构建的。例如，银行和零售商向费埃哲等供应商提供了自己的客户信息，这些信息用基于其客群独特属性和行为开发定制模型。由于没有两个客户群是完全相同的，例如美国银行的客户与大通曼哈顿的客户并不完全相同，因此为一家公司建立的评分模型不能被另一家公司使用。

　　费埃哲的预筛选评分在两个方面开辟了新天地。除了使用征信公司的信息外，预筛选评分还引入了"通用"模型的概念。到20世纪80年代，主要的征信公司已经拥有包含数亿个征信文件并覆盖全国的数据库。这些数据库不仅有助于评估个人信用风险，也可以用于大统计样本。由于这些样本包含了每个客户群代表的文件（例如，美国银行客户群和大通曼哈顿银行客户群），因此基于征信公司数据的风险模型可以推广使用。换句话说，通用模型对许多不同类型的贷方（包括无法负担自己的定制模型的中小型企业）在统计上是有效的，它们可以用于预测。当时，一家银行用自

---

[1] Christensen, "What's in a Name?"

[2] U.S. Senate, Committee on Banking, Housing, and Urban Affairs, *Fair Financial Information Practices Act*, 301.

己的客户开发评分卡模型，需要花费50000～100000美元。[1] 这只是初始支出，不包括持续更新和重新测试评分卡的费用。

通用模型在引入后就迅速获得成功。1987年，另一家信用评分公司：管理决策系统（Management Decision Systems，MDS），为三个主要征信公司分别开发了通用模型：艾奎法克斯的逾期警示系统（Delinquency Alert System）、环联的Delphi和TRW的黄金报告（Gold Report）。[2]

尽管管理决策系统是信用评分领域重要的创新者，它成立于1976年、总部位于亚特兰大，提供了最先进的模型和一群影响了风险评分业务的专家，但是管理决策系统的贡献被同类的先行者费埃哲所掩盖。1989年，费埃哲推出了一种新的通用征信公司模型，该模型成为行业标准。这一模型分别被定位为：艾奎法克斯的Beacon模型、环联的Empirica模型和TRW公司的Fair Isaac模型。它将风险等级转换为300～900之间的数字，数字越高表示违约风险越小。这个最重要的三位数随后成为众所周知的FICO分。[3]

尽管信用评分已经使用了数十年，但直到20世纪90年代中期它才引起公众注意。这个分水岭涉及房屋贷款。1995年，联邦住房抵押贷款公司（Federal Home Loan Mortgage Corporation，Freddie Mac，一般称为房地美）指示其贷方对所有新的房贷申请使用信用评分。两个月后，联邦国家抵押贷款协会（Federal National Mortgage Association，Fannie Mae，一般称为房利美）也效仿。有了美国两家最大的家庭住房贷款经纪公司的认可，信用评分几乎在一夜之间实现机制化。如果美国人对悄无声息地管理着他们信用卡的信用评分毫不在意的话，那么当信用评分可以决定他们在哪里购房时，情况就大不一样了。1998年，《芝加哥论坛报》（Chicago Tribune）报

---

① Walter Alexander, "What's the Score?," *ABA Banking Journal*, August 1989, 59.

② Gary G. Chandler, "Generic and Customized Scoring Models: A Comparison," in *Handbook of Credit Scoring*, ed. Elizabeth Mays（Chicago: Glenlake Publishing, 2001）, 23-55.

③ On the implications of FICO as a technology of risk and identity formation, see Marron, *Consumer Credit in the United States*.

道："抵押贷款申请人可以用一封信解释其信用报告上的瑕疵，这样的日子早已一去不复返了。由于采用了一种信用评分这种统计模型技术，因此借款人对提高他获得贷款的机会几乎无能为力。"[1] 被拒绝不是唯一出现的问题，分数较低的申请人会获得更高的利率，导致他们每月还款更多，这使一些人还不起房贷。

在房贷行业内部，这种向评分系统的转变并非没有争议。就像早先促使零售信贷部门采用统计信用评分时遭到阻力一样，一些信贷员反对自动审批。[2] 正如一位行业作者观察到的那样，借用温斯顿·丘吉尔对民主勉为其难的支持类比，"它并不完美，但它比我们已有的都好。"[3] 这再次证明，自由市场并不是信用评分扩散的驱动力，是政府把平衡打破了。就像20世纪70年代联邦反歧视法鼓励在个人金融市场中使用评分一样，政府资助的房屋贷款组织也在20世纪90年代将房贷行业的信用评分合法化。这两次都是由政府官僚而不是信贷专业人员来推动的信用评分，这些政府官员将其作为一种更便宜、更公正的信用度标准。

在20世纪90年代，美国人被越来越多的风险模型分类、排名和排序。在饱和的信用卡市场尤其如此。[4] 随着新的潜在客户变得稀缺且利润率下降，新一代的模型预测遇到响应率、流失率等各种情况。一位管理决策系统公司主管在1989年解释说："我们花了20年的时间让人们了解信用评

---

[1] Lew Sichelman, "A Top Credit Score Involves Strategies, Outwitting 'Black Box,'" *Chicago Tribune*, August 23, 1998, 2.

[2] On the disjointed diffusion of automatic underwriting, including resistance to "productivity" claims, see M. Lynne Markus, Andrew Dulta, Charles W. Steinfield, and Rolf T. Wigand, "The Computerization Movement in the U.S. Home Mortgage Industry: Automated Underwriting from 1980 to 2004," in *Computerization Movements and Technology Diffusion: From Mainframes to Ubiquitous Computing*, ed. Margaret S. Elliott and Kenneth Kraemer (Medford, N.J.: Information Today, 2008), 115-144.

[3] Janet Sonntag, "The Debate Over Credit Scoring," *Mortgage Banking* 56, No. 2 (November 1995): 46.

[4] See David Evans and Richard Schmalensee, *Paying with Plastic: The Digital Revolution in Buying and Borrowing* (Cambridge, Mass.: MIT Press, 2001).

分，但是现在每个人都在做几乎相同的事情，我们在追寻相同的客户。"他补充说："新的驱动力将是对获利能力进行建模，而不仅仅是对信用风险的好坏建模。"[1]一张可以获利的信用卡是经常被使用的，更重要的是它可以有稳定的利息和费用流。为此，征信公司的评分模型，例如环联的收入预测管理和艾奎法克斯的银行卡使用预测器，帮助贷方瞄准那些会回应直邮邀约件并会带来利润的潜在客户。[2]"仅对（信用）风险建模是过去的事了。"TRW的隐私和消费者政策总监在1995年承认。他解释说，真正的风险"可能是无法获利的客户"。[3]

虽然费埃哲的FICO评分成为信用评分的代言人，但实际上，它只是众多商业评分之一。在21世纪即将到来之际，实际上有数十种通用模型可用于预测风险和获利程度，预测范围从直邮邀约的成本收益到核销账户的可收回性。[4]随着风险模型的推广，这些模型变得越来越专门化。当费埃哲在1994年更新环联的通用征信机构评分模型时，新系统包含了针对不同种类债务的多个版本。信用卡、汽车贷款、分期贷款和个人财务贷款都可以根据专门定制的公式计分。[5]此外，许多贷方组合使用多个评分模型。正如管理决策系统公司总监解释的那样，"人们曾错误地假设一种模型可以为他们提供所需的一切。"例如，当定制评分模型与征信公司的通用模型交叉使用时，小群体可以被更为精细地划分，并且从数据中挖掘出新的获利机会。[6]

到20世纪90年代后期，三个主要征信公司，艾奎法克斯、环联和益博睿，都拥有自己的风险建模部门。诚然，当大英百货公司于1996年收

---

[1] Alexander, "What's the Score?," 63.

[2] For Trans Union's model,see Deirdre Sullivan, "Math Model Weeds Out Card Prospects," *American Banker*, January 6, 1994, 18; for Equifax's model, see Lisa Ficken- scher, "Credit Bureaus Devising Tools to Find Debt-Prone Consumers," *American Banker*, March 29, 1995, 14.

[3] Fickenscher, "Credit Bureaus Devising Tools to Find Debt-Prone Consumers," 14.

[4] G. Chandler, "Generic and Customized Scoring Models," 23-55.

[5] "Card Briefs: TransUnion Exhibits Credit Scoring Tool," *American Banker*, September 29, 1994, 21.

[6] Gary Robbins, "Credit Scoring: Dual Approach Yields More Predictive Data," *Stores*, September 1993, 30.

购益博睿时，这家英国零售集团还拥有商业信用（诺丁汉）公司集团
（Commercial Credit Nottingham, CCN），其10年前收购的管理决策系统公
司，这并非偶然。因此，当1997年商业信用（诺丁汉）公司与益博睿正式
合并，一个风险评分和信用报告的巨头就此形成。风险评分市场在20世纪
90年代非常热门，艾奎法克斯推出了一系列新的信用报告模式和营销模式
以保持竞争力。"新产品是任何公司的生命线，"艾奎法克斯高管解释道，
"如果你不能不断地推出新产品，那你就走不远"。[1]

值的注意的是，所有这些新的风险模型都偏离了评分卡原本功能。到
20世纪80年代后期，通过了信贷申请最初的审批关卡是不够的。一个人的
财务表现会在申请通过并开设账户后的很长时间内受到不断的审查。正如
债权人采用"终生价值"（Lifetime Value）视角，持卡人受到评分算法的反
复评估，从而发现这些人遵守盈利模式的情况，是否按时还款、带生息余
额且不刷爆卡。同时，三个主要征信公司提供了逾期警示模型，帮助放款
人连续跟踪个人所有账户的风险和表现。那些逾期付款的人或在其他放款
人处有高余额的人会被减少额度并提升利率。虽然很难指责放贷方关注其
已有客户，但新的通用逾期模型扩大了个人信用评分的环境和规律。正如
社会学家当察·马龙（Donncha Marron）观察到的那样，整个借贷关系被
风险计算"殖民了"。[2]

但是风险分析的扩展应用并未止步于信贷。在20世纪90年代，新的评
分产品为天然气和电力公司、无线电话运营商和医疗保健提供商开发了出
来。例如，艾奎法克斯的能源风险评估模型预测公用事业客户是否有不付
账单的可能，因此是否要求其提供保证金。[3] 更有争议的是，信用信息也
成为保险专用评分模型的基础。Choicepoint是一家于1996年从艾奎法克斯

---

[1] Karen Epper, "Equifax Begins Testing Bankruptcy Alert System for Banks and Retailers," *American Banker*, April 27, 1994, 14.

[2] Marron, *Consumer Credit in the United States*, 128-129.

[3] Equifax, 1996 Annual Report, p. 13.

拆分出来的公司，和费埃哲合作一起为汽车和财产保险公司开发了风险模型。[1] 三年后，环联启动了自己的保险评分计划，这也是与费埃哲合作开发的。尽管保险风险模型使用了征信公司的数据，但它们不预测偿还行为。更准确地说，它们预测保单持有人提出损失理赔的可能性，尤其是伤害到保险公司利益的可疑或欺诈性索赔。[2] 如行业代表所言，这种相关性的根本原因并不重要，这呼应了早期信用评分支持者和未来大数据分析师提出的因果关系不可知论。正如美国好事达保险公司（Allstate）律师指出的那样，信用度和保险损失之间的联系仅仅是一项"冷冰冰的事实"。[3] 随着风险评分技术广泛应用于非信贷领域，个人被进一步简化为一个统计对象。随着数据的指数级增长，个人的生活将会越来越多由相关性所决定，这些相关性是缺乏理论或难以解释的行为"事实"。

### 数据库营销和目标定位技术

当主要征信公司拓展到风险评分时，它们也对数据库营销产生了额外的兴趣。直到20世纪70年代，征信业一直远离营销服务。作为本地信息的交换中心，征信公司长期以来一直维护其公正性，拒绝出售该社区的最佳客户名单。尽管20世纪50年代新来者和预筛服务的增长标志着它们对此问题的态度发生了转变，但销售名单是不当行为这一认知在行业里已根深蒂固。美国第一家计算机化征信机构的总裁曾承诺，其信用档案永远不会用于营销。到20世纪80年代初，这一承诺被打破了。[4] 该行业变成了一个由

---

[1] "Trans Union to Supply Its Online Insurance Credit Score to Auto/Property Insurer," *Insurance Advocate*, August 21, 1999, 30.

[2] Federal Trade Commission, *Credit Based Insurance Scores: Impacts on Consumers of Automobile Insurance*, July 2007, https://www.ftc.gov/reports/credit-based-insurance -scores-impacts-consumers-automobile-insurance-report-congress-federal（accessed May 30, 2016）.

[3] Leslie Scism, "A Bad Credit Record Can Get You Rejected for Automobile Insurance," *Wall Street Journal*, November 6, 1995, A1, A5.

[4] Robert Ellis Smith, "TRW Sells Its Conscience for Cash," *Business and Society Review* 71（Fall 1989）: 4-7.

全国性机构组成的小圈子，它们专注于服务主要的金融机构和零售商，而不是当地企业。这些征信公司的新公司客户非常乐于利用新型分析营销服务的优势。

就像个人信用报告那样，消费者营销在20世纪70年代和80年代经历了自身的技术变革。在此过程中，另一个信息产业，数据库营销诞生了。数据库营销代表了两个分离业务的融合，一个是旧的，另一个是新的。旧的业务是直邮营销。[①] 在20世纪60年代和70年代，专门从事促销邮件名单的公司开始将其文件计算机化。这些公司之一就是R. H.当纳利，将布鲁斯·斯坦伯格的名字卖给美国银行的掮客。当纳利公司成立于19世纪80年代，它最初是一家电话黄页的出版商，其厚厚的黄皮书在美国家庭中无处不在。它掌握的数百万个姓名和地址成就了其蓬勃发展的直邮业务。[②] 到1980年，当纳利公司可以夸口称自己拥有美国最大的住户数据库。它的数据库收集了6800万个姓名，覆盖了近87%的家庭。[③] 当纳利公司只是众多计算机化的名单掮客之一。它的主要竞争对手，波尔克公司（R. L. Polk，一家创立于19世纪70年代的前专利药销售商）和迈特罗梅尔（Metromail）也同样拥有个人数据。1960年，当波尔克公司转向计算机时，该公司已在其城市目录业务和汽车注册名单中收集了6500万个姓名。[④] 有了计算机，

---

① Popp, "Addresses and Alchemy."

② Bettye H. Pruitt, *Donnelley and the Yellow Book: The Birth of an Advertising Medium* ( N.p.: Reuben H. Donnelley Corporation, 1986 ).

③ Advertisement, *Journal of Marketing* 44, No. 4 ( Autumn 1980 ): 138-139.

④ Damon Stetson, "Polk Has Facts on Auto Market," *Wall Street Journal*, January 8, 1960, 33. On Polk and the direct mail industry, see Alan F. Westin and Michael A. Baker, *Databanks in a Free Society: Computers, Record Keeping, and Privacy* ( New York: Quadrangle Books, 1972 ), 154-167. See also Andrew N. Case, " 'The Solid Gold Mailbox' : Direct Mail and the Changing Nature of Buying and Selling in the Postwar United States," *History of Retailing and Consumption* 1, No. 1 ( 2015 ): 28-46; Lisa Petrison, Robert C. Blattberg, and Paul Wang, "Database Marketing: Past, Present, and Future," *Journal of Direct Marketing* 7, No. 3 ( Summer 1993 ): 27-43; and Eleanor Novek, Nikhil Sinha, and Oscar Gandy Jr. "The Value of Your Name," *Media, Culture & Society* 12 ( October 1990 ): 525-543.

直邮便从停滞不前的广告泥潭转移到了新兴消费数据经济的中心。

数据库营销与直邮旧业务一起受到了地理人口分析新业务的刺激。这一缝隙行业兴起于20世纪70年代，当时新兴公司争相将新近获得的统计数据转化为有价值的市场情报。但是，该数据的主要来源不是私营部门，而是美国人口普查局。1970年人口普查的原始数据被贩卖，当中包含所有人口和住房信息，并为保密起见删除了姓名。这是该机构首次向公众公开其所有数据。凭着约120000美元的价格可以购买完整的2000卷汇总文件磁带。[①] 尽管这对普通人来说是非常高的价格，但对于有营销嗅觉的企业技术人员来说是一座金矿。

这些新的地理人口数据公司中最具影响力的公司之一是克拉丽塔斯公司（Claritas Corporation）。克拉丽塔斯公司由一位受过常春藤教育的社会科学家于1971年成立，是第一批探索人口普查局磁带的公司之一。1974年，克拉丽塔斯推出了一项创新计划，将美国人分为40个不同的"生活方式阶层"，每个阶层都有自己的梦幻名称。细分的范围从价值层级顶部的"家族世家"（Blue Blood Estates）和"奋斗的精英"（Money and Brains），到底部的"勉强维生"（Hard Scrabble）和"社会救助"（Public Assistance）。克拉丽塔斯公司洞察到的是收入、背景和兴趣相似的人往往扎堆居住。虽然人口普查数据是其分析的核心，但克拉丽塔斯依靠的是政府的另一个产物——邮政编码来将细分的范围转化为可操作的目标市场。[②] 1978年，克拉丽塔斯公司推出了潜在邮政编码市场评估指数（Potential

---

① Leonard Sloane, "Census of Business," *New York Times*, January 17, 1971, F15. See also Martha Farnsworth Riche, "The Wonderful World of Private Data Companies," *American Demographics* 1, No. 2（February 1979）: 24-27.

② The social significance of U.S. postal codes, notably their contribution to consumer surveillance, has yet to be fully explored. See U.S. Postal Service Office of Inspector General, "The Untold Story of the ZIP Code," report No. RARC-WP-13-006（April 1, 2013）, https://www.uspsoig.gov/document/untold-story-zip-code（accessed June 22, 2016）. See also Anna Clark, "The Tyranny of the Zip Code," *New Republic*, March 8, 2013.

Rating Index for Zip Markets，PRIZM），这是一个可以收集更多数据（包括
汽车登记、消费者调查和电视观看报告）的改良系统。[1] 顾名思义，潜在
邮政编码市场评估指数还将系统中生活方式的划分范围与美国36000个邮
政编码相关联。"如果您把您的邮政编码告诉我，"该公司的创始人吹嘘
说，"我可以预测您的吃、喝、开车的情况，甚至思考方式。"[2]

　　并非只有克拉丽塔斯公司在努力将购买公众划分为数据驱动的类别。
在20世纪80年代和90年代，随着工商业界对美国广泛的文化和经济变化做
出反应，消费者细分系统激增。从广告商和媒体公司的角度来看，过去用
于定义美国社会和大众市场的东西已经崩溃。这种碎片划分方式的根源
可以归结为各种各样的原因，从20世纪60年代的政治动荡到有线电视的兴
起。[3] 随着消费者在20世纪70年代和80年代退回到个人主义的隔离生活方
式中，行业领导们担心传统的大众媒体宣传活动无法触达这些消费者。数
据库营销被视为解决社会碎片化问题的技术解决方案。如果大量消费者分
散并隐藏起来，那么诸如当纳利和克拉丽塔斯这样的名单掮客和地理人口
数据公司会追寻这些消费者并将其名单交给企业。确切地说，数据库营销
承诺帮助企业将促销信、明信片、传单、优惠券和产品目录放入最佳的潜
在客户的邮箱中。一位广告高管在1983年宣称："寄出800万封邮件的时代
已经过去，我们已经滤掉了那些不在目标市场的人。"[4]

　　很快，计算机化的征信公司也开始了解如何利用数据库营销来丰富自
己的核心业务。1983年，当艾奎法克斯考虑"利用个人信用数据库"的方
法时，它就已经开始关注数据库营销。艾奎法克斯的年度报告提出："一

[1] Michael J. Weiss, *The Clustering of America*（New York: Harper and Row, 1988）. On Claritas and related programs developed by SRI International and A. C. Nielsen, see Turow, *Breaking Up America*, 44-49.

[2] Dianne Klein, "You Are Where You Live," *Los Angeles Times*, April 16, 1989, 752.

[3] On the postwar shift from mass markets to market segments, see Turow, *Breaking Up America*; and L. Cohen, *A Consumers' Republic*.

[4] Kirk Johnson, "New Mail-Order Techniques," *New York Times*, July 30, 1983, 1.

种可能性是提供某些类型的人口统计数据以支持营销研究和其他促销活动。"[1] 当时艾奎法克斯已经购买了位于芝加哥的市场研究公司埃里克和拉维奇（Elrick&Lavidge）。艾奎法克斯官员认为此次收购完全合理，因为这次收购可以将艾奎法克斯的"数据收集"能力与较小公司埃里克和拉维奇在"市场研究规划和理解"方面的实力结合在一起。[2] 艾奎法克斯于1986年入股全国决策系统（National Decision System，NDS），这家成功的西海岸目标营销公司拥有先进的人口统计建模程序，这标志着艾奎法克斯正式进入数据库营销业务。艾奎法克斯和全国决策系统的合作研发了一些产品，例如MicroVision，这是一个将美国人分类为诸如"上层"（Upper Crust）和"依赖自然资源谋生"（Living Off the Land）的类似克拉丽塔斯分类的顾客细分系统，又如MicroNames，这是一个与波尔克、迈特罗梅尔以及安客诚（Acxiom）进一步合作的邮寄名单服务。[3] 到1987年为止，艾奎法克斯的营销部门为公司贡献了6400万美元营业收入。相比之下，信贷服务产生了1.57亿美元营业收入。[4]

　　艾奎法克斯比其竞争对手起步快，但是环联和TRW公司很快跟上了数据库营销的脚步。在20世纪80年代后期，环联建立了直邮部门TransMark，部门的邮寄名单列表来自其庞大的个人信用数据库。TransMark作为一项一站式服务收费，可以定期更新"以确保鲜活度"，可以根据信用卡使用情况、购物习惯、生活方式和其他人口统计属性进行预先筛选和细分。[5] 1987年，TRW公司创建了自己的精准营销部门，并购买了一家得克萨斯的邮寄名单捐客执行服务公司（Executive Services Companies，ESC）作为种

[1]　Equifax, 1983 Annual Report, p. 9.

[2]　"Big Business Moving In," *Marketing News*, January 11, 1980, 19.

[3]　"Marketing Information for Zip + 4 Areas," *ABA Banking Journal*, May 1990, 103; "MicroNames and Direct Marketing," *American Demographics* 12, No. 2（February 1992）: 10; and Equifax, 1987 Annual Report, p. 15.

[4]　Equifax, 1987 Annual Report, p. 12.

[5]　U.S. House, Committee on Banking, Finance, and Urban Affairs, *Fair Credit Reporting Act*, 813.

子。执行服务公司拥有大量的直邮客户和个人数据库，这些数据从驾驶执照和选民登记信息中采集而来。该公司对业界更有价值的是其先进的画像和定位软件，这些也被TRW公司在这次交易中收购了。[1] 一位行业记者指出："执行服务公司能够从其两个来源作推断得到各种信息。例如，可以通过同一住址中的人口年龄和数量确定家庭结构。"[2] 这类人口统计信息可以帮助营销人员更精确地针对不同类型的消费者，例如，区分年轻的单身人士和年轻且有家庭的人士。实际上，人口统计细分非常有价值，TRW公司与克拉丽塔公司合作开发了P$YCLE，这个新产品将克拉丽塔斯公司的细分代码直接嵌入到TRW公司的信用档案中。[3] 有说法认为，该计划可以让营销商对8700万个住址按户主的"年龄、体重、身高、种族、收入、净资产和财务状况等"进行细分。[4]

当主要征信公司用新的营销服务向商界招揽生意时，他们发现了一个以前被忽视的客户：消费者。在美国人越来越担心自己财务声誉的安全性时，他们的信息却在数据库中流转成为电脑黑客和聪明的身份盗用者的猎物，此时一个主要征信公司嗅到了机会。1986年，TRW公司推出了身份管理服务Credentials以帮助消费者监视自己的信用声誉。订阅者每年只需支付35美元，就可以无限制地访问自己的信用报告，当他们的信用报告被查询时收到自动通知，以及享受丢失或被盗的信用卡挂失的特殊服务。该计划被大做广告，仅在加利福尼亚州就迅速获得了25万订户。[5] TRW公司的经理在解释Credentials为何受欢迎时说道："人们希望感受到他们是信用圈

[1] Maureen Nevin Duffy, "Rather Than Develop Advanced Software, TRW Bought Producer," *American Banker*, October 28, 1987, 16.

[2] Ibid.

[3] "Mapping and Matching," *American Demographics* 13, No. 8（August 1993）: 10.

[4] Thomas B. Rosenstiel, "Someone May Be Watching," *Los Angeles Times*, May 18, 1994.

[5] Robert A. Bennett, "A TRW Twist: Selling a Service That Is Often Free," *New York Times*, May 10, 1987, F9.

子的一部分，希望感受到他们有掌控权。"①

尽管TRW公司的服务为有能力的消费者提供了一项节俭的财务工具，但是其价值却令人生疑。正如批评家所指出的那样，美国人可以用极低的费用购买自己信用报告的副本，并且如果一个人因为报告内容被拒绝授信或被拒绝受雇，该人有权免费获得信用报告副本。TRW公司的这种服务似乎是双重剥削，因为其必要性部分源自他们无法保护其数据。由于征信公司的数据库以存储个人信息而闻名，这些数据库成为计算机黑客的早期攻击目标。TRW公司的计算机是1984年一次重大泄密事件的主体，该泄密事件危及了其全国数据库中9000万人的隐私。② Credentials在提供给消费者安心服务的同时，却将信用监视的成本和责任转移给了消费者。该计划的成功为未来的直接向消费者提供服务的征信公司提供了一种模式，这些服务本身可成为有利可图的业务。

值得注意的是，Credentials的战略价值并不在订阅费。在注册TRW公司的服务时，订户被要求提交有关其个人收入、就业历史、银行账户、投资和其他资产的补充信息。这些自愿提供的信息丰富了征信机构的数据库，而且更重要的是这些信息也被重新打包出售给了第三方。所谓的消费者保护工具实际上是收集更多消费者数据的特洛伊木马。Credentials的目标客户是家庭年收入超过20000美元的"年轻、向上流动的成年人"，这是营销人员梦寐以求的人群。③ TRW公司的信用监视服务不仅展示了征信公司如何将消费者信息卖给他们自己，还描述了如何在隐私的幌子下从消费者那里获取更多信息。

尽管数据库营销设法避免了20世纪80年代的重大争议，但蜜月期在1990年结束了。不满源自莲花市场数据库：家庭数据（Lotus Marketplace：

---

① Dennis Cauchon, "TRW's Credit Plan Sells Despite Critics," *USA Today*, January 25, 1988, 3B.

② Stuart Diamond, "Credit File Password Is Stolen," *New York Times*, June 22, 1984, D1.

③ Michael Weinstein, "TRW Information Unveils 'Credentials,' a Financial Profile Service," *American Banker*, January 15, 1986, 7.

Households），这是一个由马萨诸塞州剑桥的莲花发展公司（Lotus
Development Corporation）和艾奎法克斯联手创建的营销数据库。莲花市
场数据库包含全国范围内8000万个美国家庭中的1.2亿成年人的姓名、地
址、收入估计值和购买概况。其中的信息是从人口普查和邮政数据、消费
者调查以及艾奎法克斯自己的信用档案中收集的。在该项目中，家庭被
划分为50个群组，范围涵盖"积累了财富"（Accumulated Wealth）到"移
动房屋家庭"（Mobile Home Families）。这些都不具革命性。该数据库之
所以与众不同是因为它可以装在光盘里，以约700美元出售。任何使用苹
果Macintosh计算机的企业都可以购买这些光盘并制作自己的促销目标名
单。在行业观察者看来，莲花市场数据库为小型企业开启了"桌面营销"
（Desktop Marketing）经济新纪元。一名莲花公司的软件开发人员吹嘘说：
"就连街角的牙医也可以用它。"[1]

当该项目的消息在公众传开时，很快受到强烈反对。数据库无法用
于搜索特定个人（尽管个人的姓名和地址会出现在选定的细分群中），个
人收入和信用信息也不会包含在内。但是当中可以对汇总的数据进行排
序，以生成非常详细的客群画像。技术社会学的著名评论家兰登·温纳
（Langdon Winner，是位于纽约特洛伊的伦斯勒理工学院科学与技术研究
系系主任）指出："你可以要求获得一份居住在马萨诸塞州里维尔的65岁
以上单身女性的清单，莲花市场数据库会尽力地制作。"[2] 如此多的敏感数
据集中在一个简单便宜的光盘上加剧了被冒犯的感觉。一位专家后来回忆
道，面对雪崩似的愤怒信件中表达的"第一次计算机隐私抗议"，莲花公

---

[1] John R. Wilke, "Lotus Product Spurs Fears About Privacy," *Wall Street Journal*, November 13, 1990, B1.

[2] Langdon Winner, "A Victory for Computer Populism," *Technology Review* 94, No. 4（May-June 1991）: 66.

司和艾奎法克斯砍掉了该项目。① 艾奎法克斯高管承认："我们认识到，当我们将这种能力带给更广泛的受众时，我们踏入了新领域。我们非常严肃地对待人们的隐私。"②

莲花公司和艾奎法克斯都将产品的失败归咎于消费者的无知。从某种意义上说，它们是对的。消费者们数以百万计的生活细节可以简化为手掌大小的光盘，他们对此感到愤怒。但是消费者没有意识到所有这些信息已经可以在其他地方获得。即使数据不通过光盘出售的，这些数据也会被名单捎客、零售商、金融机构、征信公司以及诸如人口普查局之类的政府机构以其他形式出售。就像硅谷的一位预测家所观察到的那样："莲花市场数据库也许是新类别中的第一个被终止的，不是因为它名不副实，而是因为它可能实过其名了。"③

### 更大数据和语境蠕变

到20世纪90年代初，征信业再次成为隐私争论的中心，这次是因为数据库营销的介入。根据《公平信用报告法》的规则，征信公司不得以信贷、保险或雇佣决策以外的目的出售信用信息。若要分享征信文件内容，则必须征得消费者的同意或者获得其确定的授权。后一个条件为预筛选提供了法律保障。随着主要征信机构进入数据库营销领域，并且在实质上充当名单捎客和消费者分析员的角色，信用报告和营销操作之间的界限变得模糊了。

部分歧义来自电子信息本身的性质。有什么能阻止征信公司将信用数据库与营销数据库中的名称合并或匹配呢？纸质记录可以被物理隔离，例

---

① Elizabeth Corcoran and John Schwartz, "On-Line Databases Draw Privacy Protests," *Washington Post*, September 20, 1996, A1, A7.

② Wilke, "Lotus Product Spurs Fears about Privacy," B1.

③ Paul Saffo, "Desktop Marketing May Open Your Home to 'Little Brother,'" *InfoWorld*, February 18, 1991, 52.

如存放在单独的文件柜中，而数字信息的违规则较难监管。至少可以说，信用数据库和营销数据库之间的边界有漏洞。在1989年的一次国会听证会上，TRW公司的一位高级职员承认，公司的目标营销部门利用了该公司的信用数据库来增强直接营销能力并开发预测模型。但他坚持认为这避免了任何不适当的混合，因为营销部门的计算机"远离信用数据部门。"[1] 对于任何了解计算机数据流动性的人来说，这都不是令人信服的保护措施。TRW公司的竞争对手艾奎法克斯已经放弃了这一手段。1989年，该公司搬到了一个新的20英亩的"技术中心"，将其所有的信贷、市场营销和保险数据库集中在一起。[2]

信息共享问题是20世纪70年代后期数据库批评的核心。联邦隐私保护研究委员会主席戴维·林诺维斯（David F. Linowes）警告说，"最令人不安的发展情况不是诸如联邦政府之类的组织会收集我们的所有的个人信息。危险之处在于，许多公共和私人组织都收集与我们的身份、我们的关系以及我们的行为相关的信息片段，而这些不同的元素可以汇聚一起。"[3] 林诺维斯在1980年的参议院听证会上解释说："一个组织的数据库中的任何内容都可以匹配到另一组织的数据库。正是这种连接有可能对个人隐私、最终对我们的生活方式造成最大威胁。"林诺维斯并没有描述反乌托邦的未来世界，当天晚些时候布鲁斯·斯坦伯格在同一听证会上作证，他的故事说明了该问题的现实性。

1970年草拟《公平信用报告法》时，数据共享并不是主要担心的问题。信息的集中倒是使立法者和专家感到震惊。正如法律学者亚瑟·米勒所警告的那样，不受限制的话，新兴的自动化的征信公司可能会变成"提

---

[1]　U.S. House, *Fair Credit Reporting Act*, 57.

[2]　Equifax, 1989 Annual Report, n.p.

[3]　U.S. Senate, Committee on Banking, Housing, and Urban Affairs, *Fair Financial Information Practices Act*, 157.

供全面服务、在线、完全计算机化的综合信息网络。"① 尽管这是事实，但集中化只是问题的一部分。正如林诺维斯所警告的那样，不受限制的数据共享，即数据库连接也是问题的一部分。毕竟，数据库营销的兴起取决于对公共信息的获取，尤其是人口普查局的数据集，还取决于汽车和选民的登记表以及邮政地址的更改通知。这些从政府数据库中收集的信息都流入商业数据库，然后进行处理与其他数据合并，随后以消费者名单、细分排序和风险模型的形式转售。对集中化的恐惧也未能考虑征信行业不断变化的公司结构。在起草《公平信用报告法》时，全国共有2000多家独立征信公司。到20世纪80年代后期，只有三个主要机构，之前的征信公司都变成这几家大型信息企业的分支。这些小的征信公司不必收集和存放自己的所有数据。他们可以从母公司的其他子公司处获取数据，或通过与其他信息公司形成战略联盟来获取。他们还可以从市政、州和联邦的数据库中获取。

当主要征信机构进入数据库营销时，他们突破了《公平信用报告法》的限制。虽然法律划定了信用信息的允许使用范围，但它存在很大的漏洞。除了信贷、保险和就业方面的内容外，《公平信用报告法》还允许征信公司将其信息出售给"与消费者有商业业务且是有合理业务需求"的任何一方。② 直邮和消费者分析项目是否构成了对信息的"合法需求"？征信机构认为是的，一位艾奎法克斯高管在1989年告诉立法者："新的微观定位技术可帮助企业更准确地了解他们的客户是谁。我们用信息服务努力帮助他们，以提高有效性。"③ 在讨论数据库营销的20世纪80年代，正处在垃圾邮件泛滥的杂乱环境中。TRW公司高管坚持认为："我认为这里没有

---

① U.S. Senate, Committee on the Judiciary, *The Credit Industry*, Hearing, December 10-11, 1968 （Washington, D.C.: GPO, 1969）, 125.

② *Fair Credit Reporting Act*, Public Law 91-508, *U.S. Statutes at Large* 84（1970）: 1127-1137.

③ U.S. House, *Fair Credit Reporting Act*, 126. For a critique of corporate informational "needs," see Oscar H. Gandy Jr., "Legitimate Business Interest: No End in Sight? An Inquiry Into the Status of Privacy in Cyberspace," *University of Chicago Legal Forum*（1996）: 77-137.

隐私问题。"通过与营销人员共享征信公司的数据，"我们认为可以减少您邮箱的混乱状况。"①

　　面对排山倒海的批评，各主要征信公司均迫切地为自己信息处理方式辩护。为了显示企业责任，艾奎法克斯委托进行了一次全国消费者意见调查以评估公众对隐私和个人信息流通的态度。这项调查由一家外部民营调查公司于1990年进行，由早期国会听证会上使征信业尴尬的哥伦比亚大学法律教授艾伦·威斯汀领导。威斯汀教授的参与使调查更具合法性，但结果却不那么好。在处理个人信息方面，只有59%的美国人对征信公司有"高度或中等信任度"。政府机构，包括不受人欢迎的税务局，都比征信公司更受信任。数据库营销方面的结果更糟。四分之三的美国人表示预筛选的做法"不可接受"，69%的人表示出售消费者名单（当中包含诸如收入水平、居住区和信用卡使用等信息）的业务是"坏事"。②

　　政府官员同意后一点。1991年，艾奎法克斯和TRW公司在多个州面临诉讼，这些诉讼挑战数据库营销业务的合法性。当时艾奎法克斯已拥有1.2亿美国人的信用档案，为200多个直销商提供消费者名单。每个表单都可以根据各种人口统计变量进行细分，包括年龄、性别和收入。纽约州总检察长在反对艾奎法克斯的案件中主张："征信公司在消费者不知情的情况下，非法侵入（Raiding）他们的个人信用历史记录，并建立名单给垃圾邮件公司赚取大量利润。"③ 在州律师的压力下，艾奎法克斯放弃了邮寄名单服务，TRW公司与联邦贸易委员会达成了要求获得消费者同意的协议。次年，环联也遭到了联邦贸易委员会的投诉，并被勒令终止其邮寄名单业

---

① John Markoff, "More Threats to Privacy Seen as Computer Links Broaden," *New York Times*, June 1, 1988, C10.

② *The Equifax Report on Consumers in the Information Age* ( Atlanta: Equifax, 1991 ), 19, 69-70. It is worth nothing that when the question about consumer lists was rephrased in pro-consumer language, the results were reversed—67 percent responded that list selling was "acceptable" ( 72 ).

③ Jube Shiver Jr., "Equifax to Stop Renting Mailing Lists to Firms," *Los Angeles Times*, August 9, 1991, D1.

务。[1] 环联和它的竞争对手不同，它作出反抗并告上了法庭。然而，经过十多年的法律争执，美国最高法院驳回了环联上诉状，申述因而终止。

数据库营销业务似乎命悬于环联与联邦贸易委员会之间如史诗般的战斗，但是关键的妥协已达成了。1993年，TRW公司最初的同意协议做了悄悄修改。当中插入了新的表述，允许征信公司使用信用数据库中的"身份识别信息"作为营销名单。这些信息包含信用档案中个人的姓名、电话号码、地址、邮政编码、出生年月和年龄以及社会安全号码。[2] 经修订的协议将信用档案分为两部分，消费者识别信息出现在每个文件的顶部，账户详细信息和付款历史记录显示在"分界线"下。文件顶部的信息，称为"表头"数据，将不受《公平信用报告法》规则的限制。[3] 这个妥协基本上承认了征信公司一直坚持的东西。信用报告顶部的身份信息不再是特权情报。这些信息可以从各种各样的名单掮客和数据库营销商处购买到，且不受《公平信用报告法》的规则约束。当时这类信息甚至被银行出售给第三方。

在20世纪90年代，同样地，风险评分和精准定位消费者的技术将征信公司推向促销服务，这些技术也模糊了金融业的借贷和营销之间的界限。当立法者们准备通过1999年的《金融服务现代化法案》（Financial Services Modernization Act）时（该法案更为人熟知的名字是《格雷姆–里奇–比利雷法案》[Gramm-Leach-Bliley, GLBA]），他们就意识到了这一现实情况。《金融服务现代化法案》的主要目的是废除大萧条时代区分银行和投资公司活动的《格拉斯—斯蒂格尔法案》（Glass-Steagall Act）。《金融服务现代化法案》放开了《格拉斯—斯蒂格尔法案》限制，允许银行、证券公司

---

① Milo Geyelin, "Judge Tells Trans Union to Cease Giving Financial Data to Direct- Mail Marketers," *Wall Street Journal*, September 27, 1993, B2.

② Consent decree, *FTC vs. TRW, Inc.*, U.S. District Court for the Northern District of Texas, Dallas Division, December 10, 1991; amended, January 14, 1993.

③ See Chris Jay Hoofnagle, *Federal Trade Commission Privacy Law and Policy* ( New York: Cambridge University Press, 2016 ), 277-278.

和保险公司进行新的并购和组合。在消除了此类运营壁垒后，立法者突然意识到，个人信息将在新金融巨头的各种分支中泛滥流动，并渗透至第三方。在《金融服务现代化法案》即将定稿时，一家位于明尼苏达州的银行因向电话推销员出售客户的信息而惹上了麻烦，一名众议员因在他华盛顿公寓收到女性内衣销售目录而陷入丑闻，该众议员将此怪罪于家乡的征信公司的轻率行为。[①]

最重要的是，《金融服务现代化法案》揭示了21世纪初个人隐私变化的情况。为了限制数据被通行无阻地共享，新法确定了最敏感的个人信息类别，非公共个人信息（Nonpublic Personal Information，NPI），并对其使用进行了限制。NPI包含消费者在申请时提供的信息（姓名、地址、收入和社会安全号码），以及后续交易产生的信息，例如账户类型、余额和付款行为。根据《金融服务现代化法案》的第五条，金融机构如果不向客户提供隐私权通知和30天的退出有效期，那么就无法共享此信息。从表面上看，这些规则为消费者提供了一定程度的透明度和帮助，但实际上它们没有什么权威性。金融机构仍可以与其分支机构，即同一"企业家族"中的任何银行或企业，以及在"联合营销"活动中与第三方共享客户信息。消费者并不能选择退出这些安排。事实证明，《金融服务现代化法案》颁布后的金融机构不仅大到不能倒，而且因为太大而无法提供任何有意义的保护措施来防止个人信息的传播。

讽刺的是，《金融服务现代化法案》的制度建立也揭示了征信机构和金融机构之间的界限在多大程度上崩溃。在多样化、数据丰富的金融巨兽的新世界中，一个分支机构收集的个人信息可以被另一个分支机构用来评估潜在客户的信用度。例如，发卡银行可以在同一公司范围内与另一家银行或抵押公司共享其客户的账户和付款记录。如果这些信息被用来进行信

---

[①] See Chris Jay Hoofnagle, *Federal Trade Commission Privacy Law and Policy*（New York: Cambridge University Press, 2016）, 290-291.

用决策，则发卡银行实际上扮演了征信公司的角色。在通过《金融服务现代化法案》之前，这种趋势已经很明显。1997年，《公平信用报告法》中增加了新的表述，澄清在业务分支机构之间共享的信用信息不被视为信用报告，因而不受《公平信用报告法》规则的约束。① 这种区别很关键。没有它，美国的金融机构将不得不遵循《公平信用报告法》中关于使用个人信息的更为严格的规则。

环联出售市场营销名单的案例中显示了数据隐私中的所有缺陷。特别是当征信公司进入促销服务时，他们发现自己与名单掮客和数据库营销商直接竞争。这些不受管制的企业销售从公共记录和目录中收集个人信息从而获利。然而，正如环联的律师所指出的那样，其中大部分信息、名称、地址和电话号码，与征信报告表头的"非金融"信息基本相同。如果出售相同的信息，为什么征信公司应该遵循规则而其竞争对手可以不遵守呢？在这个具体问题上，环联有些道理。②

根据联邦贸易委员会的说法，区别在于征信公司获取此信息的上下文。征信公司的数据是在保密的前提下收到的，并明确用于信用评估。因此，在后续非信贷语境中共享信息违反了初始条件。相比之下，名单掮客和数据库营销商从公开资料中收集信息，这些信息显然都不是机密的。《金融服务现代化法案》的有关非公开个人信息的规则为个人数据的"语

---

① *Consumer Credit Reporting Reform Act*, Public Law 104-208, *U.S. Statutes at Large* 110（1997）：3009-3428.

② On other issues, TransUnion was on much shakier ground. Specifically, some of the bureau's marketing lists targeted individuals with active "tradelines"—credit card accounts or mortgages, for example. The use of such tradeline information, even divulged in generalities, allowed marketers to make inferences about an individual's creditworthiness. For this reason, Trans Union's marketing lists were considered "consumer reports" and therefore constrained by FCRA rules. *In the Matter of Trans Union Corporation*, Opinion of the Commissioner, Federal Trade Commission, March 1, 2000, https://www.ftc.gov/sites/default/files/documents/cases/2000/03 /transunionopinion ofthecommission.pdf（accessed June 27, 2016）.

境完整性"增加了另一层保护。① 像金融机构一样，对于没有提供隐私声明和退出机制的消费者，征信公司不能为某一目的（比如信用评估）收集个人信息，而为另一个目的（比如营销）转买这些信息。新规则阻挡了信用报告表头信息的销售。

到20世纪90年代中期，另一种革命性技术——互联网进一步破坏了控制收集和共享消费者数据语境的努力。新的用户友好型界面，包括网页浏览器和诸如美国在线这样的受欢迎门户，迅速将原本隐晦的冷战防御网络（译者注：互联网最初用于军事目的）变成了热闹的主流目的地。尽管许多政客、商业领袖和未来学家对互联网的变革潜力嗤之以鼻，但很快就显示网络空间并非乌托邦。人们担心公民生活被降级、儿童被利用，以及色情制品会占主流，除了伴随着新媒体的这些传统道德恐慌之外，互联网引发了更加令人恐惧的担忧：走向全面监视。互联网的窥镜结构（Looking-glass Structure）意味着从登录到浏览、购买和沟通，所有交互作用都是可记录的。只要在线，就会被监视。

随着互联网成为"新经济"的骨干，个人数据成为其生命线。1998年，联邦贸易委员会的一项调查发现，超过85%的绝大多数商业网站收集有关消费者的个人信息，最常见的信息是电子邮件地址、姓名、地址和电话号码。② 监视被重铸为"交互性"，并鼓励消费者分享有关自己的更多信息来定制在线体验。所有这些信息将成为营销和数据挖掘项目的素材。艾奎法克斯的首席执行官在1995年为自己公司的数据获取做法进行辩护时说："我们的工作没有什么邪恶的。我们必须意识到，在一个

① Helen Nissenbaum, *Privacy in Context: Technology, Policy, and the Integrity of Social Life* (Stanford, Calif.: Stanford University Press, 2010), 153-156.
② Federal Trade Commission, *Privacy Online: A Report to Congress*, June 1998, https://www.ftc.gov/sites/default/files/documents/reports/privacy-online-report-congress/priv-23a.pdf (accessed July 2, 2016).

互动的社会中我们每一个人都不是孤立的。"① 四年后，太阳微系统（Sun Microsystems）的行政长官斯科特·麦克尼利（Scott McNealy）更直截了当地总结这种情况："不管怎样，您的隐私为零，接受吧。"②

### 信用价值与未来消费者监视

1980年，当布鲁斯·斯坦伯格面对参议员作证时，他对隐私表现出更大的担忧被忽略了。当时立法者专心于其他问题，尤其是信用歧视和信用信息的准确性问题。这两个至今仍是需要认真关注的问题。但是斯坦伯格并没有抱怨自己的信用申请遭到不公平的拒绝或他的信用档案充斥着虚假的内容。从外观上看，他是信用游戏的赢家。正如聪格斯参议员指出的那样，美国银行已确定他是"好人"（a Nice Fellow），并希望把他当作客户去"拥抱"他。斯坦伯格对未经授权分享他的个人信息感到不满，让他更为恼怒的是商业监视正在常态化。他告诉聪格斯的委员会说："预先批准的信贷的真正危害在于，它'造成'公众'接受日常侵犯隐私的行为'。"③

斯坦伯格的批评有先见之明。21世纪初，由于网络通信和无处不在的计算机技术，美国人受到不间断的商业监视。议员们专注于程序修正，以保护消费者免受最严重的信用不公之害，但他们却未能让消费者避免征信行业及更广泛行业中正起作用的强大力量的冲击。随着主要征信机构将其业务分散到风险评分和消费者画像分析中，他们不再把目光只放在信用度上。他们从事更广泛的个人数据业务。艾奎法克斯的总裁在1998年解释说："我们是一家数据库公司，从存储数据一路走向预测资产组合和个人

---

① Bruce Horovitz, "Privacy: Do You Have Any Left?," *USA Today*, December 19, 1995, A1. On the broad implications of "interactivity" as a mode of surveillance, see Andre jevic, *iSpy*.

② John Markoff, "Growing Compatibility Issue: Computers and User Privacy," *New York Times*, March 3, 1999, A1.

③ U.S. Senate, Committee on Banking, Housing, and Urban Affairs, *Fair Financial Information Practices Act*, 292-293.

客户的未来。"①

斯坦伯格意识到隐私问题中含有不祥之兆，但他和立法者都没有估计到数据汇总和信用筛选程序的意义。到20世纪90年代，个人数据已成为大数据，而统计模型不再局限于仅计算信用风险。像使斯坦伯格登上了美国银行预授信清单那样的秘密公式变得更加复杂和重要。主要的征信公司和分析公司开发了专有系统，将美国人分为偏好（Preference）和差异定价（Differential Pricing）的类别，推断社会人口统计属性和个人兴趣，并预测未来的行为和支出。结果，预筛选的真正危害不仅让美国人适应商业监视。它还让黑匣子算法裁决日常生活成为常态。

如果政策制定者们很难在信用信息使用的问题上制定法律的边界，那是因为在大数据时代，信用和非信用数据之间的区别已经失去了意义。征信公司曾经是个人信息的特权场所，现在只是众多个人数据代理商之一，他们兜售姓名、地址和行为线索以了解消费者的收入、支出和兴趣爱好。根据2014年美国联邦贸易委员会的一份报告（Data Broker：A Call for Transparency and Accountability，Federal Trade Commission［FTC］，2014年5月），最强大的数据经纪之一安客诚维护着全球7亿消费者的档案，包括每个美国人的3000个数据属性。② 在这个数据丰富的环境中，征信公司特有的获得个人账户信息和历史付款行为记录已不再必要。信用度可以通过与信用历史无直接关系的其他变量推断出来，例如某人的社交媒体活动、某人上的大学，或者甚至在线应用中使用大写字母（全用大写字母是一个危险信号）。新一代的"替代"信用评分公司已经出现，它们挖掘我们

---

① Lisa Fickenscher, "Equifax Reshapes Itself to Leverage Its Strengths," *American Banker*, January 5, 1998, 11.

② Federal Trade Commission,*Data Brokers:A Call for Transparency and Accountability*, May 2014, p. 6, https://www.ftc.gov/system/files/documents/reports/data-brokers-call -transparency-accountability-report-federal-trade-commission-may-2014/140527 databrokerreport.pdf（accessed August 7, 2016）.

的数字碎屑用于此类关联预测。一家金融科技创业公司的座右铭总结了信用受保护状态的全面崩溃："一切数据都是信用数据（All Data is Credit Data）。"①

　　经过数十年的艰苦法律抗争，消费者似乎又回到了起点。限制信用报告的信息最大化和终止歧视性贷款的法律于20世纪70年代通过，这些法律有被完全规避的风险。网络监视和算法评判取代了过去描绘信用度这一概念的当地传闻或有偏见的信贷经理，美国人将被更加难以理解的网络监视和算法评判。

① James Rufus Koren, "Beyond Mere Numbers," *Los Angeles Times*, December 20, 2015, C1. See also Joe Deville and Lonneke van der Velden, "Seeing the Invisible Algorithm: The Practical Politics of Tracking the Credit Trackers," in *Algorithmic Life: Calculative Devices in the Age of Big Data*, ed. Louise Amoore and Volha Piotukh（New York: Routledge, 2016）, 87-106.

# 后 记

　　本章对整个美国的征信历史进行回顾。在美国，有组织的征信系统首先出现。由于消费者实用主义作祟，直到20世纪60年代后期，个人征信业并没有给美国公众带来什么麻烦。

　　20世纪60年代征信系统的计算机化，信用评分和数字金融身份的重要性凸显了其与过去的不同。个人身份被简化为经济指标，并重新构成了信息产品，但所有的信用关系都是不可避免地包含社会关系的成分。

　　在强大的计算机和宽松的隐私政策帮助下，个人征信公司的新形态——数据代理商也逐渐出现。在我们数据驱动的经济中，个人信息是流通的货币，是我们用来支付"免费"内容，会员资格和服务的商品。这些关于访问的信息促进了创新，并建立了新的产业，但它也侵蚀了隐私的界限。更为重要的是，为新的社会分类和经济客体化打开了大门，是我们理解当代数字资本主义货币化逻辑的起点。

回顾美国信用监视的历史，不难理解为什么在美国，有组织的征信系统首先出现。随着国家人口的增加和流动性的增加，陌生人之间的交易增加了。基于合同、价格和货币交换的非人格化的市场关系代替了传统债务关系，人类互动变得更加抽象。"在复杂的现代事务中，商业变得更加机械化"，某信用教科书的作者在1895年评论道，"我们已经失去了客户的人格化的平等，或者只能在二手渠道获得相关信息，我们在书上看到的债务人或债权人名称仅是可以用数字表示的符号。"[1]

伍德罗·威尔逊（Woodrow Wilson）总统于1913年强调了经济生活日益去人格化的特点。他反对大公司和垄断托拉斯的专制（Monopolistic Trusts），他指出社会关系发生了根本性的转变，"我们自上而下从根本上改变了我们的经济状况，我们的经济社会关系、生活的组织方式一起随之改变"，他宣称："今天，人们的日常关系大多是去人格化了，是与组织之间的关系，而不是与其他个人的关系。现在已经是一个新的社会时代，一个人际关系的新时代，出现了生活场景的新舞台。[2]当然，威尔逊总统没有考虑到征信机构或零售信贷部门。他所谴责的雇主和劳工关系的疏离，而信贷员与消费者的关系其实也是一样变得疏远了。

在威尔逊总统致辞6个月后，在克利夫兰一家百货公司发生的一幕为这种去人格化趋势提供了佐证，正如本书引言中所述，约翰·D. 洛克菲勒在这里受到了信用检查的侮辱。洛克菲勒的信用无可非议。他是世界上最富有的人，也是美国最著名的人物之一。尽管如此，这家商店的年轻店员即使站在洛克菲勒的面前，也没有认出洛克菲勒的名字或外貌。当然，洛

[1] Frederick B. Goddard, *Giving and Getting Credit: A Book for Business Men*（New York: Baker and Taylor, 1895）, 30-31.

[2] Woodrow Wilson, "A Declaration of Independence and a New Freedom," *Boston Globe*, June 1, 1913, SM6.

克菲勒事件完全可以归结为一位地位低下的店员的无知，这个店员可能太年轻，不了解外面的世界。作者把这个如今已被人们遗忘的故事不断地在本书中重复是因为，虽然在1913年，这个故事也只不过是一个名人八卦故事而已，但它象征着威尔逊和其他许多评论中的经济关系的深刻转变。通过信用报告，信用记录以及后来的信用评分来了解公众们的这种新的"机械式"的方式令人不安，因为它们标志着认为经济关系正在失去以人为本（Human Scale）和人际关系的成分，美国人在日常生活中不仅与社区和邻居疏远了，而且在企业雇主、债权人、保险公司、零售商和其他商业机构的账本中，他们正变成没有表情的账户和美元符号。

最终，这就是洛克菲勒在百货公司被冒犯的喜剧事件中色调灰暗的插曲。当谈到判断信用度——一种源于信任和正直的素质，没有人能够超越了资本主义的客观视角。如果洛克菲勒被店员认出来，他可能会受到热情招待，店员还可能会对他表示敬意。但这不会改变他仍然需要在百货公司的信贷部门和当地的征信机构查询已经存在的信用记录。洛克菲勒和其他人一样，无论是作为中产阶级的办公室专业人员，还是一脸油污的技工，他们都只是一个消费者而已，信用"好"或"坏"取决于他（或她）的具体的金融财务状况。洛克菲勒的生活和财富，尽管很显赫，但这些信息在信用评估和服务中很容易被忽视，而被总结成了标准的信用档案或信用等级（译者注：即使在当代，美国的一些亿万富翁的信用评分也不是很高，尽管他们腰缠万贯）。具有讽刺意味的是，具有代表性的实业家暂时只是他帮助建立的资本主义大机器中的一个微不足道的齿轮。作为历史性标志，洛克菲勒事件说明了20世纪初个人信用监视的常规性。到20世纪20年代末，已经建成的全国性征信基础设施拥有5000万美国人的信用记录可供使用，这是一个前所未有的国内监视机制。为了正确看待这个数字，将其与同期最雄心勃勃的国家监视程序之一进行比较：指纹识别卡的收集。在约翰·埃德加·胡佛（J. Edgar Hoover）领导下（胡佛被认为是促成公众审查范围扩大的代表人物）的美国司法部调查局（FBI的前身）进行协调，引入了指纹识别程序，作为对所有美国公民的主动识别系统。当时这并不是一个秘密的，甚至不是特别有争议的计划。在一次公民义务展览中，"200名商业和金融领导人"聚集在纽约，向该局的信息采集部门提交了自己的指纹。排在首位的是石油大亨的儿子约翰·D. 洛克菲勒（John D. Rockefeller Jr.）。[①] 到20世纪20年代末，胡佛的代理机构收集了大约100万枚指纹。10年后，这一数字攀升至1100万。[②] 与第二次世界大战前全国性征信机构档案中大量个人数据相比，这些数字虽然令人注目，但却显得苍白。

直到20世纪60年代后期，（个人）征信行业并没有给美国公众带来什么麻烦。与当时轰动性的新闻报道相反，信用监视并不是1968年国会揭露的阴谋。美国人在申请信贷时一直都知道自己的生活被放在显微镜下，他们只是不在乎。消费者群体长期以来一直在争取更安全的产品、更好的标签和合乎道德规范的广告，但是他们唯独不要求的一件事就是隐私保护。在我们这个日益注重隐私的时代下，很难在这种问题上保持沉默。在没有证据的情况下，我们只能推测原因。也许，借贷的挥之不去的耻辱和"消费者"这20世纪初的新概念，消费者的合法性的不确定性足以阻止异议。更现实的是，当时的消费者可能出于今天的相同原因而默认：他们想要借来的商品或金钱比关心个人隐私更为重要（译者注：消费者实用主义的心态从过去到现在，从发达国家到新兴市场国家都普遍存在）。甚至声名显赫的大富豪洛克菲勒也要用个人信息换取购物的方便。

至少可以这样说，现在购买和以后付款（BNPL）的现代自由将是一个可疑的问题。附加费和利息支付不是唯一的隐藏成本。作为对零售债权人和机构贷款信任的回报。美国消费者提交出了自己的生活细节。用个人信

---

① "Rockefeller Files His Fingerprints," *New York Times*, February 8, 1935, 23.

② Sankar, *State Power and Recordkeeping*, 266.

息的交换访问权和便利性，在20世纪初对渴望信贷的美国人像是一种公平交易，但它为商业数据收集和隐私的未来开创了深刻的先例。当寻求商人的信任，信贷客户放弃了保留个人隐私和财务状况信息不公开的权利。大众信贷不仅使美国人陷入债务的束缚中；而且它还使他们陷入了系统性监视的束缚中。申请信贷是现代消费者监视的原罪。

到20世纪60年代征信机构开始计算机化时，征信机构已经拥有悠久的历史。数据库的兴起和20世纪后期的消费者监视技术的变革，已使这一历史的重要性黯然失色。信用评分和数字金融身份的重要性凸显暗示了其与过去的根本性不同。[①] 现在，我们的经济声誉不仅体现不真实，而且没有人格。它们还由远程系统连续监视，由数据处理进行动态分析，并由看起来深奥的算法控制。正如许多学者所指出的那样，这种新的信用监视制度促进了特殊形式的自我意识和社会控制。[②] 然而，信用监视的历史揭示了美国金融客体化的深层根源。现代的金融身份概念在一个多世纪以前就出现在手写账本、信用评级书和征信组织的客户记录中。正是在19世纪的这些文本中，个人身份被简化为经济指标，并重新构成了信息商品。这些发展的历史将21世纪的金融化与19世纪美国资本主义的精于计算的精神和监视制度联系起来。

信用监视的历史也提醒我们，所有信用关系（实际上是所有经济关系）都是不可避免地包含社会关系的成分。自20世纪60年代以来，信用信息的量化以及具有讽刺意味的是，使信用信息公正、平等的法律法规已

---

① 关于金融身份, see Mark Poster, "Identity Theft and the Media," in *Information Please: Culture and Politics in the Age of Digital Machines* ( Durham, N.C.: Duke University Press, 2006 ), 87-115.

② Marron, *Consumer Credit in the United States;* Kelly Gates, "The Securitization of Financial Identity and the Expansion of the Consumer Credit Industry," *Journal of Communication Inquiry* 34, No. 4 ( 2010 ): 417-431; Dawn Burton, "Credit Scoring, Risk, and Consumer Lendingscapes in Emerging Markets," *Environment and Planning A* 44 ( 2012 ): 111-124; and Langley, "Equipping Entrepreneurs," 448-467.

经废除了其社会性的本质。信用报告只有机构数据，没有个人背景和轶事，信用评分作为经验事实的反映进行传播。我们不再受到人类信贷经理的"审判"；我们的信用度被计算了。尽管征信体系尽力使社会脱离经济，将信用推向非自然性（Denatured）的风险世界，但信用的道德价值仍在继续出现。它以"好"和"坏"信用的语言进行编码，并且隐含在使用信用评分来推断我们的诚实和责任方面。拥有不良信用评分是一种耻辱的标志——表明无能、奢侈、虚弱、或是可怜的不幸事件多次重创者，这种信息在广告中得到了加强，将低分的人当成不成熟的年轻人或"连环杀人犯"。[1] 信用评分于是就表现为不仅仅是经济风险的非道德反映，也是对我们的品格和我们作为消费者、劳动者和公民的"善"的物化。

如果对品格是很重要的信用度组成仍然有怀疑态度的话，则只需参考《公平信用报告法》。该文件最初于1970年通过，经过了40多年的修订，阐明了信用报告的法律定义。根据当前法律版本，消费者报告（译者注：此处消费者报告不仅仅指代个人信用报告）是"消费者报告机构通过任何书面、口头或其他方式传达的任何信息，这些信息取决于消费者的信用价值、信用状况、信用能力、品格、日常声誉，个人特征或'生活方式'，可用于确定个人的信贷，保险或就业'资格'"。[2] 这个定义非常清楚地表明，信用度所关注的不仅仅是经济事实，金融身份仍然是道德身份的一种形式。

自20世纪60年代后期以来，立法者一直在努力定义信用度的法律意义并确保征信公司的数据质量。当然，公平准确的信用信息符合每个人的利益。然而，更强烈、更令人担忧的趋势可能很快会掩盖这些担忧。三个全球性征信公司也不再只是关注信用信息。拥有许多竞争对手，身价数十亿

---

[1] Annie McClanahan, "Bad Credit: The Character of Credit Scoring," *Representations* 126, No. 1（Spring 2014）: 31-57.

[2] Fair Credit Reporting Act; emphasis added. For a summary, see McNamara, "The Fair Credit Reporting Act," 67-101.

的个人数据代理商逐渐出现。在功能强大的计算机和宽松的隐私策略的帮助下，21世纪的数据代理商（包括这些个人征信机构）已经能够从互联网平台、消费者交易、零售商和公共记录中收集大量个人信息，包括详细的金融财务和健康信息。该数据用于构建营销列表，消费者档案和预测模型。例如，益博睿提供一种"消费者分类解决方案"，将美国家庭划分为71个不同的类别，包括富人俱乐部（American Royalty）、蓝领舒适者（Blue Collar Comfort）和缺钱用户（Tight Money）。①

这种类型的家庭画像文件无法替代个人信用报告或信用评分，但是它指出了塑造消费者监视的未来的更广泛力量。在大数据时代，企业可以通过连接从汽车驾驶记录到社交媒体内容的不同数据点，对我们的经济状况、健康生活方式和兴趣做出越来越复杂的推断。最终，一个人的信用报告中的错误可能不如在数据代理商的秘密算法模型中的表现那么重要。消费者被列为蓝领舒适者一类，可能足以表明其信用度还不够理想，会被排除在优惠价格或服务之外。诸如此类的营销计划可能会生产和复制出新的数据驱动的"具有社会和经济意义的有能力阶层和没有能力阶层"的威胁。② 因为这些非信用形式的消费者画像和评分是由汇总数据而非个人信息构成的，所以它们超出了现有法规监管的范围。③

数据代理商日益增长的影响力直到最近才开始引起人们的关注。2012年，联邦贸易委员会的一份有关个人隐私的报告批评了他们的"不透明"

---

① Experian, *Mosaic USA: The Consumer Classification Solution for Consistent Cross Channel Marketing*, http://www.experian.com/assets/marketing-services/brochures/mosaic-brochure-october-2014.pdf（accessed August 9, 2016）.

② Amy J. Schmitz, "Secret Consumer Scores and Segmentation: Separating 'Haves' from 'Have-Nots,'" *Michigan State Law Review*, No. 5（2014）: 1415.

③ See Ed Mierzwinski and Jeff Chester, "Selling Consumers Not Lists: The New World of Digital Decision-Making and the Role of the Fair Credit ReportingAct," *Suffolk University Law Review* 46（2013）: 845-880.

（Invisibility），并建议采取新的立法来限制他们的活动。[1] 当年晚些时候，参议院发起了一项调查，并向美国该行业头部的数据代理商发布了有关其商业行为的询问信。在被选中进行审查的九家公司中，三家主要的征信公司（艾奎法克斯、益博睿和环联）名列其中，这项调查是由一位有著名家族背景的资深议员领导的，他就是参议员约翰 D. 洛克菲勒四世（John D. Rockefeller IV），前述石油大亨的曾孙。

2013年，洛克菲勒召开听证会，讨论其对于数据代理商调研的结果并质询行业代表。诉讼发生在斯诺登事件之前，爱德华·斯诺登（Edward Snowden）的国家安全局（National Security Agency，NSA）泄密事件揭露了该国情报收集机构令人震惊的社会渗透。尽管对秘密的国家监视的愤怒情绪与日俱增，但洛克菲勒警告说，政府并不是对自由的唯一威胁。到目前为止，这次对话所缺少的是在收集和分析我们的个人信息的私人公司所扮演的角色。[2] 为了指出这一点，他观察到数据代理商行业在2012年创造了1560亿美元的收入。这个数字比美国政府情报预算的两倍还多，数字之大令人震惊。

参议员洛克菲勒的曾祖父在克利夫兰一家百货商店将自己的隐私换成信用的一百年后，消费者监视几乎渗透到了日常生活的方方面面。它已嵌入我们赖以进行通信、工作、商务和娱乐的技术中。没有任何数字化存在

---

[1] Federal Trade Commission, "Protecting Consumer Privacy in an Era of Rapid Change: Recommendations for Business and Policymakers" ( March 2012 ), https://www.Mc.gov/sites/ default/files/documents/reports/federal-trade-commission-report-protecting-consumer-privacy-era-rapid-change-recommendations/120326privacyre port.pdf ( accessed October 6, 2016 ).

[2] U.S. Senate, Committee on Commerce, Science and Transportation, *What Information Do Data Brokers Have on Consumers, and How Do They Use It?*, Hearing, December 18, 2013 ( Washington, DC: GPO, 2015 ), 2. See also "A Review of the Data Broker Industry: Collection, Use, and Sale of Consumer Data for Marketing Purposes," Committee on Commerce, Science, and Transportation, Majority Staff Report for Chairman Rockefeller, December 18, 2013, https://www. commerce.senate.gov/public/_cache/files/0d2b3642-6221-4888-a631-08f2f255b577/AE5D72CBE 7F44F5BFC846BECE22C875B .12 .18 .13 -senate-commerce-committee-report-on-data-broker-industry.pdf ( accessed October 6, 2016 ).

无法被追踪；没有任何数字资料不会被挖掘。这些都是征信系统（也可以说是信用监视系统）设计使然。在我们数据驱动的经济中，个人信息是流通的货币。它是我们用来支付"免费"内容，会员资格和服务的商品。这种关于访问的交换信息促进了创新并建立了新的产业，但它也侵蚀了隐私的界限，更重要的是，为新的社会分类和经济客体化形式打开了大门。信用监视的历史是"浮士德式"交易的历史，也是理解我们时代数字资本主义货币化逻辑的起点。

# 原文参考文献

## ARCHIVAL AND MANUSCRIPT COLLECTIONS

David F. Linowes Papers, University of Illinois Archives, Urbana-Champaign, Ill.

J. C. Penney Archive, Southern Methodist University, Dallas, Tex.

John Wanamaker Collection, Historical Society of Pennsylvania, Philadelphia, Pa. Massachusetts Historical Society, Boston, Mass.

R. G. Dun Archive, Baker Library, Harvard Business School, Cambridge, Mass.

## SECONDARY SOURCES

Anderson, Allan H., et al. *An Electronic Cash and Credit System*. New York: American Management Association, 1966.

Anderson, Chris."The End of Theory: The Data Deluge Makes the Scientific Method Obsolete."*Wired*. June 23, 2008. http://www.wired.com/2008/06/pb-theory/. Accessed August 9, 2016.

Andrejevic, Mark. *iSpy: Surveillance and Power in the Interactive Age*. Lawrence: University Press of Kansas, 2007.

——."Surveillance and Alienation in the Online Economy."*Surveillance & Society* 8, No. 3 (2011): 278-287.

——."The Work of Being Watched: Interactive Media and the Exploitative Work of Self-Disclosure."*Critical Studies in Media Communication* 19, No. 2 (June 2002): 230-248.

Anthony, Robert N., and Marian V. Sears."Who's That?"*Harvard Business Review* 39, No. 3 (May-June 1961): 65-71.

Arena, Joe."Framing an Ideology of Information: Retail Credit and the Mass Media, 1910-1930."*Media, Culture & Society* 18 (1996): 423-445.

Atherton, Lewis E."The Problem of Credit Rating in the Ante-Bellum South."*Journal of Southern History* 12 (1946): 534-556.

Augst, Thomas. *The Clerk's Tale: Young Men and Moral Life in Nineteenth Century America.* Chicago: University of Chicago Press, 2003.

Balleisen, Edward J. *Navigating Failure: Bankruptcy and Commercial Society in Antebellum America.* Chapel Hill, NC: Duke University Press, 2001.

Bátiz-Lazo, Bernardo, Thomas Haigh, and David L. Stearns."How the Future Shaped the Past: The Case of the Cashless Society."*Enterprise & Society* 15, No. 1 (March 2014): 103-131.

Beck, Ulrich. *Risk Society: Towards a New Modernity.* Translated by Mark Ritter. London: Sage, 1992.

Beniger, James. *The Control Revolution: Technological and Economic Origins of the Information Society.* Cambridge, Mass.: Harvard University Press, 1986.

Benson, Susan Porter. *Counter Cultures: Saleswomen, Managers, and Customers in American Department Stores, 1890-1940.* Champaign: University of Illinois Press, 1986.

Berghoff, Hartmut, Philip Scranton, and Uwe Spiekerman."The Origins of Marketing and Market Research: Information, Institutions, and Markets."In *The Rise of Marketing and Market Research*, edited by Hartmut Berghoff, Philip Scranton, and Uwe Spiekerman, 1-26. New York: Palgrave Macmillan, 2011.

Black, Hillel. *Buy Now, Pay Later.* New York: William Morrow, 1961.

Board of the Governors of the Federal Reserve System. *Report to the Congress on Credit Scoring and Its Effect on the Availability and Affordability of Credit*, August 2007. http://www.federalreserve.gov/boarddocs/RptCongress/creditscore/creditscore.pdf. Accessed May 26, 2015.

Bouk, Dan. *How Our Days Became Numbered: Risk and the Rise of the Statistical Individual.* Chicago: University of Chicago Press, 2015.

Bradshaw, T. F."Superior Methods Created the Early Chain Store."*Bulletin of the Business Historical Society* 17, No. 2 (April 1943): 35-43.

Braverman, Harry. *Labor and Monopoly Capital: The Degradation of Work in the Twentieth Century.* New York: Monthly Review Press, 1998.

Brennecke, Claire. "Information Acquisition in Antebellum U.S. Credit Markets: Evidence from Nineteenth-Century Credit Reports."Working paper, Federal Deposit Insurance Corporation, September 2016.

Burton, Dawn."Credit Scoring, Risk, and Consumer Lending scapes in Emerging Markets."*Environment and Planning A* 44 (2012): 111-124.

Butler, Nathaniel E., et al."Equal Credit Opportunity Act."*Business Lawyer* 33 (1978): 1073-1123.

Calder, Lendol. *Financing the American Dream: A Cultural History of Consumer Credit.* Princeton, N.J.: Princeton University Press, 1999.

———."Saving and Spending."In *The Oxford Handbook of the History of Consumption*, edited by Frank Trentmann, 348-375. New York: Oxford University Press, 2012.

Campbell, Gibson."Population of the 100 Largest Cities and Other Urban Places in the United States: 1790-1990."Population Division Working Paper No. 27. Washington, D.C.: U.S. Bureau of the Census, 1998.

Caplan, Jane, and John Torpey, eds. *Documenting Individual Identity: The Development of State Practices in the Modern World.* Princeton, N.J.: Princeton University Press, 2001.

Capon, Noel. "Credit Scoring Systems: A Critical Analysis."*Journal of Marketing* 46 (Spring 1982): 82-91.

Carroll, Maureen A. "'What an Office Should Be': Women and Work at Retail Credit Company." *Atlanta History* 40, nos. 3-4 (1996): 16-29.

Carruthers, Bruce G. "From Uncertainty Toward Risk: The Case of Credit Ratings." *Socio-Economic Review* 11 (2013): 525-551.

Carruthers, Bruce G., and Wendy Nelson Epseland. "Accounting for Rationality: Double-Entry Bookkeeping and the Rhetoric of Economic Rationality." *American Journal of Sociology* 91 (1991): 31-69.

Case, Andrew N. "'The Solid Gold Mailbox': Direct Mail and the Changing Nature of Buying and Selling in the Postwar United States."*History of Retailing and Consumption* 1, No. 1 (2015): 28-46.

Caskey, John P."Pawnbroking in America: The Economics of a Forgotten Market."*Journal of Money, Credit, and Banking* 23, No. 1 (February 1991): 85-99.

Castells, Manuel. *The Rise of the Network Society. Vol. 1, The Information Age: Economy, Society, and Culture.* 2nd ed. Malden, Mass.: Blackwell, 2009.

Chandler, Alfred D. *The Visible Hand: The Managerial Revolution in American Business.*

Cambridge, Mass.: Harvard University Press, 1997.

Chandler, Gary G. "Generic and Customized Scoring Models: A Comparison." In *Hand book of Credit Scoring*, edited by Elizabeth Mays, 23-55. Chicago: Glenlake Publishing, 2001.

Cheney-Lippold, John."A New Algorithmic Identity: SoM Biopolitics and the Modulation of Control."*Theory, Culture & Society* 28, No. 6 (2011): 164-181.

Citron, Danielle Keats, and Frank Pasquale."The Scored Society: Due Process for Auto-mated Predictions."*Washington Law Review* 89, No. 1 (2014): 1-33.

Clark, Evans. *Financing the Consumer.* New York: Harper, 1930.

Clark, Thomas D. *Pills, Petticoats and Plows: The Southern Country Store.* New York: Bobbs-Merrill, 1944.

Cohen, Lizabeth. *A Consumers' Republic: The Politics of Mass Consumption in Postwar America.* New York: Knopf, 2003.

Cohen, Patricia Cline. *A Calculating People: The Spread of Numeracy in Early America.* New York: Routledge, 1999.

Cole, Robert H. *Consumer and Commercial Credit Management.* 3rd ed. Homewood, Ill.: Richard D. Irwin, 1968.

Cole, Simon. *Suspect Identities: A History of Fingerprinting and Criminal Identification.*

Cambridge, Mass.: Harvard University Press, 2001.

Consumer Financial Protection Bureau. Key Dimensions and Processes in the U.S. Credit Reporting System: A Review of How the Nation's Largest Credit Bureaus Manage Consumer Data. 2012. http://files.consumerfinance.gov/f/201212_cfpb_credit-reporting

-white-paper.pdf . Accessed July 1, 2016.

Cortada, James W. *The Digital Hand: How Computers Changed the Work of American Manufacturing, Transportation, and Retail Industries*. New York: Oxford University Press, 2004.

——. *Information Technology as Business History: Issues in the History and Management of Computers*. Westport, Conn.: Greenwood Press, 1996.

Dandeker, Christopher. *Surveillance, Power, and Modernity: Bureaucracy and Discipline from 1700 to the Present Day*. New York: St. Martin's Press, 1990.

Deleuze, Gilles. "Postscript on the Societies of Control." *October* 59 (1992): 3-7.

Deville, Joe, and Lonneke van der Velden. "Seeing the Invisible Algorithm: The Practical Politics of Tracking the Credit Trackers." In *Algorithmic Life: Calculative Devices in the Age of Big Data*, edited by Louise Amoore and Volha Piotukh, 87-106. New York: Routledge, 2016.

Dixon, Pam, and Robert Gellman. "The Scoring of America: How Secret Consumer Scores Threaten Your Privacy and Your Future." World Privacy Forum, 2014. http:// www. worldprivacyforum.org/wp-content/uploads/2014/04/ WPF_Scoring _of _America_ April2014_fs.pdf . Accessed July 20, 2016.

Durand, David. *Risk Elements in Consumer Instalment Financing*. Technical ed. New York: National Bureau of Economic Research, 1941.

Dyer, Davis. *TRW: Pioneering Technology and Innovation Since 1900*. Boston: Harvard Business School Press, 1998.

Ensmenger, Nathan. *The Computer Boys Take Over: Computers, Programmers, and the Politics of Technical Expertise*. Cambridge, Mass.: MIT Press, 2010.

Ericson, Richard V., and Kevin D. Haggerty, eds. *The New Politics of Surveillance and Visibility*. Toronto: University of Toronto Press, 2007.

Espeland, Wendy Nelson, and Mitchell L. Stevens. "Commensuration as Social Process."
*Annual Review of Sociology* 24 (1998): 313-343.

Evans, David, and Richard Schmalensee. *Paying with Plastic: The Digital Revolution in Buying and Borrowing*. Cambridge, Mass.: MIT Press, 2001.

Ewald, François. "Insurance and Risk." In *The Foucault Effect: Studies in Governmentality*, edited by Colin Gordon and Peter Miller, 197-210. Chicago: University of Chicago Press, 1991.

*Federal Reserve Charts on Consumer Credit*. Washington, D.C.: Board of Governors of the Federal Reserve System, 1947.

Federal Trade Commission. Data Brokers: A Call for Transparency and Accountability (May 2014). https://www.Mc.gov/system/files/documents/reports/data-brokers-call-transparency-accountability-report-federal-trade-commission-may-2014/140527 databrokerreport.pdf. Accessed August 7, 2016.

Feldman, Sheldon. "The Fair Credit Reporting Act—From the Regulators Vantage Point." *Santa Clara Law Review* 14, No. 3 (1974): 459-490.

Fellowes, Matt. "Credit Scores, Reports, and Getting Ahead in America." Brookings Institution, May 2006. http://www.brookings.edu/~/media/research/files/reports/2006/5/childrenfamilies%20fellowes/20060501_creditscores.pdf. Accessed January 15, 2016.

Flandreau, Marc, and Gabriel Geisler Mesevage. "The Untold History of Transparency: Mercantile Agencies, the Law, and the Lawyers (1851-1916)." *Enterprise & Society* 15(2014): 213-251.

Flinn, William A. "History of Retail Credit Company: A Study in the Marketing of Information About Individuals." Ph.D. diss., Ohio State University, 1959.

Foucault, Michel. *Discipline and Punish: The Birth of the Prison.* Translated by Alan Sheridan. New York: Vintage, 1995.

——. *Power/Knowledge: Selected Interviews and Other Writings, 1972-1977.* Edited by Colin Gordon. New York: Pantheon, 1980.

Foulke, Roy A. *The Sinews of American Commerce.* New York: Dun and Bradstreet, 1941.

Fourcade, Marion, and Kieran Healy. "Classification Situations: Life-Chances in the Neoliberal Era." Accounting, Organizations, and Society 38 (2013): 559-572.

Fuchs, Christian. "Political Economy and Surveillance Theory." *Critical Sociology* 39 (2012): 671-687.

Furletti, Mark. "An Overview and History of Credit Reporting." Discussion paper. Pay-ment Cards Center, Federal Reserve Bank of Philadelphia (June 2002): 1-16.

Gandy, Oscar H., Jr. *The Panoptic Sort: A Political Economy of Personal Information.* Boulder, Colo.: Westview, 1993.

——. "Legitimate Business Interest: No End in Sight? An Inquiry Into the Status of Privacy in Cyberspace." *University of Chicago Legal Forum* (1996): 77-137.

Gates, Kelly. "The Securitization of Financial Identity and the Expansion of the Consumer Credit Industry." *Journal of Communication Inquiry* 34, No. 4 (2010): 417-431.

Giddens, Anthony. *A Contemporary Critique of Historical Materialism.* Vol. 1. Berkeley: University of California Press, 1981.

——. *The Consequences of Modernity.* Stanford, Calif.: Stanford University Press, 1990.

Gillespie, Tarleton. "The Relevance of Algorithms." In *Media Technologies: Essays on Communication, Materiality, and Society*, edited by Tarleton Gillespie, Pablo Boczkowski, and Kirsten Foot, 167-194. Cambridge, Mass.: MIT Press, 2014.

Glickman, Lawrence. *Buying Power: A History of Consumer Activism in America.* Chicago: University of Chicago Press, 2009.

Gordon, Colin, and Peter Miller, eds. *The Foucault Effect: Studies in Governmentality.* Chicago: University of Chicago Press, 1991.

Granovetter, Mark. "Economic Action and Social Structure: The Problem of Embedded-ness." *American Journal of Sociology* 91 (1985): 481-510.

Hacking, Ian. *The Taming of Chance.* Cambridge, UK: Cambridge University Press, 1990.

Haggerty, Kevin D. "Tear Down the Walls: On Demolishing the Panopticon." In *Theorizing Surveillance: The Panopticon and Beyond*, edited by David Lyon, 23-45. Portland, Ore.: Willan, 2006.

Haggerty, Kevin D., and Richard V. Ericson. "The Surveillant Assemblage." *British Journal of Sociology* 51 (2000): 605-622.

Halttunen, Karen. *Confidence Men and Painted Ladies: A Study of Middle Class Culture, 1830-1870.* New Haven, Conn.: Yale University Press, 1982.

Hamilton, Holman, and James L. Crouthamel. "A Man for Both Parties: Francis J. Grund as Political Chameleon." *Pennsylvania Magazine of History and Biography* 97, no. 4 (October 1973): 465-484.

Hidy, R. W. "Credit Rating Before Dun and Bradstreet." *Bulletin of the Business Historical Society* 13 (1939): 81-88.

Higham, John. *Strangers in the Land: Patterns of American Nativism, 1860-1925.* New Brunswick, N.J.: Rutgers University Press, 2008.

Hoofnagle, Chris Jay. *Federal Trade Commission Privacy Law and Policy.* New York: Cambridge University Press, 2016.

Horowitz, Daniel. *The Anxieties of Auence: Critiques of American Consumer Culture, 1939-1979.* Amherst: University of Massachusetts Press, 2004.

——. *The Morality of Spending: Attitudes Toward the Consumer Society in America, 1875-1940.* Baltimore, Md.: Johns Hopkins University Press, 1985.

Hoskin, Keith, and Richard Macve. "Writing, Examining, Disciplining: The Genesis of Accounting's Modern Power." In *Accounting as Social and Institutional Practice*, edited by Anthony G. Hopwood and Peter Miller, 67-97. New York: Cambridge University Press, 1994.

Howard, Vicki. *From Main Street to Mall: The Rise and Fall of the American Department Store.* Philadelphia: University of Pennsylvania Press, 2015.

Hsai, David C. "Credit Scoring and the Equal Credit Opportunity Act." *Hastings Law Journal* 30, No. 4 (November 1978): 382-383.

Hunt, Robert M. "The Development and Regulation of Consumer Credit Reporting in the United States." In *The Economics of Consumer Credit*, edited by Giuseppe Bertola, Richard Disney, and Charles Grant, 310-345. Cambridge, Mass.: MIT Press, 2006.

Hyman, Louis. 2012. *Borrow: The American Way of Debt.* New York: Vintage.

——. *Debtor Nation: A History of America in Red Ink.* Princeton, N.J.: Princeton University Press, 2011.

Igo, Sarah E. *The Averaged American: Surveys, Citizens, and the Making of a Mass Public.* Cambridge, Mass.: Harvard University Press, 2007.

Jacobson, Matthew Frye. *Barbarian Virtues: The United States Encounters Foreign Peoples at Home and Abroad, 1876-1917.* New York: Hill and Wang, 2000.

Jeacle, Ingrid, and Eammon J. Walsh."From Moral Evaluation to Rationalization: Accounting and the ShiMing Technologies of Credit."*Accounting, Organizations and Society* 27 (2002): 737-761.

John, Richard R. "Recasting the Information Infrastructure for the Industrial Age." In *A Nation Transformed by Information: How Information Has Shaped the United States from Colonial Times to the Present*, edited by Alfred D. Chandler Jr. and James W. Cortada,

55-105. New York: Oxford University Press, 2000.

Klein, Daniel B. "Promise Keeping in the Great Society: A Model of Credit Information Sharing." *Economics and Politics* 4, No. 2 (July 1992): 117-136.

Krippner, Greta A. "The Elusive Market: Embeddedness and the Paradigm of Economic Sociology." *Theory and Society* 30 (2001): 775-810.

——. *Capitalizing on Crisis: The Political Origins of the Rise of Finance.* Cambridge, Mass.: Harvard University Press, 2011.

Kruse, Holly. "Pipeline as Network: Pneumatic Systems and the Social Order." In *The Long History of New Media: Technology, Historiography, and Contextualizing Newness*, edited by Nicholas Jankowski, Steve Jones, and David Park, 211-230. New York: Peter Lang, 2011.

Laird, Pamela W. *Advertising Progress: American Business and the Rise of Consumer Marketing.* Baltimore, Md.: Johns Hopkins University Press, 1998.

Langley, Paul. "Equipping Entrepreneurs: Consumer Credit and Credit Scores." *Consumption Markets & Culture* 17 (2014): 448-467.

Lapavitsas, Costas. "The Financialization of Capitalism: Profiting Without Producing." *City* 17 (2013): 792-805.

Larson, John Lauritz. *The Market Revolution in America: Liberty, Ambition, and the Eclipse of the Common Good.* New York: Cambridge University Press, 2010.

Lauer, Josh. "The End of Judgment: Consumer Credit Scoring and Managerial Resistance to the Black Boxing of Creditworthiness." In *The Emergence of Routines: Entrepreneurship, Organization, and Business History*, edited by Daniel M. G. Raff and Philip Scranton, 269-287. New York: Oxford University Press, 2017.

——."Surveillance History and the History of New Media: An Evidential Paradigm." *New Media & Society* 14 (2011): 566-582.

Leach, William. *Land of Desire: Merchants, Power, and the Rise of a New American Culture.* New York: Vintage, 1993.

Lebhar, Godfrey M. *Chain Stores in America.* 3rd ed. New York: Chain Store Publishing, 1963.

Lemercier, Claire, and Claire Zalc. "For a New Approach to Credit Relations in Modern History." *Annales: Histoire, Sciences Sociales* 4 (2012): 661-691.

Lepler, Jessica M. *The Many Panics of 1837: People, Politics, and the Creation of a Transatlantic Crisis.* New York: Cambridge University Press, 2013.

Levy, Jonathan. *Freaks of Fortune: The Emerging World of Capitalism and Risk in America.* Cambridge, Mass.: Harvard University Press, 2012.

Lewis, Edward M. *An Introduction to Credit Scoring.* San Rafael, Calif.: Athena Press, 1992.
Light, Jennifer S. "When Women Were Computers." *Technology & Culture* 40, No. 3 (July 1999): 455-483.

——."Discriminating Appraisals: Cartography, Computation, and Access to Federal Mortgage Insurance in the 1930s." *Technology & Culture* 52, No. 3 (July 2011): 485-522.

Lipartito, Kenneth. "Mediating Reputation: Credit Reporting Systems in American His-tory."

*Business History Review* 87 (2013): 655-677.

——."When Women Were Switches: Technology, Work, and Gender in the Telephone Industry, 1890-1920." *American Historical Review* 99, No. 4 (October 1994): 1075-1111.

Lynd, Robert S., and Helen Merrell Lynd. *Middletown: A Study in American Culture*. New York: Harcourt, Brace, 1929.

Lynn, Robert A. "Installment Selling Before 1870." *Business History Review* 31, No. 4 (1957): 414-424.

Lyon, David. *The Electronic Eye: The Rise of Surveillance Society*. Minneapolis: University of Minnesota Press, 1994.

——. *Surveillance After September 11*. New York: Polity, 2003.

Madison, James H. "The Evolution of Commercial Credit Reporting Agencies in Nineteenth-Century America." *Business History Review* 48 (1974): 164-186.

Maltz, Earl M., and Fred H. Miller. "The Equal Credit Opportunity Act and Regulation B." *Oklahoma Law Review* 31, No. 1 (Winter 1978): 1-62.

Mandell, Lewis. *The Credit Card Industry: A History*. Boston: Twayne, 1990.

Mann, Bruce H. *Republic of Debtors: Bankruptcy in the Age of American Independence*. Cambridge, Mass.: Harvard University Press, 2002.

Markus, M. Lynne, Andrew Dulta, Charles W. Steinfield, and Rolf T. Wigand. "The Computerization Movement in the U.S. Home Mortgage Industry: Automated Underwriting from 1980 to 2004." In *Computerization Movements and Technology Diffusion: From Mainframes to Ubiquitous Computing*, edited by Margaret S. Elliott and Kenneth Kraemer, 115-144. Medford, N.J.: Information Today, 2008.

Marron, Donncha. *Consumer Credit in the United States: A Sociological Perspective from the 19th Century to the Present*. New York: Palgrave Macmillan, 2009.

Martin, Randy. *Financialization of Daily Life*. Philadelphia: Temple University Press, 2002.
Marx, Karl. *Capital: A Critical Analysis of Capitalist Production*. Vol. 1. Translated by Samuel Moore and Edward Aveling. New York: International, 1992.

Mayer-Schönberger, Viktor, and Kenneth Cukier. *Big Data: A Revolution That Will Transform How We Live, Work, and Think*. Boston: Houghton Mifflin, 2013.

McClanahan, Annie. "Bad Credit: The Character of Credit Scoring." *Representations* 126 (Spring 2014): 31-57.

McGovern, Charles F. *Sold American: Consumption and Citizenship, 1890-1945*. Chapel Hill: University of North Carolina Press, 2006.

McKenney, James L., and Amy Weaver Fisher. "Manufacturing the ERMA Banking System: Lessons from History." *IEEE Annals of the History of Computing* 15, nNo. 4 (1993): 7-26.

McNamara, Robert M., Jr. "The Fair Credit Reporting Act: A Legislative Overview." *Journal of Public Law* 22 (1973): 67-101.

Mierzwinski, Ed, and Jeff Chester. "Selling Consumers Not Lists: The New World of Digital Decision-Making and the Role of the Fair Credit Reporting Act." *Suffolk University Law Review* 46 (2013): 845-880.

Miller, Arthur R. "Personal Privacy in the Computer Age: The Challenge of a New Technology in an Information-Oriented Society." *Michigan Law Review* 67, No. 6 (April 1969): 1089-1246.

Miller, Margaret J. Introduction to *Credit Reporting Systems and the International Economy*, edited by Margaret J. Miller, 1-21. Cambridge, Mass.: MIT Press, 2003.

Miller, Peter. "Accounting and Objectivity: The Invention of Calculating Selves and Calculable Spaces." *Annals of Scholarship* 9 (1992): 61-86.

Miller, Peter, and Ted O'Leary. "Accounting and the Construction of the Governable Person." *Accounting, Organization, and Society* 12 (1987): 235-265.

Miller, Peter, and Nikolas Rose. *Governing the Present*. Cambridge, UK: Polity, 2008. Mosco, Vincent, and Janet Wasko, eds. *The Political Economy of Information*. Madison: University of Wisconsin Press, 1988.

Murphy, Sharon Ann. *Investing in Life: Insurance in Antebellum America*. Baltimore, Md.: Johns Hopkins University Press, 2010.

National Commission on Consumer Finance. *Consumer Credit in the United States*. Washington, D.C.: GPO, 1972.

Neifeld, M. R. *The Personal Finance Business*. New York: Harper 1933.

Nissenbaum, Helen. *Privacy in Context: Technology, Policy, and the Integrity of Social Life*. Stanford, Calif.: Stanford University Press, 2010.

Norris, James *D. R. G. Dun & Co., 1841-1900: The Development of Credit Reporting in the Nineteenth Century*. Westport, Conn.: Greenwood Press, 1978.

Novek, Eleanor, Nikhil Sinha, and Oscar Gandy Jr. "The Value of Your Name." *Media, Culture & Society* 12 (October 1990): 525-543.

Olegario, Rowena. "Credit Reporting Agencies: A Historical Perspective." In *Credit Reporting Systems and the International Economy*, edited by Margaret J. Miller, 115-159. Cambridge, Mass.: MIT Press, 2003.

———. *A Culture of Credit: Embedding Trust and Transparency in American Business*. Cambridge, Mass.: Harvard University Press, 2006.

———. *The Engine of Enterprise: Credit in America*. Cambridge, Mass.: Harvard University Press, 2016.

Olney, Martha L. *Buy Now, Pay Later: Advertising, Credit, and Consumer Durables in the 1920s*. Chapel Hill: University of North Carolina Press, 1991.

———."When Your Word Is Not Enough: Race, Collateral, and Household Credit." *Journal of Economic History* 58, no. 2 (June 1998): 408-430.

O'Neal, Orville Wendell. "A Study of Customer Control from the Standpoint of Sales Promotion." M.B.A. thesis, University of Texas, Austin, 1933.

O'Neil, Cathy. *Weapons of Math Destruction: How Big Data Increases Inequality and Threatens Democracy*. New York: Crown, 2016.

Pak, Susie J. Pak. *Gentleman Bankers: The World of J. P. Morgan*. Cambridge, Mass.: Harvard University Press, 2014.

Pasquale, Frank. *The Black Box Society: The Secret Algorithms That Control Money and*

*Information.* Cambridge, Mass.: Harvard University Press, 2015.

Petrison, Lisa, Robert C. Blattberg, and Paul Wang. "Database Marketing: Past, Present, and Future." *Journal of Direct Marketing* 7, no. 3 (Summer 1993): 27-43.

Poon, Martha. "Historicizing Consumer Credit Risk Calculation: The Fair Isaac Process of Commercial Scorecard Manufacture, 1957-circa 1980." In *Technological Innovation in Retail Finance: International Historical Perspectives*, edited by Bernardo Batiz-Lazo, J. Carles Maixé-Altés, and Paul Thomes, 221-245. New York: Routledge, 2011.

——."Scorecards as Devices for Consumer Credit: The Case of Fair, Isaac & Company Incorporated." In *Market Devices*, edited by Michael Callon, Yural Millo, and Fabian Muniesa, 284-306. Malden, Mass.: Wiley-Blackwell, 2007.

Poovey, Mary. *A History of the Modern Fact: Problems of Knowledge in the Sciences of Wealth and Society.* Chicago: University of Chicago Press, 1998.

Popp, Richard. "Addresses and Alchemy: Mailing Lists and the Making of Information Commodities in Industrial Capitalism." Unpublished conference paper, Histories of American Capitalism, Cornell University, 2014.

——."Information, Industrialization, and the Business of Press Clippings, 1880-1925." *Journal of American History* 101 (2014): 427-453.

Porter, Theodore M. "Information, Power, and the View from Nowhere." In *Information Acumen: The Understanding and Use of Knowledge in Modern Business*, edited by Lisa Bud-Frierman, 217-230. London: Routledge, 1994.

——. *Trust in Numbers: The Pursuit of Objectivity in Science and Public Life.* Princeton, N.J.: Princeton University Press, 1995.

Poster, Mark. "Identity Theft and the Media." In *Information Please: Culture and Politics in the Age of Digital Machines*, 87-115. Durham, NC: Duke University Press, 2006.

——. *The Mode of Information: Poststructuralism and Social Context.* Chicago: University of Chicago Press, 1990.

Prude, Jonathan. *The Coming of Industrial Order: Town and Factory Life in Rural Massachusetts, 1810-1860.* New York: Cambridge University Press, 1983.

Pruitt, Bettye H. *Donnelley and the Yellow Book: The Birth of an Advertising Medium.* N.p.: Reuben H. Donnelley Corporation, 1986.

Puckett, Carolyn. "The Story of the Social Security Number." *Social Security Bulletin* 69, No. 2 (2009): 55-74.

Raskob, John J. "The Development of Installment Purchasing." *Proceedings of the Academy of Political Science in the City of New York* 12, No. 2 (January 1927): 619-639.

Robertson, Craig. "A Documentary Regime of Verification: The Emergence of the U.S. Passport and the Archival Problematization of Identity." *Cultural Studies* 23, No. 3 (May 2009): 329-354.

——."Paper, Information, and Identity in 1920s America," *Information & Culture* 50, No. 3 (2015): 392-416.

——. *The Passport in America: The History of a Document.* New York: Oxford University Press, 2010.

Robins, Kevin, and Frank Webster. "Cybernetic Capitalism: Information, Technology, Everyday Life." In *The Political Economy of Information*, edited by Vincent Mosco and Janet Wasko, 44-75. Madison: University of Wisconsin Press, 1988.

Robinson, Louis N., and Rolf Nugent. *Regulation of the Small Loan Business*. New York: Russell Sage Foundation, 1935.

Rule, James B. *Private Lives and Public Surveillance*. London: Allen Lane, 1973.

Sandage, Scott A. *Born Losers: A History of Failure in America*. Cambridge, Mass.: Harvard University Press, 2005.

Sankar, Pamela. "State Power and Recordkeeping: The History of Individualized Surveillance in the United States, 1790-1935." Ph.D. diss., University of Pennsylvania, 1992.

Schmitz, Amy J. "Secret Consumer Scores and Segmentation: Separating 'Haves' from 'Have-Nots.' " *Michigan State Law Review*, No. 5 (2014): 1411-1473.

Scott, James. *Seeing Like a State: How Certain Schemes to Improve the Human Condition Have Failed*. New Haven, Conn.: Yale University Press, 1998.

Seipp, David J. *The Right to Privacy in American History*. Cambridge, Mass.: Harvard University, Program on Information Resources Policy, 1978.

Seligman, Edwin R. A. *The Economics of Instalment Selling: A Study in Consumer's Credit*. Vol. 1. New York: Harper, 1927.

Sellers, Charles. *The Market Revolution: Jacksonian America, 1815-1846*. New York: Oxford University Press, 1991.

Simon, William. *Pioneers of Excellence: A History of the Chilton Corporation*. Dallas: Chilton Corporation, 1986.

Smith, Robert Ellis. "TRW Sells Its Conscience for Cash." *Business and Society Review* 71 (1989): 4-7.

Stearns, David L. *Electronic Value Exchange: Origins of the VISA Electronic Payment System*. London: Springer, 2011.

Stokes, Melvyn, and Stephen Conway, eds. *The Market Revolution in America: Social, Political, and Religious Expressions, 1800-1880*. Charlottesville: University of Virginia Press, 1996.

Strasser, Susan. *Satisfaction Guaranteed: The Making of the American Mass Market*. Washington, D.C.: Smithsonian Institution Press, 1989.

Taylor, Frederick W. *The Principles of Scientific Management*. Mineola, N.Y.: Dover, 1998. Torpey, John. *The Invention of the Passport: Surveillance, Citizenship, and the State*. New York: Cambridge University Press, 2000.

Truesdale, J. R. *Credit Bureau Management*. New York: Prentice-Hall, 1927.

Turow, Joseph. *Breaking Up America: Advertisers and the New Media World*. Chicago: University of Chicago Press, 1997.

Twyman, Robert W. *History of Marshall Field & Co., 1852-1906*. Philadelphia: University of Pennsylvania Press, 1954.

U.S. Department of Commerce. *National Retail Credit Survey*. Washington, D.C.: GPO, 1930.

U.S. Senate. Committee on Commerce, Science, and Transportation. 2013. "A Review of the Data Broker Industry: Collection, Use, and Sale of Consumer Data for Marketing Purposes." Staff Report for Chairman Rockefeller (December 18, 2013), https://www.commerce.senate.gov/public/_cache/files/0d2b3642-6221-4888-a631-08f2f255b577/AE5D72CBE7F44F5BFC846BECE22C875B.12.18.13-senate-commerce-committee-report-on-data-broker-industry.pdf. Accessed October 6, 2016.

Van Dijck, José. "Datafication, Dataism, and Dataveillance: Big Data Between Scientific Paradigm and Ideology." *Surveillance & Society* 12, No. 2 (2014): 197-208.

Vose, Edward Neville. *Seventy Five Years of the Mercantile Agency R.G. Dun & Co., 1841-1816*. Brooklyn, N.Y.: R. G. Dun, 1916.

Weber, Max. *Economy and Society*. Vol. 1. Edited by Guenther Roth and Claus Wittich. Berkeley: University of California Press, 1978.

——.*The Protestant Ethic and the Spirit of Capitalism*. Translated by Talcott Parsons. New York: Charles Scribner's Sons, 1958.

Wells, Toni. "The Information State: An Historical Perspective on Surveillance." In *Routledge Handbook of Surveillance Studies*, edited by Kirstie Ball, Kevin D. Haggerty, and David Lyon, 57-63. New York: Routledge, 2012.

Westin, Alan F., and Michael A. Baker. *Databanks in a Free Society: Computers, Record Keeping, and Privacy*. New York: Quadrangle Books, 1972.

——. *Privacy and Freedom*. New York: Atheneum, 1967.

Wiebe, Robert H. *The Search for Order: 1877-1920*. New York: Hill and Wang, 1967. Woloson, Wendy. *In Hock: Pawning in America from Independence to the Great Depression*. Chicago: University of Chicago Press, 2010.

Wyatt-Brown, Bertram. "God and Dun and Bradstreet, 1841-1851." *Business History Review* 40 (1966): 432-450.

Yates, JoAnne. *Control Through Communication: The Rise of System in American Management*. Baltimore, Md.: Johns Hopkins University Press, 1989.

——."For the Record: The Embodiment of Organizational Memory, 1850-1920." *Business and Economic History* 19 (1990): 172-182.

——."From Press Book and Pigeonhole to Vertical Filing: Revolution in Storage and Access Systems for Correspondence." *Journal of Business Communication* 19, no. 3 (1982): 5-26.

Zakim, Michael, and Gary J. Kornblith, eds. *Capitalism Takes Command: The Social Transformation of Nineteenth Century America*. Chicago: University of Chicago Press, 2012.

Zelizer, Viviana A. *Morals and Markets: The Development of Life Insurance in the United States*. New York: Columbia University Press, 1979.

——. *The Social Meaning of Money: Pin Money, Paychecks, Poor Relief, and Other Currencies*. New York: Basic Books, 1994.

Zuboff, Shoshana. "Big Other: Surveillance Capitalism and the Prospects of an Information Civilization." *Journal of Information Technology* 30 (2015): 75-89.

——. *In the Age of the Smart Machine: The Future of Work and Power*. New York: Basic Books, 1988.

# 《美国征信史》专业术语

## 征信业务相关

### 征信产品和服务

商业信用调查（Commercial Credit Investigations）

手写分类账和记录（Handwritten Ledgers and Records）

黑名单（Blacklist）

商店黑名单（Store Blacklists）

簿记系统（Bookkeeping Systems）

分类账经验（Ledger Experience）

正面-负面系统（Affirmative-Negative System）

详版报告（Antecedent Reports）

简版报告（Trade Clearances）

信用度评估（Creditworthiness Evaluation）

信用分析的"科学"（"Science" of Credit Analysis）

信用度的"3C"（"Three Cs" of Creditworthiness）

信用度的多个"C"（"Cs" of Creditworthiness）

信用评级工具书（Credit Rating Reference Books）

信用监测服务（Credit Monitoring Services）

"负面性"的消费者报告（"Derogatory" Consumer Reports）

人事报告（Personnel Reporting）

访谈（Interviews）

信用评分（Credit Scoring）

"即时"清算（In-file Clearance）

选择退出条款（Opt-out Clauses）

推荐信（Reference Letter）

基于订阅的报告（Subscription-based Reporting）

电子信用检查（Electronic Credit Checking）

打印的报告（Typed Reports）

教育消费者/信用意识（Education for Consumers/Credit Consciousness）

信用咨询（Credit Counseling）

商业信用报告诉讼（Lawsuits of Commercial Credit Reporting）

信用体系的非人格特征（Impersonality of Credit System）

消费者信用保护（Consumer Credit Protection）

身份盗窃（Identity Theft）

征信宣传（Propaganda）

口头信息共享（Verbal Information Sharing）

信用教育（Credit Education）

信贷使用（Credit Use）

信用授权或拒绝（Credit Authorization or Rejection）

信用意识（Credit Consciousness）

信息共享中的同意（Consent of Information Sharing）

信用额度（Credit Limits）

信贷经理（Credit Managers）

信贷部门/商店（Credit Departments, Stores）

信用民主化（Democratization of Credit）

信贷工作者（Credit Workers）

全国零售信贷调查（National Retail Credit Survey）

## 信贷与金融业务

现金/纯现金业务（Cash/Cash-only Businesses）

债务（Debt）

收债（Debt Collection）

延期付款计划（Deferred Payment Plans）

分期付款销售（Installment Selling）

零售业务（Retail Business）

百货商店（Department Stores）

典当行和高利贷者（Pawnbrokers and Loan Sharks）

邮购业务（Mail-order Business）

利率（Interest Rates）

浮动利率（Variable Interest Rates）

开放式贷款（Open Book Credit）

抵押贷款违约（Mortgage Defaults）

住房抵押贷款（Mortgage Lending）

人寿保险业（Life Insurance Industry）

季节性贷款（Seasonal Lending）

零售信贷（Retail Credit）

掠夺性贷款（Predatory Lending）

商铺信贷（Store Credit）

次级贷款（Subprime Lending）

消费者信贷（Consumer Credit）

信用卡（Credit Cards）

征信机构达拉斯奇尔顿分局信用卡（Golden Charg-It Card）

万事达赊账（Master Charge）

破产（Bankruptcy）

保险（Insurance）

交易清算（Trade Clearances）

交易监管（Trade Regulation）

## 数据和信息

个人信息（Personal Information）

个人身份（Personal Identity）

种族相关数据（Ethnicity Data）

人种（Race）

性别（Gender）

品格（Character）

职业（Occupations）

就业记录（Employment Records）

政府数据（Government Data）

收入和财富（Income and Wealth）

智力能力（Mental Ability）

公共信息（Public Information）

声誉（Reputation）

道德（Morality）

资产负债表和财务报表（Balance sheets and financial statements）

财务声明（Financial Statements）

人口数据（Population Data）

人口统计数据（Demographic Data）

邮政编码（ZIP Code）

地域差异（Geographical Differences）

盗窃信息（Theft of Information）

金融身份（Financial Identity）

记忆技能（Memory Skills）

偏见（Prejudice）

隐私（Privacy）

集中式信用和数据库（Centralized Credit and Databases）

机密性（Confidentiality）

个人行为（Consumer Behavior）

客户行为（Customer Behavior）

数据代理商（Data Broker）

## 法律法规

破产法（Bankruptcy Act，1841）

格拉斯·斯蒂格尔法案（Glass-Steagall Act，1933）

美国社会安全法案（Social Security Act，1936）

消费者信贷保护法（Consumer Credit Protection Act，1968）

公平信用报告法（Fair Credit Reporting Act，FCRA，1970）

平等信贷机会法（Equal Credit Opportunity Act，ECOA，1974）

金融服务现代化法案（Financial Services Modernization Act，也称为Gramm-Leach-Bliley Act，GLBA，1999）

## 营销

目录业务（Catalog Businesses）

人口普查数据和数据库营销（Census Data and Database Marketing）

名单营销和销售（List Marketing and Selling）

邮件列表（Mailing Lists）

市场研究（Market Research）

市场革命（Market Revolution）

市场细分（Market Segmentation）

目标营销（Target Marketing）

信贷营销（Credit Marketing）

不活跃的客户（Inactive Customers）

台式机营销（Desktop Marketing）

直邮（Direct Mail）

名单经纪人（List Broker）

数据库营销（Database Marketing）

消费者忠诚度（Consumer Loyalty）

客户控制（Customer Control）

库存系统（Inventory Systems）

潜在邮政编码市场评估指数（Potential Rating Index for Zip Markets）

帕累托原理（Pareto Principle）

其他

政府监管（Government Oversight）

政府监视（Government Surveillance）

信息经济（Information Economy）

信息产业（Information Industry）

并购（Mergers and Acquisitions）

垄断（Monopolies）

医生（Physicians）

抄袭（Plagiarism）

人口迁移（Population Migration）

信用风险（Credit Risk）

科学管理（Scientific Management）

性别歧视（Sexism）

社会分类（Social Classification）

社会不平等（Social Inequality）

社交媒体（Social Media）

社会信任（Social Trust）

最高法院案件（Supreme Court Cases）

资本主义（Capitalism）

消费资本主义（Consumer Capitalism）

消费者保护运动（Consumer Protection Compaign）

经济恐慌和危机（Economic Panics and Crises，1819，1837，1873，1893，1907，1933）

## 信用科技相关

文本化（Textualization）

计算机技术（Computer Technology）

计算机革命（Computer Revolution）

自动化（Automation）

支票清算技术（Check Clearing Technology）

编程语言（Programming Languages）

COBOL（Common Business Qriented Language，编程语言）

黑客（Hacking）

数据安全性（Data Security）

精算方法（Actuarial Methods）

算法（Algorithms）

商业信用评级（Commercial Credit Ratings）

消费者信用评级（Consumer Credit Ratings）

群分类（Group Classification）

数据挖掘（Data Mining）

判别分析（Discriminant Analysis）

统计评分（Statistical Scoring）

通用信用评分模型（Generic Credit Scoring Models）

违约预警模型（Delinquency Alert Models）

智力测验（Intelligence Tests）

心理学（Psychology）

预筛选（Prescreening）

预筛选评分（PreScore）

损益分析（Profit and Loss Analysis）

消费者评分（Consumer Scoring）

通信系统（Communication Systems）

电报通信（Telegraph Correspondence）

电气通信系统（Electric Communication Systems）

气动通信系统（pneumatic Communication Systems）

总机（Switchboards）

电话授信机（Telecredit）

电报（Telegraph）

电传打字机（Teletype）

电话通信（Telephone Communication）

信用报告传输（Credit Report Transmission）

特许保密通信（Privileged Communication）

微波通信系统（Microwave Communication System）

全自动信用交易系统（Fully Automated Credit Transaction System，FACTS）

穿孔卡片系统（Punch Card Systems）

信用数据库（Credit Databases）

物理存储（Physical Storage）

信息共享系统（Information Sharing Systems）

电子记录机会计（Electronic Recording Machine Accounting，ERMA）

缩微胶卷记录（Microfilm Records）

全国数据（Nationality Data）

客观数据（Subjective Data）

主观数据（Objective Data）

情报收集（Intelligence Gathering）

办公技术（Office Technologies）

打字机（Typewriters）

标准化格式（Standardized Forms）

信用表格（Credit Forms）

"Factbilt"标准格式（Standard Forms）

文件柜（Filing Cabinet）

身份识别系统（Identification Systems）

指纹（Fingerprinting）

社会安全号码（Social Security Numbers）

错误识别（Mistaken Identity）

磁性墨水字符识别（Magnetic Ink Character Recognition）

支票验证系统（Veri-Check）

# 《美国征信史》相关人物

## 政治家和商人

亚伯拉罕·林肯（Abraham Lincoln，曾任美国总统）

安德鲁·杰克逊（Andrew Jackson，曾任美国总统）

理查德·尼克松（Richard Nixon，曾任美国总统）

伍德罗·威尔逊（Woodrow Wilson，曾任美国总统）

富兰克林·罗斯福（Franklin D. Roosevelt，曾任美国总统）

约瑟夫·拜登（Joseph Biden，美国现任总统）

丹尼尔·韦伯斯特（Daniel Webster，曾任美国国务卿）

范内瓦·布什（Vannevar Bush，美国科学家和政治家）

本杰明·富兰克林（Benjamin Franklin，美国开国元勋和著名的发明家）

保罗·聪格斯（Paul Tsongas，曾任美国参议员）

戴维·林诺维斯（David F. Linowes，联邦隐私保护研究委员会主席）

约翰·埃德加·胡佛（J. Edgar Hoover，美国FBI首任局长兼创始人）

克里鲁斯·加拉格尔（Cornelius Gallagher，新泽西州众议员）

杰克·加恩（Jake Garn，曾任美国参议员）

菲利普·哈特（Philip A. Hart，美国参议员）

约翰·迈耶斯（John Meyers，印第安纳州的众议员）

本杰明·罗森塔尔（Benjamin Rosenthal，美国众议员）

威廉·普罗克斯米尔（William Proxmire，《公平信用报告法》的发起人，美国参议员）

约翰·皮尔庞特·摩根（John Pierpont Morgan，金融家）

约翰·D. 洛克菲勒（John D. Rockefeller，石油大亨）

约翰·D. 小洛克菲勒（John D. Rockefeller Jr.，石油大亨洛克菲勒的儿子）

约翰·小洛克菲勒四世（John（Jay）D. Rockefeller IV，石油大亨洛克菲勒的曾孙）

托马斯·布里格斯（Thomas W. Briggs，美国商人）

詹姆斯·G.坎农（James G. Cannon，纽约银行家）

罗伯特·W.加尔文（Robert W. Galvin，曾任摩托罗拉总裁）

赫伯特·马库斯（Herbert Marcus，达拉斯高档百货公司内曼·马库斯老板）

肯尼斯·拉金（Kenneth V. Larkin，美国银行高管）

# 征信机构从业者

CC. H. 巴克斯特（C.H. Baxter，经销商共同保护机构【DMPA】的总监）

约翰·M. 白拉德斯特里特（John M. Bradstreet，白氏公司创始人）

李·伯格（W. Lee Burge，征信机构高管）

威廉·H. 伯尔（William H. Burr，征信机构负责人，1906年，全国零售征信公司协会【NARCA】的首任主席）

鲍勃·奇尔顿（Bob Chilton，个人征信公司总裁）

J.E.R. 奇尔顿（J.E.R. Chilton，一家个人征信公司创始人）

本杰明·道格拉斯（Benjamin Douglass，邓白氏公司负责人）

罗伯特·格雷厄姆·邓（Robert Graham Dun，邓氏公司继任者）

谢尔曼·L. 吉尔菲南（Sherman L. Gilfillan，征信行业早期领袖）

E.M.弗莱明（E.M.Fleming，全国零售信贷员协会首位女性会员）

托马斯·麦格（Thomas Meagher，企业征信机构背叛者）

赫尔曼·塞尔斯和康拉德·塞尔斯兄弟（Herman and Conrad Selss，个人征信公司的开拓者）

鲁道夫·塞韦拉（Rudolph Severa，曾任纽约征信公司经理）

伊迪丝·肖（Edith Shaw，女信贷员早餐俱乐部倡导者）

刘易斯·大班（Lewis Tappan，商业征信所创始人）

卡托·伍尔福德（Woolford，Cator，征信业的先驱）

哈里·乔丹（Harry C. Jordan，信用数据公司的创始人）

威廉·菲尔（William R. Fair，电气工程师，费埃哲的创始人）

鄂尔·艾萨克（Earl J. Isaac，数学家，费埃哲的创始人）

约翰·斯帕福德（John L. Spafford，美国个人征信业协会的高管）

杰西·普拉特（Jesse Platt，零售经销商保护协会创始人）

哈罗·N. 希金波坦（Harlow N.Hihinbotham，商业信用大会主席，马歇尔菲尔德的信贷经理）

## 专家

卡尔·马克思（Karl Marx，德国思想家、政治学家、哲学家、经济学家、革命理论家、社会学家）

米歇尔·福柯（Michel Foucault，法国哲学家）

马克斯·韦伯（Max Weber，德国社会学家、政治学家、经济学家、哲学家）

保罗·巴兰（Paul Baran，计算机专家）

梅尔维尔·杜威（Melvil Dewey，图书管理员和卡片档案系统发明者）

约翰·迪博尔德（John Diebold，技术专家）

大戴维·杜兰德（David Durand，统计科学家，信用评分的先驱）

阿尔弗雷德·比内特（Alfred Binet，法国心理学家）

罗纳德·费雪（Ronald A. Fisher，英国统计学家和优生学家）

罗伯特·B. 盖尔（Robert B. Gile，挑选系统[Selectric System]的制造商）

爱德华·斯诺登（Edward Snowden，"棱镜"计划泄密者，前CIA技术员）

弗朗西斯·J. 格伦德（Francis J. Grund，奥地利移民，政论记者）

彼得·R. 厄尔林（Peter R. Earling，最早征信商业书籍的作家）

萨缪尔·H. 特里（Samuel H. Terry，征信作家）

希尔勒·布莱克（Hillel Black，作家）

伦多·卡尔德（Lendol Calder，美国历史学教授和作家）

爱德华·贝拉米（Edward Bellamy，美国作家）

当察·马龙（Donncha Marron，社会学家和作家，《美国消费信贷史》作者）

万斯·帕卡德（Packard Vance，美国作家）

兰登·温纳（Langdon Winner，技术社会学的著名评论家）

内森·S. S. 比曼（Nathan S. S. Beman，牧师，大学副校长）

诺埃尔·卡彭（Noel Capon，商学院教授）

保罗·D.康弗斯（Paul D. Converse，教授兼市场营销学者）

弗雷德里克·W.泰勒（Frederick W. Taylor，管理学家）

约瑟夫·M.朱兰（Joseph M. Juran，管理学顾问）

托马斯·沃伦·沃德（Thomas Wren Ward，波士顿退休律师）

艾伦·威斯汀（Alan F.Westin，法学教授）

亚瑟·米勒（Arthur R. Miller，法律学者）

莫里斯·内菲尔德（Morris R. Neifeld，金融统计学家）

理查德·鲁格斯（Richard Ruggles，经济学家）

詹姆斯·B. 鲁（James B. Rule，社会学家）


肯尼斯·里帕托（Kenneth Lipartito，历史学家）

詹姆斯·诺里斯（James D. Norris，历史学家）

玛莎·奥尔尼（Martha Olney，历史学家）

斯科特·桑德奇（Scott Sandage，文化历史学家）

乔安妮·耶茨（JoAnne Yates，商业历史学家）

罗伯特·林德和海伦·林德（Robert Lynd and Helen Lynd，社会学家）

# 《美国征信史》相关出版物

《谁可信赖》(*Whom to trust*，1890，作者为彼得·R. 厄尔林[Peter R. Earling])

《美国人》(*The Americans*，1937，作者为弗朗西斯·J. 格伦德[Francis J. Grund])

《诚如所思》(*As We May Think*，1945，作者为范内瓦·布什[Vannevar Bush])

《巴林的书》(*Barry's Book*，19世纪后期，由约翰·W. 巴里[John W. Barry Company]公司出版)

《立即购买，以后付款》(*Buy Now, Pay Later*，1961，作者为希尔勒·布莱克 [Hillel Black])

《隐藏的说服者》(*The Hidden Persuaders* ，1957，作者为万斯·帕卡德 [Vance Packard])

《赤裸的社会》(*The Naked Society*，1964，作者为万斯·帕卡德 [Vance Packard])

《向后看》(*Look Backward*，1888，作者为爱德华·贝拉米 [Edward Bellamy])

《米德尔敦》(*Middletown*，1959，作者为罗伯特·林德 [Robert Lynd] 和海伦·林德 [Helen Lynd])

《显微镜》(*Microscope*)

《律师和信贷员》(*The Lawer and the Credit Man*)

《生活》(*Life*)

《巴伦周刊》(*Barron*)

《商业周刊》(*Business Week*)

《纽约时报》(*New York Times*)

《洛杉矶时报》(*Los Angeles Times*)

《布鲁克林鹰报》（*Brookly Eagle*）

《时代》（*Time*）

《芝加哥论坛报》（*Chicago Tribune*）

《华尔街日报》（*Wall Street Journal*）

《芝加哥辩护人》（*Chicago Defender*）

《美国银行家》（*American Banker*）

《银行》（*Banking*）

《金钱》（*Money*）

《哈佛商业评论》（*Harvard Business Review*）

《信用世界》（*Credit World*）

《美国杂志》（*American Magazine*）

《综艺》（*Variety*）

《读者文摘》（*Reader's Digest*）

# 《美国征信史》相关机构

## 征信机构和组织

早期的企业征信机构（Early's Mercantile Agency）

企业征信组织（Commercial Credit Reporting Organizations）

企业征信系统（Mercantile Agency System）

企业征信所（Mercantile Agency）

邓氏公司（R. G. Dun and Company）

白氏公司（Bradstreet Company）

邓白氏公司（Dun & Bradstreet）

杂货商、屠夫和市场人员信息交换中心（Grocers', Butchers' and Marketmen's Exchange）

杂货商协会（Grocers' Associations）

商人和贸易协会（Fraternal and Trade Association）

商人保护联盟（Merchants' Protective Union）

食品杂货商保护协会（Protective Association of Grocers）

互助协会（Protective Associations）

欢迎大巴和欢迎协会（Welcome Wagon and Welcome Associations）

全国零售信贷员协会（Retail Credit Men's National Association，RCMNA）

零售征信所（Retail Mercantile Agency）

零售商业机构（Retail Commercial Agencies）

全国信贷员协会（National Association of Credit Men，NACM）

全国征信公司协会（National Association of Mercantile Agencies，NAMA）

全国零售征信公司协会（National Association of Retail Credit Agencies，NARCA）

全国零售信贷员协会（Retail Credit Man's National Association，RCMNA）

全国零售信贷协会（National Retail Credit Association，NRCA）

美国个人数据行业协会（Consumer Data Industry Association，CDIA）

个人征信公司（Consumer Credit Bureau）

TRW公司（Thompson Ramo Wooldridge Inc.，其子公司为个人征信公司益博睿美国的前身）

征信公司公司（Credit Bureau Inc.，CBI）

艾奎法克斯（Equifax）

益博睿（Experian）

费埃哲公司（Fair, Isaac, and Company，FICO）

征信公司（Credit Bureaus）

私人消费者征信机构（Private Consumer Credit Agencies）

商业组织（Trade Orginization）

监视基础设施（Surveillance Infrastructure）

休斯敦联合信用服务公司（Associated Credit Services of Houston）

商业信用（诺丁汉）公司集团（Commercial Credit Nottingham，CCN Group）

奇尔顿公司（Chilton Company/Corporation）

佐治亚州征信公司股份有限公司（Credit Bureau Incorporated of Georgia）

征信公司管理公司（Credit Bureau Management，CBM）

大波士顿征信公司（Credit Bureau of Greater Boston）

大纽约征信公司（Credit Bureau of Greater New York）

休斯敦征信公司（Credit Bureau of Houston）

底特律企业征信公司（Merchants Credit Bureau of Detroit）

新英格兰零售杂货商协会（New England Retail Grocers' Association）

川司马克（TransMark，环联下属的名单经纪人公司）

联合信用公司（Union Credit Company）

联合罐装车公司（Union Tank Car，芝加哥的货车租赁公司，环联的前身）

乔音斯珀特（Choicepoint，一家做财产和汽车保险模型的公司）

## 政府机构

美国众议院（House of Representatives，U.S.）

美国人口普查局 (U.S. Census Bureau)

美国国会 (U.S. Congress)

美国商务部 (U.S. Department of Justice)

美国司法部 (U. S. Department of Jusitice)

美国国土资源部（U.S. Department of State）

美国最高法院 (U.S. Supreme Court)

联邦调查局（Federal Bureau of Investigation [FBI]）

国家安全局（National Security Agency，NSA）

美联储（Federal Reserve Board，FED）

联邦贸易委员会（Federal Trade Commission，FTC）

美国消费者金融保护局（Consumer Financial Protection Bureau，CFPB）

美国房贷银行协会（Mortgage Bankers Association of America）

美国国家经济研究局（National Bureau of Economic Research，NBER）

政府资助的贷款组织（Government-Sponsored Loan Organizations）

联邦国家抵押贷款协会（Federal National Mortgage Association，Fannie Mae，一般称为房利美）

联邦住房管理局（Federal Housing Administration，FHA），

联邦住房抵押贷款公司（The Federal Home Loan Mortgage Corporation，Freddie Mac，一般称为房地美）


退伍军人管理局（Veterans Administration, VA）

美国国有现金注册公司（National Cash Register Company），122

全国消费者金融委员会（National Commission on Consumer Finance）

社会科学研究委员会（Social Science Research Council）

全国个人征信公司（National Consumer Credit Reporting Corporation [NCCRC]）

全国消费者金融协会（National Consumer Finance Association）

全国小企业协会（National Small Business Association）

美国银行家协会（American Bankers Association）

美国律师协会（American Bar Association）

美国会计师协会（America Institute of Public Accountants）

美国经济协会（American Economic Association）

美国商业联合会（American Mercantile Union）

# 数据或技术公司

国际商用机器公司（International Business Machine，IBM）

卡迪斯（Kardex，制作索引卡片柜的美国公司）

兰姆森公司和管道系统（Lamson Company and Tube System）

兰德公司（Rand Corporation）

雷明顿·兰德公司（Remington Rand Company）

斯坦福研究所（Stanford Research Institute，SRI）

莲花开发公司（Lotus Development Corporation）

管理决策系统（Management Decision Systems，MDS）

计算机报告系统公司（Computer Reporting Systems, Inc.，CRS）

计算机科学公司（Computer Sciences Corporation，CSC）

安客诚公司（Acxiom，数据营销公司）

克拉丽塔斯公司（Claritas Corporation，数据营销公司）

埃里克和拉维奇公司（Elrick and Lavidge，位于芝加哥的市场研究公司，后被艾奎法克斯收购）

管理服务公司（Executive Services Companies，名单经纪人）

当纳利公司（R. H. Donnelley，营销公司和名单经纪人）

迈特罗梅尔公司（Metromail，名单经纪人）

波尔克公司（R. L. Polk，一家创立于19世纪70年代的前专利药销售商，名单经纪人）


# 金融机构

巴林兄弟公司（Baring Brothers & Company）

美国运通（American Express）

美国投资公司（American Investment Company，AIC）

美国好事达保险公司（Allstate）

曼哈顿收债公司（Manhattan Collecting Company）

美国银行（Bank of America）

纽约银行（Bank of New York）

通用电气信贷公司（General Electric Credit Corporation，GECC）

通用汽车验收公司（General Motors Acceptance Corporation，GMAC）

## 商业机构

约翰 W. 巴里公司（John W. Barry Company，木材贸易公司）

西尔斯（Sears，百货公司）

胜家缝纫机公司（Singer Sewing Machine Company）

斯皮格尔（Spiegel，芝加哥邮购巨头）

艾尔斯（L.S. Ayres，印第安纳波利斯最大的百货公司）

唐纳森（L. S. Donaldson，贸易公司）

梅西百货（原名R.H. Macy & Co.，现名Macy's）

大英百货商店（Great Universal Stores，GUS）

克雷斯基（S. S. Kresge，百货公司）

内曼·马库斯（Neiman-Marcus，达拉斯高档百货公司）

马歇尔·菲尔德（Marshall Field，百货公司）

杰西潘尼公司（J. C. Penney，百货公司）

斯特恩兄弟公司（Stern Brothers，百货公司）

斯图尔特（Stewart，A. T.，纽约的经销商）

斯蒂克斯，贝尔和富勒（Stix，Baer & Fuller，连锁百货公司）

沃纳梅克（Wanamaker，百货公司）

伍尔沃斯（F. W. Woolworth，百货公司）

布鲁明戴尔百货店（Bloomingdale）

博格华纳公司（Borg-Warner Corporation，芝加哥的制造公司）

卡珀卡珀（Capper and Capper，芝加哥服装公司）

科特雷尔服装公司（Cottrell Clothing Company）

# 写在后面

美国的征信行业有着近200年的历史，而中国个人征信行业的探索仅有20多年。正如批评家乔治·斯坦纳（George Steiner）曾写道，"如果没有翻译，我们无异于住在彼此沉默、言语不通的省份。"翻译学习也是促进国内征信体系吸纳国际经验、推陈出新的一个途径。

## 书中精彩内容回顾

征信业需要活跃的市场基础。无论是个人征信还是企业征信，商业化的机构最早都出现在美国纽约，之后扩张到美国的其他大城市，例如底特律、费城、波士顿、休斯顿和芝加哥等。从中可以看出征信业不仅需要良好的商业市场基础，还需要发达的贸易经济驱动，以及活跃的消费者市场来支撑。

征信行业协会在美国个人征信发展过程中发挥了关键的作用，通过推进商业游戏规则制定、行业标准化，甚至在早期还参加了运营，帮助征信企业渡过难关。曾经的美国个人征信业协会（2001年更名为美国消费者数据行业协会）有着上百年的历史，直到今天还发挥着重要的作用，为传统的和新兴的个人征信机构发声。

金融危机促进了征信业的发展和整合。1837年的美国经济危机之后，邓白氏公司开始出现。而1929~1933年的全球经济危机也促进了邓白氏的合并。

一些关键人物在征信行业发展过程中产生了不可替代的作用。"二战"前，全国零售信贷员协会首任主席谢尔曼·L. 吉尔菲南（Sherman L. Gilfillan）先生在不到三年的时间里，和几位同事建立的协会已经发展成了全国性的信用基础设施，推动了数千家专业信用评估机构的成立，发布了专门研究征信的行业期刊和教科书，以及制定了美国东西海岸间传递信用信息的标准协议。战后的代表人物则是20世纪60年代中期，信用数据公司的创始人哈里·乔丹（Harry C. Jordan）。作为罗切斯特大学生物物理学博士，乔丹在美国三大超级城市群之间进行布局，以银行为征信机构主要客户（当时征信机构的客户主要是各种零售商），对自动化系统的利用、超前的个人信息保护意识都使其公司成为征信行业的先锋，极大地促进了行业的发展。

征信行业在美国属于高端行业，和美国主流社会保持密切联系。四位美国总统都曾在邓白氏工作，本书中也出现了近百位美国历史名人，多位美国总统、国会议员对此发表相关言论，包括现任总统拜登。征信也是主流媒体的热门话题，不仅拥有专业的期刊，也出版了相关的畅销著作，而且成为很多专业人士、律师、经济学家和管理学家研究的主题（详细内容参见附录）。

面向商业贸易的企业征信带动了个人征信的发展，1841年首先出现的商业征信所，其商业模式和产品理念带动了30年后出现的个人征信机构（面向零售消费）。

征信业是一个渐进化的发展历程。征信机构像邮局一样的服务机构遍布乡镇和城市，服务于各种针对消费者的零售机构。同时，征信机构的发展也是从某个区域、某个特定行业，逐渐扩张到全国乃至目前的全球，其中信息技术的进步和商业并购（包括跨越大西洋的洲际收购）在整个发展过程中发挥了重要作用。

征信行业发展的双轮驱动。征信行业的发展首先由信贷业务的发展所驱动，日用品的赊销、家具服装的零售、金融信贷领域的信用卡、车贷和房贷都需要不同的个人征信服务；其次，信息技术的进步也推动着征信业规模扩张、效率提升、自动化和标准化，从电报、电传签名机、电话等通信技术的应用，到办公自动化技术、数据库技术和信用评分应用。

美国征信业的发展由市场主导。美国征信业发展的主要力量是征信公司和行业协会。当征信机构和网络的规模发展到一定程度的时候，才引起社会大众和美国政府的警觉。政府的工作主要是进行征信立法，提供监管，保护消费者的权益和公平正义，同时也将征信机构作为经济和安全决策的重要数据源。1966年，在一些美国经济学家建议下，美国计划建立联邦数据中心，将众多机构中的联邦统计数据集中起来，以便研究人员更有效地使用政府数据，但国会和立法者认为这是对美国消费者的冒犯，只能不了了之。

女性在征信业中的作用不可忽视。随着20世纪20年代消费信贷的大规模扩张，征信公司对女性开启了更多的大门。同时，女性细致、温和和善于管理的特点与早期征信行业的所契合，例如文件管理、客户访谈和电话接听查询等。第一个女信贷员早餐俱乐部于1930年成立，1937年，北美女信贷员早餐俱乐部有3000多名会员。女性征信工作者在两次世界大战期间都填补了个人征信公司的人力资源的短缺。

### 本书值得商榷的内容

本书对征信机构的评价偏向负面，而对征信机构真正的价值和正面意义强调不足。由于消费者保护运动的兴起，本书对征信公司监视消费者着墨颇多，其实征信体系的实质是自动形成信息闭环，从而启动信息自动激励机制，在法律和道德之间的灰色地带起到了良好的约束效果。这种信息自动激励机制也是未来数字经济中重要的经济学基础。

本书对20世纪70年代之后美国近50年的征信发展历史着墨不多，而这正是现代美国征信体系形成的关键时期。

本书中提及的信用度和道德之间的关系也一直是一个颇具争议的问题。

### 未来展望

作为技术专业出身的两位译者在翻译《美国征信史》的时候，面临着一些挑战，较难达到翻译大家的"信、达、雅"，恳请业界专家和读者朋友批评指正。

本书可以作为征信研究的一个起点，未来将邀请包括乔希·劳尔教授在内的国内外业界专家一起精诚合作，保持国际视野、继续研究包括美国在内的全球征信体系，为中国征信体系建设提供借鉴。

# 致　谢

本书的翻译出版离不开国内外专家和朋友们的大力支持与帮助。

从2019年4月收到海外专家汪毅先生的赠书，到2020年初开始决心翻译该书，本书的翻译过程历时数年，除了两位译者付出了大量的时间和心血外，郭小佳老师帮助进行了多章的审校；孙文娜老师、王子蔓同学和梁梓乐同学也提供了部分章节的校对；人民银行征信中心原顾问、旅美资深征信专家李铭老师提供了审阅和序言；感谢大家的辛苦付出。对于本书的一些问题询问，原作者乔希·劳尔教授都给予了细致和及时的解答，在此深表感谢。

感谢中国金融出版社原总编辑郭建伟先生、副总编辑董迪斌女士的支持，特别是肖炜老师和董梦雅老师认真细致地对本书进行策划和编辑。感谢国内优秀的设计师杨望老师的设计和策划工作。感谢中国人民银行征信管理局原局长万存知博士的审读和指导，感谢商务部国际贸易经济合作研究院信用与电子商务研究所所长韩家平老师的审读与指导。

国内相关专家给予了很多建议和指导，著名经济学家、复旦大学韦森教授抱病阅读本书草稿，并给出书评；中国市场学会信用学术委员会主任林钧跃给予了热心支持和建议；著名经济史学者、教育部"长江学者"，清华大学龙登高教授给予了建议和书评；国务院研究发展中心金融所副所长陈道富研究员提出了宝贵意见；零壹财经·零壹智库创始人柏亮先生给予了高屋建瓴的书评，在此致以谢意。感谢北京大学国发院副院长黄卓副教授、北京信用学会副会长孙志伟教授、世辉律师事务所合伙人王新锐律师、商务部张学源博士、广东工业大学经济学院副院长王忠教授、资深风控专家郇公弟先生、高翔博士和王鑫先生给予的书评意见。

　　感谢全联并购公会信用管理专委会多位顾问专家的支持和帮助，人民银行征信中心原副主任汪路先生、北京大学章政教授、中国人民大学吴晶妹教授、李聚合博士、韩晓亮博士、北京信用学会石新中会长、陈忠阳教授、李祥林教授、刘世平博士、刘重博士、王伟教授、胡俊超博士、胡乃红教授、刘澄清老师、董峥老师、唐明琴教授、洪浩博士、杨子君博士、韩小亮博士、刘亚梅博士、袁先智博士、罗光先生、庞超然博士、缪维民博士、王子田博士、李清彬博士、孔令强先生、潘文渊博士、肖柏华教授、戴昕教授、穆忠和博士、何波博士、戚庆余博士、胡方俊主任、林鸿先生、张金波老师、张向阳先生、蒋庆军先生、张楠先生、马艺桂博士、李志勇教授、蒋勇博士、陈鹏博士、胡莹博士、赵浩博士、陈彦达博士、舒歆博士、丁韦娜博士、贾红宇老师、安光勇老师、王琨老师、王飞老师和张山立同学等大力支持。

　　感谢全联并购公会尉立东会长、沈联合秘书长，张菁副秘书长和吕晓伟老师的支持。

　　对译者曾经工作过的中国人民银行征信中心、研究局（所）的领导和同事的支持和帮助表示感谢。对博士后研究期间的两位合作导师原中国保险保障基金有限责任公司副董事长易诚研究员和中国支付清算协会陈波秘书长的指导给予感谢。对人民银行原副行长吴晓灵女士的支持表示感谢，让我开始关注个人信息保护的研究并有所成果。对建设银行纪志宏副行长（曾任人民银行研究局局长）给予的帮助表示感谢。对人民银行科技司李伟司长的支持表示感谢。对人民银行研究局的张雪春副局长和研究所的莫万贵副所长给予的指导表示感谢，对人民银行征信管理局的相关领导的支持和关心表示感谢。

同时也感谢业界朋友的大力支持，包括百行征信原董事长朱焕启先生等百行征信的朋友、益博睿大中华区的刘雪斌总裁、黎薇女士和罗文强先生、原科孚（CRIF）中国区负责人周艳丽女士和宋艳秋女士、佳信隆王纯红董事长、原中智诚CEO李萱博士、通付盾CEO汪德嘉博士、度小满的CRO孙云丰先生、埃森哲首席数据专家谢国忠先生、香港诺华诚信有限公司首席架构师卢柏龙先生、上海市信用服务行业协会秘书长魏文静教授和深圳市信用促进会鲜涛秘书长等。

感谢国家公共信用信息中心、北京信用学会、上海数据集团、湖南征信、量子数聚、华为信用管理部、科法斯、邓白氏、品尚征信、山东信用协会等机构的专业支持。

对作为人民银行博士后的梁猛博士、黄余送博士、毛志杰博士、姚斌博士、陈森博士、段媛媛博士、陈崇博士、李博博士、于真博士、田竞博士、赵相东博士、张美娇博士、唐韦森博士、宋媚博士等的支持和帮助表示感谢。对中国互联网金融协会研究部负责人肖翔博士、全球数字金融中心（杭州）主任张黎娜博士、全球数字金融中心（杭州）高级专家/驭鉴数字科技有限公司总经理彭勃先生和孙其新先生给予的帮助表示感谢。

对《征信》编辑部的王银枝、冯长甫等老师，《财新》的张帆老师，《清华金融评论》的编辑部老师长期以来的支持表示感谢，对世界银行的赖金昌先生和黄琳女士、清华大学的刘鹰教授、国家发改委经济研究所陈新年研究员和中央财大邓建鹏教授等专家的大力支持表示感谢。还有很多监管层朋友提供了帮助和支持，在此也一并致谢。

# 译者简介

## 刘新海

现任某金融机构研究主管、兼任全联并购公会信用管理专委会副主任、欧美同学会法比分会理事、北京信用学会副会长等职务。

曾任中国人民银行金融研究所博士后、中国人民银行征信中心副研究员、北京大学金融智能研究中心主任助理。在比利时鲁汶大学（KUL）获得电子工程博士，在英国伦敦政治经济学院（LSE）从事访问学者。曾于2020年被河南省发改委聘为河南省社会信用体系建设智库特聘专家。专业方向是征信与信用体系、金融科技、数字经济和人工智能。

刘新海博士曾在欧洲互联网公司和金融分析公司从事过咨询和数据分析工，曾主持国家自然科学基金等国家科研项目多项，2005年曾作为人工智能相关的工程项目主要完成人获得省部级科技进步二等奖，在国内外顶级期刊IEEE TKDE、JASIST、IEEE TPAMI和中国科学等发表学术文章数十篇。目前还是财新网专栏作家、经济观察报和FT中文网的撰稿人。相关学术专著《征信与大数据》《征信大数据：理论与实践》《世界征信立法汇编》《新冠疫情下的征信与信贷市场》和《金融科技知识图谱》等。

## 刘志军

刘志军博士分别于1983年和1985年获得中国科学技术大学学士和硕士学位。在中国科学院系统科学研究所短暂工作后赴美国师从统计学大师C.R. Rao学习研究统计，于1990年获得美国宾夕法尼亚州立大学统计学博士。博士毕业后被美国密西西比州立大学聘用从事教学和研究工作，从助理教授做到终身教授。研究领域涉及非参数统计和稳健统计，统计应用方面涉及计算机科学、教育、化工、农业、畜牧业和金融等。

2001年在美国三大个人征信公司之一的Equifax担任首席统计学家，从事应用统计科学发掘，拓展征信数据应用的深度和广度。2005年在美国Capital One银行担任决策科学部高级总监，负责美国信用卡业务获客、客户账户管理分析和集团建模培训工作。

2014年回国参与马上消费金融的筹建、开业和业务展开，担任副总经理，负责数据团队的搭建和数据系统的开发，以及线上产品和风险管理。2016年离开马上消费金融后在中国和美国从事数据、模型、消费金融方面的咨询和培训工作。